KB262845

음악치료 악기론

음악치료 악기론

초판 1쇄 발행 2005. 9. 9.
초판 5쇄 발행 2014. 12. 12.

지은이　김 종 인
펴낸이　김 경 희
펴낸곳　(주)지식산업사
　　　　본사 ● 413-832, 경기도 파주시 광인사길 53(문발동 520-12)
　　　　　　전화 (031)955-4226~7　팩스 (031)955-4228
　　　　서울사무소 ● 110-040, 서울시 종로구 자하문로6길 18-7(통의동 35-18)
　　　　　　전화 (02)734-1978　팩스 (02)720-7900
　　　　한글문패 지식산업사
　　　　영문문패 www.jisik.co.kr
　　　　전자우편 jsp@jisik.co.kr
　　　　등록번호 1-363
　　　　등록날짜 1969. 5. 8.

책값은 뒤표지에 있습니다.

ⓒ 김종인, 2005
ISBN 89-423-5022-4 13670

이 책을 읽고 저자에게 문의하고자 하는 이는
지식산업사 전자우편으로 연락바랍니다.

음악치료 악기론

김종인

지식산업사

머리말

　음악치료사에게 '악기(樂器)'는 생명과도 같은 존재이다. 마치 물고기가 물이 없으면 살 수 없는 이치와도 같다. 치료사는 악기에 대한 이해가 깊으면 깊을수록 그만큼 더 치료를 훌륭히 수행해 낼 수 있는 것이다. 똑같은 '탬버린', '우드블록'이라도 그 악기를 사용하는 치료사에 따라 무용지물이 되기도 하고 보석이 되기도 한다. 비교적 단순하게 여겨지는 이들 리듬악기는 치료현장에서 피아노, 기타와 견줄 만한 가치를 발휘하곤 한다. 그러나 치료하는 이들 가운데는 악기연주법에 대한 이해는 물론이거니와, 어떤 악기의 경우에는 그 이름조차도 모르고 사용하는 경우가 많은 것 같다. 따라서 이 책의 주된 목적은 음악치료 대학원생, 음악치료사, 음악치료 지망생 및 장애 관련 종사자들의 치료 악기에 대한 전반적인 이해와 악기 연주법 및 악곡 편성 능력을 높이기 위해 구성되었으며, 본 교재 대부분의 내용들은 숙명여대 음악치료대학원의 정규 과정 가운데서 '비전통 악기합주(비오케스트라 악기합주 : Non-traditional Ensemble)'라는 과목명으로 다루어진 것들이다.

　제1장 〈악기론〉에서는 여러 학자들의 악기분류기준과 함께 음악치료에 사용되는 악기들을 멜로디악기, 리듬악기, 기타악기 등으로 나누어 제시하였으며, 제2장 〈악기연주법〉에서는 정확한 악기연주의 기본이 되는 박(beat)과 박자의 개념 및 박자세기(beat counting)방법을 설명하였고, 전통적인 셈여림법과 비전통적인 셈여림법을 구분하여 제시하였다. 아울러서 30여 가지 악기들의 연주방법을 사진과 함께 자세히 설명하였다. 제3장 〈리듬앙상블 편곡법〉에서는 치료현장에서 다양한 악기합주곡을 만들어 사용해야 하는 치료사들을 위해 악곡분석

과 리듬앙상블 편곡방법을 자세히 다루었으며, 악기간의 음색 배합방법과 악곡편성 실습과제도 첨부하였다. 제4장 〈악곡지휘 및 기보〉에서는 리듬앙상블 연주를 위한 악곡 지휘법과 10여 가지의 다양한 기보법을 설명하였고, 제5장 〈리듬패턴〉에서는 치료악기를 활용한 라틴리듬패턴을 제시했으며, 클래식기타 주법 및 리듬패턴을 다루었다. 제6장 〈리듬응용활동〉에서는 난타, 음악동화, 광고음악 등의 다양한 응용활동을 통해 음악치료적 악기합주의 적용영역을 넓히고자 하였다. 제7장 〈전통악기〉에서는 사물놀이 악기를 중심으로 한 전반적인 우리 악기에 대한 이해와 더불어, 국악기를 통한 음악치료에의 적용가능성을 가늠해 보았다. 마지막으로 제8장 〈악기합주의 치료적 접근〉에서는 다양한 악기합주의 형태가 어떻게 음악치료와 조화를 이룰 수 있는지 고찰해 보았다.

진정 텅빈 머리에서는 영감이 주어지지 않는 것 같다. 끊임없이 자신을 단련하고 유익한 무엇인가를 머릿속에 쌓아가는 치료사는 그때그때 필요한 치료적 영감이 떠오를 것이며, 그에게 도움을 청하는 내담자들에게서 치료의 빛을 선물할 수 있을 것이다. 이 책이 음악치료 관련인들에게 다양한 치료활동에 대한 소재와 아이디어를 제공해 줄 수 있기를 기대하며, 끝으로 이 책이 나오기까지 변함없는 지지와 후원을 아끼지 않으신 지식산업사의 김경희 사장님과 세세한 부분까지 원고를 꼼꼼히 다듬어주신 편집팀에게 깊은 감사를 드린다.

2005. 7.

김 종 인

차 례

제3장. 리듬앙상블 편곡법 ⋯⋯⋯⋯⋯⋯ 163

제1장
악기론

음악치료에는 피아노와 기타를 포함한 다양한 악기들이 쓰인다. 그 가운데서도 리듬 연주에 알맞은 타악기를 주로 사용하게 되는데, 그 이유는 별다른 음악적 배경이 없는 내담자라 할지라도 쉽게 연주가 가능하기 때문이다.

타악기는 여러 가지로 정의할 수 있지만, '어떤 물체를 다른 물체로 쳐서 소리 내는 악기'라고 할 수 있다. 음악치료에서는 환자와 함께 주로 타악기를 가지고 많이 활동하게 되는데, 그 까닭은 특정한 악기의 연주기술이나 과거의 음악적 배경이 없어도 비교적 쉽게 다룰 수 있기 때문이다. 타악기는 여러 가지 기준으로 나눌 수 있는데, 그 가운데 가장 기본적인 분류기준은 '음정의 유무'일 것이다. 그 밖에도 '모양', '크기', '재료', '건반의 유무', '연주방법'에 따라서 분류할 수 있다. 또한 음향의 원리(acoustic principle)나 소리 내는 방법도 각기 다르다. 대부분의 악기들은 쳐서 소리 내지만 흔들거나 긁어서, 혹은 문질러서 소리내기도 한다. 뿐만 아니라, 어떤 악기는 건반을 이용하기도 하고, 핸들을 돌려 소리 내는 것도 있는데, '호각(whistle)'의 경우는 불어서 소리 낸다. 이러한 여러 가지 악기들은 넓은 의미에서 타악기에 속한다고 할 수 있다. 타악기의 분류를 좀더 구체적으로 살펴보면 다음과 같다.

악기의 분류

1 쿠르트 작스(C. Sachs)의 분류 ....

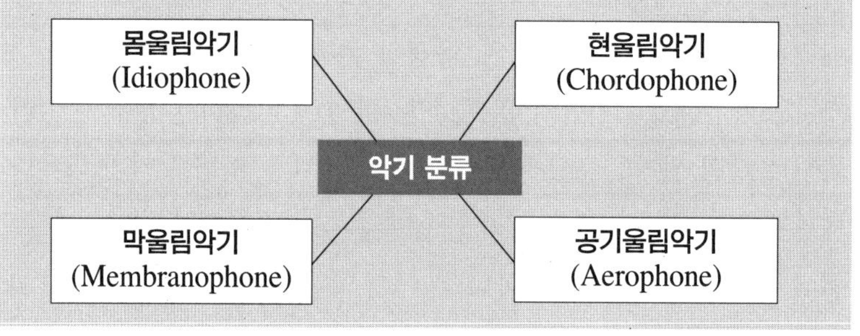

우리 앞에 여러 가지 타악기가 놓여 있고, 두 바구니에 특정기준에 따라 나눠 담아야 한다면 우리는 과연 어떤 기준을 세울 수 있을까? 악기의 색깔·크기·음색일까? 여러 학자들은 다양한 악기분류기준들을 내놓았다.

쿠르트 작스(Curt Sachs, 1881~1959)는 소리가 만들어지는 원리에 따라 악기를 구분하였다. 그는 1)몸울림악기(Idiophones, 체명악기), 2)막울림악기(Membranophones, 막명악기), 3)줄울림악기(Chordophones, 현명악기) 그리고 4)공기울림악기(Aerophones, 기명악기)의 네 가지로 나누어 제시하였다. 그는 다시 음악의 성격에 따라 고정음정이 있는 악기(tuned instrumenes), 고정음정이 없는 악기(instruments of indefinite pitch), 고정음정은 없으나 음높이를 조절할 수 있는 악기로 구분하였다. 이와 비슷한 견해를 가지고 악기를 분류했던 사뮤엘 에들러(S. Adler, 1995)는 몸울림악기에 대해서 약간 다른 기준을 갖고 있었다. 특히 몸울림악기를 1)말렛악기(mallet instruments), 2)금속악기(metals), 3)목재악기(wood instruments)로 나눈 것이다. 쿠르트 작스의 악기분류 기준과 거기에 속한 악기들의 예를 살펴보면 다음과 같다.

1. 몸울림악기

몸울림악기(Idiophones, 체명악기(體鳴樂器))란 악기 자체의 울림으로 소리 내는 악기들을 말한다. 예로써 트라이앵글이나 심벌즈 등을 들 수 있다. 악기의 재료는 나무, 대나무, 흙, 돌, 쇠, 유리, 플라스틱과 같은 단단한 물체로 만들어진다. 몸울림악기는 연주방법에 따라 다음 6가지로 분류가 가능하다(김을곤, 1995).

    a. 손이나 채로 치는 타격형(打擊型)
    b. 같은 성질의 것을 맞부딪치는 합격형(合擊型)
    c. 흔드는 진동형(振動型)
    d. 바닥에 떨어뜨리는 낙하형(落下型)
    e. 서로 비벼대는 마찰형(摩擦型)
    f. 손가락으로 튕기는 소명형(搔鳴型)

글로켄슈필(Glockenspiel)이나 터블러 벨(Tubular bells)과 같이 여러 개의 독립된 진동체(vibrating body)를 갖고 있는 것도 있으며, 음판 아래에 진공관을 고정시켜 놓은 마림바(Marimba)나 비브라폰(Vibraphone)과 같은 악기도 있다. 대부분의 몸울림악기들은 쳐서 소리를 내지만 음높이 조절이 불가능한 악기들은 흔들거나 긁어서, 혹은 문질러서 소리내기도 한다. 양쪽 방향을 모두 치는 몸울림 악기로는 캐스터네츠, 클레이브스, 심벌즈 등이 있는데, 한쪽 방향만 치는 악기도 있다. 트라이앵글, 첼레스타, 실로폰, 종, 공 등이 그것이다. 또 징글벨이나 탬버린처럼 흔들어서 소리 내는 몸울림악기도 있으며, 다른 물체를 이용해서 켜는 몸울림악기도 있다. 예로써 글라스하모니카, 노래톱 등이 있다. 마지막으로 주둥이 북처럼 퉁기는 몸울림악기 등 여러 가지 형태이다.

■ **일정한 음정을 갖는 몸울림악기**

건반이 있는 악기		건반이 없는 악기	
Xylophone	Marimba	Tubular bells	Gongs
Vibraphone	Glockenspiel	Musical Saw	Flexatone
Bell Lyra	Clesta	Glasses	Steel Drums

■ **일정한 음정을 갖지 않는 몸울림악기**

쳐서 소리내는 악기	흔들거나 긁어서 소리내는 악기
금속 – Triangle, Cymbals 　　　TamtamCow bells 　　　Anvil/Metal Blocks 나무 – Claves, Wood Block 　　　Temple Blocks(목탁) 　　　Wood Drums, Whip(Slapstick) 　　　Bamboos(혹은 Woodchimes) 유리 – Glass chimes	Sistrum, Sleigh Bells, washboard Castanets, Maracas, Cabasa Chocola(shaker), Guiro Reco-Reco(귀로와 비슷함)

2. 막울림악기

막울림악기(Membranophones, 막명악기〔膜鳴樂器〕)란 봉고나 콩가와 같이 악기에 부착된 막이 울려서 소리가 나는 악기를 뜻한다. 악기의 형태는 막이나 가죽이 한쪽만 붙어 있는 것, 양쪽에 모두 붙어 있는 악기, 원통형, 모래시계형, 솥형 등 다양하다. 악기의 재료는 나무, 금속, 플라스틱으로 만든 몸통에 막을 씌워 그 막을 두들겨 소리를 내는 것이 보통이다. 일반적으로 북 종류를 연상할 수 있다. 이 악기의 종류는 마찰하거나, 공기를 불어넣어 소리를 내는 경우도 있다. 연주 방법은 손으로 하는 경우도 있고, 채로 치는 경우도 있다. 또한 고정 음정을 갖는 경우도 있고, 고정음정을 갖지 않는 악기도 있다. 즉, 콩 가나 봉고처럼 리듬 전용 막명악기와 선율 전용 막명악기가 있으며, 두 가지 모두를 사용한 팀파니 같은 악기도 있다.

고정된 음높이를 가진 막울림악기			고정된 음높이를 갖지 않은 막울림악기		
Timpani	Tablas	Boobams	Drums	Congas	Timbales
			Bongos	Tomtoms	Tambourine

3. 줄울림악기

줄울림악기(Chordophones, 현명악기(絃鳴樂器))란 줄(현)의 떨림과, 공명판이나 공명상자 또는 북 모양의 공명 통으로 증폭과정을 거쳐 소리 내는 악기들을 뜻한다. 악기의 재료는 주로 동물의 창자, 금속, 섬유, 플라스틱 등이다. 연주하는 방식에 따라 긋는 현악기, 뜯는 현악기, 치는 현악기로 나누어진다. 거의 모든 현악기에는 울림통(공명통)이 달려 있다. 또 현금(玄琴) 종류에는 막대기에 줄만 붙인 현금과 목재에 줄을 걸어 놓은 나무판 현금이 있다. 이 가운데에는 나무를 가로지르는 지판이 있는 것도 있고, 없는 것도 있다. 국악기의 양금과 비슷한 류의 침발롬((Cimbalom) 은 헝가리의 집시 음악에 쓰인 악기이다. 이것은 길이가 다른 현을 평면 위에 팽팽하게 걸어놓고 넓적한 모양의 채로 쳐서 소리 낸다.

4. 공기울림악기

공기울림악기(Aerophnes, 기명악기(氣鳴樂器))란 리코더나 삼바휘슬 같이 공기를 울려 소리 내는 악기를 말하는데, 단절된 공기 기둥(air column)이나 공기의 방(air chamber)을 만들어 진동하게 함으로써 소리 낸다. 관현악단에서 사용하는 대부분의 관악기들이 여기에 포함된다.

관악기들은 연주자의 입에서 전해지는 공기 호흡을 통해 소리를 낸
다. 단지 오르간이나 손풍금 등은 기계적으로 바람을 공급하여 소리
를 낸다. 이 악기들은 대부분 고정음정을 갖고 있지만 어떤 것은 그
음파를 생성하며 소리를 만들어 내기도 한다. 진동을 만들어 내기 위
해서는 리드(reed)와 같은 기구가 필요하다.

공기울림악기		
Whistles(호각)	Siren(사이렌)	Bull Roarer
Wind Machine(윈드 머신)		Motor Horns(자동차 경적)

패트리차(Patrizia)의 분류 ....

패트리차는(Patrizia)는 타악기의 종류를 악기의 특성에 따라 분류하
였다. 그의 일반적인 타악기 분류방법을 살펴보면 다음과 같다
(Patrizia, 1992 ; 김규식, 1995).

1. 재질에 따른 분류

  a. 금속(트라이앵글, 철금, 심벌즈, 메탈로폰, 징, 징글벨, 카우벨)

  b. 비금속(나무, 가죽, 플라스틱 등 : 우드블록, 마라카스, 귀로,
리듬막대, 캐스터네츠, 실로폰, 마림바)

2. 소리 빛깔에 따른 분류

  a. 밝거나 부드러운 소리(트라이앵글, 종 등)

  b. 어둡거나 딱딱한 소리(탬버린, 팀파니)

3. 소리의 강도에 따른 분류

  a. 큰 소리(큰북, 트라이앵글, 심벌즈)

  b. 작은 소리(작은 북, 케스타네츠)

4. 소리의 길이에 따른 분류

   a. 짧은 소리(랜예띠, 탬버린, 실로폰 등)

   b. 긴 소리(심벌즈, 트라이앵글, 메탈로폰 등)

5. 소리의 높낮이에 따른 분류

   a. 고음(트라이앵글, 심벌즈 등)

   b. 저음(팀파니, 탬버린 등)

6. 연주된 소리, 음에 따른 분류

   a. 정확한 음정을 내는 악기(플루트, 기타, 차임바, 실로폰, 철금, 전자하프 등)

   b. 부정확한 음정을 내는 악기(트라이앵글, 손가락 심벌즈, 탬버린, 썰매방울, 징, 손드럼, 봉고 등)

7. 악기의 형태와 크기에 따른 분류(같은 재질로 이루어졌으나 크기가 다른 경우)

   a. 큰 탬버린과 작은 탬버린으로 분류

   b. 실로폰의 금속판이 길고 작은 것으로 분류

8. 소리 내는 채의 사용에 따른 분류

   a. 머리가 실로 감긴 채 혹은 고무로 된 채를 사용하는 악기 – 실로폰, 마림바, 메탈로폰

   b. 나무로 된 채를 사용하는 악기 – 작은북, 장구, 북

   c. 머리가 천으로 감싸진 채를 사용하는 악기 – 팀파니, 큰북

   d. 머리가 금속으로 된 채를 사용하는 악기 – 트라이앵글, 철금

폴시스(Forsyth)의 분류

폴시스(Forsyth)는 타악기를 '음악적 소리'를 내는 타악기와 '비음악적 소리'를 내는 타악기로 분류하였다. 여기서 '소리'란 고정된 음높이의 소리로부터 소음까지를 모두 포함한다. 폴시스는 그의 관현악에서 정확한 음높이를 갖는 '음악적 소리'와 그렇지 않은 '비음악적 소리'로 나누었다. 그는 또한 이를 토대로 악기를 재료에 따라 다음과 같이 분류하였다.

1. 가죽을 재료로 하여 만든 악기(Drum group)

고정된 음높이를 갖는 악기	고정된 음높이를 갖지 않는 악기
Timpani Roto toms	Snare Drum Tambourine Tenor Drum Bass Drum Tom-Tom

2. 나무를 재료로 하여 만든 악기

고정된 음높이를 갖은 악기	고정된 음높이를 갖지 않은 악기
Xylophone Marimba	Wood block Castanets Ratchet Temple blocks Sand block

3. 금속을 재료로 하여 만든 악기

고정된 음높이를 가진 악기	고정된 음높이를 갖지 않은 악기
Vibraphone Crotales Cellesta Chimes Glockenspiel	Hand Cymbals Finger Cymbal TamTam Cymbal Triangle Sleigh Bells

박봉석의 분류

박봉석(1988)은 타악기를 크게 2종류로 나누면서, 음정이 있는 악기와 음정이 없는 악기로 구분하였다. 음정이 있는 타악기에는 팀파니(Timpani), 실로폰(Xylophone), 글로켄슈필(Glockenspiel), 비브라폰

(Vibraphone), 챠임(Chimes, Rohrenglocken) 등을 예로 들었고, 음정이 없는 타악기에는 소고(Side Drum), 대고(Bass Drum), 심벌즈(Cymbals), 탬버린(Tambourine), 캐스터네츠(Castanets), 트라이앵글(Triangle) 등의 일반 아동을 위한 음악교육용 타악기를 포함하여, 탐탐(Tam-Tam), 우드 블록(Wood Block), 톰톰(Tom-Tom) 등을 예로 제시하였다.

신체 타악기 (오르프 방식)

독일 작곡가이자 음악교육가이기도 했던 칼 오르프(C. Orff)는 1920년대 독일 귄터학교 음악교육부에서 일할 때부터 '신체 움직임과 인간의 목소리는 가장 자연스러운 악기이다' 라고 극찬하면서 그에 관심을 가지고 발전시켜 왔다. 그가 멘틀러와의 협력으로 만들어낸 아동교육용 작품집인 《슐베르크(Schulwerk)》에서도 달크로즈의 유리드믹스를 도입하여 음악교육을 하면서 음악을 배경으로 한 움직임을 강조하고 있다. 즉, 신체의 모든 부분들을 악기라고 생각하고, 이러한 신체 각 부위를 이용해서 두드리거나 마주치거나 구르거나 해서 다양한 소리를 만들어 내는 것이다.

다음은 오르프의 아동교육용 작품집인 《슐베르크》 가운데에서 대표적인 신체 타악기의 종류를 나타낸 것이다.

1. 손뼉 치기(CL: clapping)
2. 손가락 튕기기(SN: snapping)
3. 무릎 치기(P: patschen)
4. 발 굴리기(ST: stamping)

몇 가지 오르프의 움직임, 목소리를 통한 음악교육의 실례를 든다면, 학생들은 몸의 움직임, 율동, 목소리 사용 등으로 단체 활동을 배우게 되고, 몸의 각 부분을 타악기처럼 생각하고 연주하며, 걷고 움직이는 동자으로 리듬을 몸 전체로 느끼게 한다. 또한 목소리나 말 등으로 리듬이나 억양 표현, 즉흥적 표현을 배우게 된다. 이렇게 움직임이나 동작에 리듬 붙이기를 반복함으로써 리듬을 쉽게 알 수 있도록 도와주게 된다. 이러한 과정을 거쳐 체득한 움직임과 리듬의 이해로 음악의 한 형식인 론도 형식 등을 배우게 된다. 이처럼 신체 타악기의 활용은 아동들의 리듬 학습에 많은 도움이 된다. 앞서 말한 것과 같이, 《슐베르크》에서 주로 사용되는 몸을 이용한 타악기는 네 가지이지만, 표현하기 곤란할 경우에는 다른 부분을 사용할 수 있다. 예컨대 엉덩이, 팔꿈치, 손등, 가슴, 팔, 뺨 등을 가볍게 두드리는 표현도 가능하며 옆 사람과 마주 보고 등이나 손, 어깨 등을 두드리는 것도 생각할 수 있겠다. 음악치료 현장에서 오르프의 몸을 이용한 악기 학습은 더욱 유용하다. 특히 청각장애 아동에게는 더욱 그러한데, 그것은 청각손실로 말미암아 리듬 학습에 어려움이 있는 장애아동들에게 신체적이고 촉각적으로 리듬 학습을 교육할 수 있기 때문이다. 물론 다른 나머지 장애 영역의 아동들에게도 다양한 경험을 제공할 수 있다.

악기명	악기 분류 기준							원산지	제작연대
	소리나는 원리	악기 소재	음고 유무	멜럿 유무	연주 도구	연주 방법	건반 유무		
봉고	막울림악기	가죽	없음	무	손	두드리기	없음	라틴아메리카	20세기
콩가	막울림악기	가죽	없음	무	손	두드리기	없음	라틴아메리카	20세기
베이스 드럼	막울림악기	가죽	없음	유	채	두드리기	없음	수마리아	B.C. 3000
팀파니	막울림악기	가죽	있음	유	채	두드리기	없음	중동	A.D. 600년
톰톰	막울림악기	가죽	없음	무	손	두드리기	없음	아프리카	선사시대
팀발레스	막울림악기	가죽	없음	·	채/손	두드리기	없음	라틴아메리카	20세기
사이드 드럼	막울림악기	가죽	없음	유	채	두드리기	없음	유럽	14세기
트라이앵글	몸울림악기	금속	없음	유	쇠	두드리기	없음	터키	15세기
챠임 (오케스트라 벨)	몸울림악기	금속	있음	유	해머	두드리기	없음	중국	B.C. 800
카우벨	몸울림악기	금속	있음 없음	유	채	두드리기	없음	유럽	14세기
심벌즈	몸울림악기	금속	없음	유	채	두드리기	없음	·	고대
마림바	몸울림악기	나무	있음	유	채	건반치기	있음	아프리카	선사시대
실로폰	몸울림악기	나무	있음	유	채	건반치기	있음	아시아/ 아프리카	선사시대
비브라폰	몸울림악기	금속	있음	유	채	건반치기	있음	미국	A.D. 1921
글로켄슈필	몸울림악기	금속 나무	있음	유	채	건반치기	있음	독일	17세기 말
라켓/래틀	몸울림악기	나무	없음	무	손	돌리기	없음	·	선사시대
탬버린	막울림악기	나무 플라	없음	유/무	손/채	흔들기 문지르기	없음	아라비아	A.D. 100
템플 블록	몸울림악기	나무	없음	유	채	두드리기	없음	프랑스	B.C. 200
슬랩 스틱	몸울림악기	나무	없음	무	손	돌리기	없음	미국	19세기
우드 블록	몸울림악기	나무	없음	유	채	두드리기	없음	·	선사시대
케스터네츠	몸울림악기	나무	없음	무	손	두드리기	없음	로마	B.C. 200
클라베스	몸울림악기	나무	없음	무	손	두드리기	없음	·	선사시대
공(탬탬)	몸울림악기	금속	없음	유	채	두드리기	없음	중국	B.C. 100
귀로	몸울림악기	나무	없음	유	채	문지르기	없음	·	선사시대
마라카스	몸울림악기	나무 씨앗	없음	무	손	흔들기	없음	·	선사시대
카바사	몸울림악기	금속	없음	무	손	문지르기	없음	·	·
플렉사톤	몸울림악기	금속	있음	무	손	흔들기	없음	·	20세기
첼레스타	몸울림악기	나무 금속	있음	무	손	건반치기	있음	프랑스	A.D. 1886

음악치료에 쓰이는 악기

1 기본악기

피아노(Piano)

■ 소개

피아노는 음악치료활동 가운데 가장 많이 사용되는 기본악기이며 강한 음력을 지닌 가장 대중적인 악기이다. 피아노는 다양한 음색과 강약, 속도 등을 표현할 수 있으며, 스타카토 등의 음악적 요소를 연주함으로써 환자나 학생들이 가지는 여러 가지 감정들을 묘사하고 표현할 수 있다. 피아노의 크기에 따라 집단과 피아노 연주자 사이의 시선을 가로막을 수도 있기 때문에 주의를 요하는데, 집단을 향해 피아노를 놓는 것도 간과해서는 안 된다.

■ 역사 및 특징

피아노는 '피아노포르테'에서 유래한다. 유건 타현악기인 피아노는 풍부한 음량과 자유로운 셈여림의 변화, 또 긴 여운이 특징이라 할 수 있다. 피아노가 발명된 것은 18세기 무렵이었으며 당시 사람들에게는 혁명과도 같은 일이었다. 1709년 이탈리아 쳄발로 제작가인 바르톨롬메오 크리스토포리(Bartolommeo Cristofori, 1655~1731)가 쳄발로의 몸체를 사용하여 Piano e forte라고 명명한 것이 최초의 피아노였으며 그를 피아노의 최초 고안자로 치고 있다. 이처럼 피아노가 발명되고서 많은 사람들이 놀라워한 가장 큰 이유는 피아노가 화성과 선율 두 가지 요소를 모두 갖추었을 뿐 아니라, 건반악기임에도 강한 음량을 가지고 있었기 때문이다.

피아노의 몸체 구성은 울림판기둥, 철골, 울림판, 줄받침, 조율핀, 핀판, 현, 타현기구, 페달, 몸통으로 이루어져 있다. 피아노의 현은 낮은 음은 선이 한 개이고, 중음은 선이 두 개이며, 고음으로 올라가면 한 음에 세 개의 현이 쓰인다. 피아노는 한 옥타브 안의 열두 음을 맞추고 이를 기준으로 하여 전체 88개 음의 상대적 음높이를 맞추며 평균율로 조율되는 작업을 뜻한다.

피아노의 종류에는 그랜드 피아노(Grand piano)와 업라이트 피아노(Upright piano) 두 종류인데, 크기는 매우 다양하다. 쳄발로에서 유래한 그랜드 피아노의 형태는 풀 콘서트 그랜드 피아노가 길이 3m로 가장 크다고 한다. 원래 피아노의 전신은 클라비코드나 쳄발로였다. 이것들은 14세기 무렵 덜시모와 프살테리움이라고 하는 동양에서 들어와 유럽에 전파되었던 악기가 근원이 되었다고 한다.

오늘날 피아노는 연주회용으로는 물론이고, 가정에서도 매우 각광을 받고 있으며, 대중적인 악기로 자리잡고 있다. 피아노가 이러한 중요한 위치를 갖게 된 데에는 몇 가지 이유가 있다. 첫째, 피아노는 대부분의 악기나 성악 연주에 유일무이한 반주악기가 된다는 것이다. 둘째, 피아노는 다양한 표현이 가능하다는 것이다. 셋째, 피아노를 통해 거의 모든 갈래(장르)의 음악을 연주해 낼 수 있다는 것, 마지막으로 피아노가 교육용 악기로 사랑을 받는다는 것이다.

클래식기타(Classic guitar)

■ 특색

기타는 피아노와 함께 치료활동을 하면서 가장 많이 사용되는 기본악기이며, 다양한 기능을 가진 '작은 오케스트라' 라고 할 수 있다.

■ 역사 및 특징

기타는 오늘날 목이 있는 악기 가운데 가장 대표적인 악기이다. 류트족에 속하는 기타는 현존하는 현악기 가운데에서 가장 역사가 길다고 할 수 있다. 대개의 경우가 모두 8자 형태이며 앞면과 뒷면이 모두 평평한 것이 특징이다. 기타 몸체의 구성은 줄감개집, 줄감개, 울림구멍, 공명통, 줄받침, 현, 프렛으로 이루어져 있다. 같은 류트족의 악기 가운데에서 기타 이외에 지금까지도 대중적으로 사용되는 악기는 '류트' 와 '만돌린' 을 들 수 있다. 기타 현의 수는 모두 6줄로 아래서부터 E, A, d, g, b, e순이며 줄의 질이 음질을 좌우한다.

클래식기타와 흔히 포크기타라고 하는 통기타의 차이점은 다음과 같다. 클래식기타는 영어로 Acoustic Nylon Guitar라고 해서 Nylon(나일론)줄을 사용한다. 따라서 통기타보다 맑고 깊으며 부드러운 음을 내는 데 견주어, 통기타의 영어명칭은 Acoustic Steel Guitar라고 하여 Steel(쇠)줄을 사용하게 된다. 따라서 그만큼 밝고 가늘며 경쾌한 소리를 내는 것이 가장 큰 차이점이라고 할 수 있다.

이러한 기타를 연주하는 데 있어서 사용되는 악보는 오선보와 타블라투라 기보법의 두 가지를 사용한다. 타블라투라 기보법이란 지판의 모양을 그림으로 그려 보여주는 표를 말한다.

기타의 이름은 그리스의 기타라(Kithara)에서 유래되었다고 한다. 그 옛날 스페인을 지배했던 사라센 제국의 사람들의 악기였던 기타라 모리스카와 스페인 토속 악기인 라틴 풍의 기타가 발전한 것이라고 알려져 있다.

악기를 현명하게 구입하려면 다음과 같은 방법으로 하면 좋다. 우선 악기의 가격은 울림판에 사용된 나무의 종류로 따라 정해지기 때문에 값이 낮을수록 나무합판으로 제작한 경우가 많이 있다. 처음부터 비싼 악기를 사들일 필요는 없다. 기타를 살 때는 지판 부분이 휘지 않았는지를 꼼꼼히 살펴야 하며 기타의 프렛을 잡고 순수한 음이 나는지를 반드시 확인해야 한다.

멜로디악기(Melody instruments) ....

실로폰(Xylophon)

실로폰은 환자들의 다양한 감정을 표현하는 데에 가장 유용한 악기 가운데 하나이다. 악기의 이름은 'Xylon(나무)' 와 'Phone(소리)' 라는 그리스어에서 파생되었다. 흔히 목금(木琴)이라고 불리며 나무로 만들어진 여러 개의 잘 조율된 음판이 피아노 건반처럼 나열되어 있다. 실제 소리는 악보보다 한 옥타브가 높으며 크기는 대형, 중형, 소형으로 나누어진다. 이러한 목판(나무로 된 음판) 아래에 공명통이 붙어 있는 것을 마림바(Marimba)라고 하며, 이 공명통은 나무나 금속으로 만들어져 소리를 크고 부

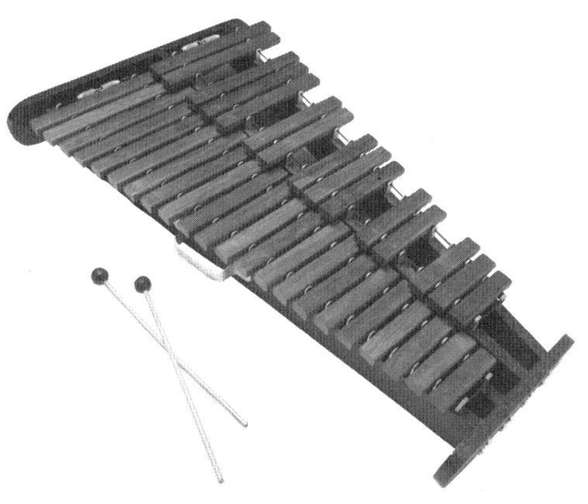

드럽게 해 준다.

실로폰은 아시아나 아프리카에서 오래전부터 존재했는데, 15세기 무렵 아시아 자바 지방으로부터 온음계의 실루폰이 유럽으로 전해졌다.

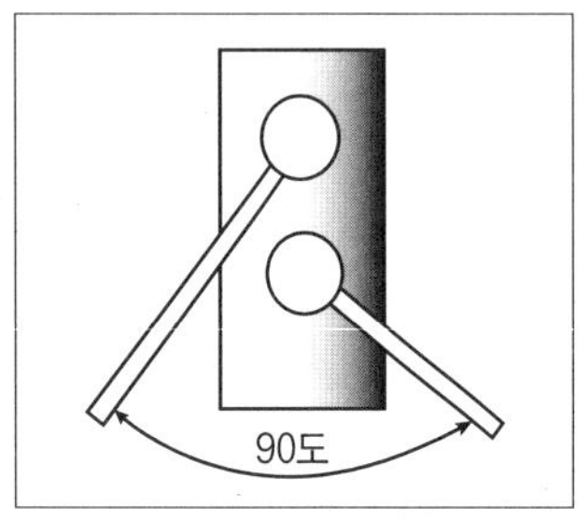

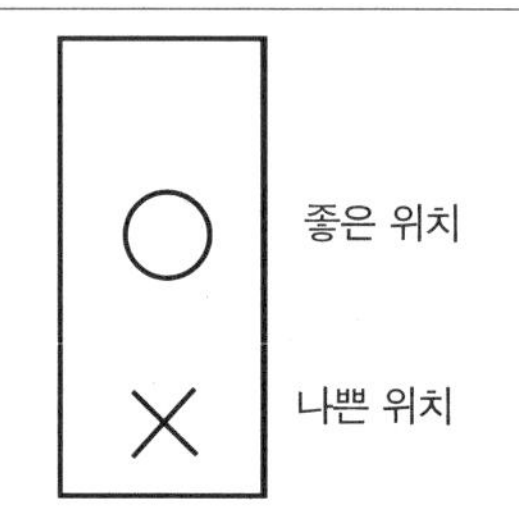

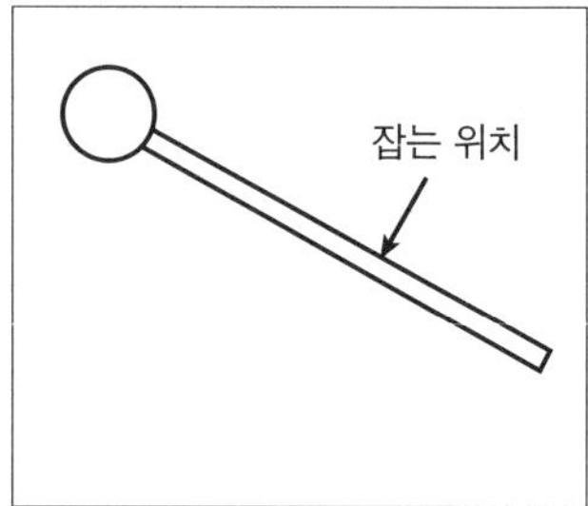

마림바(Marimba)

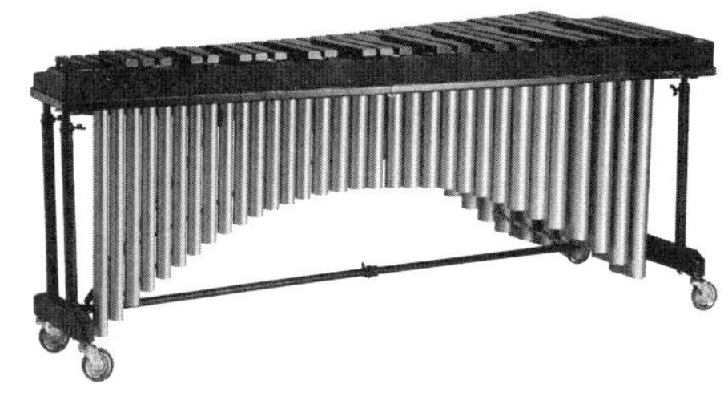

마림바는 중앙아프리카가 원산지이다. 흑인 노예들에 의해 북·남미 대륙에 전파되었고 그뒤 유럽에 들어온 악기로, 호리병을 공명관으로 사용한 일종의 실로폰이었다. 공명관이 실로폰보다 한 옥타브 낮게 조율되어 있어 낮은 음량이 풍부하여 음역도 넓다. 실로폰보다 연한 채로 치기 때문에 부드러운 음을 내게 되는데 독주가 가능하다. 따라서 독주곡과 협주곡에 쓰이는데, 이 악기는 최근 리듬앙상블 연주용으로도 사랑을 받고 있다.

비브라폰(Vibraphone)

철금의 일종이고, 실로폰 목판 아래에 공명통이 붙어 있는 마림바와 같은 형태를 가지고 있다. 이러한 목판과 공명통 사이에 모터를 회전시켜 바람을 일으킴으로써 비브라토(Vibrato)가 생기게 된다. 연주자가 발로 페달을 밟으면 전기 모터가 작동하여 소리가 긴 여운을 담게 된다. 비브라폰은 멜로디와 화성적 요소를 모두 갖추고 있는 악기이다. 비브라폰은 피아노의 페달과 같이 소리를 지속시켜주는 발 페달도 있는데, 소리를 줄여주는 댐핑(damping)페달이 있다.

비브라폰은 1920년대 미국에서 개발되었다. 현대에 들어와서는 가벼운 합금강으로 제작되어 부드러운 음색과 지속적인 여운을 갖게 되었다.

슬라이드 휘슬(Slide whistle)

이 악기는 장애아동들의 주의력 끌기에 가장 적합한 악기이다. 저음에서 고음, 고음에서 저음으로 활주하여 음을 내는 크롬이나 목재로 만들어진 일종의 피리이다. 악기의 크기는 길이는 32cm 정도이고, 직경은 2.5cm 정도이다. 악기의 본체에 달린 것을 밀어서 음정을 만들어 낸다. 장애아동들이 가장 좋아하고 신기해하는 악기 가운데 하나이다.

핸드벨(Hand bells)

핸드벨은 색깔악보와 숫자악보 등을 이용하여 환자들의 인지력, 집중력을 향상시키는 데 많이 사용된다. 손으로 벨을 잡고 연주를 할 수 있는 악기로 핸드벨 음악은 신비스럽고 매력적이어서 '천상의 소리', '황금종소리'라고 불릴 정도의 아주 아름다운 소리의 악기이다.

인간의 마음을 평온하게 해주며 모든 사람들이 들어도 싫증이 안 나는 악기이다. 핸드벨은 아름다운 악기로서 연주자들이 협력하여 하나의 완성된 음악을 만들어 내야 한다. 따라서 음악적인 표현을 하여 아름다운 천상의 소리를 만들어 내는 것이 중요하기 때문에 어린이들에게는 협동심을 키워줄 수 있다.

■ 핸드벨 소리 멈추기(Damp, Damping)
  - 울린 핸드벨(Ring)은 반드시 박자의 길이만큼 울리게 한 뒤 반드시 소리를 멈추어야 한다(Damp).
  - 소리를 멈추게 하는 방법은 핸드벨을 자기의 몸에 대면 된다(Shoulder Damp, Hand Damp, Table Damp 등이 있다).

플루토폰(Flutophones)

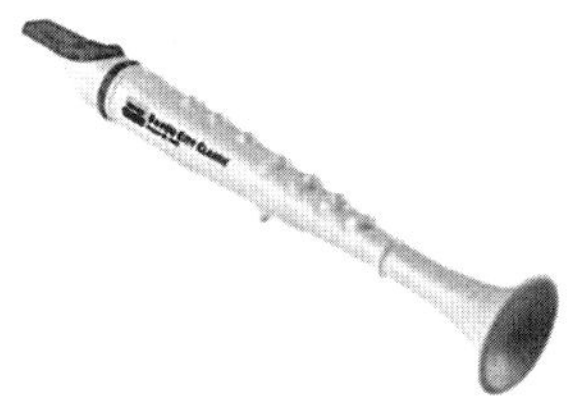

피리형태이며 악기의 겉면에 나 있는 구멍을 손가락으로 막고서 입으로 취구를 불어서 소리낸다. 가온음 도에서 높은 레까지 연주가 가능하다.

칼라벨(Colorbells)

콰이어 차임과 마찬가지로 손잡이 부분을 쥐고 아래로 쳐서 연주하며, 내담자들의 색깔인지능력 향상에 도움을 준다. 모두 7가지 색깔로 한 옥타브를 소리낸다.

리듬악기(Rhythm instruments) ....

큰북(Bass drum)

■ 기원 및 특징

큰북의 기원은 언제인지 확실하지 않다. 18세기 무렵 터키음악과 함께 유럽에 전해진 것으로 알려져 있으며, 그뒤 19세기에 와서는 서양음악의 중요한 저음 타악기로 발전해 왔다.

북의 크기는, 관현악에 사용되는 큰북은 직경이 75cm 정도이고, 넓이는 40cm 정도이다. 북면의 팽팽한 정도에 따라 음색에 차이가 나므로 양쪽 면에 붙어 있는 조율 나사로 조정할 수 있다. 큰북은 받침대 위에 올려놓고 연주하며, 북면의 양쪽 모두를 연주할 수 있지만 오른쪽 면을 치는 것이 일반적이다. 북채는 나무로 되어 있고, 머리 부분은 펠트(felt)로 싸여 있다. 보통 강박에서는 위에서 아래로 비스듬히 내려치고, 약한 박일 경우에는 아래에서 위로 비스듬히 올려친다. 때때로 면의 진동을 최대한 줄이기 위해 왼손을 왼쪽 북면에 대기도 한다.

다른 여러 악기들의 소리를 감싸주며 잘 어울려 관현악 곡에서 구실이 크며, 군대의 취주악단과 재즈 밴드에서도 사용된다. 큰북의 구실은 크게 세 가지로 나눌 수 있는데 강세의 변화, 리듬 꼴의 표현, 음색의 변화를 주는 것이라 하겠다.

큰북이 사용된 대표적인 작품은 Stravinsky의 〈봄의 제전〉, Britten의 〈War Requiem〉, 그리고 Mahler의 〈교향곡 제3번〉 등을 예로 들 수 있겠다. 다음 보기의 악보는 관현악 곡에서큰북이 강세의 변화를 주는 데 효과적으로

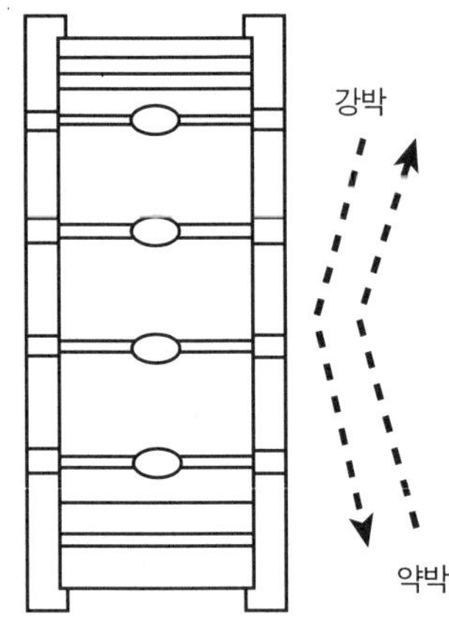

사용되고 있음을 보여준다.

■ 종류

북의 지름과 테두리의 높이가 조금씩 다르며, 용도에 따라 모양도 다르다.

① 음악회용 큰북 : 대개 양면 북을 사용하나, 때로는 한쪽이 뚫려 있는 것도 사용되며, 이를 'Gong-Drum'이라고 부르기도 한다. 북면의 직경은 70~90cm 정도이고, 테두리의 높이는 35~55cm 정도이다.

② 재즈 밴드용 큰북 : 북면의 직경은 45~60cm, 테두리의 높이는 30~40cm

③ 군악대용 큰북 : 북면의 직경은 25~45cm, 테두리의 높이는 25~45cm

작은북(Snare drum)

작은북(소고 : Side Drum, Snare Drum) : 경음악대나 관악대 등에서 주로 볼 수 있고, 아랫부분에는 쇠로 된 줄(Snare)이 붙어 있어서 쇳소리가 나기 때문에 '스네어 드럼(Snare Drum)'이라고도 한다. 사이드 드럼(Side Drum)이란 말은 행진하며 연주할 때, 악기를 옆쪽 허리에 매달고 연주하는 데서 비롯했다고 한다. 지름은 약 35~37cm 정도이고, 세로의 폭은 15cm이다. 몸통은 금속으로 만들어져 있으며, 테너 드럼이라고 하여 쇠줄(Snare)이 붙어 있지 않은 것도 있다.

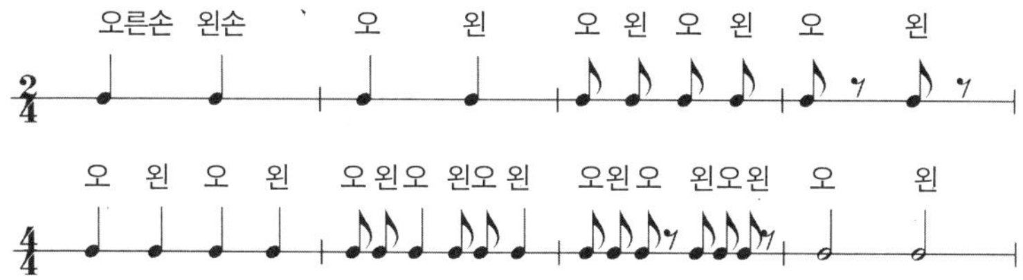

팀파니(Timpani)

관현악에서 쓰이는 북으로는 유일하게 음정이 있는 타악기이다. 일반적으로 2개 이상을 한 세트로 사용한다. 각각의 악기는 크기에 따라 소리의 높이도 다르고, 그 높이를 변화시킬 수도 있다. 몸체는 구리가 많이 쓰이며, 막은 '헤드'라고 하여 소가죽을 많이 사용한다. 막의 팽팽한 정도를 연주자가 조정해서 조율하게 된다. 일반적으로 5도의 범위에서 음정을 변화시킬 수 있다. 팀파니의 연주자는 페달을 밟아서 글리산도(glissando)를 표현해 낼 수 있다.

탬버린(Tambourine)

탬버린은 가장 오랜 역사를 가진 타악기 가운데 하나이다. 이 악기는 중세부터 중부유럽의 민속악기로 사용되었다. 악기의 형태는 한쪽 면에만 가죽이 붙어 있는 작은북의 형태를 띠고 있다. 보통 악기의 길이가 25cm 정도이고 면과 맞닿아 있는 테(hoop)에는 구멍이 여러 개 있는데, 그곳에는 동그랗고 얇은 금속(jingle)이 두 개씩 달려 있다. 연주법으로는 탬버린을 위로 높이 들어 방울소리만 나게 할 수 있고, 아니면 주먹이나 손끝으로 북면을 가볍게 칠 수도 있다. 또

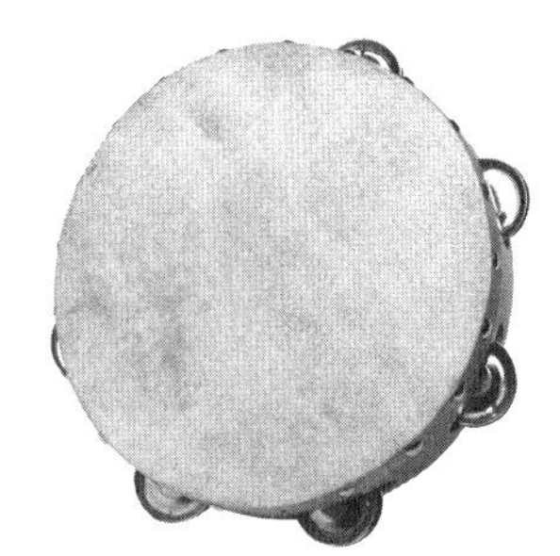

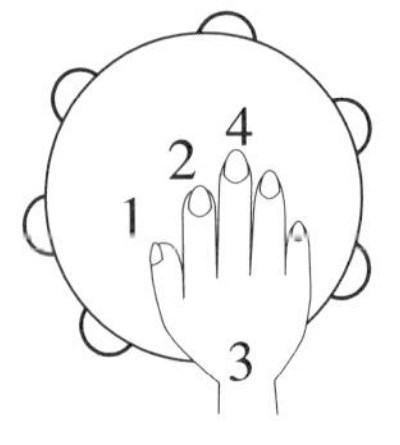

는 엄지손가락으로 북면을 긁어서 연주하는 '엄지손가락 트릴(thumb trill)'도 중요한 연주법이다. 다음 그림은 한 마디의 음표를 분할해서 연주할 경우의 연주 방법을 나타낸 것이다.

챠임벨(Chime bell)

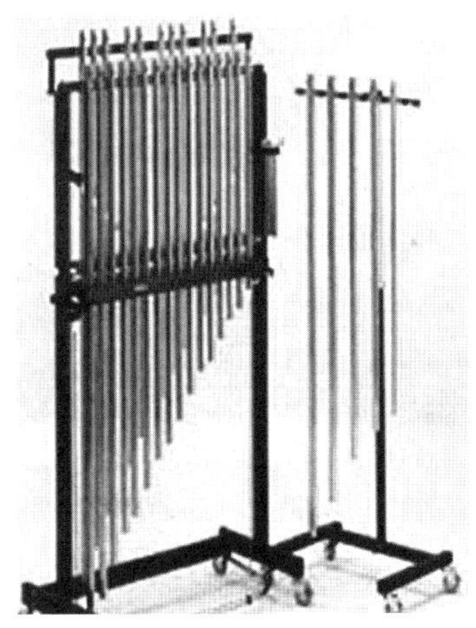

교회의 종소리와 비슷한 음색을 가졌다고 해서, 챠임벨(Chime Bell) 또는 튜블러 벨(Tubular Bell)이라고 부른다. 관현악에 쓰이는 유일한 종(bell)이다. 이 악기를 연주하는 채는 머리 부분이 동물가죽[生皮]으로 덮여 있다. 공명이 비교적 다른 악기에 견주어 길기 때문에 속도가 빠른 곡에서는 적합하지 않다.

봉고(Bongo)

봉고는 중앙아메리카(쿠바)에서 사용해 온 악기이다. 봉고란 '봉고 드럼'의 약자이며, 원산지는 따라서 쿠바이다. 악기의 모양은 서로 다른 크기의 북 두 개가 서로 붙어 있는데 저음 봉고와 고음 봉고가 한 쌍으로 구성되어 있다. 연주를 할 때에는 허리 높이의 스탠드에 걸어놓고 연주하거나 팔 또는 무릎에 끼워서 연주하기도 한다. 북 한 쌍의 음정 차이는 5도가 보통이다.

톰톰(Tom-tom)

쇠줄(snare)이 부착되지 않은 작은북으로서 그 크기
가 다양하다. 악기의 모양은 큰북의 모양이며, 두 쌍
이상으로 이루어져 있다. 일반적으로 양면에 가죽을
입히지만, 밑면에는 가죽을 입히지 않는다. 손가락이
나 채를 가지고 연주하게 되며, 동양음악과 흑인음악
에 주로 사용된다. 양면이 모두 가죽이나 플라스틱으

로 막혀있거나 한쪽만 막힌 경우가 있다. 악단 안에서는 큰북과 작은
북의 중간 구실을 담당한다. 현대에 와서는 '연주용 톰톰' 과 '반음계
적 톰톰' 으로 구분되는데, '연주용 톰톰' 은 8개의 톰톰을 한 세트로
사용하며, '반음계의 톰톰' 은 12개의 톰톰을 이용하여 연주하고 음정
이 있는 것이 특징이다.

클래퍼 드럼(Clapper drum)

우리나라의 소고와 비슷한 이 악기는 박수 치는 듯
한 인상을 준다 하여 '클래퍼 드럼' 이란 이름을 갖게
되었다. 작은북의 양 테두리에 줄을 연결하여 만드는
데, 이것을 흔들면 북에 달린 줄 끝의 구슬이 북면을
때려서 '딱, 딱'하는 소리를 낸다. 음악치료 현장에서
장애아동들이 좋아하는 악기 가운데 하나이다.

콩가(Conga)

콩가는 남아메리카와 아프리카에서 전래된 악기로 브라질과 쿠바의
룸바음악에 많이 사용되며, 콩가 드럼(Conga Drum)의 약칭이다. 큰
나무를 잘라 윗면을 가죽으로 덮고 겉면은 플라스틱이나 나무로 만든
커다란 북이다. 일반적으로 두 개를 세워놓고 손으로 연주하게 되며,

쿠바에서는 춤곡의 룸바리듬에 쓰이기도 한다. 양쪽 손바닥을 이용하여 연주하며, 보통 2개와 4개를 한 세트로 사용하게 된다. 봉고와 봉고보다 깊고 낮은 소리를 낸다. 또한 연주되는 부분과 연주 형식에 따라 음색에 많은 변화가 있다.

■ **주법**

손으로 연주하는 것이 원칙이나, 경우에 따라 채를 사용하기도 한다.

귀로(Guiro)

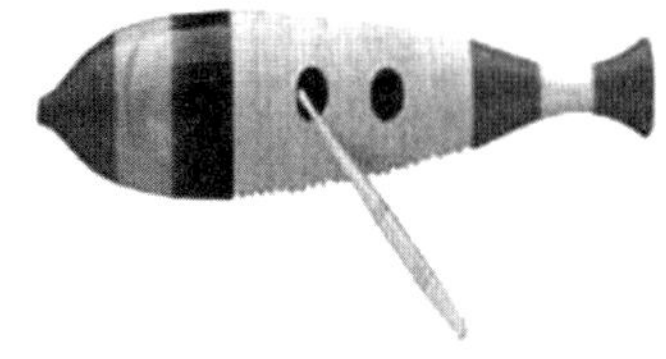

빨래판을 연상시키는 이 악기는 재질이 나무이며 형태는 원통 모양, 뿔피리 모양, 물고기 모양 등 다양하다. 악기의 겉면에는 빨래판과 같이 되어 있어서 쇠나 나무로 만들어진 막대를 가지고 긁어서 소리낸다. 겉면에 두 개의 구멍이 나 있는데, 엄지손가락과 검지손가락을 각각 넣어 쥐고서 연주하게 된다.

카바사(Cavasa)

포르투갈어로 카바사는 '표주박' 이란 뜻이 있다고 한다. 브라질 민속타악기의 하나로서, 마라카스와 마찬가지로 나무 열매를 말려서 속을 파내고 그 속에 돌을 넣은 뒤 곁에 작은 쇠구술을 줄에 꿰어 얽어맨 것이다. 연주방법은 왼손으로 악기를 받치고 오른손으로 자루 부분을 쥐고 돌리거나 흔들어서 소리를 낸다.

마라카스(Maracas)

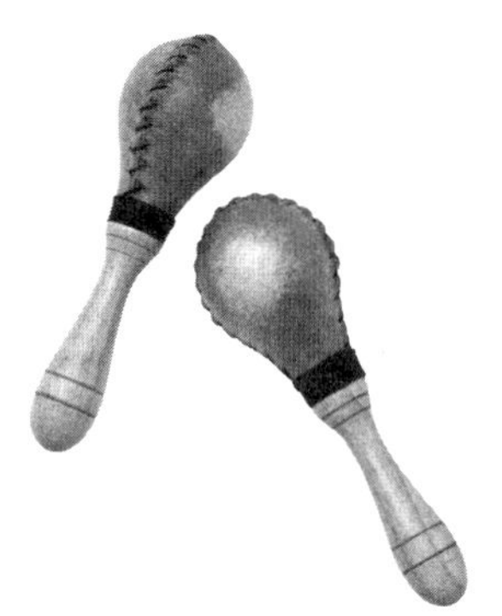

'마라카스' 라는 명칭은 원래 2개의 '마라카'를 일컫는 말로서 복수형이다. 호리병을 잘 말려서 그 속에 나무 열매 등을 넣어서 소리낸 기원을 가지고 있다. 악기의 재질은 나무로 된 것과 플라스틱으로 된 것이 있으며, 그 속에 말린 콩이나 열매 등을 넣고 흔들어서 소리 낸다.

우드블록(Wood block)

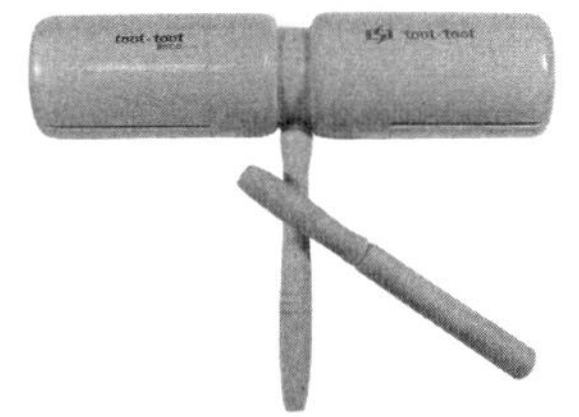

우드블록은 중국에서 유래되었으며, 네모 모양(중국식)과 둥근 모양(미국식)이 있는데, 다른 이름으로는 목종(木鐘)이라고도 한다. 이 악기는 두 가지 형태가 있는데, 하나는 '중국식 우드블록' 이고 다른 하나는 '미국식 우드블록' 이다. 중국식은 직사각형 빈 나무 상자의 옆쪽에 긴 구멍이 나 있으며, 미국식으로 가운데가 움푹 들어간 조그만 통나무와 같은 모양이다. 연주방법은 작은북 채나 실로폰 채 등으로 쳐서 소리를 낸다

트라이앵글(Triangle)

트라이앵글은 14세기 때부터 유럽에 있었다. 정삼각형 모양의 강철로 만들어진 타악기인데, 삼각형의 한쪽 꼭지점은 이어져 있지 않은 것이 특징이다. 대개의 경우 아랫면을 쳐서 소리를 내게 되며 연주할 때에는 악기의 윗면에 달려 있는 끈을 잡고서 소리내게 된다. 트레몰로를 연주할 경우에는 악기의 양쪽 변을 좌우 또는 상하로 계속해서 치게 된다.

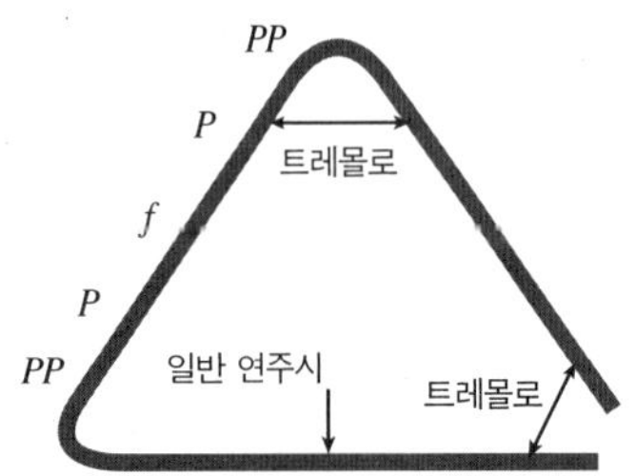

악기의 크기에 따라 3종류가 있으며 각각 '大, 中, 小'로 구별된다.

- 대 (大) : 10 인치
- 중 (中) : 8 인치
- 소 (小) : 6 인치

코끼리코(Reihenklapper)

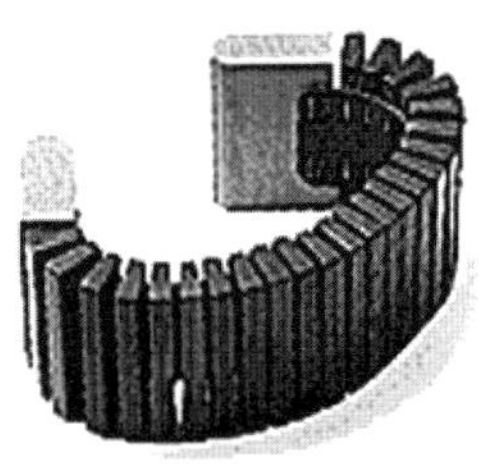

원산지는 일본이고 작은 나무 조각들이 강한 끈으로 연결되어 있다. 두 손으로 악기의 양쪽 끝을 쥐고서 흔들거나 비틀어서 소리내게 된다. 이 악기는 '전악'에 쓰이는 악기이다. '전악' 이란 농민의 가무와 여흥의 산악(散樂)을 합하여 평안(平安)시대에 만들어진 것이다.

악기의 크기는 길이 7.5cm 정도이며, 양쪽에는 손잡이가 있다. 연주 방법은 양쪽 손잡이를 잡고 나무부분을 때려서 소리를 낸다. 중국에서는 단판(약26cm×5cm)이라는 판을 세 장 연결시켜 위아래로 흔들어 박자를 맞추기도 하여 악기의 형태를 달리하기도 한다.

징글스틱(Jingle stick)

탬버린용의 종(jingle)을 나무판이나 플라스틱 판에 붙여, 손바닥이나 엉덩이에 가볍게 쳐서 소리를 내는 악기이다. 판의 크기는 폭 5cm, 길이 35cm 정도이고 종의 수는 2~5까지 여러 개가 있다. 핸드레스 탬버린(Handless tambourine)과 같은 악기는 락이나 포크 음악에 사용되거나 학교현장에서 리듬 교육용 악기로 많이 사용된다.

플랙사톤(Flex-a-tone)

구부러진 강철에 작은 구슬 두 개를 붙여서 만든 악기인데, 투명하고 맑은 소리를 내는 금속 소재 악기이다. 철판은 삼각형 모양을 하고 있으며 넓은 쪽의 길이는 7~8cm 정도이고 전체의 길이는 18cm 정도이다. 연주방법으로는 손 전체가 아닌 손목을 흔들어서 구슬이 철판을 쳐서 소리나게 된다. 이러한 독특한 연주방식으로 말미암아 악기의 소리는 트레몰로와 같은 인상을 주고 스타카토 등의 음을 내기에는 어려움이 있으며, 셈여림 또한 표현하기에 어려움이 있다. 영국에서 이 악기를 발명하여 등록되었고 1924년에는 미국에서 '플랙스어톤' 이라는 이름으로 악기명부에 정식으로 등록되었다. 그 악기는 재즈 음악에서 자주 사용되었다.

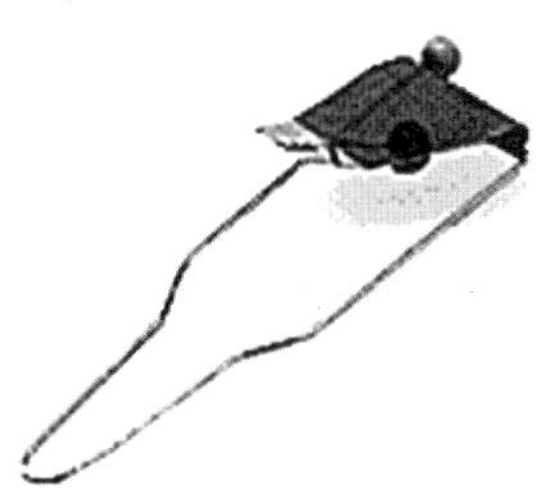

토킹 드럼(Talking drum)

토킹 드럼은 통신을 위해 아프리카 지방에서 사용되어 오던 전통 북이다. 한쪽 면에 가죽을 덮어 고음과 저음의 서로 다른 2개의 북을 이용한다. 연주자는 여러 가지 리듬을 조합하여 단어를 만들어 씀으로서 전화나 전보의 역할을 대신하였다. 주요 용도는 출생이나 죽음, 전쟁과 같은 긴박하거나 중요한 소식을 전달하는 것이었다. 북소리 전달 거리는 대개 6~10km 정도까지 가능하다고 한다. 북의 형태는 한쪽 면으로만 된 것도 있고, 양면인 것도 있다. 또한 크기나 모양도 다양하다고 한다. 토킹 드럼은 '8' 자 형태의 통에 양면의 가죽을 덮어서 끈으로 묶어서 만든다. 겨드랑이 밑에 북을 끼우고 연주하는데, 팔로 줄

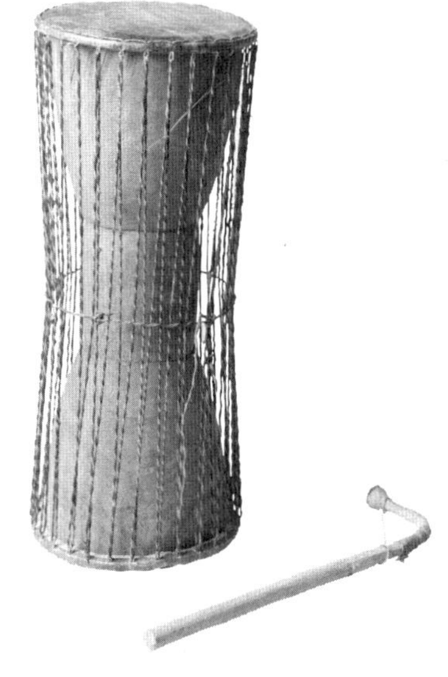

을 엮어 가면서, 다양한 음색을 만들어 낸다. 북채는 끝 부분이 직각
으로 되어 있고, 채의 끝은 물뿌리개 모양이다.

카우벨(Cow bells)

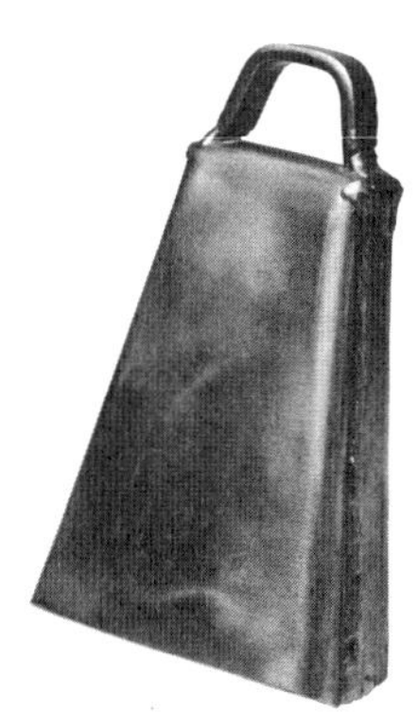

명칭에서 알 수 있듯이, 본래 소와 같은 가축의 목
에 달아주던 방울에서 전래된 악기이다. 연주를 위해
막대나 멜럿을 가지고 쳐서 소리를 낸다. 손으로 들고
연주할 수도 있지만 스탠드에 고정시켜서 연주할 수
도 있다. 이 악기는 레가토적인 선율에 어울리는 악기
이다. 최근에는 추를 없애고 대신 멜럿으로 쳐서 소리
를 내기도 한다. 흔히 크기에 따라 large, medium,
small로 구별하여 사용하는데, 실제로는 음정이 다양
하며, 작곡자의 의도에 따라 다양한 멜럿을 이용하여
색다르고 독특한 음색을 낼 수 있다.

비브라슬랩(Vibra slap)

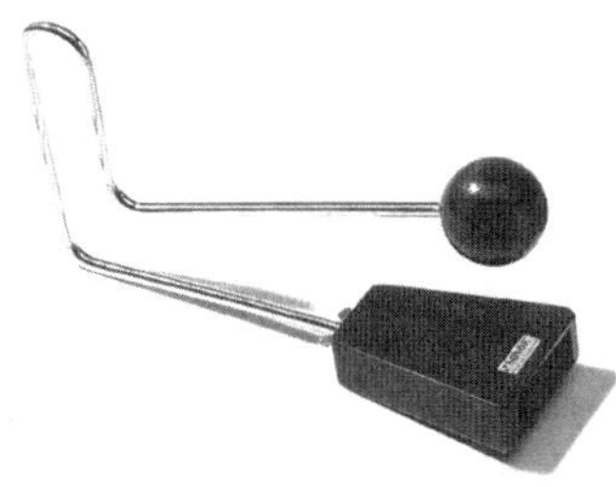

원산지는 남미이며, 주로 라틴 타악기음악에서 많
이 사용한다. 금속이나 목재로 된 공명관과 둥근 형태
의 나무공이 부착된 악기이다. 악기를 잡는 방법은 구
부러진 철재 부분을 잡고 둥근 나무 공을 손바닥에 내
려침으로써 소리를 낸다. 특이한 음색 때문에 록큰롤
이나 라틴 음악에 주로 사용된다.

윈드챠임(Wind chime)

이름에서도 알 수 있듯이 바람에 흔들려 소리
나는 악기라고 해서 '윈드 챠임(Wind chime)'이
란 명칭을 갖게 되었다. 원래 이 악기는 여러 조
각의 나무, 대나무, 금속관, 유리, 조개껍질 등을
매달아 놓고 바람에 흔들려서 소리나게 만든 일
종의 모빌 장식이었다고 한다. 악기의 소리가 무

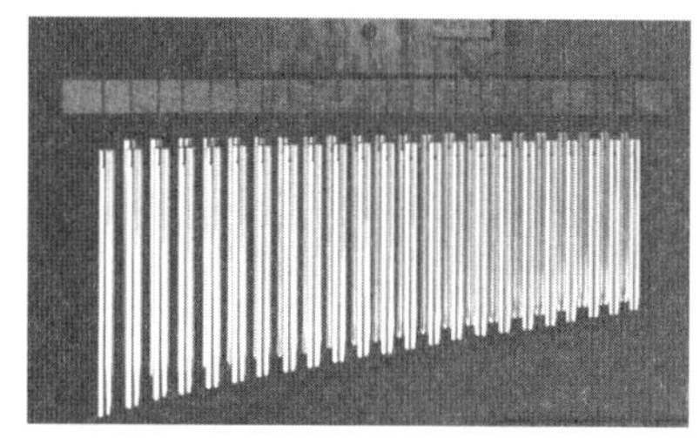

척 아름다워서 현재는 타악기로 사용되고 있다. 작곡자의 의도에 따
라 두 손, 한 손, 혹은 스틱으로 소리내며 재질에 따라 각기 음색이 다
르다. 금속으로 된 것과 유리로 된 것은 그 여운이 길고 소리가 두드
러져 사용에 각별히 유의해야 한다.

심벌즈(Cymbals)

터키에서 전래된 악기이며 재료는 놋쇠합금으로 만
들어졌다. 두 개를 한 쌍으로 연주하며 악기의 크기
도 다양하다. 길이는 약 40cm 정도이며, 가운데가 완
만하면서도 볼록하게 돌출되어 있다. 일반적으로 기
본자세는 오른손을 위쪽에 두고, 왼손을 아래쪽에 둔

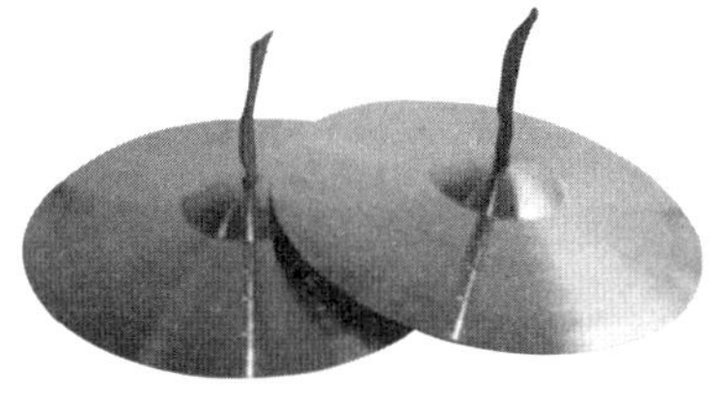

채로 두 심벌이 서로 스치면서 부딪치듯 소리낸다. 스타카토의 연주
때 연주자는 소리낸 뒤에 곧바로 가슴에 대어서 소리를 정지시키면
된다. 약하게 연주하기 위해서는 강하게 치지 말고, 스치듯이 가볍게
연주하도록 한다.

캐스터네츠(Castanets)

스페인 음악에 자주 등장하는 우리에게 익숙한 악기이다. 16세기 말
부터 17세기 중부 유럽에서도 많이 사용하였다. 스페인 고유의 악기

로서, 나무토막 사이를 약간 벌어지게 두 개의 나무토막을 끈으로 서로 묶어서 만든 악기이다. 양쪽에 있는 나무를 손가락을 이용하여 서로 마주쳐서 수리를 낸다. 스페인에서 춤을 출 때는 캐스터네츠를 양손의 손가락에 끼워서 무용음악에 따라 연주하기도 한다.

클라베스(Claves)

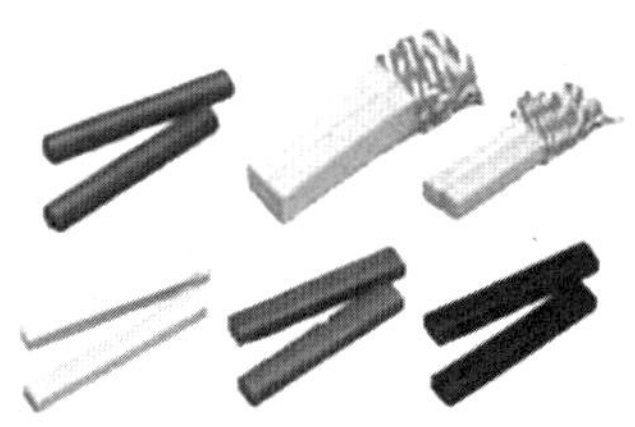

짧고 굵은 나무토막 한 쌍으로 구성된 이 악기는 각이 진 것과 둥근 원형인 것이 있다. 대개의 경우 둥근 클라베스를 많이 사용한다고 한다. 악기의 형태가 마치 우리나라의 윷가락과 비슷하게 생겼다. 두 개의 막대기를 서로 쳐서 소리를 내며 공명을 좋게 하기 위해 컵을 쥐는 것처럼 잡고 연주한다

손가락 피아노(Thumb piano)

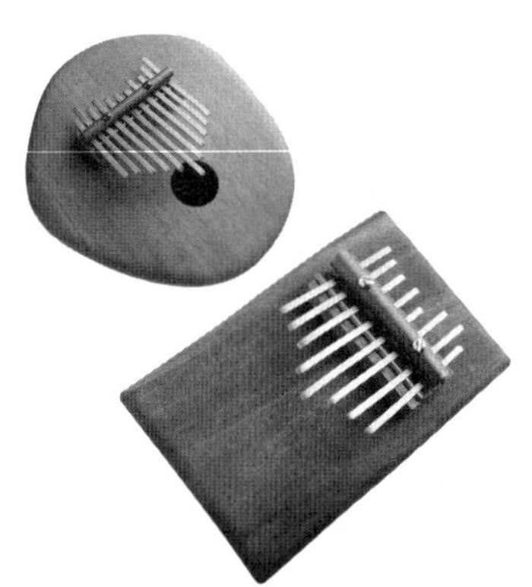

손가락 피아노는 원산지가 아프리카이다. 이 악기는 현과 울림[共鳴]판으로 이루어져 있는데, 아프리카 원주민들은 악기를 구성하는 재료를 호리병박 열매들을 가지고 만들었다고 전해지며, 그 명칭도 매우 다양하다. 예를 들어 산사(sansa), 마림바(marimba), 카림바(karimba) 등으로 불린다. 연주방법은 멜로디를 연주하기 위해 손가락으로 금속 날들을 퉁기면서 소리 낸다.

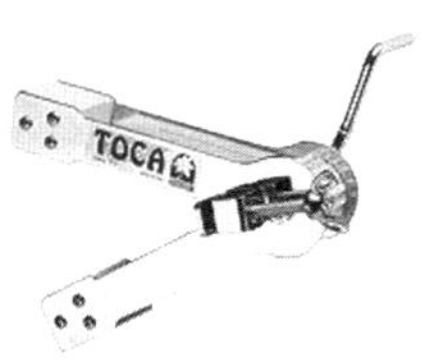

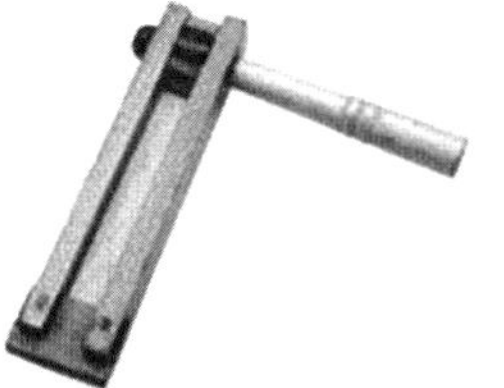

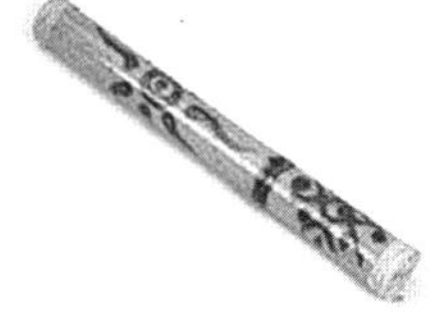

스틸드럼(Steel Drum)

스틸드럼은 스틸팬(Steel Pan)이라고도 하는데, 모양은 둥글고, 편평한 드럼의 가장자리는 마치 그릇처럼 오목하게 들어가 있으며, 타원형으로 생겼다. 볼록한 부분은 특정 크기마다 예정된 패턴에 따라 볼록하게 나와 있다. 이렇게 볼록한 부분들은 표면의 나머지 부분들과는 따로따로 분리된 홈들에 따라서 구분되어 있는데, 이것이 악기의 음정를 표시해 주는 구실을 한다. 드럼의 가장자리는 드럼 스텐드(stand)와는 떨어져 있고, 열처리되어 있으며, 키는 미리 정해진 음높이(pitch)와 음조(tone)에 따라 맞추게 된다. 드럼을 드럼 스텐드에 건 뒤에, 끝이 고무로 된 스틱으로 연주한다.

오션드럼(Ocean drum)

오션드럼은 몸울림악기[體鳴樂器]에 속한다. 오션드럼 안에는 작은 쇠구슬이 여러 개 들어 있어서 흔들 때마다 아름다운 바닷가의 파도소리 같은 효과를 줄 수 있다. 따라서, 이러한 파도소리 같은 효과 때문에 악기 표면 디자인도 물고기 모양을 많이 사용하게 된다.

징글벨(Jingle Bell)

핸드드럼(Handdrum)

로그드럼(Log Drum)

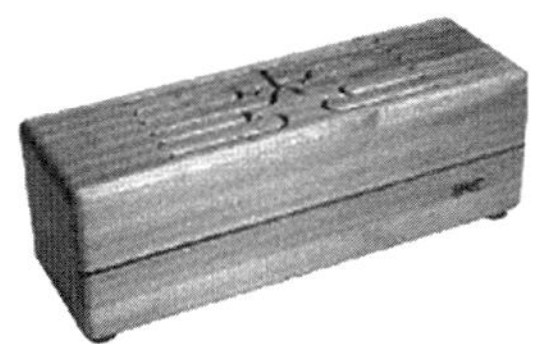

카주(Kazoo)

톤챠임(Tone Chime)

일명 콰이어 챠임(Choir Chime)이라고도 한다. 핸드벨로 손잡이 부분을 같이 잡고 흔들어서 소리 낸다. 여러 음정으로 구성되어 있어서 많은 수의 연주자들을 필요로 한다. 대개는 악보를 보고 연주하게 되는데, 장애 정도에 따라, 치료 목적에 따라 악보의 종류를 달리하여 제시하는 것이 좋다.

4 기타 악기

슬레이벨(Sleigh Bells)

나무막대에 작은 방울이 여러 개 달려

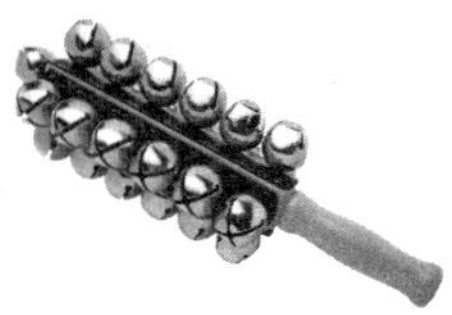

있으며, 밝고 경쾌한 소리를 내는 것이 특징이다.

아고고벨(Agogo bell)

금속 혹은 목재로 된 두 개의 종이 서로 붙어 있는
이 악기는 드럼 채나 멜럿 또는 트라이앵글 채를 가
지고도 연주한다.

아자찌

카바사와 비슷하게 생겼으며 흔들어서 소리를 낸다.
나무 열매를 끈으로 엮어서 덮어서 만든다.

에그쉐이커(Egg shakers)

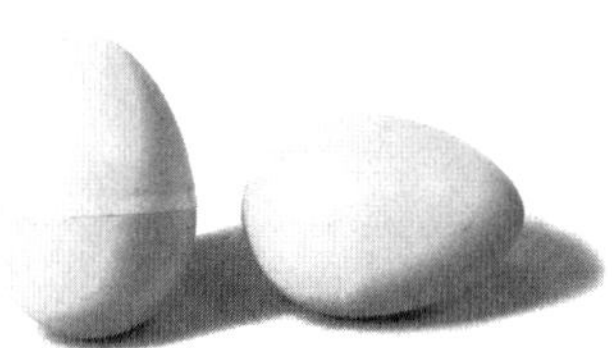

리듬악기 활동에 주로 쓰이며, 노인
들을 위한 활동 프로그램인 'Rhythm
for life'에 많이 사용된다. 달걀모양뿐
만 아니라 과일이나 채소모양의 쉐이
커도 있다.

핸드 드럼(Hand Drum, Tambour)

한쪽 면에만 가죽이 덮여 있는 북의 일종으로 방울을 떼어낸 탬버린
과도 같은 형태이다. 드라이버를 이용하여 음정을 조절하며 북면을
팽팽하게 한다. 악기를 쥐는 방법은 엄지손가락은 북의 테 바깥쪽에
자리하도록 하고, 나머지 손가락은 북의 안쪽 면에 자리하도록 한다.

■ 악기이름(4개 국어)

영어(ENGLISH)	이탈리아어(ITALIAN)	독일어(GERMAN)	프랑스어(FRENCH)
Bass Drum	Gran Cassa	Grosse-Trommel	Grosse Caisse
Bells	Campanelli	Glockenspiel	Jeu de Timbres Carillon
Bongos	Bongos	Bongos	Bongos
Brush(Wire, Twig)	Verghe	Besin, Ruth	Brosse
Castanets	Castagnetta	Kastagnetten	Castagnettes
Chimes	Campani	Glocken	Cloches
Claves	Claves	Claves	Claves
Conga Drum	Tumba	Tumba or Conga-Trommel	Conga
Cowbells	Cencerro	Kuhlglocken	Sonnailles
Crash Cymbals	Cinelli or Piatti	Cymbales	Becken or Tellern
Cymbals	Piatti, Cinelli	Becken	Cymbales
Street Drum	Tamburo Militare	Militare-Trommel	Tambour-Militaire
Finger Cymbals	Cimbalini	Fingerzimbeln	Cymbalse Digitales
Flexatone	Flessatono	Flexaton	Flexatone
Gong, Tam-Tam	Tam-Tam	Tam-Tam	Tam-Tam
Marimba	Marimba	Marimbaphone	Marimba
Ratchet	Raganella	Handtatsche	Crecelle
Slap Stick, Whip	Frusta	Peitsche	Fouet
Sleigh Bells	Sonagli	Schellen	Grelots
Side Drum, (Snare Drum)	Piccolo Cassa	Kleine-Trommel	Caisse Claire
Sticks	Bacchetta	Schlagel	Baguettes, Mailloch
Tambourine	Tamburo Basco (Tamburino)	Becken Tambourine	Tambour de Basque
Tenor Drum, Tabor	Tamburello	Tamburin	Tambourin
Temple Block	Blocco De Legno	Tempel Block	Temple bloc
Timpani	Timpani	Pauken	Timbale
Triangle	Triangolo	Triangel	Triangle
Wooden Wind Chime	Bacchette di Legno Sospese	Holz-Windglocken	Baquettes de Bois Suspendues
Bamboo Wind Chime	Tubi di Bambu	Bambusrohre	Bambou Suspendu
Metal Wind Chime	Bacchette di Metallo Sospese	Metall-Windglocken	Baguettes Metalliques Suspendues
Glass Wind Chime	Bacchette di Vetro Sospese	Glas-Vindglocken	Baguettes de Verre Suspendues
Woodblocks	Legno	Holz Block	Bloc De Bois
Xylophone	Xilofono or Silofono	Xylophone or Holzharmonika	Xylophon or Claquebois

제2장
악기연주법

이 장에서 ‘악기연주법’을 비교적 자세히 다루고자 하는 이유는 훌륭한 연주자를 양성하기 위함이 아니다. ‘아는 만큼 보인다’ 는 말도 있듯이, 음악치료를 하는 치료사들이 치료의 중요한 도구가 되는 악기를 더욱 잘 이해하면 할수록 좀더 훌륭하고 통찰력 있는 치료사가 될 수 있기 때문이다. 예컨대, 탬버린 연주법을 다섯 가지 알고 있는 치료사는 한 가지만 알고 있는 치료사에 견주어 그만큼 다양한 치료활동을 계획할 가능성이 커지게 되는 것이다. 따라서 이 장에서는 악기를 잡는 자세에서부터 악기의 정확한 명칭, 악기연주방법, 악기의 다양한 형태 등을 언급하였다. 그러나 악기에 대한 정확한 연주법은 리듬(rhythm)이나 박(beat), 셈여림에 대한 이해 없이는 불가능하다. 그래서 이러한 내용들 또한 함께 다루었으니 참고하기 바란다.

박(beat)

1 박(beat)과 세기(counting)의 의미 ....

박(beat)이란 박자를 이루는 구성요소이다. 여기서 박 세는 방법을 다루는 이유는 좀더 정확한 템포감을 가지고 악기합주를 할 수 있도록 도움을 주고자 함이다. 리듬앙상블을 진행할 때 자신의 악기를 무작정 아무 느낌 없이 연주하는 사람들을 본다. 어떤 연주가 되었건 간에 연주에 앞서 충분히 그 곡의 박자를 느낀 다음 연주해야 한다. 박을 느낀 다음 연주를 시작한다는 것은 정확한 템포 감각을 가지고 좀더 완성된 연주를 하는 데 필수적인 요소이다.

박세기(counting)란 박자의 개념도 포함하지만, 템포의 개념이 더 크다. 따라서 한번 시작한 템포는 곡이 시작되면 흔들리지 않도록 하는 것이 중요하다. 연주가 시작되기 전에 반드시 몸으로 템포를 느낀 다음, 시작하는 것이 바람직하다. 박을 세는 방법을 충실히 연습해서 자신의 것으로 습득하게 되면 매우 정확한 리듬 감각을 소유할 수 있게 될 것이다. 이 방법은 광범위한 악기연주에 적용될 수 있으며, 더 완성된 연주를 도울 수 있다.

박자세기 실제 ....

실제 연주에서 박세기는 그 곡의 흐름이나 느낌을 파악하는 데 도움
이 된다. 한 마디를 4개의 부분으로 나눈 4비트라든지, 8개로 나눈 8
비트, 16개로 나눈 16비트, 1박을 3개의 박으로 짝지은 12비트(3연
음), 셔플리듬 등, 다양한 비트의 리듬 형태에서 좀더 정확하고 감각적
인 연주를 가능하도록 해 준다. 연주에 앞서 반드시 아래에 제시된 독
음(讀音)방법으로 2마디 정도 충분히 입으로 소리 낸 다음 실제 연주
에 들어가야 할 것이다. 연습초기에는 메트로놈 ♩=60 정도부터 시작
하여 나중에 숙달되면 점점 속도를 높여서 연습하는 것이 좋다.

1. 4비트(beat)

'4비트 리듬' 이란 한 마디가 4개의 일정한 박으로 구성되어 있는 경
우를 뜻한다. 4비트 곡을 실제로 연주할 때 하나하나의 박을 입으로
세면서 연주하는 것이 무엇보다 중요하다. 이는 정확한 연주를 위한
것이다. 다음과 같이 소리 내서 읽는다. '원-투-쓰리-포'. 쉽고 평범
하게 보이지만, 연주 시 비트를 소리 내어 읽으면서 연주하는 것과 그
렇지 않을 경우가 상당한 차이를 보인다. 리듬감이 부족한 사람들은
이와 같은 비팅(beating) 훈련을 실제 곡을 통해 많이 해 두는 것이 중
요하다.

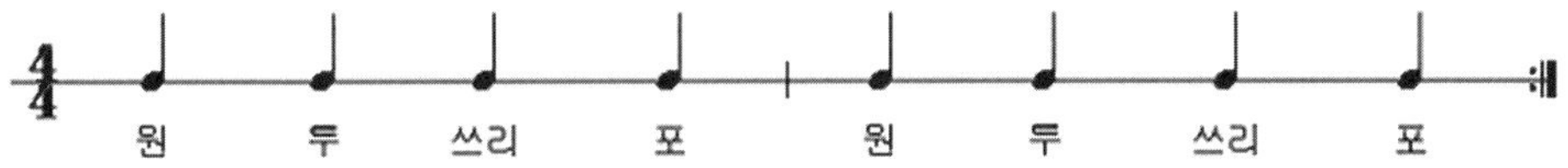

2. 8비트

'8비트 리듬' 이란 한 마디가 8개의 일정한 요소로 구성되어 있는 것
을 의미한다. 박을 셀 때는 다음과 같이 소리 내서 읽는다. '원-엔-
투-엔-쓰리-엔-포-엔'. 모두 8개의 음절로 발음될 수 있도록 읽으

면 된다. 이제부터 어떤 연주를 하더라도 이 패턴으로 소리 내며 악기를 연주하게 된다면 굳이 메트로놈이 없더라도 좀더 정확한 연주가 가능해진다.

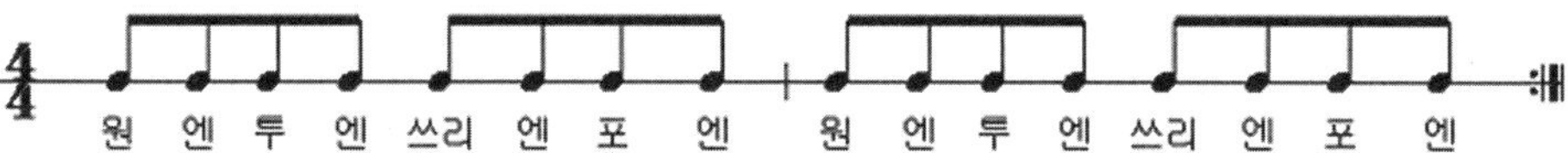

3. 3연음(12비트)

'3연음' 이란 셋잇단음표를 의미한다. 박을 셀 때는 다음과 같은 구음이 필요하다. (원-이-엔)-(투-이-엔)-(쓰리-이-엔)-(포-이-엔).

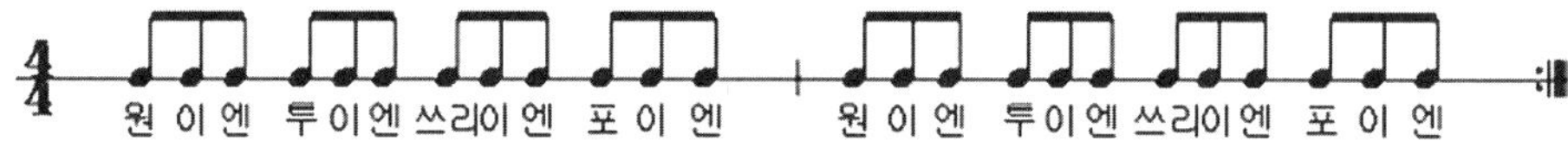

4. 16비트

'16비트 리듬' 이란 한 마디를 16개의 박으로 잘게 나눈 리듬 형태를 말한다. 그래서 얼핏 생각하기에 이 리듬이 매우 빠를 것이라고 생각되지만 실제로는 그렇지 않은 경우가 더 많다. 한 마디 안에 좀더 많은 박이 있다 보니 더 세밀한 표현이 가능하기 때문이다.

박세기 유의사항

앙상블 연주자는 연주 시작 전에 반드시 박세기를 1~2마디 정도 마음속으로 센 다음 시작해야 한다. 느린 템포에서 먼저 연습해서 점점 더 빠른 템포로 옮겨가도록 한다. 또한 8비트나 16비트, 그리고 3연음 박자세기를 각각 연습해야 한다.

셈여림

4박자 계통의 동요나 클래식 음악을 들으면 '◎○○○'의 셈여림을 나타낸다. 초등학교 음악수업시간에 귀에 닳도록 들은 이야기일 것이다. 그러나 우리가 흔히 듣는 유행가도 그와 같은 셈여림일까?

전통적인(classic) 곡의 셈여림과 비전통적인(non-classic) 경우의 셈여림은 서로 큰 차이가 있다. 특히 4박자 곡에서 가장 큰 차이점을 보인다. 앞으로 앙상블 상황에서 하게 되는 모든 연주에서 이 non-classical 셈여림을 염두에 두어야 할 것이다.

1 전통적인(classical) 셈여림 ....

전통적인 셈여림이란 동요나 찬송가, 가곡과 같이, 음악의 형식과 전통을 중시하는 악곡의 셈여림을 말한다. 일반적으로 4박자 계통의 곡에서는 '강-약-중강-약'의 셈여림 구조를 띄게 된다. 가장 보편적인 형태의 셈여림을 살펴보면 다음과 같다.

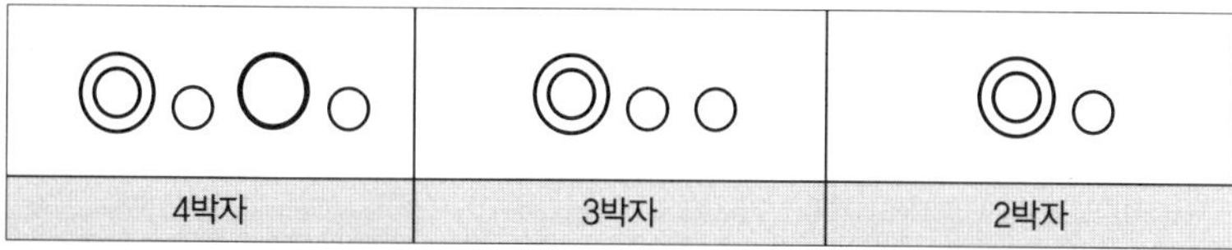

〈전통적인 음악의 박자별 셈여림〉

1. 4박자 계통의 셈여림

전통적인 스타일의 음악에서 4박자 계통의 셈여림은 '강-약-중강-약'의 형태를 띠고 있는 것이 보통이다. 그래서 동요 '산토끼'를 부를 때도 한 마디 안의 첫 박은 강하게 부르고, 둘째 박은 약하게, 셋째 박은 중간 정도의 세기로, 마지막 박은 약하게 부르게 된다. 이것은 모든 종류의 국내외 동요나 가곡, 오페라 등에 고루 쓰이는 셈여림 형식이라고 하겠다.

2. 3박자 계통의 셈여림

전통적인 스타일의 음악에서 3박자 계통의 셈여림은 '강-약-약'의 형태를 띤다. 즉, 한 마디 안의 첫 박은 강하게 연주하고, 둘째와 셋째 박에서는 약하게 연주하면 된다.

3. 2박자 계통의 셈여림

전통적인 스타일의 음악에서 2박자 계통의 셈여림은 '강-약'의 형태를 띤다. 즉, 한 마디 안의 첫째 박은 강하게 연주하고, 둘째 박은 약하게 연주하면 된다.

비전통적인(non-classical) 셈여림 ....

비전통적인 셈여림이란 가요나 재즈 등과 같은 널리 유행하거나 비형식적인 체제를 갖고 있는 악곡의 셈여림을 말한다. 치료장면에서 내담자들과 우리가 즐겨 부르는 가요들은 모두 이 비전통적인 셈여림의 형식을 따르게 된다. 곡의 효과를 극대화하기 위해 다음과 같은 박자별 셈여림을 잘 익힐 필요가 있다.

○ ◎ ○ ◎	○ ◎ ◎	○ ◎
4박자	3박자	2박자

〈비전통적인(non-classical) 음악에서 박자별 셈여림〉

1. 4박자 계통의 셈여림

비전통적인 스타일의 곡에서 셈여림은 전통적인 음악과 비교해 볼 때 정반대의 성격을 가진다. 전통적인 음악의 4박자 계통의 셈여림이 '강-약-중강-약' 이었다면, 비전통적인 음악의 4박자 계통 셈여림은 '약-강-약-강' 의 형태를 갖는다. 이것은 일반 대중가요에서 두드러지게 나타나게 되는데, 이 셈여림 형식을 충실하게 지키면 지킬수록 더욱 음악의 맛과 깊이를 더해준다. 만약 고고(go go)리듬으로 가요 '독도는 우리 땅' 을 부른다면, 다음과 같이 셈여림을 구성해야 할 것이다.

슬로우 고고(slow go go)리듬으로 가요 '바위섬'에 부를 때도 다음과
같은 셈여림을 사용하게 된다.

다음은 셔플·스윙(shuffle swing)리듬의 가요 '남남'에 셈여림을 구
성한 것이다.

2. 3박자 계통의 셈여림

전통적인 음악에서 3박자 계통의 셈여림이 '강-약-약' 이었다면,
비전통적인 음악에서의 3박자 계통 셈여림은 '약-강-강' 의 형태를
갖는다.

3. 2박자 계통의 셈여림

전통적인 음악에서 2박자 계통의 셈여림이 '강-약' 이었다면, 비전
통적인 음악에서 2박자 계통 셈여림은 '약-강' 의 형태를 갖는다.

연주법의 실제

1 연주법의 실제 ....

타악기 연주는 멜로디 악기 연주에 견주어 비교적 쉽다고 생각하는 사람들이 많은 것 같다. 그러나 실제로 연주를 해 본 사람이라면 그런 생각이 잘못되었다는 것을 쉽게 알 수 있을 것이다. 능숙한 타악기 연주를 하려면 멜로디 악기를 연습하는 시간만큼이나 많은 시간이 필요하다. 특히 신체의 부분들 가운데 대(大) 근육을 이용한 악기가 많기 때문에 평소에 사용하지 않는 근육을 가지고 악보에 맞게 정확한 연주를 해 내기란 그리 쉽지 않다.

물론 앞서 언급한 바와 같이, 타악기 가운데서도 음정을 가지는 타악기들도 많이 있다. 예컨대 실로폰 · 마림바 · 글로켄슈필 · 비브라폰 · 철금 등이 그것이다. 그러나 이제부터 설명하고자 하는 악기들은 이러한 음정이 있는 악기들과 그렇지 않은 악기들을 구분하지 않고 함께 소개하고자 한다. 이 장에서 함께 다루어 볼 악기로는 다음과 같다.

탬버린 · 카바사 · 쉐이커 · 핸드벨 · 드럼 · 건반타악기 · 콩가 · 핸드드럼 · 클라베스 · 우드블록 · 귀로 · 오션드럼 · 봉고 · 심벌즈 · 스틸드럼 · 캐스터

네츠 · 마라카스 · 콰이어챠임 · 트라이앵글 · 레인스틱 · 비브라슬랩 · 플랙
사톤 · 라쳇 · 벨 · 칭촉 · 아고고벨 · 크리켓 · 큐코드 등

위의 악기연주법 설명의 구체적인 구성요소로는 1)악기에 대한 간단한 소개, 2)악기 잡는 자세, 3)구체적인 연주방법, 4)실제 연습과제 등으로 구성하였다. 한 가지 언급하고자 하는 것은 이곳에서 설명하는 연주법들이 절대적이 아니라는 점이다. 어디까지나 하나의 예시일 뿐이며, 얼마든지 응용이 가능하다. 더 나아가서 연주자 자신만의 새로운 스타일을 만들어가는 것도 바람직하다 하겠다. 사진설명을 덧붙여 이해를 돕고자 했지만 지면이라는 한계점이 있는 것이 사실이다. 따라서 스스로 사진설명을 꼼꼼히 관찰하여 연주방법을 익혀야 할 것이다. 실제적인 연주법 설명에 들어가기에 앞서 연습에 임하는 학습자들이 유의할 사항을 알아보도록 한다.

1. 최대한 천천히 연습한다.
2. 최대한 정확한 동작으로 연습한다.
3. 연주 2마디 전부터 마음속에서 박세기를 한다.
4. 반복적으로 꾸준히 연습한다.
5. 숙달되면 점점 빠르게 속도를 높인다.
6. 숙달되면 점점 높은 난이도의 과제로 옮겨간다.
7. 숙달되면 연주자 나름대로 리듬을 창안해 본다.
7. 기존 곡(예 : 녹음곡)과 함께 연주해 본다.

1 | 탬버린 Tambourine

■ 각 나라별 이름

(독) Tamburin, Schellentommel

(이) Tanburino, Tamburo basco

(프) Tambour de basque

■ 연주자세

① 오른손으로 탬버린을 가볍게 쥔다.

② 탬버린의 위치는 자신의 가슴 15cm 앞에 위치하는 것이 가장 적당하다.

■ 연주방법

탬버린 연주방법은 크게 두 가지로 나눌 수 있다. 첫째는 탬버린을 흔들어 연주하는 방법이고, 두 번째는 탬버린은 고정시키고 손바닥으로 연주하는 방법이 있다.

① 탬버린을 흔들어 연주하는 방법 : 악기를 자신을 기준으로 우상(右上)방향으로 올리고, 좌하(左下)방향으로 내려서(대각선) 연주한다. 중요한 점은 내릴 때의 세기와 올릴 때의 세기가 똑같아야 한다는 것이다. 따라서 마음속으로 '하나, 두울, 세엣, 네엣' 이라고 세면서 연주하면 정확하게 연주할 수 있다.

② 탬버린을 고정시키고 연주하는 방법 : 징글(jingle) 소리의 여운
을 충분히 주기 위해 오른손은 고정시키고 왼손 바닥 부분으로
좌에서 우로 아주 부드럽게 치는 경우도 흔히 볼 수 있다. 이 연
주방법은 조용한 발라드 곡에서 사용하면 훌륭한 효과를 거둘
수 있다.

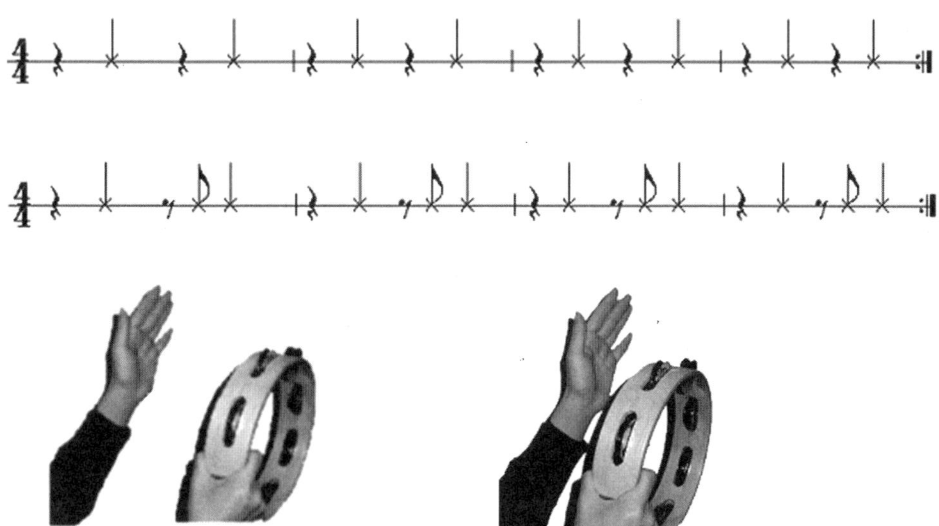

③ 트레몰로를 연주하기 위해서는, 탬버린을 가볍게 허리 아래로
내린 상태에서 좌우 10cm 간격으로 잘게 떨어주면서 연주자의
눈높이까지 올려주면 된다.

〈트레몰로 준비자세〉 – 아래로 향하게 한다

〈악기를 잘게 떨면서 올려준다〉

또 다른 트레몰로 방법으로 '손가락 트레몰로(thumb roll, thumb trill)' 기법이 있다. 이것은 오른손으로 악기를 들고 왼손 엄지로 악기 북면의 가장자리를 누르면서 밀어 올려 그 반동으로 징글(jingle)을 떨리게 한다. 이때 엄지의 끝이나 손톱으로 북면을 긁으면 제대로 소리 나지 않는다. 엄지의 두툼한 볼 부분으로 문지르면서 밀어 올리면 된다. 다음 그림 속 화살표 방향으로 엄지를 올려준다.

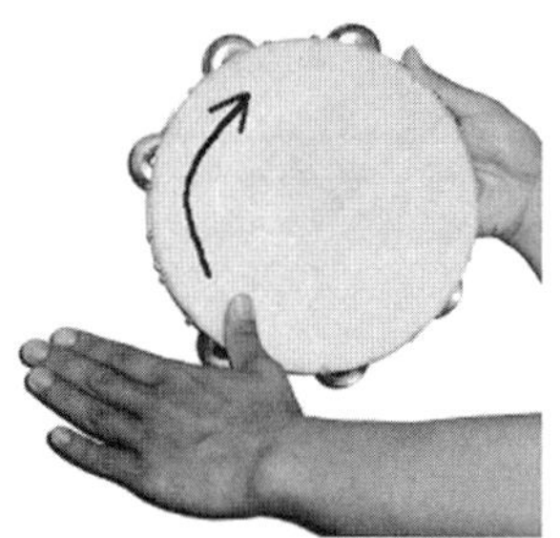

〈엄지를 이용한 트레몰로〉

④ 좀더 색다른 음색을 얻기 위해 피아노 뚜껑을 열어 그 안에 놓고 피아노를 연주하기도 한다. 메탈 계통의 독특한 음색을 얻을 수 있다.

⑤ 무릎 위에 올려놓고 연주하기도 한다. 또한 무릎과 손바닥을 번갈아 가며 쳐서 연주할 수도 있으며, 맬럿(mallet)을 가지고 탬버린의 북 면을 쳐서 연주할 수도 있다.

〈멜럿으로 치는 모습〉

〈무릎에 놓고 두 손으로 연주하는 모습〉

■ 실제연습

① 조용하고 부드러운 곡에서의 사용 : 탬버린은 밝은 분위기의
  곡에만 어울리는 것은 아니다. 조용한 곡에서 연주할 때는 탬
  버린을 쥔 오른손은 움직이지 않게 연주자 가슴 앞에 둔 뒤, 왼
  손바닥으로 탬버린의 태 부분을 아주 가볍게 쳐주면 된다. 이
  때 주의할 점은 왼손으로 세게 치지 않아야 한다는 것이고, 징
  글 소리만 청명하게 들리도록 해야 한다.

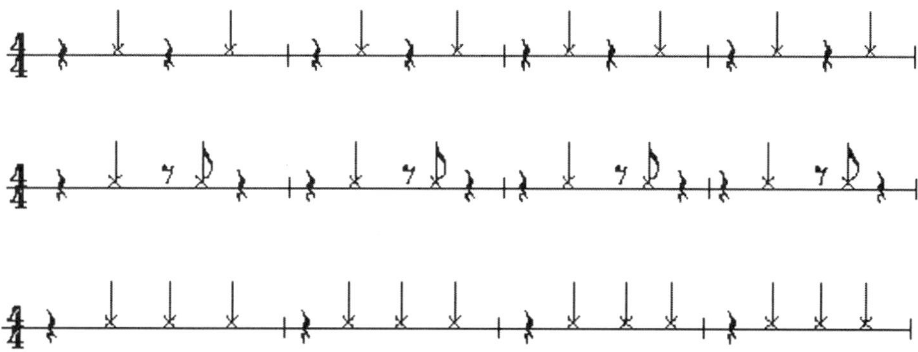

② 8비트리듬 : 한 마디 안에 8개의 비트로 구성되어 있는 리듬을
  말한다. 연주자 입장에서 오른쪽 윗부분에서 왼쪽 아래 부분으
  로 대각선을 그리며 탬버린을 흔들어 준다. ■표시는 탬버린
  의 태(hoop)부분을 왼손바닥에 쳐서 소리 내는 것을 의미한다.

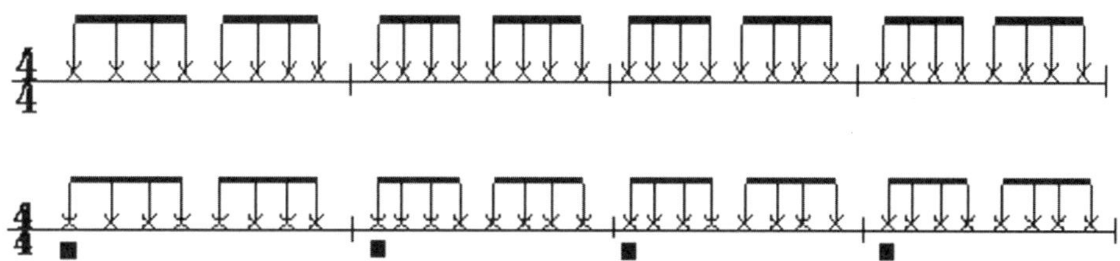

③ 16비트리듬 : 한 마디 안에 16개의 beat로 구성되어 있는 리듬을
  말한다. 연주방법은 두 부분으로 나누어 연주하게 되는데, 즉

연주자의 눈높이에서 한 번(2beat) 흔들고, 조금 아래 부분인 가
슴 높이에서 한 번(2beat)를 흔든다. 위아래를 계속 반복해서 연
주한다. 점점 속도를 빠르게 하여 연습해 본다. ■표시는 탬버
린의 태(hoop)부분을 왼손바닥에 쳐서 소리내는 것을 의미한다.

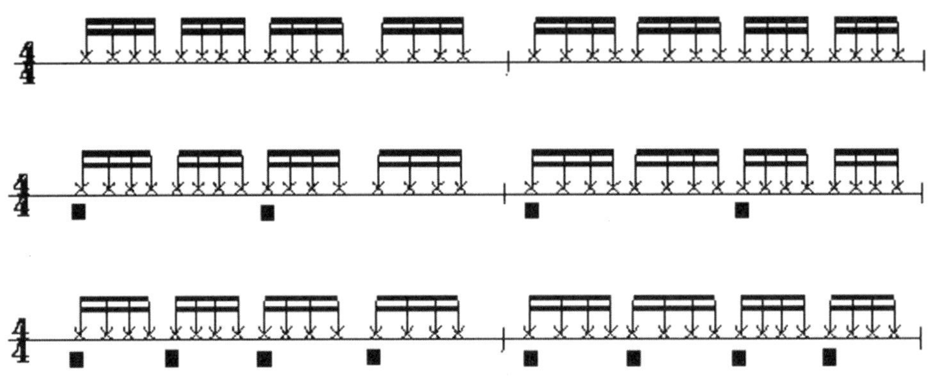

탬버린의 모양은 북처럼 생겼지만 한쪽 면에만 가죽이 붙어 있
고 동체에 방울처럼 생긴 것(jingle)이 여러 개 달려 있어 찰랑
찰랑 소리가 난다. 두 개의 음정이 다른 탬버린을 가지고 연주할 수
있다. 이때 알아야 할 점은 왼손은 큰북의 역할을 하고, 오른손은 작
은북의 역할을 한다는 것이다. 즉, 왼손에는 낮은 음의 탬버린을 들
고, 오른손에는 높은 음의 탬버린을 끼고서 연주하게 된다. 탬버린은
남국적인 무곡에 주로 사용되며 예술적인 곡에서도 남국의 이미지를
암시하는 데 쓰인다. 차이코프스키의 〈호두까기 인형〉, 모음곡의 〈아
라비아 무곡〉이나 카르멘에서 이국적인 흥취를 더하는 데 쓰이고 있
다. 아래는 다양한 형태의 탬버린들이다.

■ 연주자세

카바사는 쇠판, 쇠구슬, 손잡이로 구성된 16비트 곡의 사이사이에 들어가는 악기이다. 연주 때에는 연주자의 손목 스냅(snap)이 무엇보다 중요하며 오른손을 너무 구부려 연주하지 않도록 해야 한다.

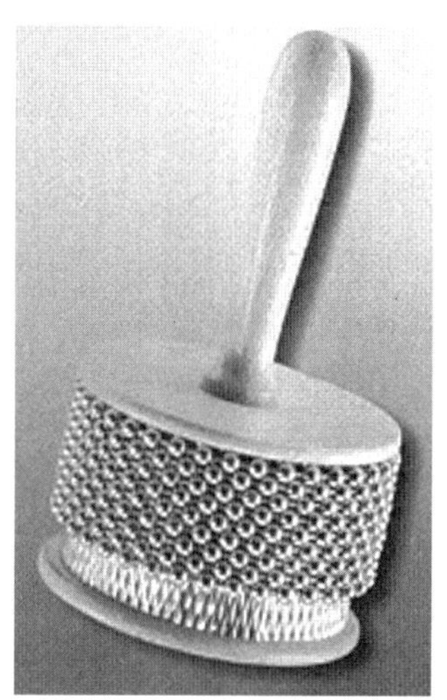

① 왼손으로 악기(쇠 구슬 부분)를 받쳐 들고, 왼손 손바닥 전체로 악기를 감아쥔다.

② 오른손은 악기의 자루(손잡이)부분을 쥐고 돌려서 소리 내거나 또는 쉐이커와 같이 흔들어서 소리를 낸다. 손잡이 부분을 앞으로 돌리든지 뒤로 돌리든지 상관없다. 연주자가 편한 쪽을 선택하면 된다.

■ 연주방법

① Snap : 카바사 연주에서 손목의 스냅은 무엇보다 중요하다. 손목을 자신의 바깥쪽으로 강하게 돌려주어야 하는데(물론, 반대로 돌려주어도 상관없다), 힘있고 짧게 끊어서 연주해 주어야 한다. 이때 짧고 여린 음일수록 손목 스냅의 간격은 줄어들고, 길고 강한 음일수록 스냅 간격은 좀더 길어지게 되고 빨라진다.

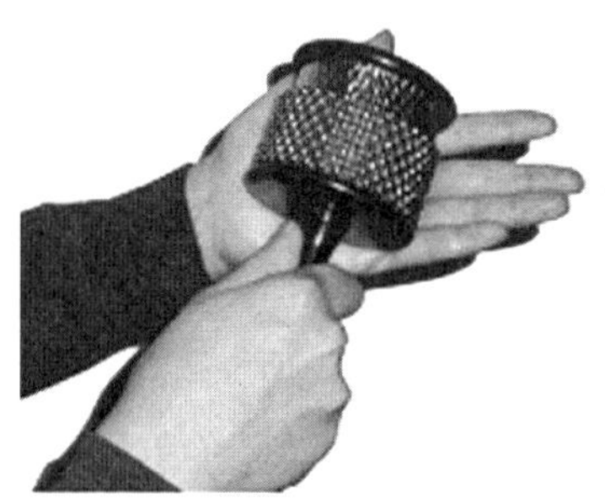

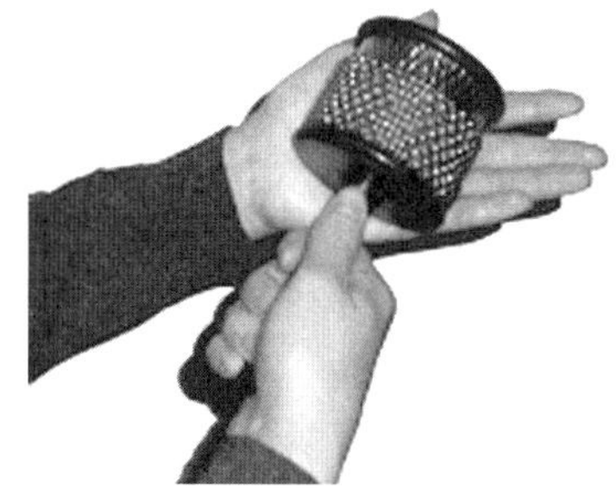

② Shaking : 실제 연주 때에는 쉐이커처럼 흔들어서 소리내기도
한다. 즉, 8비트나 16비트를 밀고 당겨서 연주할 수 있다. 또한
이에 대한 응용으로, 한 마디 안에서 강세의 변화를 주기 위해
손바닥에 악기를 가볍게 쳐서 연주하기도 한다. 이때 첫째 박
과 셋째 박은 허공에서 연주하고, 둘째와 넷째 박은 손바닥에
악기를 침으로써 그 박에 강세를 준다.

〈기본 쉐이킹 주법〉

〈쉐이커처럼 흔들어서 연주하는 과정〉

② Effect 효과 : 이 연주방법은 마치 레인스틱과 비슷한 음색을
얻을 수 있는 주법이다. 우선, 기본자세를 갖춘 상태에서 오른
손은 위쪽을 향하게 한다. 악기를 연주자를 중심으로 좌하지점
에서 우상지점으로 손목을 돌리되, 오른손 손등이 위쪽을 향하
도록 올렸다가 다시 원위치로 내리면 된다.

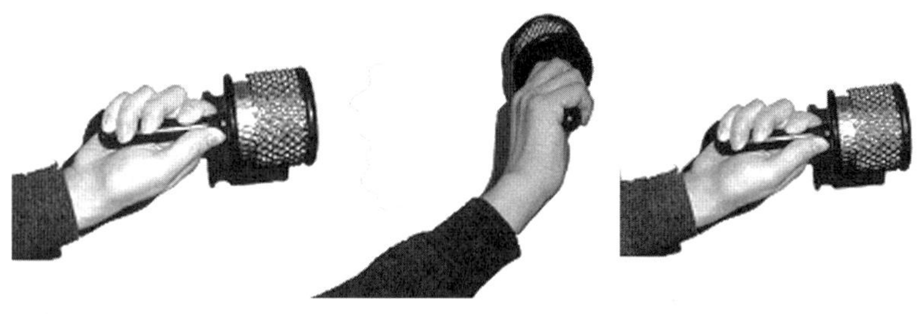

〈Effect 효과〉

■ 실제연습

실제 연주에서 카바사는 16비트 사이사이에서 적절하게 사용되는데, 전체 음악에 미치는 효과가 매우 크다. 그러나 이를 위해서는 메트로놈을 활용한 주의 깊은 연습이 선행되어야 할 것이다.

① 4비트와 8비트를 응용한 연습과제

다음 과제는 4비트와 8비트로 구성된 과제들이다. 항상 주의할 점은 손목 스냅을 이용해야 한다. 손목을 빠르고 강하게 앞으로 밀어주어야만 카바사 본연의 명쾌한 소리가 난다. 아래의 실제 연습과제들은 전자키보드의 메트로놈을 틀어놓고 그 박에 맞추어 연습하면 효과를 배가시킬 수 있다.

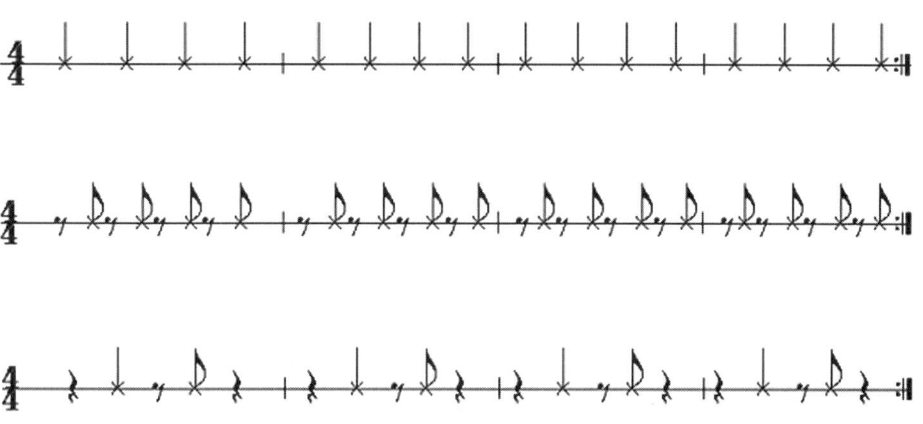

② 16비트를 응용한 다양한 연습과제

다음 과제는 16비트로 구성된 연습과제이다. 오른손에 힘을 과다하게 주지는 않지만, 긴장도를 유지해야만 빠른 16비트 음을 무리 없이 연주할 수 있다. 주의할 점은 연주하다 보면 박자가 빨라진다는 것이다. 따라서 메트로놈이나 일반 녹음된 곡을 들으면서 연주하면 훨씬 정확한 박자감각을 기를 수 있다. 아래의 과제는 오른손으로 밀었다가 잡아당겼다가를 반복함으로써 쉽게 연주할 수 있다. 정확한 리듬이 되기 위해서는 많은 연습이 필요하다.

위의 과제와는 달리 아래에 제시된 과제들은 두 가지 방법으로 연주할 수 있다. 첫째는 밀었다가 당기는 두 가지 동작을 반복함으로써 연주할 수 있고, 두 번째 연주방법은 당기지는 않고 계속해서 조금씩 밀어줌으로써 연주할 수도 있다. 후자의 방법이 좀더 정확한 연주가 가능하다.

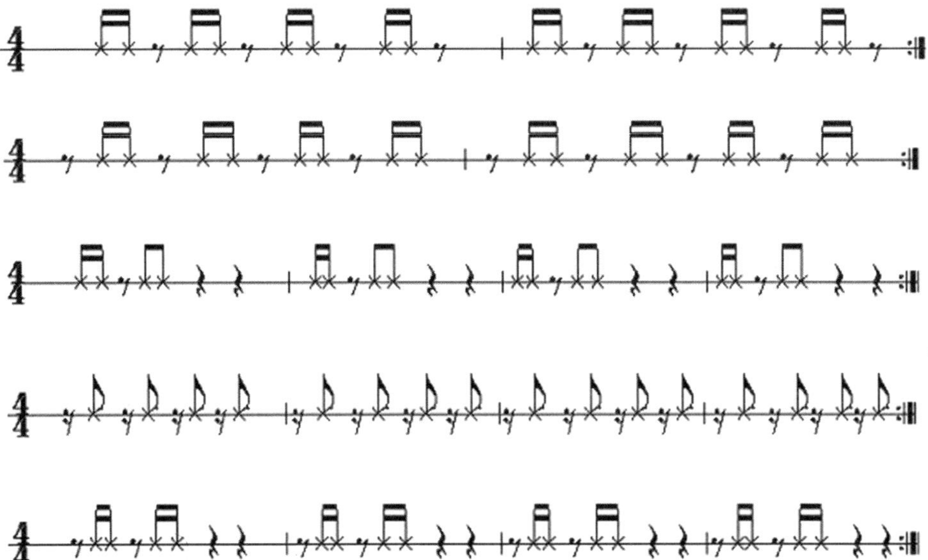

〈민속카바사(일명 아자찌)를 연주하는 모습〉

위와 같은 연주를 좀더 원활히 하기 위해서는 연주자가 비트의 개념을 정확히 이해하고 그에 맞추어서 연주할 수 있어야 한다. 우선 메트로놈을 틀어놓고 충분히 비트의 감을 느낀 다음, 연주를 시작하도록 한다. 앞서 언급한 바와 같이 비트는 다음과 같은 방법으로 박세기(counting)한다. 만약 4박자 곡을 16비트로 연주하고자 한다면, '원이엔더, 투이엔더, 쓰리이엔더, 포이엔더'라는 말을 함으로써 좀더 정확한 비트감을 가질 수 있다. 위 연습과제 가운데 6가지 이상에 나오는 2개 이상의 16분음표의 연주방법은 오른손으로 손잡이 부분을 앞뒤로 번갈아 가며 돌려주게 되는데, 앞서 언급한 바와 같이 손목의 스냅을 강하게 스타카토로 잡아주어야 원하는 소리를 얻을 수 있다는 사실을 다시 한번 강조한다. 그리고 4번과 같이 연속적으로 카바사를 사용하기보다는 5번과 같이 간헐적으로 16비트의 사이사이에 넣어 사용하는 것이 좋다.

아동용 플라스틱 카바사

■ 연주자세

쉐이커는 흔들어 소리내는 악기로서, 음악치료장면에서는 대소근육 훈련을 위해 주로 사용된다. 쉐이커를 든 손의 위치는 연주자의 가슴 높이에 맞추는 것이 좋다. 쉐이커를 든 팔의 각도는 90도를 유지한다. 손목에 힘을 빼지만, 긴장감을 가지도록 한다. 또한 손끝에서 팔꿈치 끝까지 마치 통나무처럼 일직선을 만든다.

■ 연주방법

① 셈여림 : 연주에서, 셈여림을 주는 방법은 두 가지인데, 하나는 아래 예시 1과 같이 첫 박에 강세를 주는 방법이다. 다른 방법은 예시 2와 같이 둘째 박에 강세를 주는 방법이 있다. DN과 UP이라는 기호를 사용하는데 그 의미는 먼저 DN은 악기를 아래로 내리라는 의미이고, UP은 악기를 위로 올려 연주하라는 뜻이다. 일정하게 셈여림을 준다는 것이 초기에는 쉽지 않을 것이다. 따라서 메트로놈과 함께 연습하는 것이 좋다.

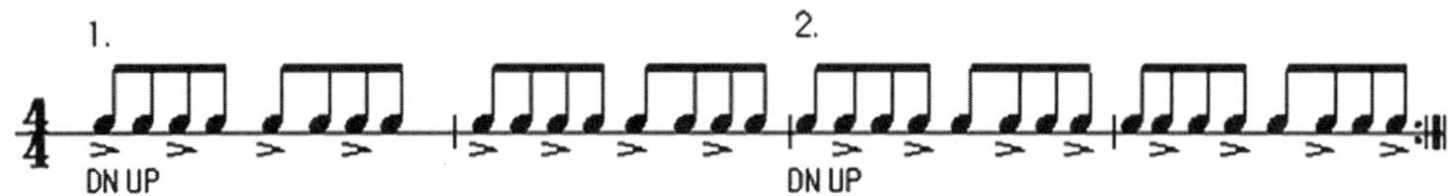

② 8비트, 16비트 연주법 : 손목은 움직이지 않고, 팔 전체를 흔들어 준다는 것이 중요하다. 항상 쉐이커를 먼저 앞으로 밀고, 연주자 쪽으로 당겨 연주한다. 눈높이 쯤 되는 허공을 향해 쉐이커 든 손을 밀면서(down) '원', 당기면서 '투', 다시 조금 아래쪽을 향해 밀면서 '쓰리', 다시 잡아 당기면서(up) '포' 라고 소

리내면서 연주하는 것이 정확한 연주에 도움이 된다. 이것이 4비트이다. 이 과정을 조금 빨리 2번 반복하면 8비트가 된다. 입으로 소리 낼 때(beating)는 '원-엔-투-엔-쓰리-엔-포-엔'이라고 말한다. 물론 한 마디 안에 이 모든 과정이 끝나야 한다.

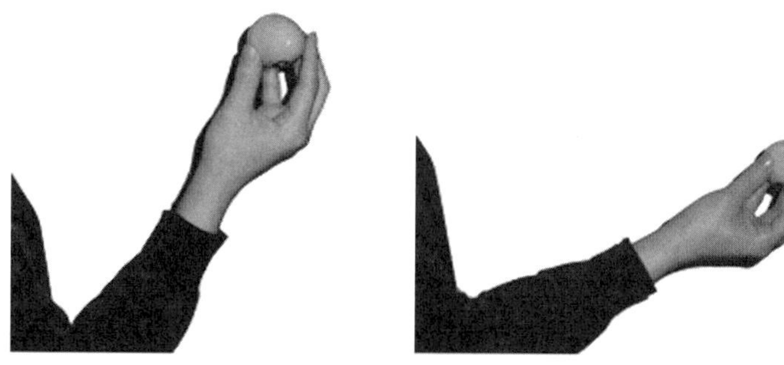

③ 셔플 연주법 : 이 주법은 손목을 많이 사용하게 된다. 우선, 쉐이커를 밖으로 밀어 연주할 때는 손목에 힘을 빼고 자연스럽게 밀면 되지만, 잡아당길 때는 손목을 연주자 쪽으로 확실히 잡아당겨야 소리가 잘 나게 된다. 많이 구부릴수록 좋다. 8비트 또는 16비트 연주할 때와 같이 한 마디의 첫 번째 2개의 비트(down, up)는 연주자의 윗부분을 향해 연주하고, 두 번째 2개의 비트(down, up)는 조금 아래쪽을 향해 연주하면 된다. – 예시 : Queen의 〈Crazy little sing〉

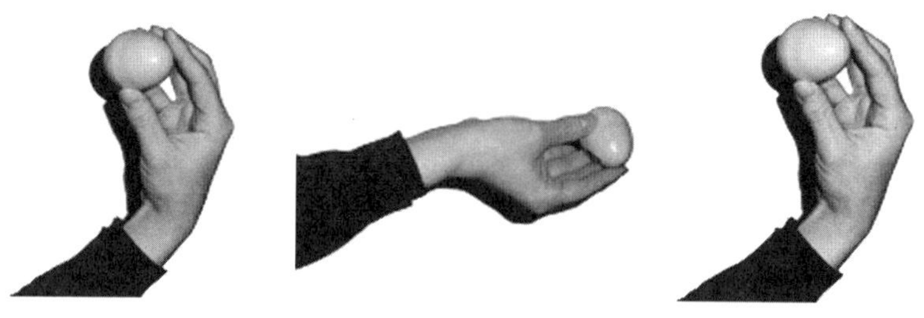

④ Effect 연주 : 쉐이커를 가볍게 쥔다. 그런 다음, 악기를 좌우 10cm 간격으로 잘게 흔들어주면서 연주자 자신을 중심으로 좌에서 우로 큰 원을 그리면서 연주한다. 소리가 시작할 시점에서는 빠르고 잘게 흔들어 주다가 점점 크게 연주하고, 소리가

끝나갈 무렵에는 사라지듯이 완만한 속도로 끝맺는다.

■ 실제연습

다음은 쉐이커 실제 연습 패턴들이다. 기호 DN, UP, D, U는 밀고, 당긴다는 뜻인데, 먼저 DN과 D는 쉐이커를 밀어 연주하라는 뜻이고, UP과 U는 연주자 쪽으로 당겨 연주한다는 의미이다. 다시 강조하지만, 셔플 주법을 제외한 나머지 연주법은 손목을 사용하지 않고, 손끝에서 팔꿈치까지 통나무처럼 연주해야 한다.

① 8비트리듬 연습패턴

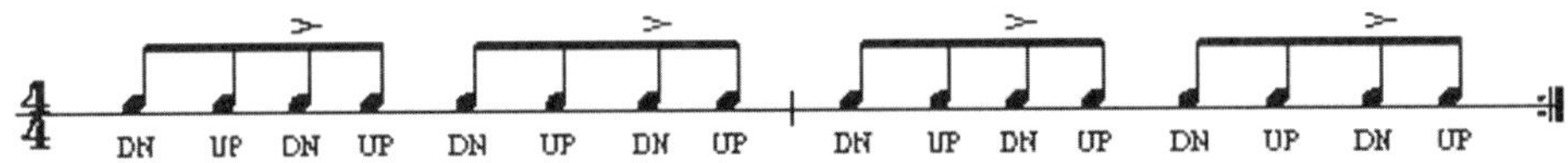

② 16비트리듬 연습패턴

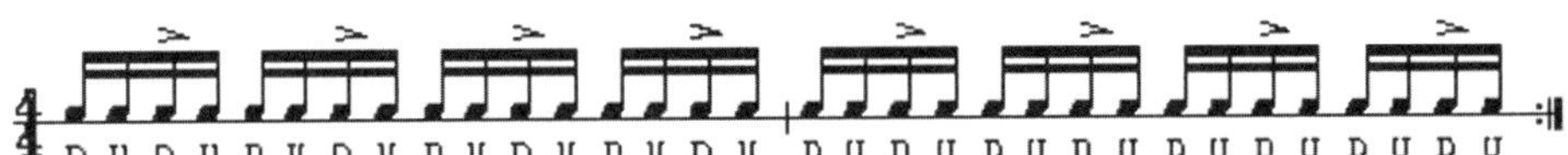

③ 셔플리듬 연습패턴

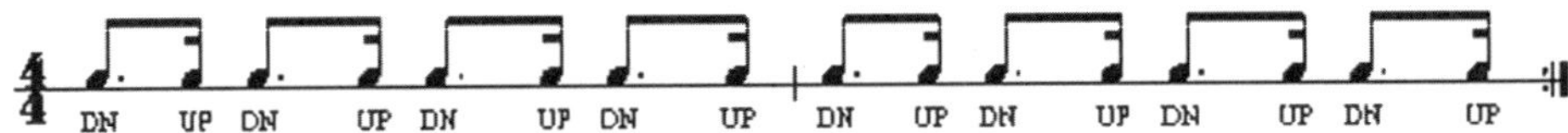

④ 부드러운 곡 반주를 위한 연습패턴 : 이때 팔에 힘을 뺀 뒤, 쉐이커를 밀고 당기는 것이 아니라, 연주자를 기준으로 좌우로 약 10cm 정도 가볍게 흔들어 연주한다. 다음의 기호 L과 R은 left(왼쪽)와 right(오른쪽)를 의미한다.

쉐 이커의 연주에는 어려움이 따른다. 그 이유는 악기 안에 있는 내용물들이 연주 때에 움직이게 됨으로써 정확한 연주를 방해하기 때문이다. 비교적 밀어 연주할 때는 정확한 연주가 가능하지만, 당길 때 박자가 맞지 않는 경우가 있다. 따라서 당길 때 좀더 긴장감 있고 비트감을 살려 연주하는 것이 올바른 연주에 무엇보다 중요한 요소이다. 두 번째 방법으로는 쉐이커를 연주자에 허리 쪽에 둔 다음, 작은 범위 안에서 위와 아래로 흔들어 연주해도 필요 없는 잔류음을 제거할 수 있다. 또 한 가지 방법으로는 오른손으로 쉐이커를 들고 고정시킨 다음, 왼손 손끝으로 고정된 쉐이커를 위에서 아래 방향으로 치기도 한다.

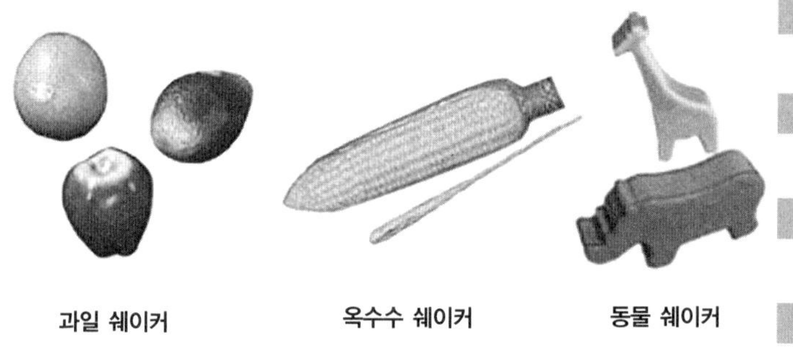

과일 쉐이커　　　　　　옥수수 쉐이커　　　　　　동물 쉐이커

■ 연주자세

① 몸은 항상 편안한 자세를 유지하도록 한다.

② 핸드벨 손잡이 부분의 로고(상표)가 연주자 몸쪽으로 향하게 한다.

③ 손은 항상 앞 방향을 향하게 한다. 낮은 음정 핸드벨의 경우는 매우 무거우므로 오른손은 핸드벨 손잡이를 잡고, 왼손은 핸드벨을 받쳐 들 수 있다. 아니면, 연주가 없는 악구에서는 가슴과 어깨 사이에 핸드벨을 가볍게 얹어 놓아도 좋다.

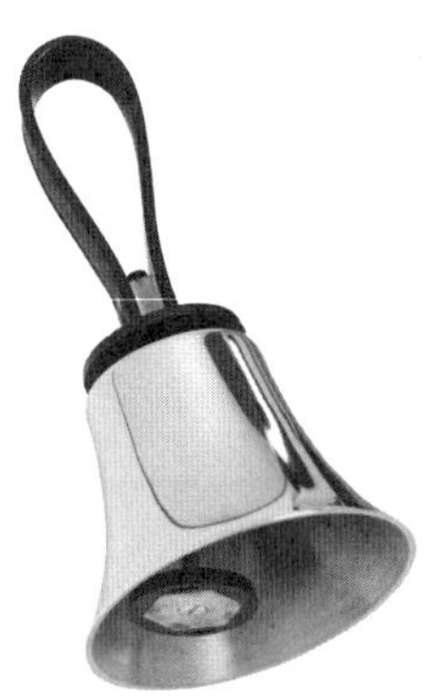

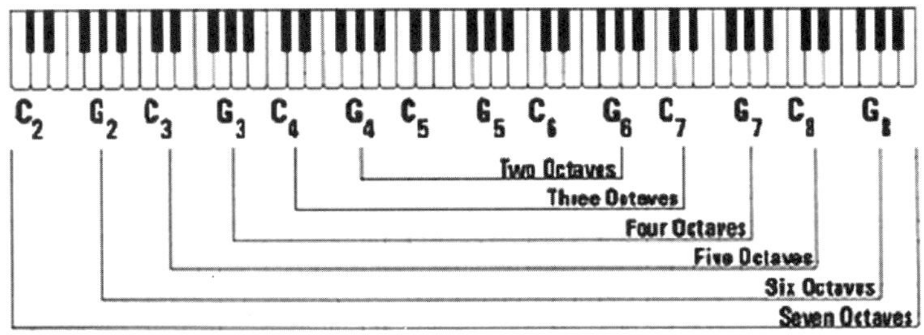

■ 연주방법

① 핸드벨 든 손을 아래 방향으로 쭉 뻗으며 손목을 이용하여 쳐준다.

② 손을 뻗어 소리가 나게 되면, 자연스럽게 위쪽
  으로 반원을 그리면서 올려준다.
③ 핸드벨을 다시 연주자의 몸쪽, 특히 어깨 쪽으로
  당겨서 살며시 붙여준다. 이를 댐프(Damp)라고
  명명한다. 박자가 길 때는 더 큰 원을 허공에 그
  리며, 박자가 짧을 때는 작은 원을 그리면 된다.
④ 핸드벨의 여운은 음정이 낮을수록 더욱 길어지
  기 때문에 다음 음으로 이어질 때 음정간섭을
  일으킬 수도 있기 때문에 적절한 종지법 사용이
  필요하다.

〈손목을 이용해 쭉 뻗어 치는 모습〉

■ **종지방법**

① Shoulder Damp : 이 종지법은 소리의 울림을 어
  깨를 이용해서 멈추는 방법이다. 이때 유의할
  점은 충분히 박자를 소리 낸 다음 어깨에 대어
  야 한다는 것이다. 두 손에 모두 핸드벨이 쥐어
  져 있을 때 주로 사용한다.

〈Thumb Damp : 앞면〉

② Hand Damp : 왼손바닥으로 벨을 잡은 상태로
  소리를 내거나, 오른손으로 벨을 소리낸 뒤, 왼
  손 손바닥을 가볍게 벨에 갖다 대는 종지형태이
  다. 일반적으로 스타카토 음을 낼 때 사용된다.

③ Table Damp : 곡의 마지막 부분에서 천천히 핸드
  벨을 테이블에 올려놓는 종지법이다. 핸드벨의
  여운이 긴 만큼, 충분히 진동이 된 뒤에 내려놓도
  록 한다.

〈Thumb Damp : 뒷면〉

④ Thumb Damp : 엄지를 이용하여 음의 진동을
  멈추는 종지방법이다.

〈Shoulder Damp〉

■ **연주 인원 및 옥타브 범위(Otave Range)**

① 2옥타브용(G4-G6) : 8~9명, 25개 벨

② 3옥타브용(C4-C7) : 11~13명, 37개 벨

③ 4옥타브용(G3-G7) : 12~14명, 49개 벨

④ 5옥타브용(C3-C8) : 13~16명, 61개 벨

⑤ 6옥타브용(G2-G8) : 14~17명, 73개 벨

⑥ 7옥타브용(C2-C9) : 18~20명, 85개 벨

■ **핸드벨 보관방법**

① 핸드벨을 연주하거나, 만질 때는 반드시 개인장갑을 끼고 정리
하도록 한다.

② 연습 도중에는 핸드벨 케이스를 열고 연습을 하여 습기를 제거
하도록 한다.

③ 핸드벨 연주 이후에는 개인 천으로 닦은 뒤 케이스에 보관한다.

■ **실제연습**

AMAZING GRACE

Arranged by RUTH ARTMAN

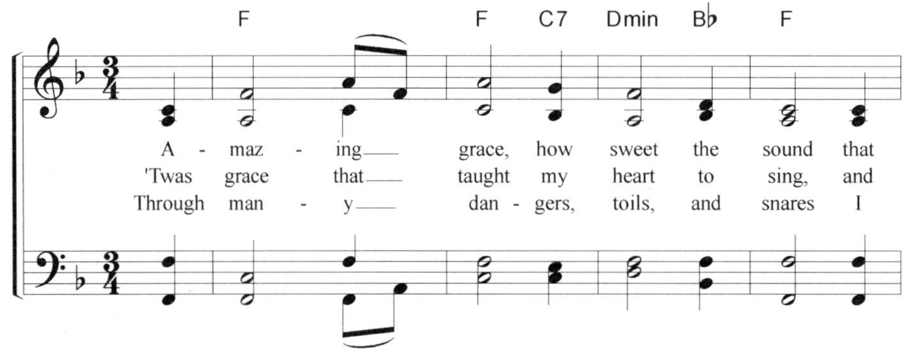

Fairest Lord Jesus

(Handbell Duet)

Crusader's Hymn

1. R(Ring)-벨을 밀면서 치는 일반적인 연주방법을 말한다. 다른 방법으로 연주하다가 이 표시가 있으면, 평범하게 벨을 울려주라는 뜻이다.

2. LV(Let Vibrate)-댐프 표시가 나타날 때까지 계속 공명시킨다는 뜻이다.

3. SW(Swing)-벨을 쳐서 공명시킨 다음, 팔 전체를 크게 흔들어 준다는 뜻이다.

4. TD(Thumb Damp)-엄지손가락을 벨 바깥쪽에 댄 상태로 연주하는 방법이다.

5. HD(Hand Damp)-손 전체를 벨 바깥쪽에 댄 상태로 스타카토를 연주하는 방법이다. 물론, 벨을 진동시킨 다음 빠르게 손바닥으로 벨을 잡기도 한다.

6. +(Mallet)-벨을 스폰지가 있는 바닥에 눕혀 놓은 채 멜럿으로 치는 주법이다.

7. Φ(Selected Damp)-특정한 부분에 공명하는 음을 정지하고 싶을 때 사용한다.

5 | 드럼 Drum

    드럼은 앙상블에서 지휘자와 같은 구실을 한다. 그 곡의 템포와 박자를 지정해 주기 때문이다. 드럼은 심벌과 북 종류 악기가 종합적으로 사용되기 때문에 앙상블에서 기본이 되는 악기라고 할 수 있다. 드럼에 대해 좀더 구체적으로 살펴보면 다음과 같다.

■ 드럼의 명칭

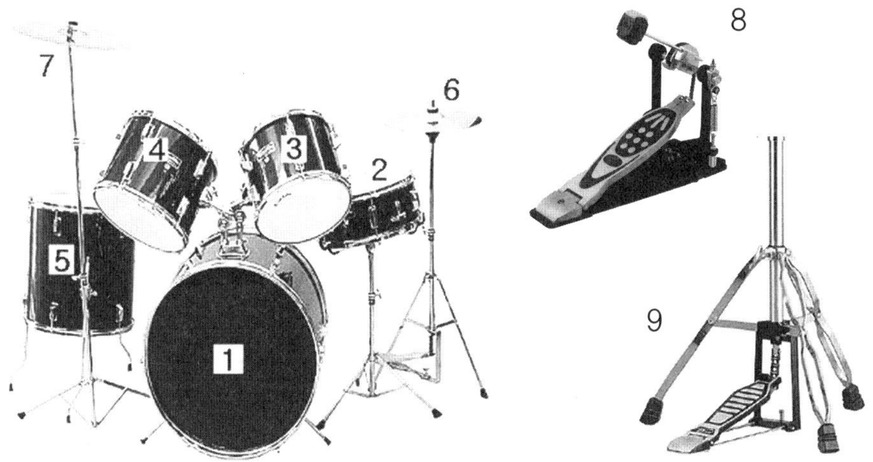

1. 베이스드럼(Bass Drum, BD) : 악보상 표기는 ●이다(음표의 머리).

2. 스네어드럼(Snare Drum, SN) : ●

3. 스몰탐탐(Small TomTom) : ●

4. 라지탐탐(Large TomTom) : ●

5. 플로어탐(Bass TomTom, Floor TomTom, FT)

6. 하이햇(Hi Hat, H.H) : ×

7. 라이드심벌(Ride Cymbal, SIM): × (H.H과 같음)

8. 베이스드럼페달(BassDrum Pedal)

9. 하이햇페달(Hi Hat Pedal)

편안한 자세로 스네어 드럼(Snare drum) 앞에 앉아서, 양발은 서로 90도가 되게 벌린다. 하이헷(H·H)의 위치는 스네어에서 15cm가 적당하다. 하이헷을 칠 때, 오른손목 스냅이 무엇보다 중요하다. 드럼 채를 쥐는 방법은 채의 3분의 1 지점을 감싸 잡으면 된다. 이때 엄지와 검지가 하나의 축을 이루어서 채가 움직이도록 하며, 나머지 세 손가락은 채를 살짝 움켜잡는다. 또한 손등이 보이도록 하는 것이 좋다. 두 손으로 채를 쥐고 연주하게 되는데, 구체적으로 다음 두 가지 방법이 있다.

① 메취드(matched grip)그립 : 양손 모두 같은 형태로 채를 잡는 것을 뜻한다. 즉, 엄지와 검지로 채를 감아쥐고, 나머지 손가락은 채의 이동을 막는 구실을 하게 된다.

② 레귤러(regular grip)그립 : 이 그립 방법은 재즈 음악에서 주로 사용하는데, 오른손과 왼손이 채를 쥐는 형태가 다르다. 즉, 오른손은 메취드 스타일 그립과 같은 형태로 쥐면 되지만, 왼손은 바닥이 위를 향하게 하고 엄지, 검지, 중지로 드럼 채를 잡고 나머지 손가락에 끼워 잡는다. 드럼 채를 높이 들었다 내려치면 된다.

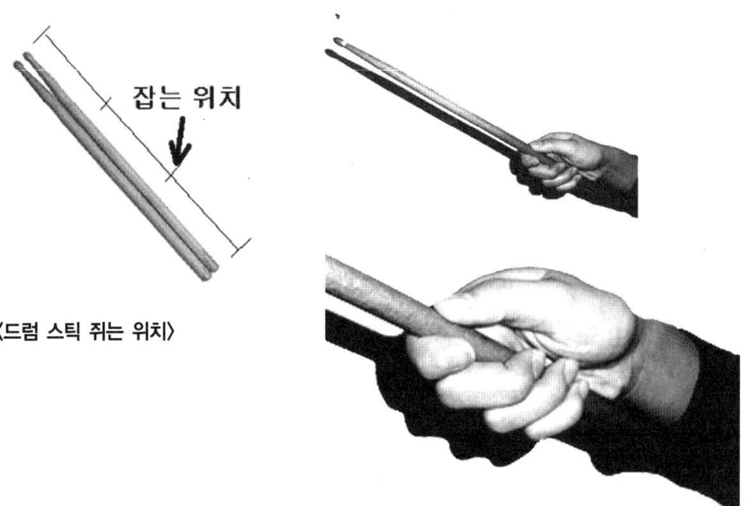

〈드럼 스틱 쥐는 위치〉

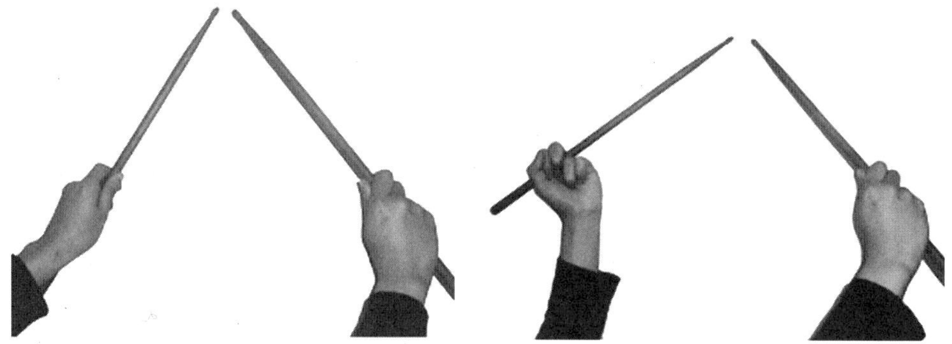

메취드 스타일 그립(matched form)   레귤러 스타일 그립(regular form)

■ **연주방법 1 − 스트로크(Stroke : 채로 치는 법)**

① Down stroke : 드럼 채를 높이 올렸다가 치되, 치고 나서 북 면
으로부터 3cm 떨어져서 정지하도록 하는 주법을 말한다. 양손
을 번갈아 가며 연습해 본다.

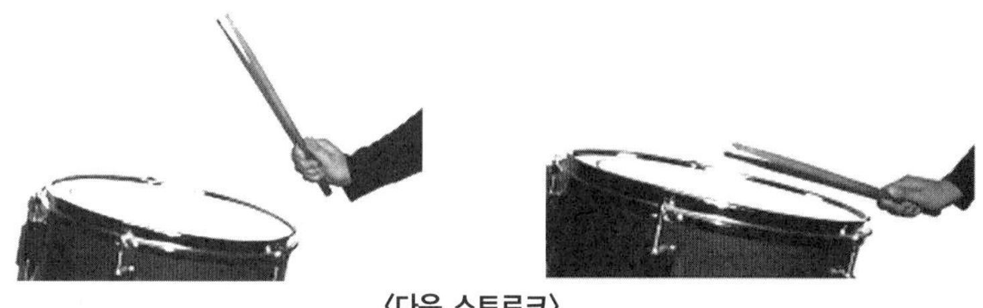

〈다운 스트로크〉

② Up stroke : 드럼 채를 높이 올렸다가 치고 나서, 치기 전 위치
로 다시 돌아와 정지시키는 주법을 말한다.

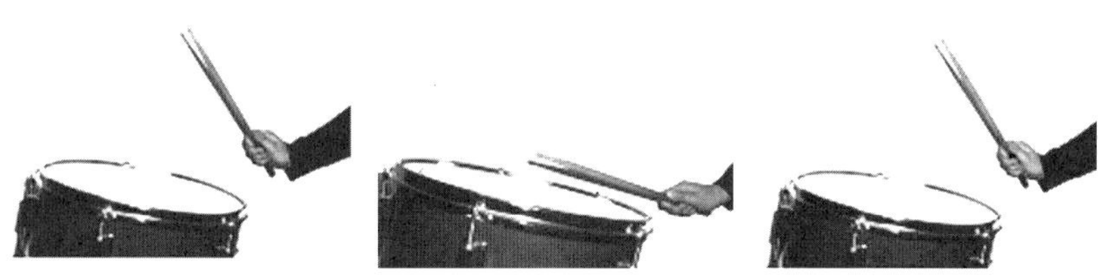

〈업 스트로크〉

③ Tap stroke : 시작 위치가 북 면으로부터 3cm 정도 낮은 위치에
서 시작하여, 치고 나서도 3cm 정도 높이에서 멈추는 주법이다.

〈탭 스트로크〉

④ Double stroke : 한 손을 두 번씩 연달아 치는 주법을 말한다.
구체적으로 설명하면, up stroke과 down stroke이 결합된 형태
라고 할 수 있다. 첫 번째 칠 때는 up stroke 주법으로 치고, 두
번째 연달아 칠 때는 down stroke 주법으로 치면 된다. 이것을
양손 번갈아 연습하면 된다. 많은 연습이 필요한 주법이다.

■ **연주방법 2 – 셧(Shot) 주법**

① Arm Shot : 팔 전체를 높이 들었다가 내리며 치는 주법이다.

② Snap Shot : 드럼을 칠 때 80퍼센트 이상 사용하는 주법으로서, 팔
전체는 움직이지 않고 손목만을 이용해서 치는 주법을 말한다.

③ Finger Shot : 팔이나 손목조차도 움직이지 않고, 오직 엄지와
검지만을 가지고 연주하는 주법을 말한다.

■ **연습순서**

① 공판연습(4beat/8beat/16beat)

② 공판과 Kick 동시연습

③ 공판과 Kick과 H · H(하이헷) 동시연습

④ 다양한 드럼리듬연습

⑤ 다양한 Fill-in 연습

■ **실제연습**

① 공판연습(4beat/8beat/16beat) : 초기연습 때는 스네어 드럼만
   가지고 연습한다. 이 연습의 가장 큰 목적은 두 손 사이의 균형
   을 맞추기 위한 것이다. 자세는 물론이고, 올려치는 손의 높이
   또한 두 손이 일치해야 한다.

(R : 오른손, L : 왼손)

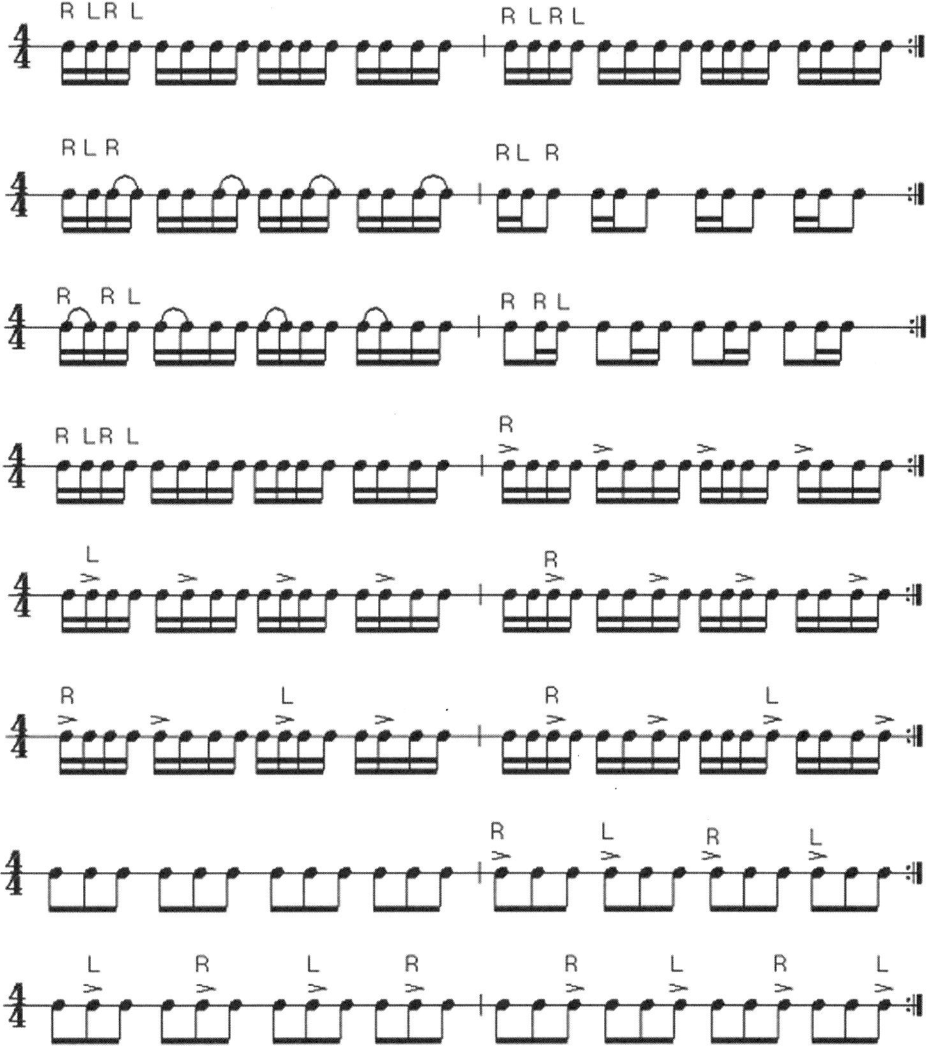

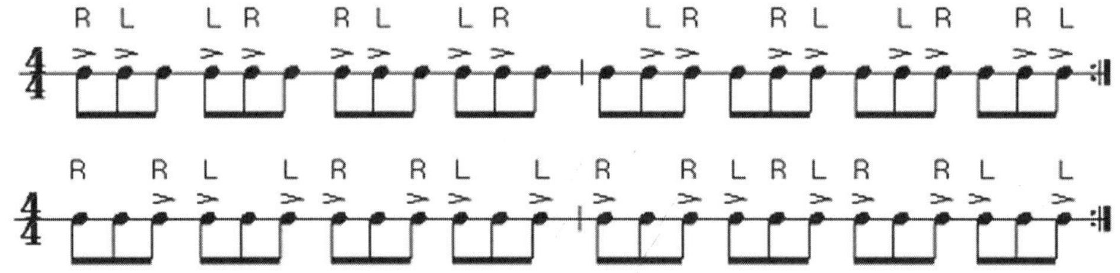

② 공판과 Kick 동시연습

다음 과제에서 가장 중요한 핵심은 스네어 드럼과 베이스 드럼
의 소리가 동시에 나와야 한다는 것이다. 이 두 가지 요소가 정
확하게 같이 소리 나기 위해서는 마음속으로 비트를 세는 것이
중요하다. 스네어드럼은 왼손으로 스틱을 잡고 연주하는 것이
기본이지만, 초기 연습때는 오른손으로 해도 상관없다.

③ 공판과 Kick과 H · H(하이헷) 동시연습

악보상 제일 위에 위치한 하이넷은 오른손으로, 스네어 드럼은
왼손으로 연주한다. 이때 두손은 서로 교차해서 위치시키되,
오른손이 위로가게 한다.

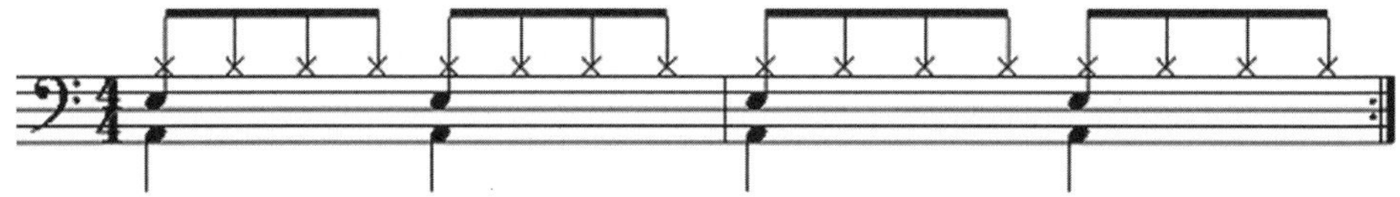

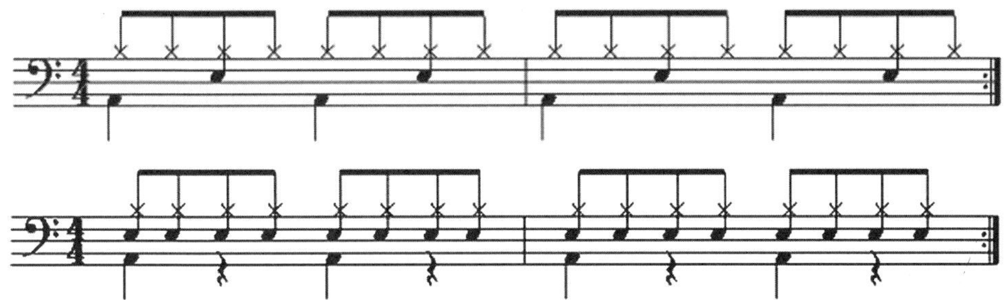

④ 다양한 드럼리듬 연습

• 4비트 리듬 드럼 주법

• 8비트 리듬 드럼주법

• 12비트 리듬 드럼주법
• 16비트 리듬 드럼주법
• 왈츠 리듬 드럼주법

기본 Fill-in 6가지 요소

곡 이 진행되는 동안 중간 중간 마다 가사나 멜로디가 없는 중개 부분을 보게 된다. 또한 곡의 절정부분(climax)이 있기 바로 1 마디 전에 약간은 역동적인 악구가 필요하게 된다. 이것을 'Fill-in' 이라고 한다. Fill-in이란 곡이 진행되는 중간 중간에 채워 넣는 리듬 프레이즈를 말한다. 즉, 한 마디 안에 점 2분 음표와 4분 쉼표가 함께 있을 경우, 길게 이어지는 공백을 여러 가지 리듬으로 채워 넣음으로써 좀더 풍부한 음악을 만들어 낼 수 있게 된다. 아래의 6가지 리듬 요소들을 잘 조합하여 다양한 Fill-in을 만들 수 있다. 대개 2마디 혹은 4마디로 만드는 것이 보통이다. 오른손, 왼손 치는 순서가 그때 그 때마다 달라지기 때문에 아래 리듬을 숙지해야 한다. 연습방법은 우선 입으로 여러번 읽어서 숙달이 되면 드럼스틱을 가지고 연습하면 된다.

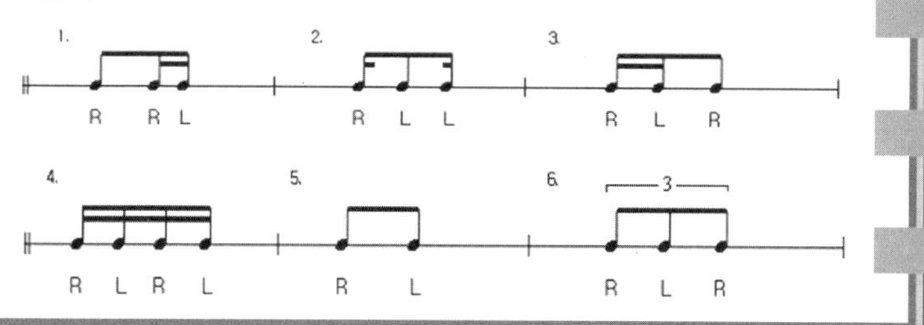

6 | 건반타악기 Keyboard percussion

■ 각 나라별 이름

일반적으로 건반타악기라면 실로폰, 마림바, 비브라폰, 글로켄슈필 등을 들 수 있다. 그 가운데에서도 음악치료 현장에서 많이 사용하는 실로폰(목금)에 대해 각 나라별로 어떤 용어를 사용하고 있는지 알아 보자.

(영) Xylophone

(독) Xylophon

(이) Xilofono, Silopono

(프) Xylophone

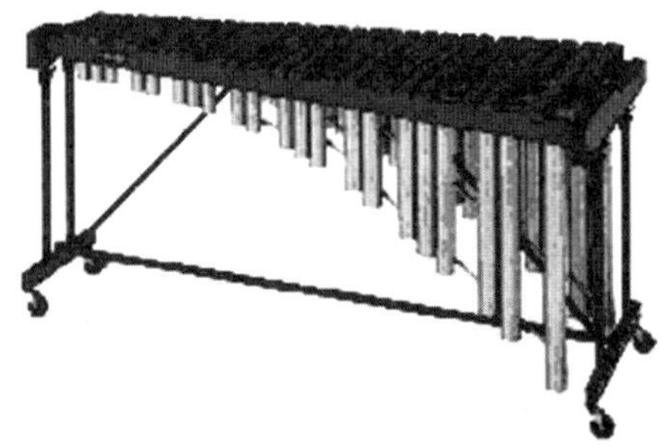

■ 연주자세

① 채 사이의 간격 : 두 손으로 연주할 때에는 왼쪽 채가 오른쪽 채의 위에 자리해야 한다. 또한 채끼리 서로 90도가 되도록 벌려 연주한다(그림 참조).

② 연주의 타점 : 음판(또는 목편)의 중앙부분을 채로 쳐 소리 낸다. 용수철이 튀듯 가벼우면서도 짧게 연주해야 맑은 음색을 얻을 수 있다.

③ 잡는 위치 : 뒤쪽으로 3분의 2 지점을 잡고 연주한다.

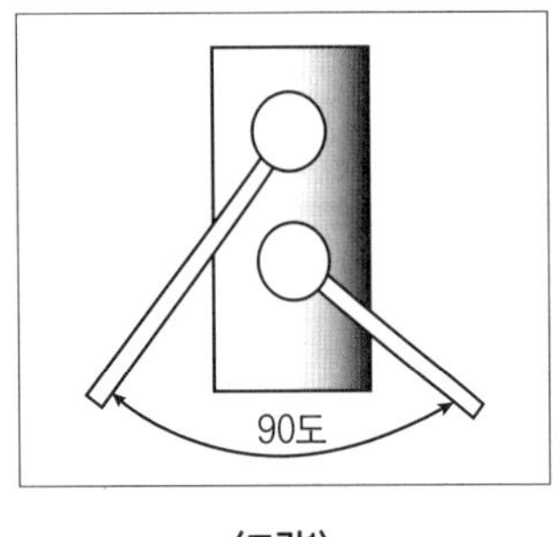

〈그림1〉

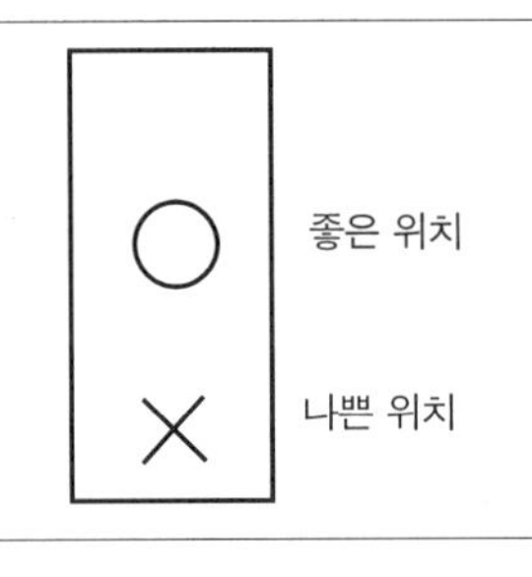

〈그림2〉

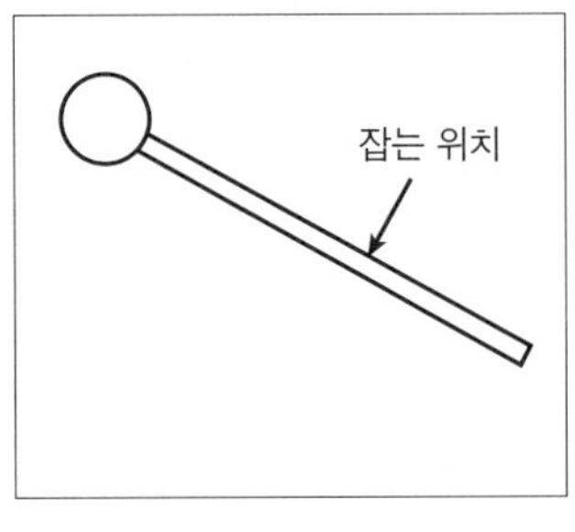

〈그림3〉

④ 쥐는 자세 : 양손을 번갈아 가면서 한 음 한 음 연주한다. 만약
   양손에 두 개씩 모두 4개의 채를 가지고 칠 경우에는, 한 손에
   2개의 채를 감아쥐고 그 사이에 검지를 끼워 넣고서 음의 간격
   을 조절한다.

※ 멜럿(Mallet, 채)

   전통적으로 실로폰에 사용하는 멜럿은 '플라스틱 멜럿'이다.
'나무 멜럿'을 사용하여 밝고, 경쾌한 소리를 내기도 한다. 조용
한 연주를 위해 털실 멜럿을 사용하기도 한다. 반면, 비브라폰의
경우는 '털실 멜럿'을 주로 사용하며, 글로켄슈필의 경우는 금속
으로 된 멜럿을 사용하기도 한다. 그러나 정해져 있는 법칙은 없
으며 연주자의 선택에 따라 달라질 수 있다.

■ **연주방법**
① 단음치기 : 멜로디 연주의 기본적인 방법으로서, 양손에 각각
   하나씩의 멜럿을 들고 교차하면서 연주하는 것을 말한다.
② 연속치기 : 한 멜럿으로 여러 번 연속해서 치는 방법이다.
③ 트레몰로 : 양손으로 교차하며 빠르게 이어 연주하는 방법이다.
④ 중음 주법 : 멜럿을 양손에 2개씩 들고 동시에 여러 음을 연주
   하는 방법이다.
⑤ 멈춤치기 주법 : 연주한 직후 멜럿을 음판에서 떼지 않고 음판
   위에 놓는다.

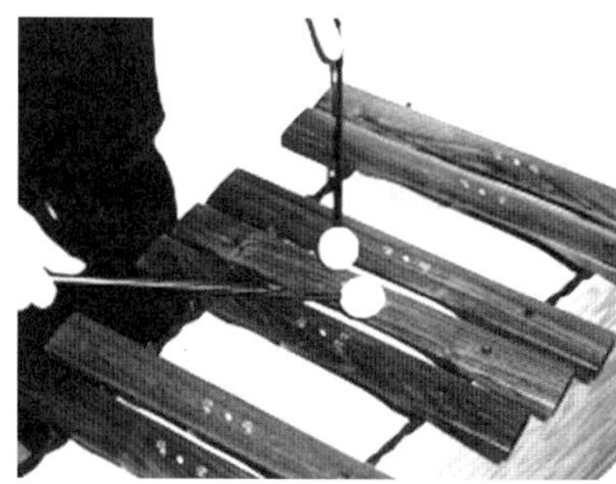
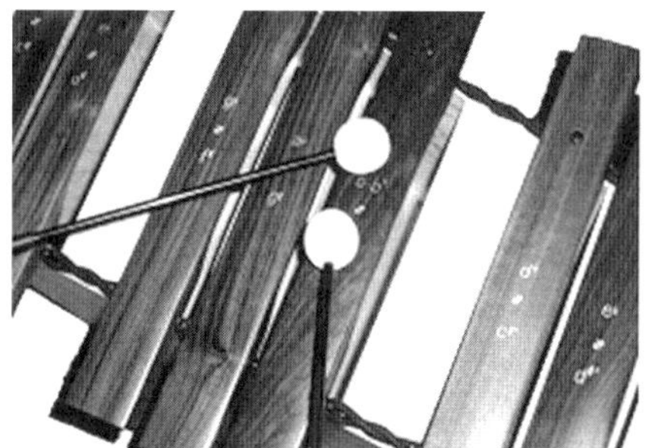

⑥ 글리산도 주법 : 음판의 좌측이나 우측에 멜럿을 올려놓고 미
끄러지듯 음판을 스치며 연주한다.

⑦ 문지르기 주법 : 부드러운 머리빗으로 음판의 가장자리를 문
지르며 연주한다.

■ 건반타악기 Warm-up 과제

다음 패턴들은 건반타악기의 음계(Scale)감각이나 근육기억력 향상에
도움을 준다. 아래의 곡들을 유심히 살펴보면, 일정한 연주규칙을 발견
할 수 있다. 우선, 다음의 3연음 연주곡은 상행 때에는 왼손부터 연주
를 시작한다. 3연음 가운데에서 첫 박은 왼손, 나머지 두 박은 오른손
으로 연주한다. 반대로, 3연음으로 된 곡 하행 때에는 3연음 가운데, 첫
박은 오른손으로, 나머지 2박은 왼손으로 연속치기를 하면 된다.

다음의 경우도 위와 마찬가지로, 상행 때에는 오른손부터 연주를 시
작하고, 하행 때에는 왼손부터 시작하여 양손이 서로 방해하는 것을
최소화한다. 아래 음계연주가 익숙해질 때까지 반복해서 연습하는 것
이 필요하다.

■ 건반타악기 기본음계(Scale) 연습

다음 연습 패턴은 '도'에서 '솔'까지 모두 5개의 음으로만 이루어져 있다. 시작 음은 왼손부터 치기 시작하건, 오른손부터 하건 상관없다. 다만, 한 손으로 여러 번 치는 연속치기는 하지 않으며, 양손을 번갈 아가며 교차연주하면 된다.

다음 연습과제는 원활한 음계연주에 매우 중요한 연습이다. 반복적 인 연습이 필수적이다. 우선, 오른손과 왼손 모두 먼저 시작할 수 있 다. 중요한 점은 아래 둘째 마디에서 셋째 마디 넘어가는 부분에서 알 수 있듯이, 전 마디에서 긴 음정을 연주한 다음, 그 다음 마디가 시작 할 때는 그 전 마디에 쳤던 그 손으로 다시 연속치기를 한다는 점이다.

다음 연습과제 역시 왼손, 오른손 모두 먼저 시작할 수 있다. 양손을 번갈아 가며 치되, 첫째 마디와 셋째 마디에 주의하며 연주해 보자.

다음 과제는 3연음 연습 패턴이다. 이전에 3연음 연습 패턴과의 차
이점은, 3연음 가운데 첫 번째 음을 제외한 나머지 두 음이 같은 음정
일 때는 그것을 연속치기 하지만, 아래 패턴과 같이 3개의 음정이 모
두 다를 때는 양손으로 단음치기를 하면 된다. 주의할 점은 둘째 마디
에서 셋째 마디 넘어가는 부분에서 연속치기가 있다는 점이다.

이번 연습과제는 특히 왼손연주를 강화하기 위한 것이다. 왼손부터
시작하여 양손으로 교차연주하면 된다.

■ 건반타악기 기본 아르페지오(Arpeggios) 연습

연주를 시작할 때, 왼손부터 시작하건, 오른손부터 시작하건 상관없
지만, 아르페지오를 연주하기 위한 도약진행악구일 경우에는 왼손부
터 사용하는 것이 보편적이다. 왜냐하면, 양손이 서로 방해 없이 원활
하게 움직일 수 있기 때문이다. 이때 주의할 점은 멜럿의 위치가 왼
손 멜럿은 음판의 위에 위치하고, 오른손 멜럿은 아래에 위치하도록
해야 한다.

다음과제는 상행음계를 좀더 정교하게 연주하고자 하는 사람들에게
도움이 된다. 이 패턴의 특징은 음계와 도약진행이 함께 있는 형태라
는 점과 반음계 음이 처음으로 도입되었다는 점이다.

다음 역시 3연음 연습과제이다. 이번에는 연속되는 음이 없는 도약
진행의 형태를 띠고 있다. 왼손부터 시작하며 양손을 번갈아가며 연
주하면 된다. 주의할 점은 음판 위의 양손 멜럿의 위치를 잘 지켜야
한다는 점이다.

다음 과제 역시 왼손으로 시작하는 연습곡 가운데 하나이다. 다양하
게 변형시켜서 연주해 보시오. 반음계를 넣어서 좀더 풍부한 음을 만
들어 보시오.

건반타악기는 다른 악기에 견주어 숙달이 빠른 악기이며, 두 손으로 연주할 수 있어서 리듬악기의 왕이라고 불리기도 한다. 연주하는 멜럿(채)의 재질을 달리해서 독특한 음색을 낼 수도 있다. 예컨대, 나무, 고무, 털실, 뜨개질 바늘, 손가락골무, 연필 등의 사용이 가능하다.

음악치료에서 건반타악기는 클라이언트의 시각추적력과 집중력 향상 등에 많이 사용되는 악기이다. 왜냐하면 건반타악기의 음판 하나하나를 보고 오르내림으로써 정확한 연주가 가능해지기 때문이다.

주의할 점은 건반악기의 음판 재질에 따라 음색이 많이 달라진다는 점이다. 건반타악기 가운데 실로폰(xylophone)의 경우에 음의 진동이 길게 유지되지 않기 때문에 느린 곡에는 어울리지 않고, 빠른 멜로디나 글리산도에 좀더 효과적이다. 반면, 철금(metallophone)의 경우는 이와 달라서, 진동이 상당히 오래 유지된다. 따라서 빠른 멜로디 연주에는 적합하지 않고, 한 마디 안에서 베이스음 즉, 근음을 연주하는 데 주로 사용된다.

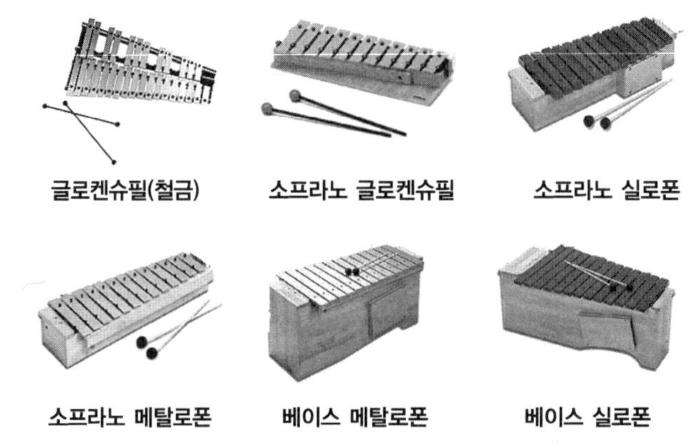

글로켄슈필(철금)	소프라노 글로켄슈필	소프라노 실로폰
소프라노 메탈로폰	베이스 메탈로폰	베이스 실로폰

Son Del La Loma

(건반타악기 멜럿4개 연습곡)

Migual Matamoros

■ 각 나라별 이름

(독) Conga, Tumba

(이) Conga, Tumba

(프) Conga, Tumba

■ 콩가 소개 및 구조

콩가는 쿠바의 룸바 음악에 주로 사용되는 가장 대표적인 드럼의 일종이다. 콩가의 원래 이름은 '콩가 드럼즈(Conga Drums)' 이다. 아프리카에서 남미로 전래되었으며 처음에는 주로 종교의식에 사용된 것으로 보인다. 두 손바닥으로 치는 것이 보통이지만, 멜럿을 사용해서 연주하기도 한다. 콩가의 구조는 다음과 같다.

① 일반적인 콩가 구성 : 대개의 경우, 2개, 3개 혹은 4개의 콩가 구성으로 연주하게 된다(아래그림 참조).

② Two Conga Set : 퀸토(小), 콩가(中)로 구성된다. 연주에서는 주로 이 구성을 많이 사용한다.

③ Three Conga Set : 툼바도라(大), 퀸토(小), 콩가(中) 세 개의 북으로 구성된다.

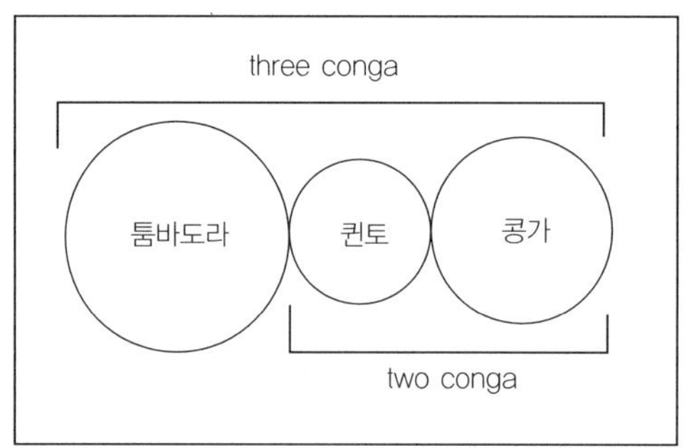

■ 연주방법 및 기호설명

콩가를 연주하는 것은 참으로 어려운 일이다. 그 이유는 타점에 따라 음색이 천차만별로 달라지기 때문이다. 다음은 콩가 연주의 가장 기본이 되고, 핵심적인 주법을 설명한 것이다. 아래의 5가지 주법을 꾸준히 연습하고, 몇 가지 콩가 반주패턴을 익힌다면 다양한 곡의 반주가 가능해질 것이다.

① Open 주법 : 악보상에는 'O' 라고 표기한다. 콩가의 북면을 가볍게 친 다음 다시 손을 떼는 주법이다. 왼손 오른손 번갈아 가며 균형 있는 소리가 나도록 연습하는 것이 좋다. 유의할 점은 연주할 때 엄지는 높이 들어주어야 하며, 반드시 손 볼(그림 참조)이 북의 테두리에 닿으면서 나머지 손가락은 북 면을 두들겼다 떼어야 한다.

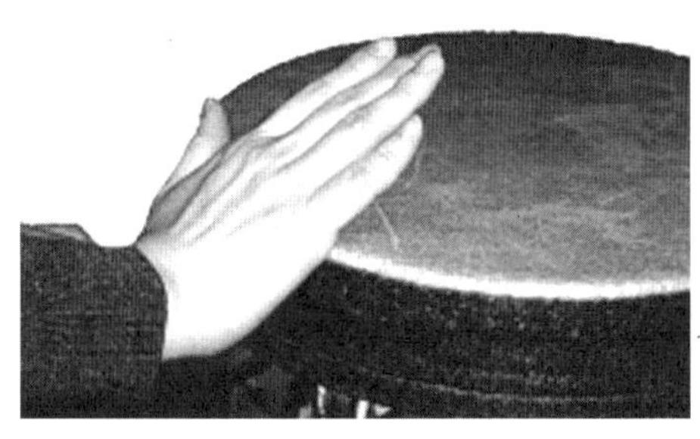

〈오픈주법 예시〉

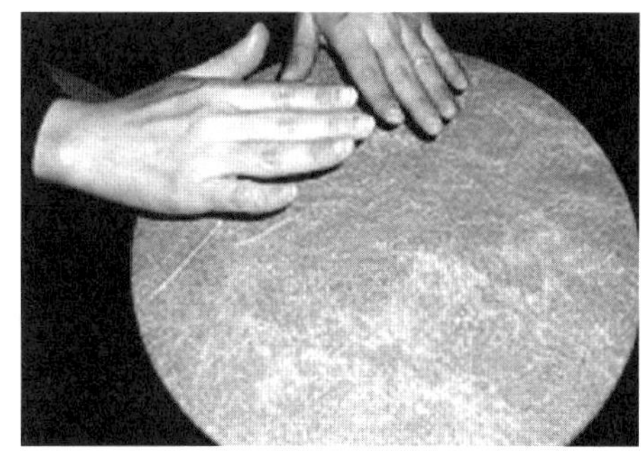

〈양손 오픈주법 예시〉

② Muted 주법 : dampad 또는 closed 또는 muted 주법이라고 하며 'M'이라고 표기한다. 콩가의 북면을 친 다음 손을 다시 떼지 않고, 북면에 손바닥 전체를 붙이고 있는 주법이다. 물론 음이 정지하게 된다.

③ Heel 주법 : 'H'라고 표기한다. 여성들의 구두 뒷굽(heel)을 연상하면 좋다. 이 주법은 손바닥의 아랫부분으로 강하게 콩가 북면을 밀듯이 연주하면 된다.

〈Heel 주법〉

④ Toe 주법 : 'T'라고 표기한다. 손가락 끝 부분을 모아서 콩가 북면을 잡아당기듯이 연주한다. heel과 toe 주법은 항상 함께 사용되므로 오른손으로 heel, toe를 연습하고, 왼손으로 다시 반복해서 연습하는 것이 좋다. 밀고, 당기고, 밀고, 당기고 하는 연습을 꾸준히 한다. muted 차이점은 toe 주법은 손끝만을 사용해서 연주하는 반면, muted 주법은 엄지를 제외한 네 손가락 전면을 모두 사용해서 연주한다는 점이다.

〈Toe 주법〉

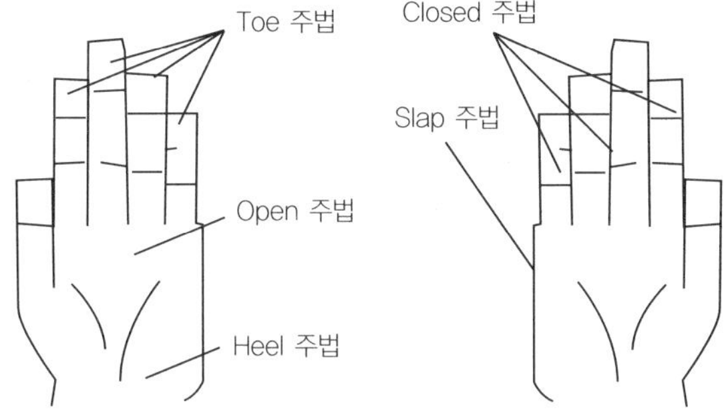

〈주법에 따른 손에 닿는 부위〉

⑤ Slap 주법 : Slap 주법의 기호는 그 주법에 따라 S와 s로 나누어
진다. 이 주법은 open 주법과 비교해서 소리를 더 잡아주는 효
과가 있다. 다음은 이 두 가지 주법을 설명한 것이다.

〈한손 만을 이용한 Slap 주법〉

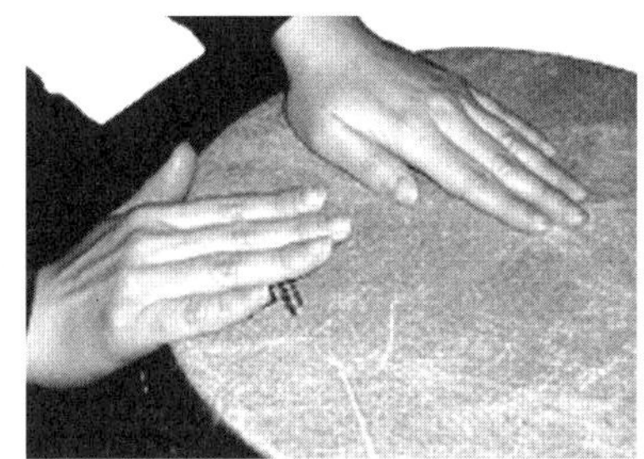

〈양손을 모두 이용한 Slap 주법〉

-S(open slap) : 대문자 S는 'open slap 주법'이다. 용어에서 알
수 있듯이, 일반 open 주법의 음색과 비슷하지만, 차이점이
라면 slap 주법이 약간 더 막힌 느낌이 든다는 것이다. 오른손
을 달걀을 쥔 듯이 컵 모양을 만들고 손의 모서리 부분으로
북 표면을 쳤다가 빠르게 떼어준다. 유의할 점은 손바닥의
모서리 부분으로 쳐야한다는 것이다.

-s(closed slap) : 소문자 s는 'closed slap 주법'이다. 이 주법은
양손으로 연주하는 방법과 한손으로만 연주하는 두 가지 방
법으로 다시 나누어진다. 먼저 양손 연주 방법은 왼손을 콩
가 북면에 가만히 내려놓아 mute시키고, 오른손은 open주법

으로 연주한다. 반면, 한손 연주에서는 오른손을 달걀을 쥔
듯이 컵 모양을 만들고, 손의 모서리 부분으로 북을 쳤다가
북 표면에 손을 붙어준다.

■ 실제연습

실제 콩가 연습을 들어가기에 앞서 다시 한번 기보방법을 확인해 볼
필요가 있다. 아래 악보에서, 위로부터 둘째 칸은 높은 음정의 드럼을
연주하고, 위에서 셋째 칸은 낮은 음정의 드럼을 연주하면 된다.

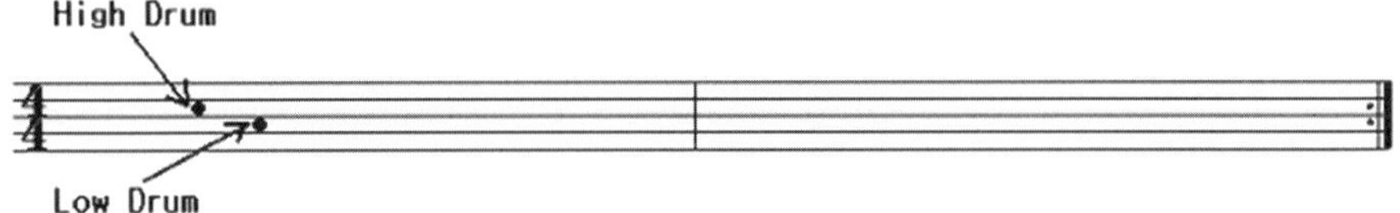

① 8비트 기본 연습과제

다음 연습과제들은 한 마디 안에 모두 8개의 기본음표가 첨가되
어 있는 형태의 곡들로 구성되어 있다. 우선 기본이 되는 연습
으로서, 왼손과 오른손을 번갈아가며 heel(H : 손바닥 밑 부분으
로 북 표면을 밀어주는 주법)과 toe(T : 손끝을 모아서 당기면서
북 표면을 치는 주법) 주법을 연주해 보는 실습과제이다.

H : heel	R : right hand
T : toe	L : left hand

악보의 윗부분에는 주법(heel, toe, open 등에 대한 설명이 나와
있고, 아랫부분은 연주해야할 손, 즉 오른손(right hand), 왼손
(left hand)을 나타낸다.

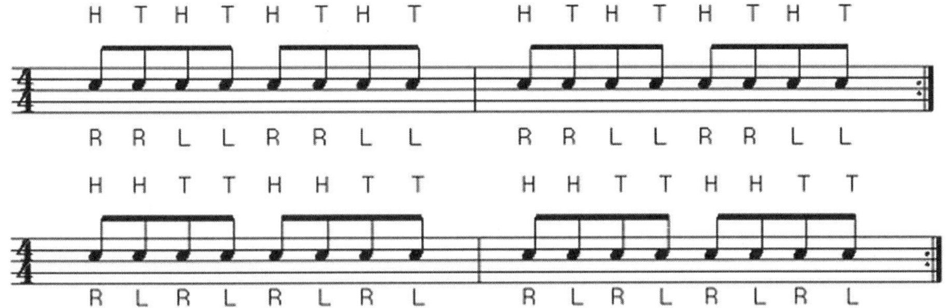

아래 제시된 과제는 8분 음표 이외의 음표들이 첨가된 형태의
연습패턴이다. 2분 음표와 4분 음표가 제시되어 있다. 악보를
보지 않고도 칠 수 있도록 숙달해야 할 것이다.

② 8비트 중급 수준 연습과제

다음에 제시된 과제들은 기본 연습과제에서 다루었던 heel, toe
주법에 Slap과 Open 주법을 더한 것이다. Slap 주법이란 원래
양손과 한손으로 연주하는 두 가지 방법이 있으나, 아래 연습
과제들은 모두 한손 연주기법을 사용한다.

H : heel	S : open slap
T : toe	R : right hand
O : open tone	L : left hand

아래에 있는 기호 S는 open slap 주법으로 연주하면 된다. 즉, 손바닥
전체가 아닌 모서리 끝부분으로만 북 표면을 쳐서 빠르게 떼면 된다.

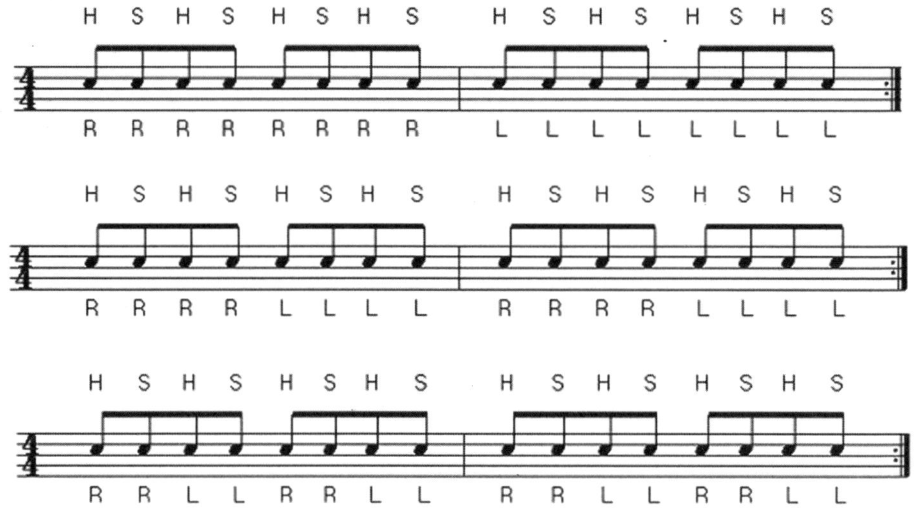

다음 과제는 open tone 주법과 연관된 연습이다. 주의할 점은 손
끝으로 북면을 가볍게 치되, 소리 낸 다음 빠르게 손을 떼어야
한다는 것이다. 그렇게 할 때 좀더 맑은 음색을 얻을 수 있다.

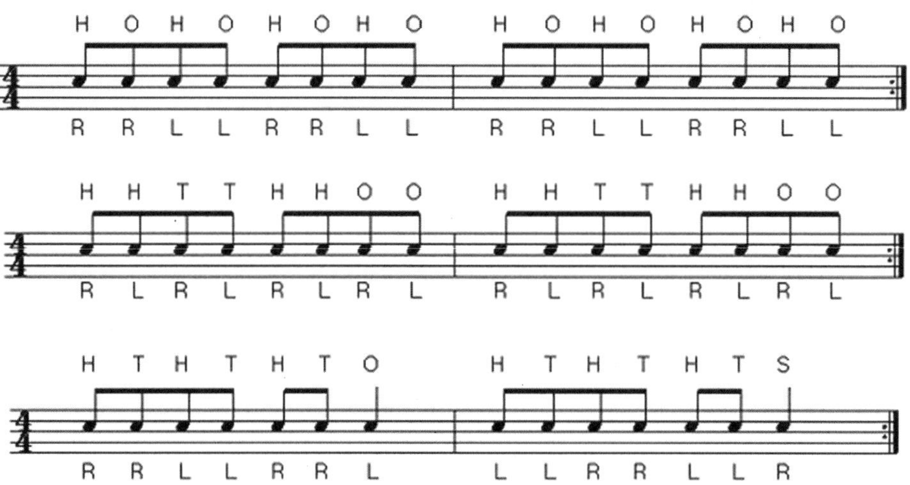

③ 3연음 기본 연습과제

3연음은 한 마디 안에 적어도 12개의 음표가 들어 있기 때문에,
자연적으로 빨라지게 마련이다. 따라서 연습하다 보면 정확한 연

주가 어렵다는 것을 알 수 있다. 이럴 때는 박자 세는 법(beating)
을 다시 복습해 볼 필요가 있다. 3연음 박자 세는 법은 (원-이-
엔)-(투-이-엔)-(쓰리-이-엔)-(포-이-엔)이다. 마음속으로 이
것을 세면서 연주해 보면 훨씬 정교한 연주가 가능해진다.

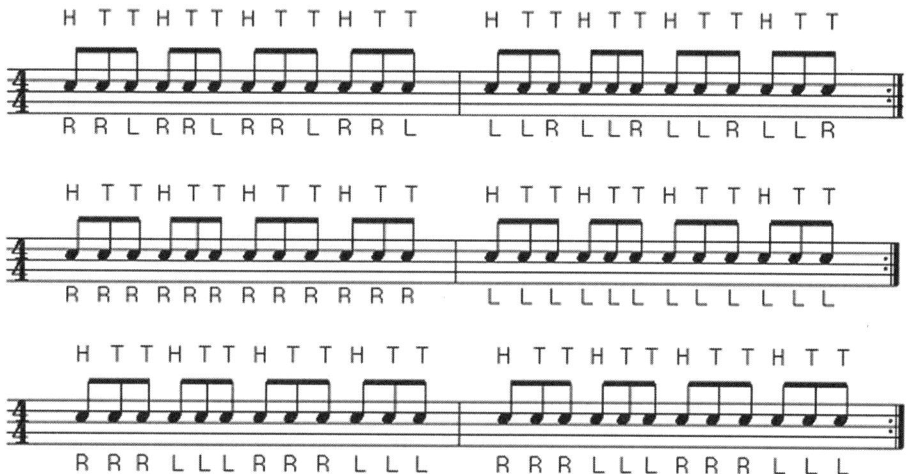

처음부터 빠른 박자에서 연습하면 손이 엉기는 것을 경험할 수
있다. 따라서 이럴 때는 아주 천천히 연습해서 충분히 숙달되
면 속도를 높이도록 한다.

④ 3연음 중급수준 연습과제

■ 기본 콩가패턴

다음에 제시하는 콩가패턴들은 다양한 곡들의 반주를 위해 매우 유용하게 사용된다. 각각의 연주법(Heel, Toe, Slap 등)들이 가지는 독특한 음색을 잘 살려 연주할 수 있도록 주의한다.

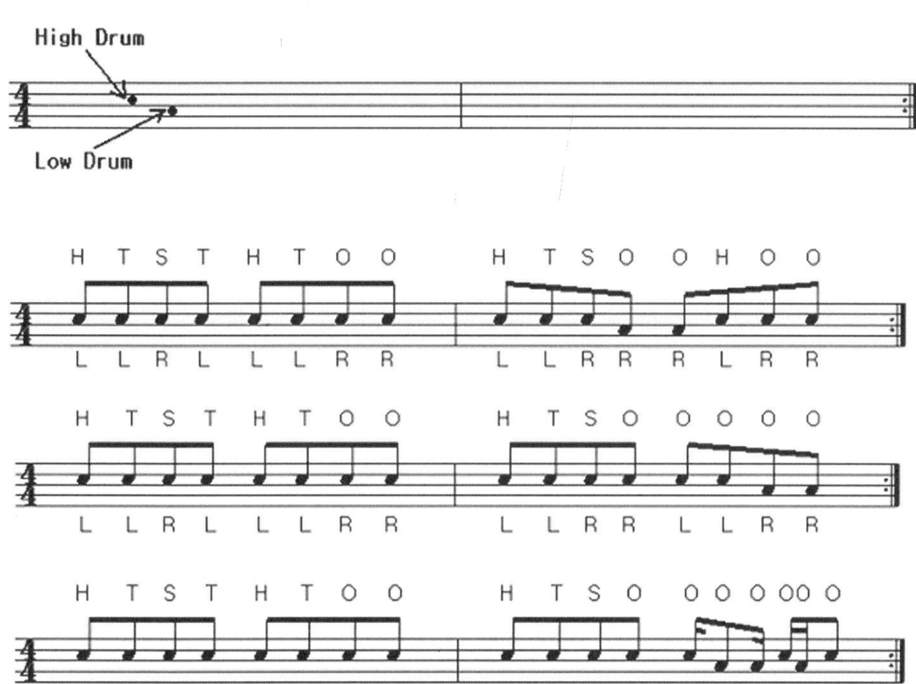

High Drum
Low Drum
H T S T H T O O   H T S O O H O O
L L R L L L R R   L L R R R L R R
H T S T H T O O   H T S O O O O O
L L R L L L R R   L L R R L L R R
H T S T H T O O   H T S O O O O O O O
L L R L L L R R   L L R R L R R L R L

8 | 핸드드럼 Hand drum

■ 핸드드럼 소개

핸드드럼은 음악치료 세션에서 자기표현향상과 사회교류 증진 등에 사용하는 타악기이다. 이것은 우리가 잘 알고 있는 탬버린에서 징글(jingles)을 뺀 형태이다. 이 악기를 세션에서 많이 사용하는 이유는  '가죽'이라는 친숙한 소재를 사용하고 있기 때문일 것이다. 물론 종이 재질로 된 것도 있다. 아무튼 이러한 가죽의 소리는 인간의 '심장 소리'와 비슷하기 때문에 사람들의 마음에 직접적으로 영향을 미치며, 특별한 기술이 없어도 쉽게 연주할 수 있다는 장점이 있다.

■ 핸드드럼의 종류

핸드드럼의 종류는 크기와 재료에 따라 나눌 수 있는데, 크기는 6인치부터 22인치까지 다양하다. 재료는 더욱 다양한데, 일반적인 형태인 가죽 핸드드럼, 태에 나사가 장착되어 음정조절이 가능한 플라스틱 핸드드럼, 신디사이저와 연결해 사용하는 전기 핸드드럼 등이 있고, 태 주변에 그림을 그려 예술작품으로서도 인정받고 있다.

■ 자세 및 연주방법

왼손으로 태(hoop) 부분을 가볍게 쥐고, 오른손으로 북의 중앙부위를 가볍게 친다. 또한 무릎 위에 올려놓고, 양손을 번갈아 가며 치거나, 무릎 위에 올려놓고, 멜럿을 가지고 칠 수도 있다. 핸드드럼을 연주하는 방법은 크게 두 가지로 나눌 수 있다. 하나는 1)손으로 연주하

는 방법과, 다른 하나는 2) 멜럿을 이용하는 방법이다. 그
러나 좀더 구체적인 방법은 다음과 같다.

① 방법1 : 손으로 문지르며 소리 낸다. 왼손으로 핸드
　드럼의 태를 자연스럽게 잡고, 오른손 다섯 개 손가
　락 모두를 모아서 핸드드럼 북 표면을 가볍게 긁으
　면 독특한 음색을 얻을 수 있다. 손톱이 아닌, 손끝
　으로 연주한다.

② 방법2 : 손으로 치는 방법이 있다. 둔한 소리를 원
　할 경우는 드럼의 중앙부를 두드린다. 대개의 경우,
　엄지를 제외한 나머지 손가락을 붙인 상태에서 연
　주한다. 물론 왼손으로 북을 들고 오른손으로 칠 수
　도 있고, 북을 무릎 위에 올려놓고 두 손으로 연주
　할 수도 있다.

③ 방법3 : 좀더 밝은 소리를 원할 경우는 드럼의 가장자
　리를 두드린다.

④ 방법4 : 멜럿을 사용해서 칠 수 있다. 이때 멜럿은
　스펀지나 털실 멜럿을 주로 사용한다.

⑤ 방법5 : 손톱을 이용해서 북 표면을 긁을 수 있다. 손
　바닥으로 긁어 소리 내는 것과 이와 같이 손톱으로
　긁어 소리 내는 것은 음색이나 느낌이 많이 다르다.

⑥ 방법6 : 각 손가락을 서로 나누어서 핸드드럼을 칠
　수도 있다.

⑦ 방법7 : 작은 핸드드럼은 높은 소리를 내고, 큰 핸드
　드럼은 비교적 낮은 소리를 낸다. 또한 중앙부를 치
　면 둔한 소리가 나며, 가장자리 부분을 치면 밝은
　소리가 난다. 어떤 경우에는 1개의 북을 총 3부분으
　로 나누어 연주하기도 한다. 즉, 북의 중앙부, 가장

〈핸드드럼 기본 연주자세〉

〈손바닥으로 문지르며 소리 내는 주법〉

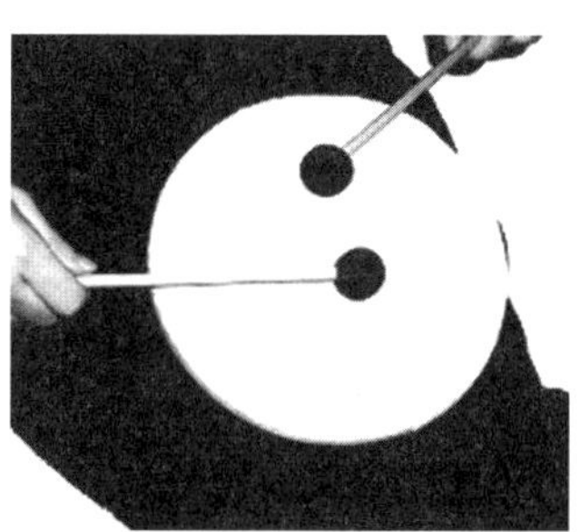

〈핸드드럼을 멜럿으로 치는 모습〉

〈손톱으로 긁어 소리 내는 주법〉

자리 부분 그리고 이 두 부분의 사이를 연주한다. 이것들은 서로 다른 음정을 갖고 있어서 단순한 핸드드럼으로도 복잡한 리듬패턴을 만들어 연주할 수 있다

■ **실제연습**

실제연습을 위해서는 다양한 표현을 위한 핸드드럼만의 특별한 기호가 필요할 것이다. 여러 가지 기호가 있을 수 있겠으나, 미국에서 주로 사용하고 있는 핸드드럼 기호는 다음과 같다.

① h(heel) : 멜럿으로 북 중앙부를 연주하는 것을 의미한다.

② f(finger) : 손가락을 모아서 북 표면을 치는 것을 의미한다.

③ s(slap) : 손바닥으로 북 표면을 치는 것을 의미한다.

④ t(touch or spacer) : 악보 상에서 연주가 없는 부분(쉬는 박)은 손가락으로 북 표면을 살짝 대준다.

⑤ _(accent) : 이 부호가 붙어 있을 때는 강하게 연주하라는 의미이다.

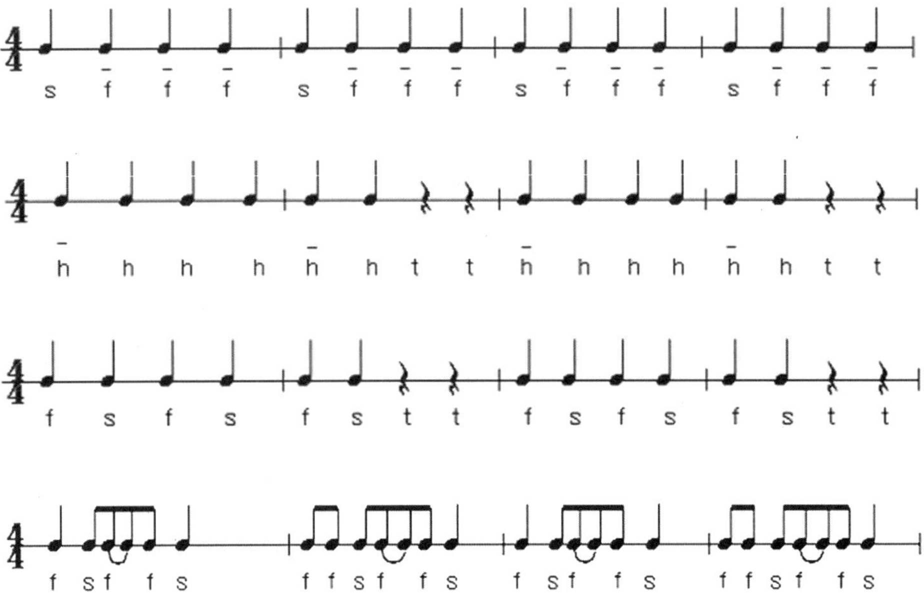

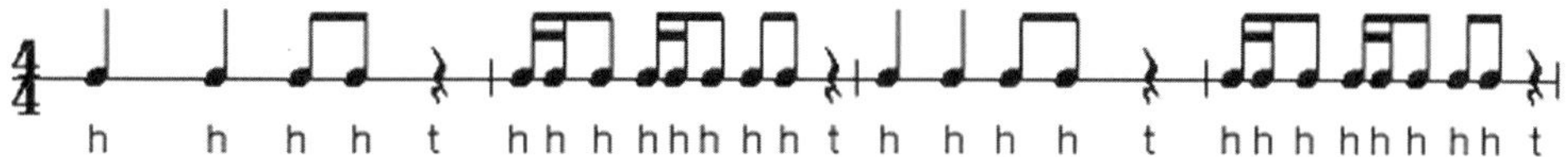

■ 멜럿(Mallet)

멜럿은 '나무를 치는 방망이'라는 뜻을 갖고 있다. 약 25~30cm 길이의 나무와 스펀지를 천으로 싼 헤드 부분으로 나누어진다. 물론 스펀지 이외에도 나무, 코르크, 양가죽, 펠트 등을 사용하기도 한다. 헤드 부분의 재료에 따라 다양한 소리를 낸다. 독특한 음색을 위해 플라스틱 헤드가 달린 플라스틱 멜럿을 사용하기도 한다.

■ 핸드드럼의 음악치료적 사용

핸드드럼은 음악치료 집단 세션 초기에 사용하면 좋다. 핸드드럼을 각 클라이언트에게 나누어 준 뒤, 자기 이름을 핸드드럼으로 표현하도록 한다. 예를 들어, '안동혁'이란 이름을 리듬, 멜로디와 리듬, 음색, 속도와 강약을 달리해서 표현해 본다.

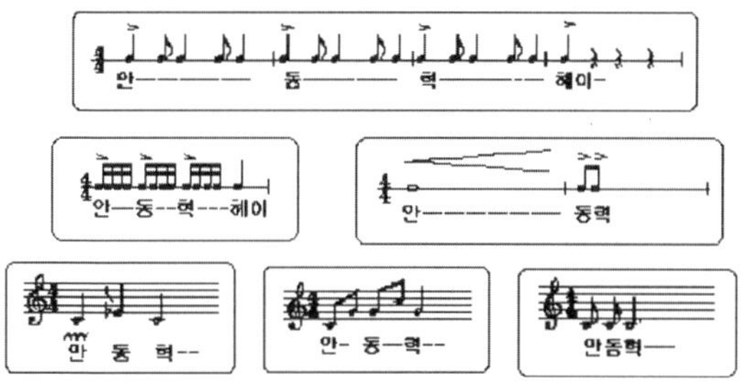

이 외에도, 분석적 즉흥연주모델(Priestly model)에서 핸드드럼은 클라이언트의 내면 감정상태를 잘 나타내 주는 효과적인 도구가 되기도 한다.

9 클라베스 Claves

■ 각 나라별 이름

(독) Claves

(이) Claves

(프) Claves

■ 클라베스 소개

스페인어로 '열쇠'라는 뜻을 가진 악기 클라베스(claves) 또는 클레이브스는 라틴아메리카 음악에서 많이 쓰이는 타악기이다. 주로 명랑하고 쾌활하며 익살스러운 느낌을 표현하는 데 사용된다. 단단한 나무로 만든 22cm 내외의 원(圓) 또는 각(角) 모양의 악기로 한 개씩 양손에 들고 서로 두들겨 소리 낸다. 특히 단순하고 친숙한 형태이기 때문에 음악치료 활동에서 경쾌한 곡의 리듬반주로 많이 사용된다. 그러나 맑은 소리를 얻기는 쉽지 않다. 많은 연습이 필요하다.

■ 자세 및 연주방법

① 일반주법 : 왼손과 오른손에 각각 한 개씩 클라베(Clave)를 쥔다. 이때 클라베스의 끝부분을 잡는다. 다음 그림과 같이 오른손으로 왼손의 클라베를 친다는 생각으로 연주한다. 그러나 이 방법으로는 원하는 맑은 음색을 얻기 힘들다. 왜냐하면 악기 몸체와 연주자의 손이 맞닿아 있기 때문에 울림이 잘 이루어지지 않기 때문이다. 따라서 왼손으로 클라베를 쥐는 방법은 손바닥에 악기를 붙이지 않은 채, 손가락 끝만으로 악기를 가볍게 잡는다. 오른손에 쥔 클라베를 가지고 왼손 악기를 치면 맑은 음색을 얻을 수 있다.

② 붙여 치기 : 이 주법은 마치 박수치는 것과 같이, 양손에 클라베스의 중간 허리쯤을 잡고 박수치듯이 악기 전면이 모두 닿도

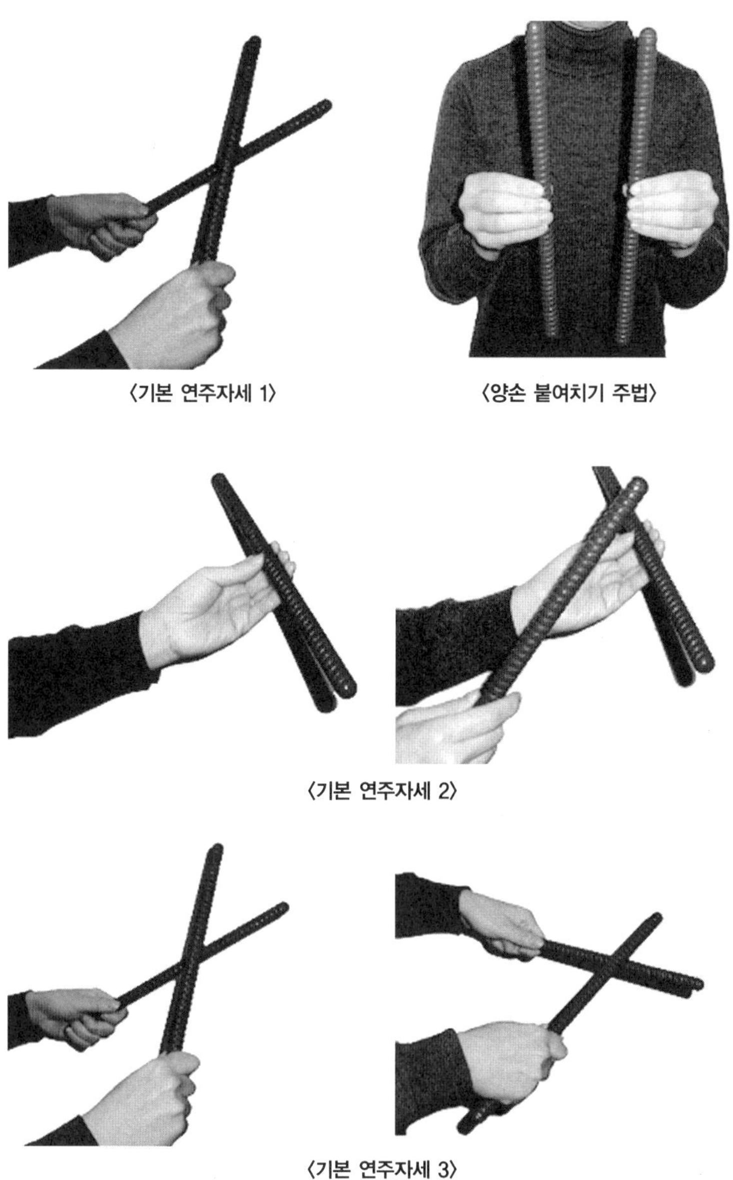

〈기본 연주자세 1〉 〈양손 붙여치기 주법〉

〈기본 연주자세 2〉

〈기본 연주자세 3〉

록 맞부딪치면 된다.

③ 긁어 소리내기 : 양손에 클라베스 끝부분을 가볍게 쥐고, 오른
손 클라베스로 왼손에 쥔 악기를 안쪽에서 바깥쪽으로 긁어서
소리 낸다. 역시 악기를 꽉 쥐면 좋은 음색을 얻을 수 없다.

④ 다양한 음색 표현방법 : 왼손에 쥔 클라베의 중간 부분을 칠 때와 가장자리 부분을 칠 때의 음색이 달라진다. 악기의 가장 자리를 칠수록 더욱 밝은 음색을 얻을 수 있다. 중간 부분으로 갈수록 둔탁한 소리가 난다. 이 외에도 두 개의 막대를 서로 세게 문질러서 소리낼 수도 있다.

⑤ 트레몰로 주법 : 두 개의 막대 끝부분을 양손으로 잡고 또 하나의 막대 혹은 의자, 책상 등의 딱딱한 물건을 교대로 빠르게 반복하며 연주할 수 있다.

클라베스는 길이 20㎝ 정도, 두께 2.5㎝의 원통형 나무막대 한 쌍으로 이루어진 악기이다. '서로 마주쳐서 소리를 내는 몸울림악기[相互打奏體鳴樂器]'에 속한다.

한국의 딱따기(야간 순시 때 서로 마주쳐서 딱딱 소리를 내게 만든 두 짝의 나무토막)를 닮은 딱딱한 막대 악기이다. 단단한 나무로 만든 길이 20cm 내외의 원(圓) 또는 각(角) 모양의 악기로 양손에 한 개씩 들고 서로 두들겨 소리를 낸다. 연주할 때는 한짝은 오른손의 손가락 끝으로 가볍게 쥐고, 왼손바닥은 주발형으로 구부린 다음 나머지 한 짝을 누인다. 오른손에 쥔 것으로 왼손바닥의 것을 가볍게 두드린다. 그러면 막대가 동시에 부딪치면서 날카롭고 맑은 음을 얻을 수 있다. 원래 아프로-쿠바 민속음악에서 사용되었으며, 리듬밴드용 타악기인 리듬 스틱의 근대적인 예 가운데에서도 가장 오래된 악기에 속한다. 고대 이후 많은 문화에서 음악적 리듬을 치기 위한 것뿐만 아니라 제의와 노동에, 또는 주의를 환기시키기 위한 목적에도 사용되었다. 룸바와 같은 라틴아메리카의 무도리듬에서 반복적으로 쓰인다. 대부분의 라틴리듬 패턴은 2-3 클레이브(clave), 혹은 3-2 클레이브에 따라 만들어지게 되어 있다. 프랑스에서 출생한 미국 작곡가 에드가 바레즈(Edgard Varse)의 타악기군과 사이렌에 의한 실내악곡 〈이오니제이션〉, 미국의 지도적 작곡가 애런 코플런드(Aaron Copland)의 〈애팔래치아의 봄〉 등 근대음악에도 쓰이고 있다.

10 | 우드블록 Wood block

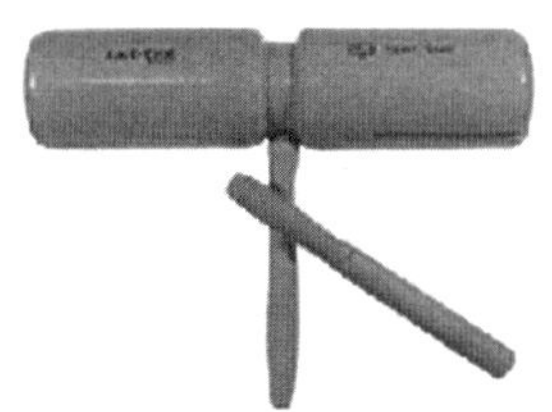

우드블록(Wood block)

중국식 우드블록

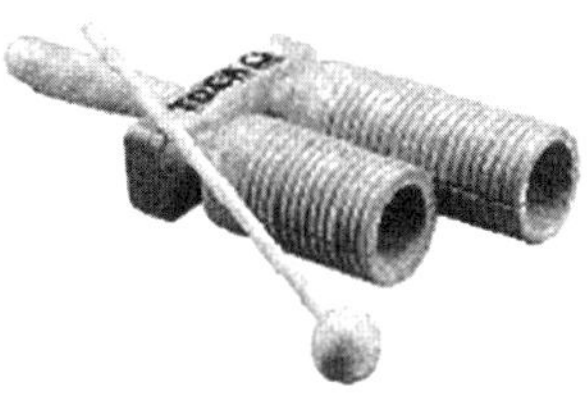

나무 아고고(Wooden Agogo)

■ 각 나라별 이름

(독) Holzblocktrommel

(이) Blocco di legno, Cassettina

(프) Blocen bois

■ 연주자세 및 연주방법

① 대개의 경우 우드블록은 음정이 다른 두 개의 울림통 막대로
구성되어 있다. 이때 낮은 음정의 울림통을 연주자의 왼쪽에,
높은 음정의 울림통을 연주자의 오른쪽에 위치한다.

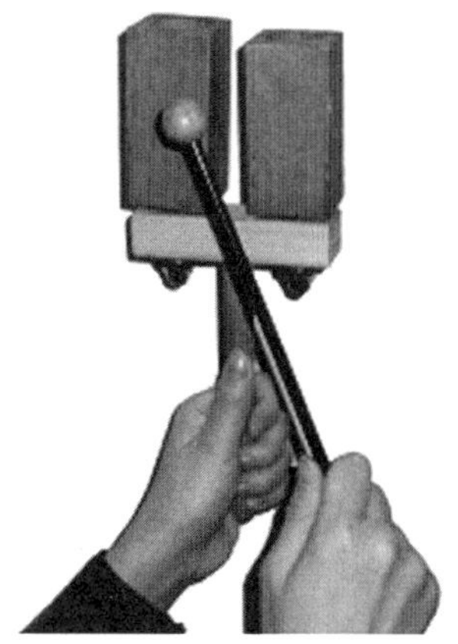

② 나무 멜럿을 오른손에 가볍게 쥐고 연주한다. 너무 세게 잡으면 둔탁한 소리가 나게 된다. 대개는 멜럿 한 개로 치지만, 긴 홈이 옆에 파여 있는 중국시 우드블록의 경우는 두 개의 멜럿으로 연주하기도 한다. 이때, 악기의 중앙 부분을 칠 때 가장 맑고 경쾌한 소리를 얻을 수 있다.

③ 우드블록은 연주자의 가슴 앞에 놓고 연주하는 것이 좋다.

■ **실제연습**

① 울림통이 1개인 우드블록

〈중국식 우드블록 연주모습〉

② 울림통이 2개인 우드블록

　　다음 리듬악보의 아래 부분은 낮은 음정을 가진 우드블록의 왼쪽
울림통을 뜻하며, 리듬 악보의 윗부분은 높은 음정을 가진 오른
쪽 울림통을 의미한다. 경쾌하고 리듬감 있게 연주하도록 한다.
또한 강약을 살려 연주하면 더욱 훌륭한 음색을 얻을 수 있다.

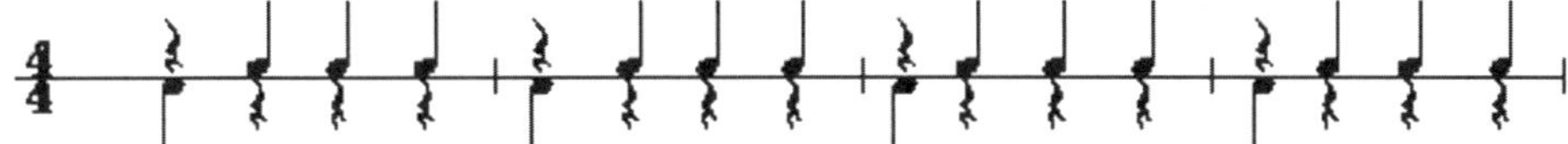

　　다음 과제는 느린 음악을 위한 반주로써 사용될 수 있는 리듬
패턴이다. 물론 빠르게 연주하면 빠른 곡의 반주로써도 사용될
수 있다. 곡을 연주하면서 연주자의 재량에 따라 다양한 변주
를 해 보도록 한다.

　　다음 과제는 빠른 곡을 위한 반주로써 사용될 수 있다. 물론
특정 곡의 반주가 아닌 리듬앙상블을 위해 사용 가능하다.

우드블록을 연주할 때 사용되는 멜럿은 마림바 멜럿이나 나무 멜럿, 플라스틱 멜럿, 고무 멜럿도 효과적이다. 우드블록은 음정이 없다고 생각할 수 있지만 종류나 크기에 따라 음정이 달라지기도 한다. 예컨대, 크기가 큰 우드블록일수록 음정은 낮고, 크기가 작은 블록일수록 음정이 높다. 2음계 혹은 오음계로 구성된 우드블록들도 있다.

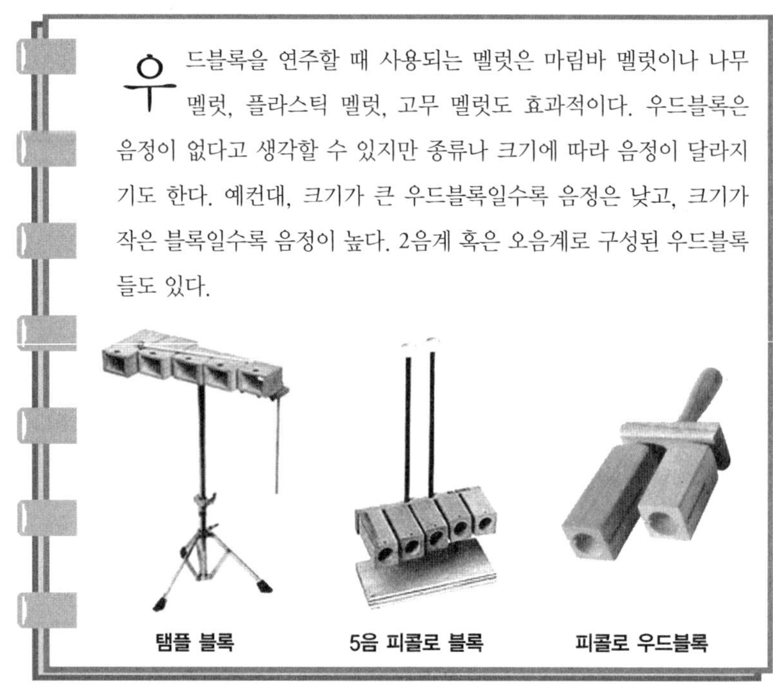

11 │ 귀로 Guiro

■ 각 나라별 이름

귀로는 스페인어로 '오이' 라는 의미를 갖고 있다. 영어로는 'cuban guiro' 혹은 'gourd' 라고 부르고, 대나무로 만든 것은 'Reco-reco' 라고 부르기도 한다. 각 나라별 귀로의 이름은 다음과 같다.

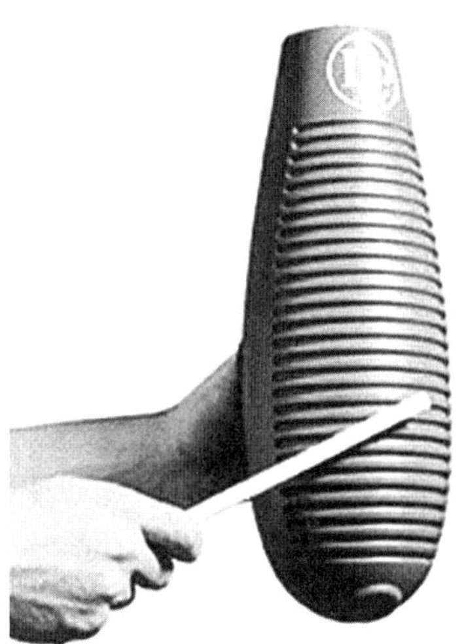

(독) Guiro

(이) Guiro

(프) Guiro

■ 악기소개 및 유래

빨래판처럼 생긴 귀로(Guiro)는 음악치료 현장에서 모든 내담자들이 신기해 하고, 연주해 보고 싶어하는 악기 가운데 하나이다. 예로부터 라틴아메리카에서 사용되어 온 원시악기이다. 인디오족의 원시악기나 브라질의 레코레코(reco-reco) 같은 악기로서 '차차차' 음악에 중요한 악기이다. 표주박처럼 생긴 빈통에 톱니자국 같은 홈을 내고 그 표면을 나무에 쇠를 붙인 것으로 철사로 만든 솔이나 막대기로 표피를 긁어 소리를 내는데, 원래 미국의 흑인들 사이에서는 긁어서 소리내는 악기가 아주 대중적이었다. 일반적으로 그룹의 싱어가 왼손으로 사운드 홀 쪽을 쥐고 연주하며, 몸통을 문질러서 소리를 낸다. 푸에르토리코에서는 나무로 된 스틱을 사용하고, 도미니카에서는 가느다란 쇠막대를 사용하는데 메렝게(merengue) 음악의 특징적인 사운드를 만든다. 남아메리카와 북아메리카, 카리브해 지역에서는 거북의 등껍데기나 말이나 노새, 당나귀의 턱뼈도 이빨을 남겨놓은 채 톱니 자국을 내어 사용한다. 페루의 해안 지방에 거주하는 흑인들이 사용된 것은 18세기까지 거슬러 올라간다. 미국 루이지애나주(州)에서 아직 가끔 눈에 뛰다 카리브해 지역과 남아메리카에서 사용하는 산사(sansas)라는 악기도 긁어서 소리를 내는 악기로 마림불라(쿠바)나 마림바우(브라질) 같은 이름을 갖고 있어 기원을 분명히 드러내고 있다. 원래는 표주박이 주재료였지만 최근에는 금속제도 사용된다.

■ 연주자세 및 악기 위치 설정

① 귀로는 악기 부분과 채 부분으로 나뉠 수 있는데, 보통 악기 부분을 왼손에 받쳐 들고, 채를 오른손에 쥐고 연주한다.

② 귀로 악기에는 손가락을 넣어 잡을 수 있는 2개 혹은 3개의 홈이 있다. 엄지와 중지를 홈에 넣어 악기를 들면 된다.

③ 일반적인 스타일의 귀로는 악기의 연주위치에 따라 음정이 다를 수 있다. 이때는 연주자 몸쪽에 낮은 음정부분을 위치시키고, 연주자 몸에서 먼 쪽은 악기의 높은 음정부분을 위치시킨다.

④ 쿠바스타일 귀로(Cuban-style guiro)처럼 악기의 한쪽 면이 뚫린 경우가 있는데, 이때는 막힌 부분을 아래로 향하게 하고, 뚫린 부분을 위로 향하게 한 다음 연주한다.

⑤ 프에르토리칸 귀로(Puerto Rican style guiro)는 악기의 한쪽 면이 다른 쪽보다 뽀족한데, 이 뽀족한 부분을 위로 향하게 하고, 그렇지 않고 둥근 부분은 아래로 향하게 한 다음, 철제로 된 채를 가지고 연주한다.

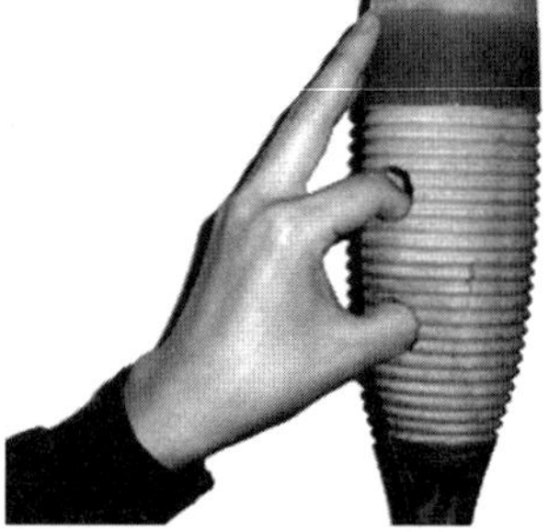

〈왼손으로 귀로를 쥔 자세〉

■ 연주방법

① 연주패턴은 다운스트로크(Down stroke)와 업스트로크(Up stroke)를 잘 조합해서 연주하게 된다.

② 귀로 연주의 핵심은 다운스트로크에 있다. 악보에 붙임줄이 있는 다운스트로크을 연주할 경우에는 악기의 전체 면을 모두 훑으면서 연주하라는 의미이다. 붙임줄이 끝나는 두 번째 음은 훑으며 연주하는 앞 음과의 대비를 위해 스타카토(·)로 끝내는 것이 바람직하다.

③ 알아두어야 할 점은 채의 재질에 따라, 판을 긁는 속도와 홈과 채의 각도에 따라 소리가 다르게 난다는 것이다.

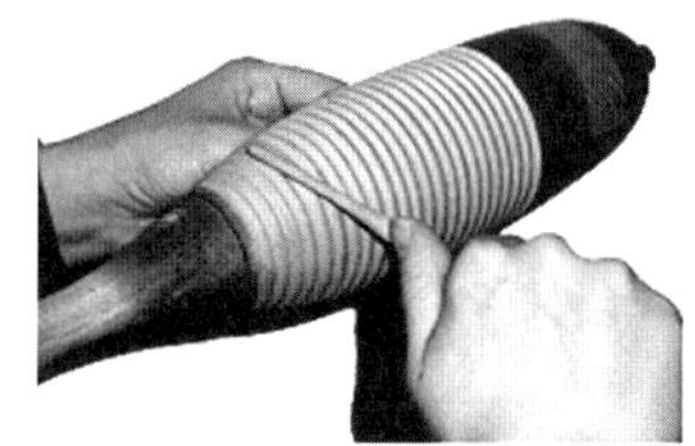 

■ **실제연습**

① 다음에 제시된 과제는 귀로 연주를 위한 가장 기본적인 테크닉을 익히기 위한 것이다. 우선, 첫 박과 두 번째 박이 붙임줄로 연결되어 있다. 즉, 첫 박에서는 악기 표면에 채를 완전히 붙인 상태에서 아래까지 길게 내리 그으며 강하게 연주하되, 두 번째 박이 시작될 때 짧게 끊으면서 채를 올려 연주한다.

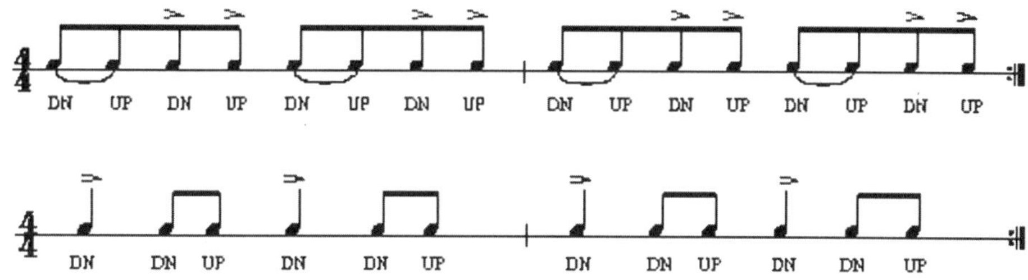

② 다음 과제는 엇박자 연주를 연습하기 위한 것이다. 첫 번째 마디의 세 번째 박에 엇박자가 있다. 이 경우 down stroke하지 않고, up stroke을 한다는 것을 기억해야 한다.

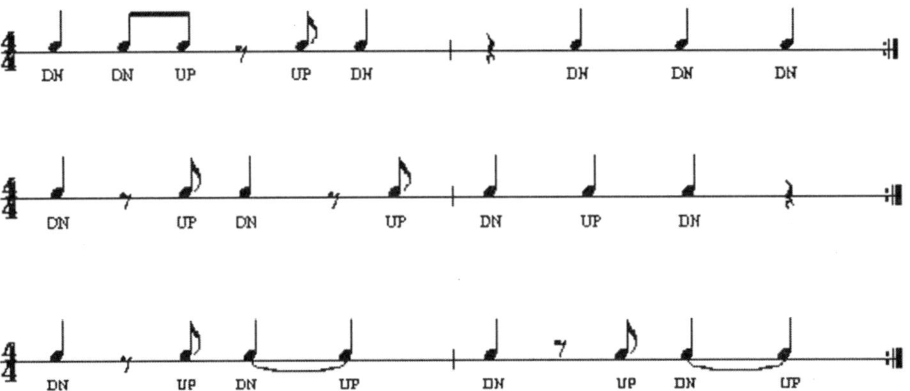

③ 다음 과제는 점음표 연주를 위한 연습과제이다. 위의 과제 가운데 붙임줄로 연결되어 있는 실습과제와 비교해 볼 수 있는데, 대부분 그 연주에 있어 비슷하지만, 가장 큰 차이점이라면 붙임줄 연주의 경우에는 첫 박과 그 다음 박을 이어서 연주하고 악기에서 채를 떼지 않는 반면, 아래의 과제는 첫 박과 두 번째 박의 엇박자를 연주할 때 악기에서 채를 떼면서 연주한다는 것이다.

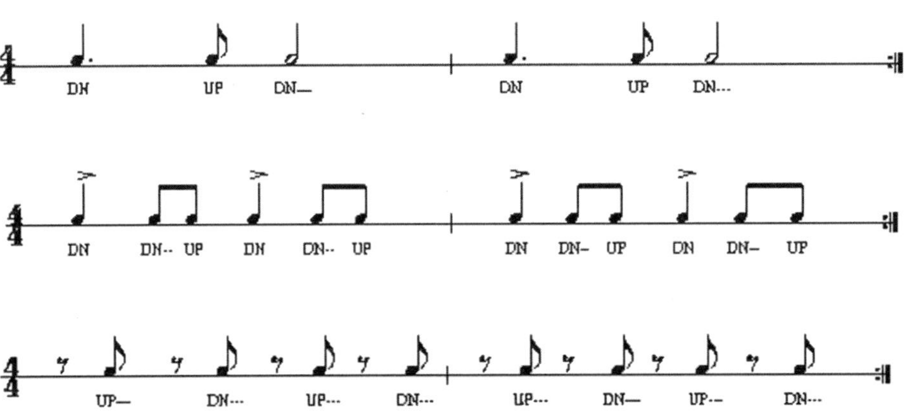

④ 아래 과제는 down stroke과 up stroke의 강세가 서로 비슷하도록 많은 연습이 필요하다. 리듬감 있게 연주하는 데 자신이 없는 사람은 다시 본장의 '박세기' 요령을 다시 한번 읽어볼 필요가

있다.

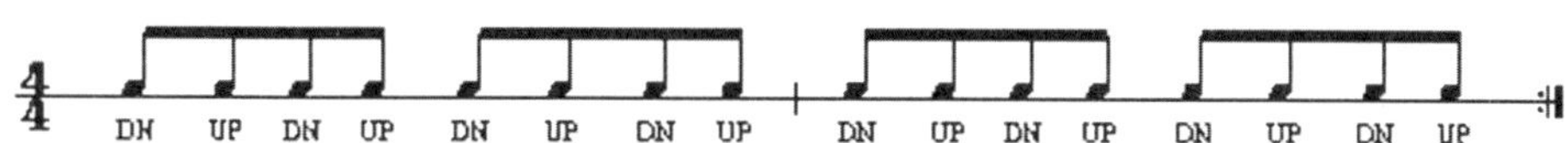

⑤ 다음은 위의 내용들에 바탕을 둔 응용 리듬패턴들이다. 기보요
령 습득을 위해 오선악보에 기재해 보았다.

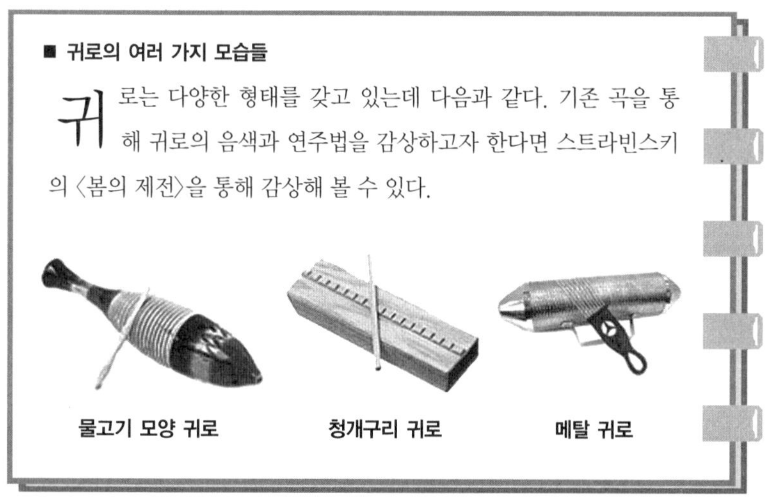

■ 귀로의 여러 가지 모습들

귀로는 다양한 형태를 갖고 있는데 다음과 같다. 기존 곡을 통해 귀로의 음색과 연주법을 감상하고자 한다면 스트라빈스키의 〈봄의 제전〉을 통해 감상해 볼 수 있다.

물고기 모양 귀로　　　청개구리 귀로　　　메탈 귀로

■ **연주자세 및 연주방법**

① 양손으로 오션드럼의 양쪽 끝을 잡고 좌우로 가볍게 흔들어 연주한다.

② 오션드럼을 천천히 비스듬하게 기울여서 파도소리 같은 효과를 낼 수도 있다.

③ 오션드럼을 위아래로 세게 흔들어서 천둥소리나 격렬한 파도소리 같은 효과를 내기도 한다.

④ 스틱을 이용해서 오션드럼의 표면을 쳐서 소리 낼 수도 있다.

〈오션드럼 기본적인 연주자세〉

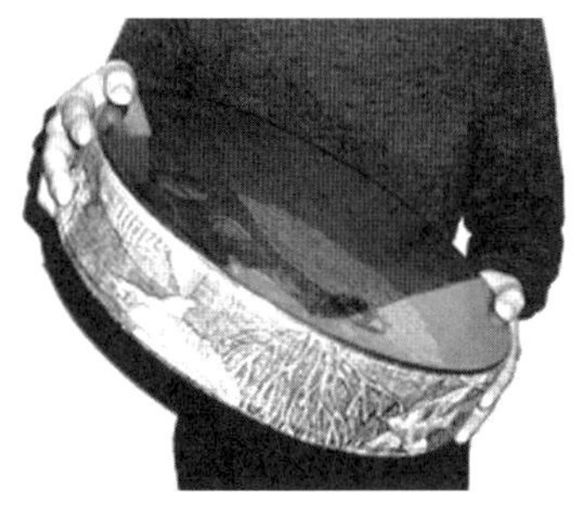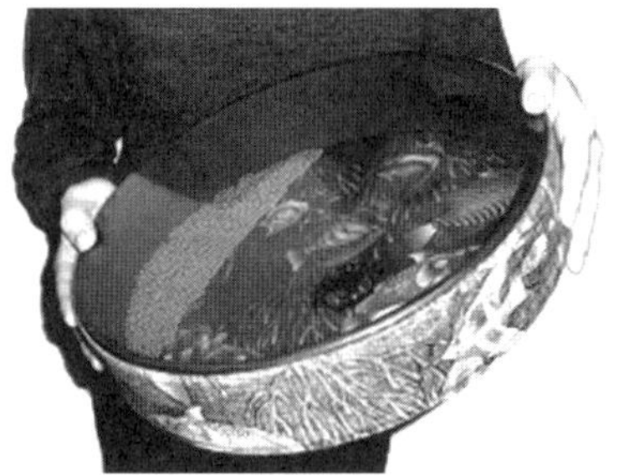

■ 악기보관법

① 오션드럼은 바닥에 함부로 놓지 않는다. 지나다니다가 부주의
하게 발로 밟아 손상이 가는 경우가 있다. 즉, 선반이나 케이
스 안에 놓아두는 것이 바람직하다.

② 겨울철에는 건조하므로 악기에 약간의 수분을 공급하는 것이
좋다.

③ 칼이나 가위 등 날카로운 물건에 따라 악기의 윗면에 손상이
가지 않도록 주의한다.

■ 실제연습

① 오션드럼을 두 손으로 받쳐 들고, 오른손을 먼저 기울여서 소
리 낸다. 이때, 오션드럼 안에 있는 구슬들의 움직임을 잘 조
절하여 아주 길게 소리가 날 수 있도록 연습한다.

② 파도치는 모습을 연상하면서, 비스듬히 기울이다가 갑자기 위
아래로 흔들어서 파도가 바위에 부딪치는 소리를 연습해 본다.

③ 이번에는 오션드럼 안에 있는 구슬들이 계속 원을 그리며 굴러
갈 수 있도록 악기를 연주해 본다.

④ 여름이 연상되는 곡을 실제 부르거나 녹음된 곡을 들으면서 곡
의 적당한 부분에 연주해 본다.

오 션드럼(Ocean Drum)은 일반적인 기악합주나 기악즉흥연주 음악치료 활동에서 자주 사용되는 악기 가운데 하나이다. 이 악기는 치료대상자들이 쉽게 연주할 수 있다는 장점과 함께 흥미유발, 만족감, 성취감 등을 고취시키는 데 중요한 도구가 된다. 자해행동을 보이는 자폐아동이나 주의력이 결핍된 ADHD아동과 같은 경우, 주의를 돌리거나 과제에 집중시키며, 심리적 안정감을 주기 위해 유용한 악기이다. 일반아동들의 창의력 및 표현활동에도 자주 사용된다.

13 봉고 Bongo

■ 각 나라별 이름

(독) Bongoes

(이) Bongos, Bonghi

(프) Bongos

■ 연주자세 및 악기의 위치

① 연주자세 : 봉고를 스탠드 위에 올려놓고 치기도 하지만, 전통적으로 양 무릎 사이에 끼워 고정시켜 놓고 연주하는 것이 보통이다.

② 기본주법 : 의자에 걸터앉아 넓적다리 사이에 끼고 집게손가락을 이용하여 두 손으로 친다. 좀더 강한 음이 필요할 경우는 검지와 중지 2개의 손가락을 이용하게 되고, 가장 강한 음량을 원할 때는 엄지를 제외한 나머지 4개의 손가락을 이용하여 양손으로 친다.

③ 악기의 좌우위치 : 봉고는 크고 작은 북 2개가 연결된 형태이기 때문에 좌우 구분이 있어야 할 것이다. 연주자마다 북의 위

치가 다르지만 대개의 경우 연주자의 자리에서 왼쪽에는 작은
크기의 북을 두고, 오른쪽에는 큰북을 둔다. 즉, 낮은 음을 가
진 북은 항상 연주자의 왼편에, 높은 음을 가진 북은 연주자의
오른편에 두면 된다. 이것은 콩가의 경우도 마찬가지이다.

〈양손 검지를 이용한 연주〉

〈양손 엄지, 검지를 모두 이용한 연주〉

■ **연주방법**

① 북면을 손가락 전체로 치는 것이 아니라, 주로 양손 검지의 두
마디째 부분으로 북면과 북 테를 동시에 치게 된다. 좀더 강한
음량이 요구될 때는 양손의 검지와 중지를 사용하여 북면을 치
면 된다.

② 봉고는 손으로 연주하는 것이 원칙이나, 음색의 변화를 주거나
연주상의 편의를 위해(다른 악기와 함께 연주하는 경우) 채를
사용하기도 한다.

③ 봉고의 밑면은 울림통 구실을 하므로 무릎 위에 올려놓고 연주
하거나, 바닥에 놓고 연주하면 봉고의 강한 음량을 기대하기 힘
들다.

④ 곡의 시작부터 끝까지 봉고리듬이 첨가될 수 있는데, 음악의 분
위기에 맞추어 연주자의 재량대로 다양한 리듬을 만들어 낸다.

■ **봉고드럼 기보법**

① 오선기보 : 다음 악보는 봉고 드럼을 오선보에 표기한 것이다.
봉고 드럼은 두 개의 드럼으로 구성되어 있기 때문에 오선보에

서도 두 칸이 필요하다. 악보의 위로부터 첫 번째 칸에는 높은
음정의 북(작은북)을 표기하고, 두 번째 칸에는 낮은 음정의 북
(큰북)을 표기하게 된다.

② 리듬악보 : 대개는 오선보에 그리지만, 리듬악보에 그리는 경
우도 많이 있다. 역시 봉고드럼이 두 개의 북으로 되어 있으므
로, 두 개의 리듬악보가 필요하다. 그 가운데 위에 있는 악보
는 높은 음정 북을 뜻하며, 아래에 위치한 악보는 낮은 음정 북
을 의미한다. R과 L은 right hand와 left hand를 말한다.

■ 실제연습

다음 연습과제는 실제로 반주가 직접 사용할 수 있는 리듬패턴들이
다. 신중히 연습해서 숙달될 수 있도록 해야 하겠다.

봉고는 콩가의 축소판이라고 할 수 있다. 물론 콩가보다는 음정이 높다. 봉고를 통해서 곡 속의 멜로디 사이사이에 빈 공간을 메우기 위해 fill-in기법을 사용한다면, 음악의 극적 긴장감을 높여 주기도 한다. 북면의 연주되는 부위(북면 위의 어느 부분을 치는가)와 연주방법에 따라 음색과 음 높이의 변화를 다양하게 줄 수 있어, 연주자의 기량에 따라 악보 위에 표시되어 있는 것보다 더 훌륭한 효과를 낼 수도 있다.

때로는 톰톰의 높은 소리로 이용되거나, 콩가와 대비(음색과 음고의 변화)를 주기 위해 사용되기도 한다. 봉고 연주자들은 발달된 손가락 근육과 굳은살을 이용해서 다양한 소리를 만들며, 좀더 화려한 타악기 기술들을 보여준다. 봉고의 맛은 빠른 곡보다는 느린 볼레로(Bolero)곡에서 더 느낄 수 있다고 한다.

또한 봉고는 치료적으로도 의미가 있다. 음악치료 현장에서 봉고는 소근육 운동기술 향상을 위해 주로 사용될 수 있고, 연주를 위한 집중력 향상 및 리듬감 향상 등에 사용될 수 있다. 뿐만 아니라 분석적 즉흥연주모델에서 환자들의 억눌린 감정을 표현하는 수단으로도 사용 가능하다.

14 심벌즈 Cymbals

■ **각 나라별 이름**

(독) Becken

(이) Piatti

(프) Cymbales

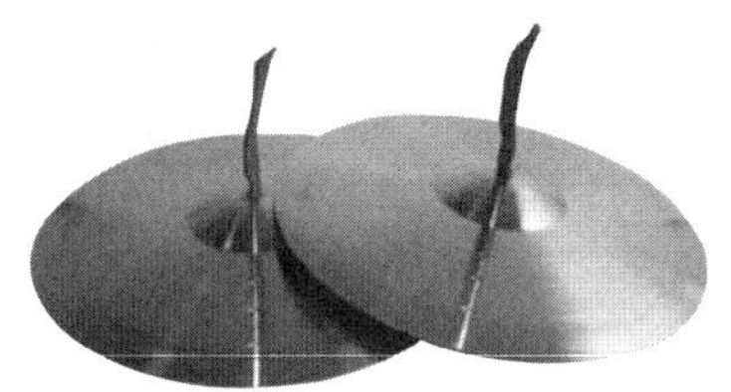

■ **심벌즈의 종류**

대부분의 경우 심벌즈는 볼록한 부분에 끈을 엄지와 검지를 이용해서 잡고 연주하는 것이 보통이지만 다음과 같이 스탠드에 고정시켜 연주하는 심벌즈도 있다.

① Suspended Cymbals : 스탠드에 고정시켜 한짝으로 사용하며, 채를 이용하여 연주한다. 가끔은 현악기의 활이나 동전으로 긁어서 연주하기도 한다.

② Hi-hat Cymbals : 드럼에서 주로 사용되는 심벌로서, 페달이 있는 스탠드에 위아래 약간의 간격을 두고 마주보도록 고정된 심벌이다.

③ Sizzle Cymbals : 최근 개발된 심벌로서, 스탠드에 고정시켜 연주한다. 심벌 표면에 구멍을 뚫어 나사를 느슨하게 꽂아서 연주할 때에 나사의 진동으로 독특한 소리를 만들기도 한다. 또한 심벌을 거꾸로 엎어놓고서 그 안에 핀을 넣어 연주하기도 한다.

■ **연주방법**

① 비껴 마주치기(Clash) 주법

가장 기본이 되는 주법으로서, 한 쌍의 심벌즈를 양손에 들고 서로 부딪쳐서 소리 내는 방법이다. 이때 주의할 점은 양손의 심벌즈를 엇갈려 치는 것인데, 즉 한손은 위에서 준비하고, 다른 한손은 아래에서 준비한 이후에 중간 지점에서 서로 맞부딪쳐 소리 내고, 다시 반대로 아래에 있던 손은 위로, 위에 있던 손은 아래로 위치하면 된다. 음을 정지시키는 방법(Dampening)은 소리를 낸 다음 심벌즈를 연주자의 가슴이나 옆구리 등 신체 일부분에 댐으로써 진동을 정지시킬 수 있다.

② 구르기(Roll) 주법

이 구르기 주법은 악곡 속 클라이맥스 부분에서 긴장감과 다이내믹을 주기위해 주로 사용되는 기법이다. 크게 두 가지 방법으로 나뉜다.

* two-plate-roll : 두 개의 심벌즈를 서로 마주보게 한 뒤에, 아주 빠르고 잘게 모서리 부분을 서로 비벼서 소리 내는 주법이다.

* two-stick-roll : 한 장의 심벌(Suspended cymbal)을 스탠드에 고정시켜 놓고, 두 개의 드럼 채로 심벌 가장자리 부분을 빠르게 교대로 치는 주법이다.

③ 정면 치기 주법

한 쌍의 심벌즈를 비스듬히 비껴 치지 않고, 서로 마주보게 하여 정면으로 맞부딪치는 연주방법이다. 이 주법은 강한 음을 표현하고자 할 때나, 곡의 종지부분에서 많이 사용된다. 이때 주의할 점은 넓게 벌려서 밑에서부터 위쪽으로 올리면서 부딪쳐야 한다는 것이다.

④ 비껴치기(Slide) 주법

이 연주법은 한쪽 심벌에 다른쪽 심벌이 미끄러지듯이 비스듬하게 연주하는 방법이다. 'strisciato' 라고 표시하기도 한다. 또한 Jabs 주법(그림참조)이라고 해서 한 쌍의 심벌즈 가운데 하나는 정지해 있는 상태에서 다른 한 심벌로 비껴 치는 주법도 있다.

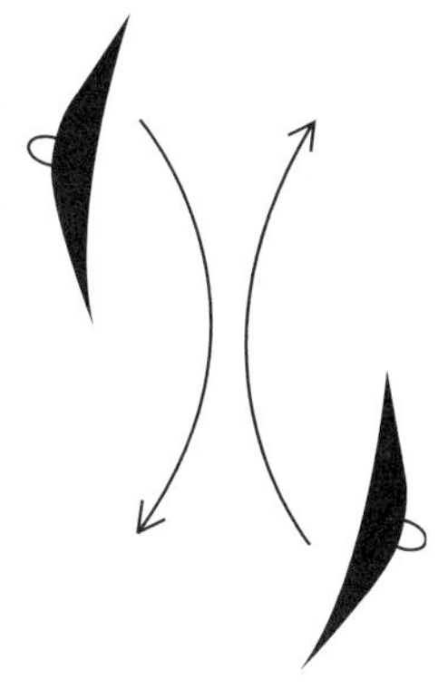

〈비껴 마주치기(Clash)〉

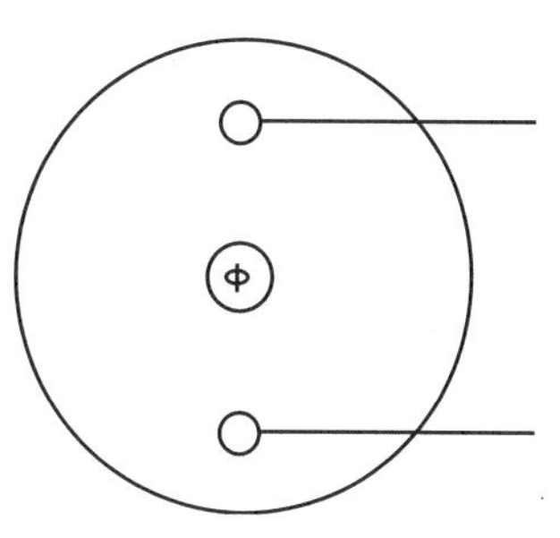

〈구르기(Roll)〉

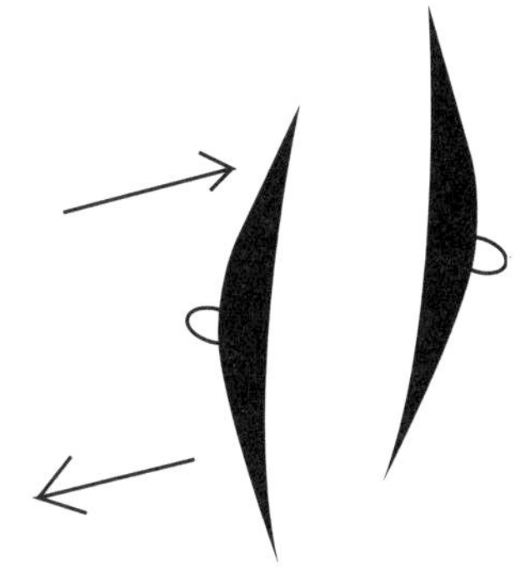

〈비껴치기(Slide)〉

⑤ 강약 및 음색표현

심벌즈 한 개를 가지고 강약을 표현하고자 할 때는, 우선 심벌 중앙에 가죽 끈 고리를 매달아 왼손으로 길게 늘어뜨려 잡고, 오른손으로 채를 갖고 친다. 이때 둔탁하고 여린 소리에서 맑고 밝은 소리로 옮겨가기 위해 심벌의 중앙부위에서 연주를 시작하여 점점 가장자리 쪽으로 옮겨서 연주하면 된다.

■ 채의 종류에 따른 음색변화

실제 연주 시에 심벌즈는 양손에 들고 치거나, 스탠드에 고정시켜 놓고 채를 갖고 치게 된다(위의 연주법 참조). 채를 사용할 경우에는 채의 종류에 따라 다양한 음색을 낼 수 있다.

① 나무 채는 밝은 소리나 딱딱한 소리를 만들어 낸다.

② 고무 채는 어두운 소리를 낸다.

③ 금속 채는 날카롭고 챙챙거리는 금속성 소리를 낸다.

④ 'Jazzbesen'이라고 하는 재즈 빗자루채는 부드러운 음색을 낼 때 사용한다.

⑤ 부드러운 털실로 된 채는 풍부한 울림을 만들어 내고, 어두운 음색에서 밝은 음색까지 다양한 표현을 가능하게 해준다.

⑥ 딱딱한 털실 채는 빛나는 듯한 음색을 만들어 낼 수 있고, 깊고 높은 음색을 표현할 수 있다.

■ 채를 이용한 연주법

일반적으로 채를 이용한 심벌 연주방법은 크게 세 가지가 있다.

① 왼손으로 한 개의 심벌 가죽 끈을 늘려 잡고, 오른손으로 심벌의 중앙 부위를 채로 친다.

② 왼손으로 심벌의 가죽 끈을 잡은 뒤, 오른손에 든 채로 심벌의 밑 부분을 친다.

③ 오른손에 든 채로 심벌의 겉 테두리 부분을 친다.

1. 한 손 연주법 : 오른손 엄지와 검지
   에 각각 핑거 심벌즈의 고무줄 고리
   를 끼우고 서로 부딪쳐서 소리 낸다.
   '끼워 치기주법' 이라고도 한다.

2. 두 손 연주법 : 두 손으로 핑거심벌즈를 연주하는 방법은 두 가지
   로 나뉜다. 하나는 커다란 심벌즈를 연주할 때와 같이 양손에 고
   무줄 고리를 잡고 서로 맞부딪쳐서 소리를 내는 방법과 다른 한
   가지 방법은 심벌이 천정에 매달려 있듯이 손으로 고리를 잡고서
   교차가 되게 각각의 심벌즈 가장자리를 서로 맞부딪쳐서 소리 낸
   다. 이렇게 가장자리를 서로 부딪치면 매우 맑은 소리를 얻을 수
   있다. 짧은 소리를 낼 때는 서로 짧게 부딪치면 된다. 이 주법을
   '스쳐 치기' 라고도 한다. 그 밖에도 양손에 한 쌍의 심벌즈를 엄
   지, 검지에 나누어 끼고 노래나 춤의 반주로 사용할 수도 있다.

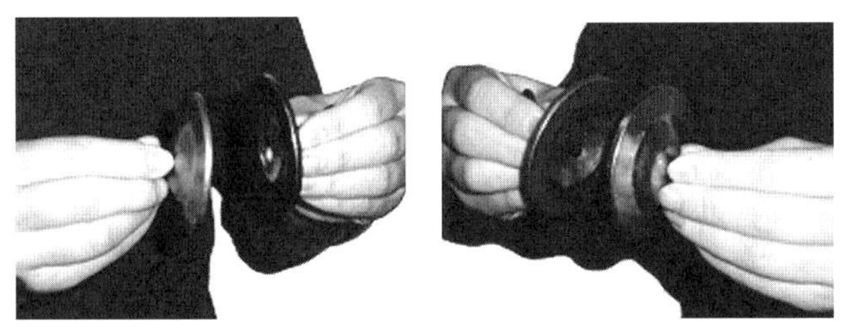

15   스틸드럼 Steel drum

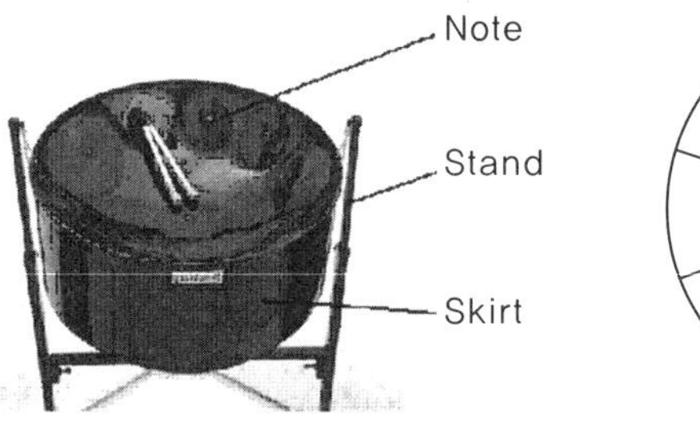

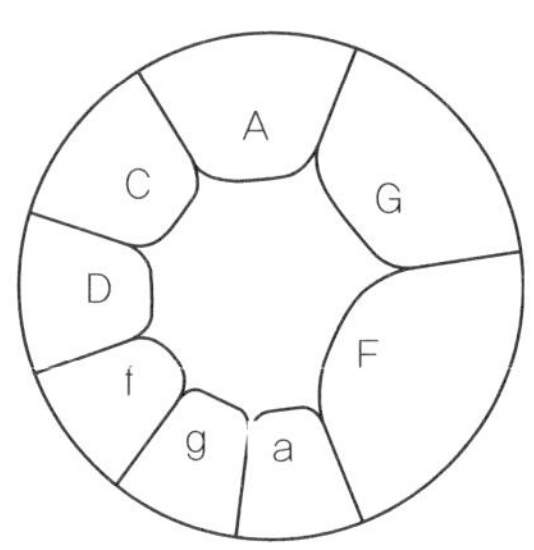

■ **연주자세**

① 서서 연주하거나, 의자에 앉아서 연주할 수 있다.

② 두 개의 연주용 스틱을 양손에 잡고 연주한다. 이 스틱은 끝이
고무로 되어 있다.

③ 스탠드의 종류에 따라 바닥에 앉아서 연주할 수도 있다.

■ **연주방법**

① 연주용 스틱은 연주할 악기에 따라 길이와 고무의 크기가 다양
해진다. 일반적으로 음정이 낮을수록 고무의 크기는 크고, 스
틱의 길이는 길어진다. 서로 다른 반음계 소리를 내는 다양한
금속 드럼들이 있기에, 다양한 음악적 특성을 지닌 뮤지컬 앙
상블이나 오케스트라가 함께 연주할 수 있다.

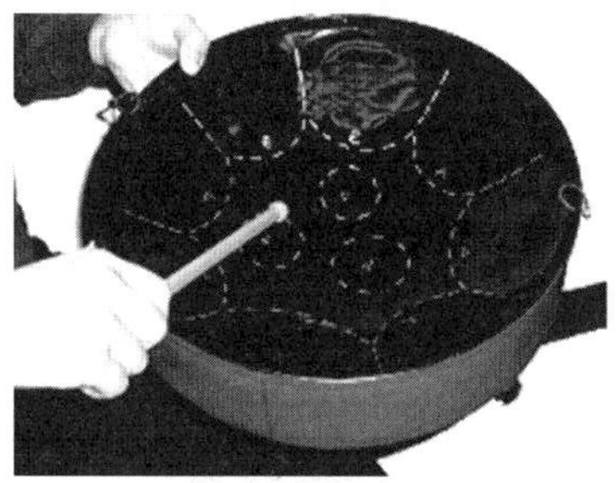

〈1개의 고무 스틱으로 연주〉

〈2개의 고무 스틱으로 연주〉

② 고무 스틱을 들고 있는 양손이 연주 도중에 서로 부딪히지 않
도록 가운데를 중심으로 양분해서 연주한다.

■ Steel Drum의 각 파트

① Tenor Pan (테너 금속 드럼)

② Double tenor pan set (더블 테너 금속 드럼 세트)

③ Double second pan set (제 2 더블 금속 드럼 세트)

④ Double guitar pan set (더블 기타 금속 드럼 세트)

⑤ Cello pan (첼로 금속 드럼)

⑥ Quadrophonic pan set (4성부로 구성된 금속 드럼 세트)

⑦ Tenor base pan set (테너 베이스 금속 드럼 세트)

⑧ Six bass pan set (6개의 베이스 금속 드럼 세트)

■ 각 스틸드럼의 음정도

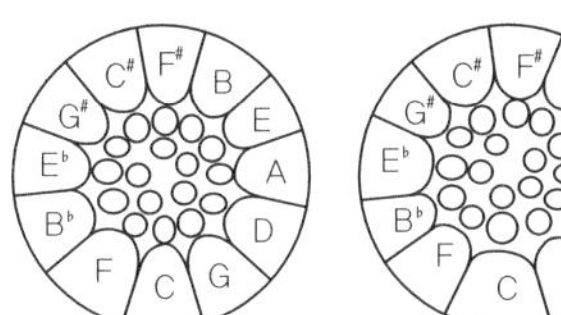

높은 음 테너팬　　낮은 음 테너팬

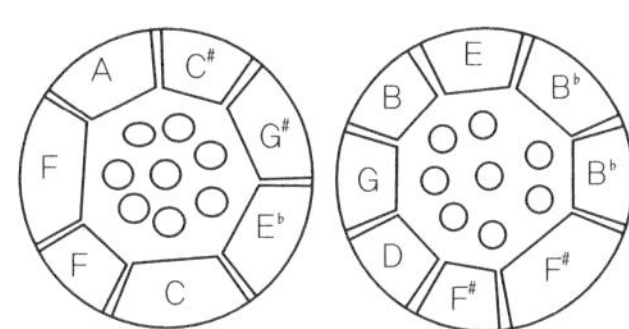

더블 테너팬(Double Tenor Pan)

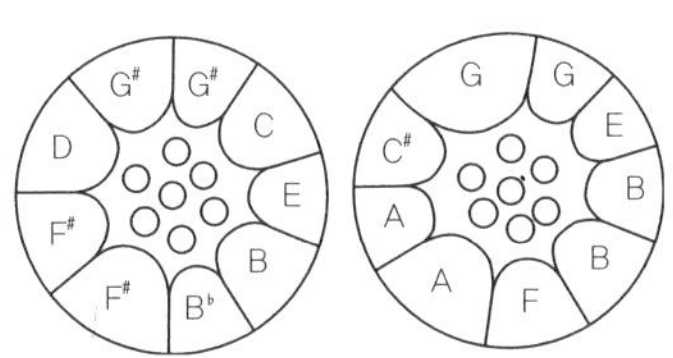

제2더블 테너팬(Double Second Pan)

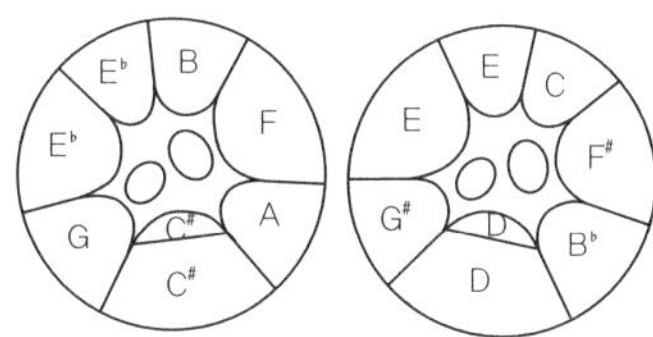

더블 기타팬(Double Guitar pan)

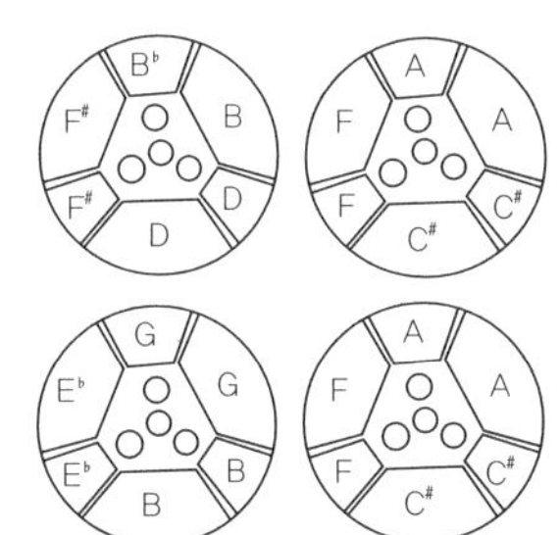

네 개의 팬세트(Quadrophonic Pan)

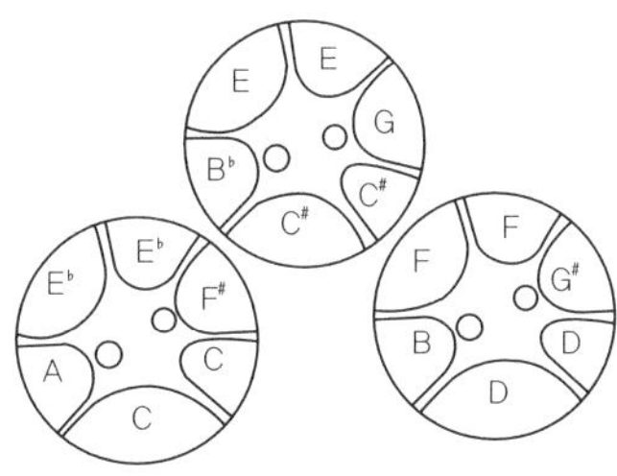

세 개의 첼로팬(Triple Cello Pan)

스틸 드럼(Steel Drum)은 타악기임에도 불구하고 음정이 있어서 다양한 곡을 연주할 수 있다. 디즈니 만화영화 〈인어공주(Under the sea)〉에서도 들을 수 있는 이 악기는 1940년대 2차 세계대전 당시 미국이 태평양 전쟁 동안 태평양의 섬들에 흘려 놓고 간 기름 드럼통이 원주민들에 의하여 멜로디를 낼 수 있는 타악기로 개조된 것이 유래이다.

Steel Drum은 쉽게 4성부로 나뉘어 편성되어 있고 라틴 타악기와 세트 드럼을 같이 연주함으로써 더욱 더 다양하고 재미있는 연주를 할 수 있다. 그러므로 연주할 수 있는 무대가 다양해질 수 있다. 예를 들어, 오케스라와의 협연, 백화점의 각종 이벤트 연주와 각종 축하 연회장 및 각종 품위 있는 행사장의 분위기를 한층 격조 있게 할 수 있고 여름철 해변에서의 이벤트는 더욱 환상적이다.

스틸드럼은 각종 야외 및 실내에서의 이벤트 행사를 할 수 있는 폭 넓은 연주영역을 갖고 있는 악기이다.

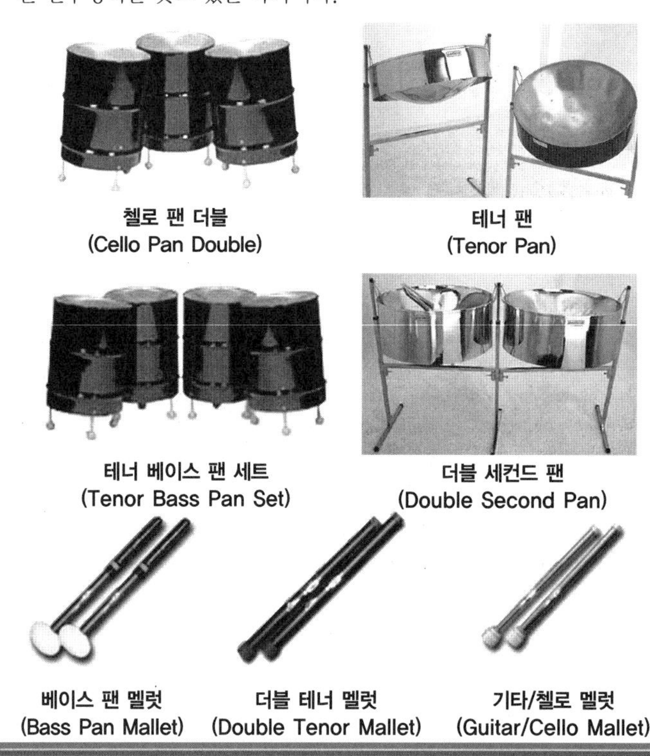

첼로 팬 더블
(Cello Pan Double)

테너 팬
(Tenor Pan)

테너 베이스 팬 세트
(Tenor Bass Pan Set)

더블 세컨드 팬
(Double Second Pan)

베이스 팬 멜럿
(Bass Pan Mallet)

더블 테너 멜럿
(Double Tenor Mallet)

기타/첼로 멜럿
(Guitar/Cello Mallet)

16 캐스터네츠 Castanets

■ 각 나라별 이름

(독) Kastanetten

(이) Castagnette, Nacchene

(프) Castagnettes

■ 캐스터네츠의 종류

① 핸드 캐스터네츠(Hand castanets) : 우리가 일반 적으로 알고 있는 형태로서, 두 쌍으로 되어 있어서 양손에 하나씩 들고 연주한다. 다양하고 복잡한 리듬을 연주할 수 있다.

② 패들 캐스터네츠(Paddle castanets) : 나무판 양쪽에 캐스터네츠 한 쌍이 각각 하나씩 붙어 있는 것을 캐스터네츠를 말한다. 복잡한 리듬을 연주하기보다는 큰 소리를 필요로 하는 악구 내에서 많이 사용된다.

③ 연주회용 캐스터네츠(Concert castanets) : 패들 캐스터네츠와 같이 한 쌍이 나무판 양면에 하나씩 부착되어 있는데, 다른 점은 아래 쪽 캐스터네츠는 고정되어 있고, 스프링으로 연결되어 있다. 위쪽 캐스터네츠를 손가락이나 채로 두드려 아래짝과 맞부딪치게 하여 연주한다. 관현악단에서 주로 사용된다.

■ 연주자세 및 연주방법

① 일반적인 주법 : 왼손 손바닥 위에 한 개의 캐스터네츠를 올려놓고 오른손 끝 부분으로 치는 방법이 있고, 다른 한 가지 방법은 두 개의 캐스터네츠를 양손의 집게나 중간 손가락에 끼워서 사용하는 방법이 있다. 손바닥 위에 올려놓고 칠 경우에는 벌어진 곳을 몸 쪽으로 향하게 하여 오른손목의 힘을 빼

면서 손가락을 구부려 가볍게 친다. 이때 손끝으로 퉁기듯이
쳐야하며, 손바닥으로 치면 이 악기 특유의 음색을 낼 수 없
고 도리어 불쾌한 소리가 난다.

② 양손주법 : 핸드 캐스터네츠와 같이, 양손 손가락에 끼워서
연주하는 경우이다. 다양하고 정교하게 연주가 가능하다. 그
연주자세와 연주방법은 다음과 같다.

▶오른손 : 우선 캐스터네츠 끝에 있는 매듭을 오른손 엄지손
가락에 끼운 다음, 손바닥이 연주자를 향하게 하고 약간의
간격을 둔다. 연주순서는 항상 새끼손가락부터 약지, 중지,
검지의 순으로 연주한다.

▶왼손 : 캐스터네츠 끝에 있는 매듭을 오른손 엄지손가락에
끼운다. 검지를 제외한 나머지 손가락을 동시에 두드린다
는 점이 오른손 연주법과 다르다.

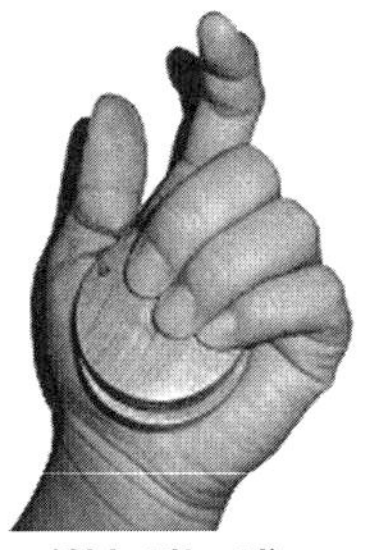

〈왼손 잡는 법〉　　　　〈오른손 잡는 법〉

③ 트레몰로 주법 : 집게손가락과 가운데 손가락을 재빠르게 교
대로 굴려서 연주한다.

④ 꾸밈음 주법

 － 가운데 손가락에서 집게손가락으로(또는 반대로) 가볍
게 친다.

 － 약손가락에서 가운데 손가락 집게손가락으로 가볍게
친다.

 − 새끼 손가락에서 집게 손가락 순으로 빨리 미끄러지듯
치는 방법이다.

■ 캐스터네츠의 특징

캐스터네츠는 스페인 무곡에서 일반적으로 양손에 끼고 춤을 추게 되
며, 비제의 오페라 〈카르멘〉에서 여주인공 카르멘이 양손에 캐스터네
츠를 끼고 춤을 추는 장면을 볼 수 있다. 높은 음이 나는 오른손 캐스
터네츠의 엄지손가락이 닿는 부분에는 작은 홈이 파여 있어서 눈으로
쉽게 구분이 가지만, 여의치 않을 경우에는 각각의 캐스터네츠의 매
듭부분을 잡고 소리 내보면 음정을 쉽게 구분할 수 있다.

■ 왼손과 오른손의 역할

캐스터네츠를 양손으로 연주할 경우, 왼손은 큰북의 역할과 같아서
낮은 음정의 캐스터네츠를 끼고, 오른손은 작은북과 같아서 높은 음
정의 캐스터네츠를 끼운다.

■ 캐스터네츠의 기보방법

옛날에는 오선보에 높은음자리표를 그리고서 위에서 셋째 줄에 기보했
지만, 현대에 와서는 리듬 악보 즉, 한 줄의 악보 위에다 주로 그린다.

17 | 마라카스 Maracas

■ 각 나라별 이름

(독) Maracas

(이) Maracas

(프) Maracas

■ 연주자세

① 보통 양손에 하나씩 들고서 연주하는데, 라틴아메리카 음악에서는 리듬악기로서 없어서는 안 되는 중요한 악기이다

② 16비트 등의 빠른 음악을 연속적으로 연주할 때는 교차연주가 기본이다. 즉, 양손을 엇갈려 마라카스를 잡고 연주하는 것이 일반적이다.

③ 대개 16비트의 빠른 음악을 연주할 때는 악기를 양손에 들고 가슴 높이에 위치시킨다.

④ 4비트의 느린 음악을 연주할 때는 악기를 허리 높이에 위치시킨 뒤 연주하는 것이 보통이다.

■ 연주방법 및 유의점

① 한 손에 하나씩 들고 손목의 스냅을 이용하여 짧게 내려 끊으며 소리 낸다. 이때 잔류음이 남지 않도록 연주 직후에 순간적으로 양손을 멈추는 것이 무엇보다 중요하다.

② 정확한 연주를 위해서는 소리 나기 원하는 시점보다 먼저 쳐야 한다.

③ 주의할 점은 연주자의 타점과 소리와의 시간 차이가 크다는 것인데, 이 점에서 연주가 어려운 악기이다.

〈마라카스 기본자세〉

〈정면에서 본 교차연주〉

〈마라카스 기본자세〉

〈후면에서 본 기본자세〉

〈후면에서 본 교차연주〉

■ **실제연습**

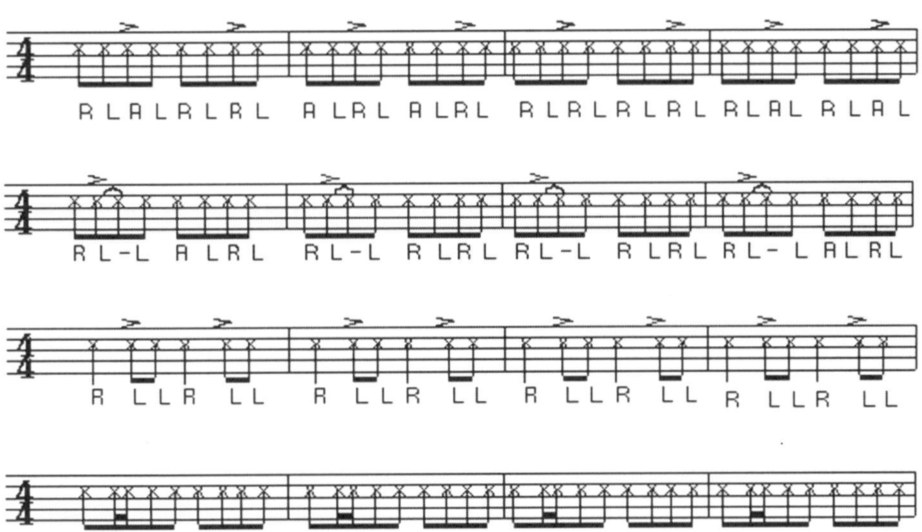

마 라카스는 쉐이커와 같이 악기 속에 많은 열매들이 들어 있기 때문에 연주할 때 정제되고, 깔끔한 음색을 얻기가 쉽지 않다. 따라서 이러한 원하지 않는 잔류음들을 없애기 위해서는 일단 악기를 흔들어 소리 낸 뒤에는 순간적으로 악기를 멈춰주어야 한다. 이것은 마치 축구선수들이 날라 오는 공을 발로 트래핑해서 안전하게 받는 것과 같은 이치이다.

여러 가지 방법으로 연주 중에 강세를 줄 수 있다. 한 마디를 4비트로 연주한다면, 그 마디 안에서 다시 '둘째 박'과 '넷째 박'에만 강세를 주고자 한다면, 양손에 악기를 들고 허리 위치에서 첫 박과 셋째 박을 연주하고, 가슴 위치에서는 둘째 박과 넷째 박을 연주함으로써 강세를 다르게 할 수 있다. 이때 한 박 한 박 매우 단호하게 연주해 주어야 잔류음이 남지 않는 맑은 음색을 얻을 수 있다. 물론 강약에 따라 연주의 범위도 달라져야 한다. 즉 강박에서는 연주동작을 크게 하고, 약박에서는 연주동작의 범위를 작게 한다.

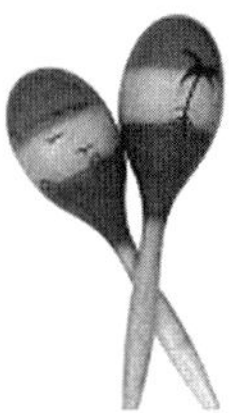

나무 마라카스

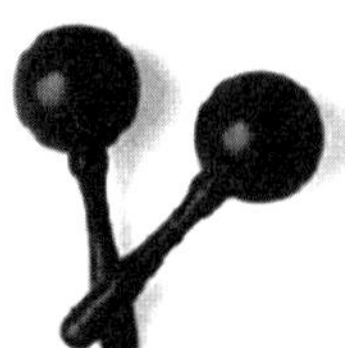

플라스틱 마라카스

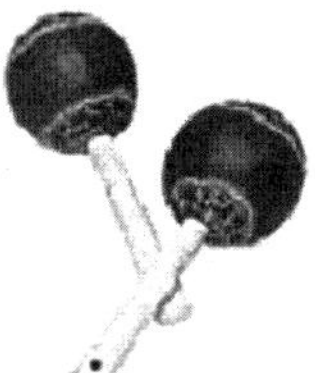

라우느 마라카스

<table><tr><td>18</td><td>쾨이어챠임 Choir chime(Tone chime)</td></tr></table>

■ 연주자세

① 챠임 막대의 아랫부분을 가볍게 감아쥔다.

② 고무가 달린 울림쇠가 밖을 향하게 잡는다.

③ 챠임을 잡은 팔을 최대한 굽혀 연주자의 가슴 부위에 위치시킨다.

④ 한 사람의 연주자가 챠임 두 개를 양손에 들고 연주하는 것이 일반적이다.

⑤ 대개의 경우, 양손에 챠임을 들고 연주할 경우 왼손에는 낮은 음정의 챠임을 들고, 오른손에는 높은 음정의 챠임을 든다.

■ 연주방법

① 쾨이어챠임 연주법은 핸드벨 연주법과 거의 동일하다. 우선, 챠임 든 손을 아래 방향으로 쭉 뻗으며 손목 스냅을 이용하여 쳐 준다.

② 손을 뻗어 소리가 나게 되면, 자연스럽게 위쪽으로 반원을 그리면서 올려준다.

③ 챠임을 다시 연주자의 몸쪽, 특히 어깨 쪽으로 당겨서 살며시 붙여준다. 이를 Damp라고 한다. 박자가 길 때는 보다 큰 원을

허공에 그리며, 박자가 짧을 때는 작은 원을 그리면 된다.

④ 챠임의 여운은 음정이 낮을수록 더욱 길어지기 때문에 다음 음으로 이어질 때 음정간섭을 일으킬 수도 있다. 때문에 적절한 종지법 사용이 필요하다. 주로 Shoulder Damp를 많이 사용하는데 이 종지법은 소리의 울림을 어깨를 이용해서 멈추는 방법이다. 이때 유의할 점은 충분히 박자를 소리 낸 다음 어깨에 대어야 한다는 것이다. 핸드벨처럼 다양한 Damp 방법은 사용하지 않는다.

> **콰** 이어챠임(Choir chime)은 윈드챠임과는 달리 주로 손으로 잡고 흔들어 연주하는 챠임을 일컫는 말이다. 만드는 회사에 따라 악기명칭이 조금씩 다른데, '멜로디챠임(Melody chime)', '톤 챠임(Tone chime)' 등으로 불리기도 한다. 이것을 통틀어 '핸드챠임' 이라고 통칭한다. 하나의 악기 당 하나의 음정을 갖고 있다. 따라서 여러 명의 연주자들이 그룹으로 연주하게 된다. 이 악기는 일반연주자로부터 전문연주자까지 누구라도 쉽게 연주 할 수 있으며, 기능이 낮은 성인 및 아동들도 연주가 가능하다. 음악치료 현장에서는 콰이어챠임 합주를 통해 인지능력, 사회성, 자존감 등을 향상시킬 수 있다.

19 트라이앵글 Triangle

■ 각 나라별 이름

(독) Triangel

(이) Triangolo

(프) Triangel

■ 연주자세

① 왼손에 트라이앵글을 쥐고 손바닥 부분이 아래를 향하도록 하고, 오른손 엄지와 검지로는 쇠로 된 채(소릿쇠)를 쥔다.

② 악기를 든 왼손은 손이나 옷 등이 트라이앵글에 닿지 않도록 해야 한다.

③ 채로 칠 때는 트라이앵글의 삼각형 어느 부분을 쳐도 좋지만, 악기와 채가 이루는 각이 90도면 적당하다. 일반적으로 삼각형의 아래 부분을 가장 많이 친다.

■ 연주방법

① 싱글 스트로크(Single stroke) 주법 : 가장 일반적인 주법으로서, 악기의 삼각형 아래 부분을 가볍게 두드린다.

② 트레몰로 주법 : 삼각형 윗 부분에 채를 넣고서 잘게 흔들어서 표현할 수 있다.

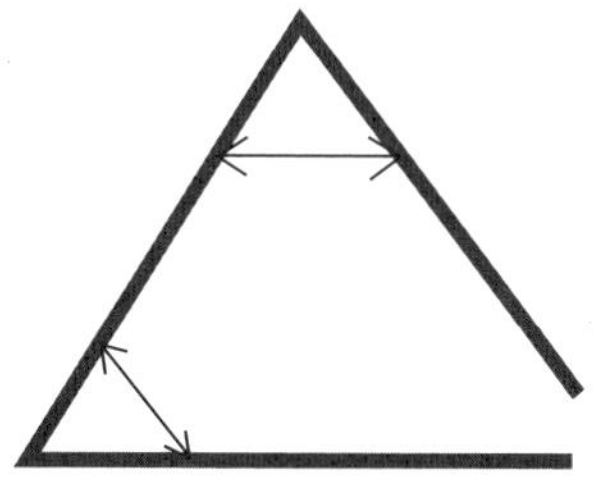

트레몰로 주법

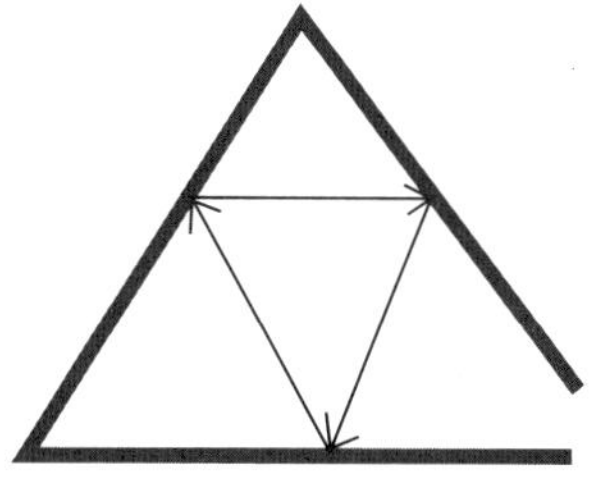

회오리 주법

③ 회오리 주법 : 트라이앵글 안에 채를 넣은 상태로 삼각형 3면
   을 빠르게 돌려가며 치는 주법을 말한다.
④ 빠른 곡을 연주할 때는 트라이앵글 받침대에 매달아 놓고 2개
   의 채로 연주한다.
⑤ 비브라토 효과를 살리기 위해 채로 악기를 친 뒤에 흔들어 준다.
⑥ 부드러운 소리를 얻기 위해 나무로 된 채를 사용하기도 한다.
⑦ 소리를 멈추고자 할 때는 쇠로 된 채를 트라이앵글 위에다 가
   만히 갖다 대면된다.
⑧ 멈춤울림주법 : 손잡이가 아닌 악기를 손으로 잡고서 채로 연
   주하면 둔탁하면서 절제된 소리를 얻을 수 있다.
⑨ 물 트라이앵글 주법 : 악기를 채로 친 뒤에 바로 물 속에 담그
   면 울거나 탄식하는 듯한 효과를 낼 수 있다.

■ 연주의 특징 및 유의점

① 진동이 길기 때문에 스타카토(staccato)를 연주하기에는 적합하
   지 않다. 그러나 악기를 연주한 직후에 왼손으로 악기 본체를
   살짝 잡아주면 스타카토와 같은 효과를 거둘 수 있다.
② 거대한 합주단에서 한 개의 트라이앵글로도 분명한 음향효과
   를 낼 수 있다.
③ 합주의 화려함을 주며, 현악기나 목관악기에 입체감을 준다.
④ 매우 여린 표현부터 매우 강한 표현까지 다양한 표현이 가능하다.
⑤ 소리가 독주악기로도 사용될 수 있을 만큼 화려한 반면, 지나
   치게 두드러지기 때문에 음악 속에서 적절하게 사용해야 한다.
⑥ 소리가 높고 맑아서 낮은 음 악기와 좋은 대조를 이루며 연주
   할 수 있다.
⑦ 소리의 진동을 오래 지속시키고자 한다면 손목의 스냅을 이용
   하여 치면 된다.

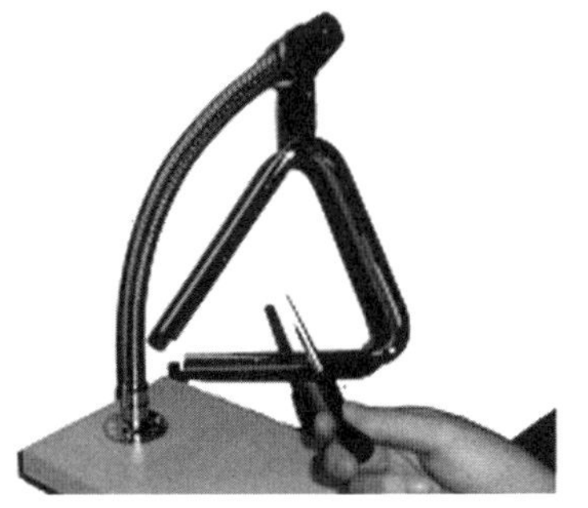

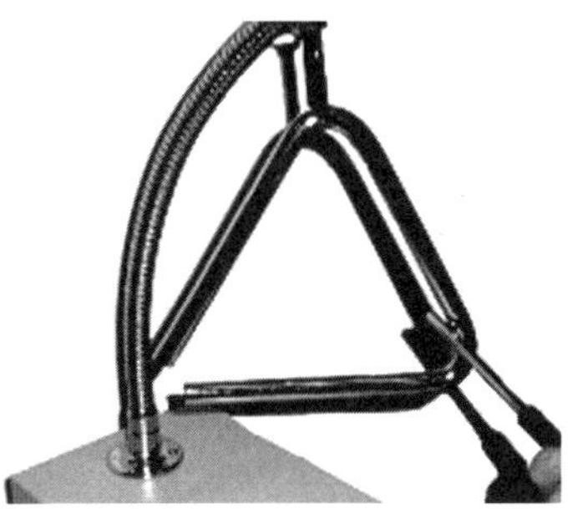

〈일반적인 연주방법〉　　　　　〈트라이앵글의 트레몰로 주법〉

ト 라이앵글은 음정이 없는 타악기의 하나이다. 음색이 지나치게 예리한 반면, 투명하고 맑다. 트라이앵글 자체의 크기나 굵기 등에 따라 소리 또한 차이가 많이 난다. 가장 큰 특징은 소리의 여운이 길다는 점일 것이다. 따라서 합주 시에 뒤이어 연주되는 음정들에 방해가 되지 않도록 주의를 요한다. 대개의 경우, 엇박자가 아닌 정박자에 연주하게 된다. 연주할 때, 트라이앵글이 줄에 매달려 있기 때문에 연주 도중에 악기가 돌아가거나, 움직일 수가 있으므로 삼각형 한 면의 정 중앙을 치는 것이 무엇보다 중요하다. 경우에 따라서는, 트라이앵글을 받침대에 고정시켜 놓고 2개의 채로 번갈아 가며 연주하기도 한다. 트라이앵글의 대체악기로는 핑거심벌즈나 종금을 들 수 있다. 위의 그림은 트라이앵글이 받침대에 걸려 있는 모습이다. 양손을 자유롭게 사용할 수 없는 내담자들을 위해 사용 가능하다.

■ 연주자세 및 연주방법

시원한 보슬비나 소나기 소리를 연상시키는 이 악기는 그 독특한 음색을 따서 레인스틱(Rainstick)이란 이름이 붙여졌다. 대개는 양손으로 악기의 양 끝을 잡고 연주한

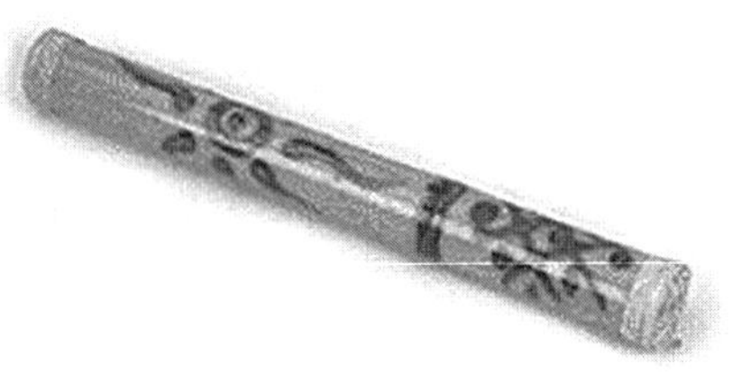

다. 크기가 다양하여 60cm 이상 되는 것도 있어서 작은 악기들에 견주어 훨씬 길게 소리 낼 수 있다. 따라서 레인스틱은 연주의 테크닉보다는 음색 때문에 많이 사용되는 악기이다. 연주방법은 따로 없지만 오션드럼과 비슷하게 기울이거나 흔들어서 연주한다.

① 일반적으로는 양손으로 오션드럼의 양쪽 끝을 잡고 좌우로 가볍게 흔들어 연주한다.

② 레인스틱을 천천히 비스듬하게 기울여서 빗소리 같은 효과를 낼 수도 있다. 각도를 잘 조절하여 소리의 길이를 길게 혹은 짧게 연주할 수 있다.

③ 레인스틱을 위아래로 세게 흔들어서 색다른 효과를 낼 수도 있다.

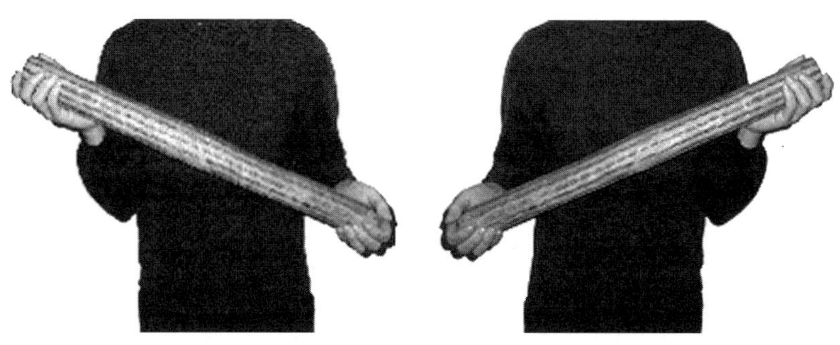

〈정면에서 본 연주자세〉

〈측면에서 본 기본 연주자세〉

■ 레인스틱의 역할

레인스틱은 합주 시에 곡의 시작과 끝에서 주로 사용하게 된다. 물론 곡 중간의 연결부분에서도 자주 사용된다. 레인스틱은 악기명에서도 알 수 있듯이 빗소리와 같은 효과를 낼 수 있는 악기이다. 따라서 내담자들의 여러 가지 감정표현이나 '동시(Poety)'와 같은 문학작품을 음악으로 표현하는 데 유용한 악기이다.

21 | 비브라슬랩 Vibra slap

■ 연주자세

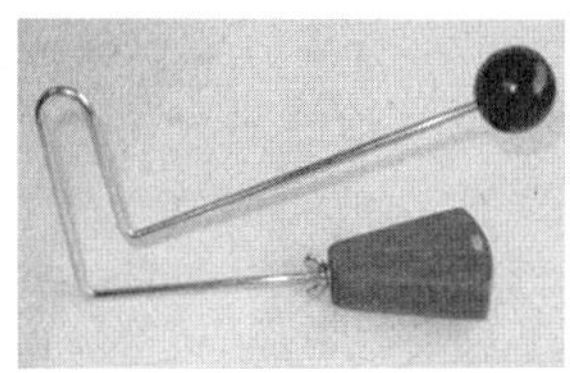

비브라슬랩은 연주자의 한손으로 손잡이를 잡고 다른 한손으로는 타구(공처럼 생긴 것)를 내리쳐서 소리 낸다. 그렇게 하면 '진동판(vibration plate, 타구 위쪽에 위치한 넓적한 것)' 이 떨려서 '차르르' 하는 바이브레이션(진동)을 낸다. 남미에서 파생된 악기로서 주로 라틴앙상블 음악에서 많이 사용된다. 탄력성 있는 쇠줄 끝에 작은 나무 상자가 달려 있고, 그 상자에 내장되어 있는 작은 금속의 열매들이 철봉에 가해진 진동을 받아 움직여 상자에 이르러 공명하는 원리이다.

■ 연주방법

① 기본 연주자세는 타구(둥근 공처럼 생긴 부분)를 아래로 향하게 한 뒤, 악기의 손잡이 부분을 오른손으로 감아쥐고, 왼손바닥에 내려 쳐서 소리 낸다.

② Effect 효과 : 좀더 독특한 음색을 얻기 위해서는 plate(타구 위쪽의 네모난 부분) 부분과 타구(둥근 부분)를 동시에 왼손으로 잡고 서로 닿을 정도로 꽉 쥔 다음 순간적으로 왼손을 악기에서 뗀다. 이때 오른손으로 감아쥔 악기 전체를 좌우로 흔들면 더욱 좋은 효과를 거둘 수 있다.

〈일반적인 연주자세〉 〈Effect 효과〉

플랙사톤 Flexatone

■ 연주자세

플랙사톤(Flexatone)은 악기의 몸체가 쇠로 만들어
져 있으며 역삼각형 모양의 철제 음판에 2개의 작은
플라스틱 구슬이 붙어 있어서 흔들면 '위-잉' 하면서
매우 독특한 음색을 내게 된다. 연주방법은 3가지가
있는데, 다음과 같다.

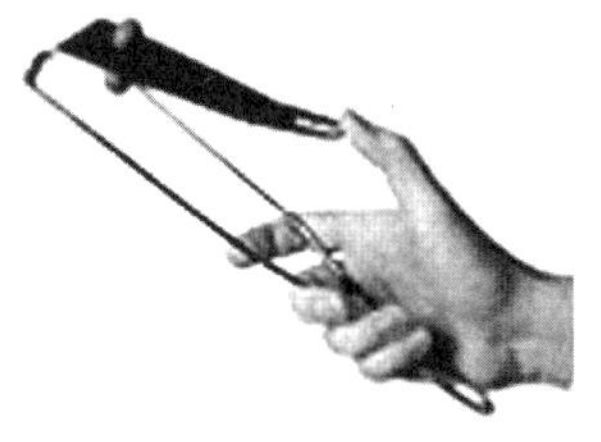

① 하나는 오른손 엄지를 제외한 나머지 손가락으로 손잡이 부분
을 잡고 엄지로 철제 음판을 구부렸다 강하게 폄으로써 구슬이
흔들려 소리 나게 한다.
② 다른 하나는 오른손 모든 손가락으로 손잡이 부분을 잡고 흔들
어 소리 나게 한다.
③ 마지막 연주방법은 양손을 모두 사용하는 방법
인데, 왼손으로 악기의 손잡이 부분을 잡고, 오
른손으로는 철재 음판을 엄지와 검지로 잡고서
상하로 강하게 움직여 소리 내는 방법이다.

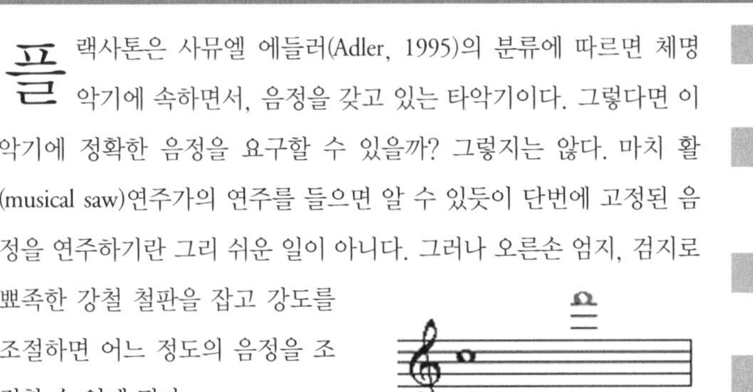

플랙사톤은 사뮤엘 에들러(Adler, 1995)의 분류에 따르면 체명
악기에 속하면서, 음정을 갖고 있는 타악기이다. 그렇다면 이
악기에 정확한 음정을 요구할 수 있을까? 그렇지는 않다. 마치 활
(musical saw)연주가의 연주를 들으면 알 수 있듯이 단번에 고정된 음
정을 연주하기란 그리 쉬운 일이 아니다. 그러나 오른손 엄지, 검지로
뾰족한 강철 철판을 잡고 강도를
조절하면 어느 정도의 음정을 조
절할 수 있게 된다.

23 라켓 Rachets

Crank-style Rachet

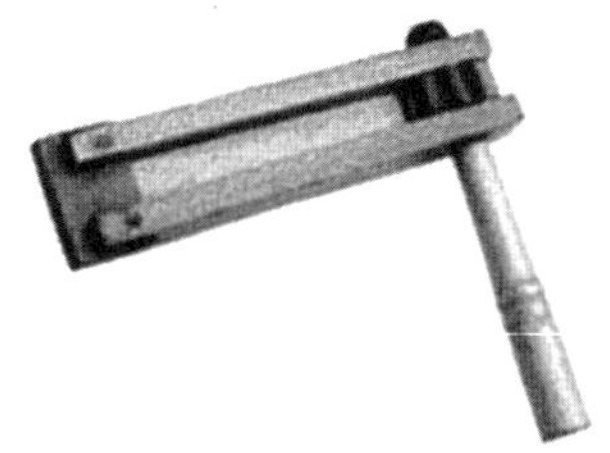

Whirlybird Rachet

■ **각 나라별 이름**

(독) Handratsche

(이) Raganella

(프) Crecelle

■ **연주자세**

　라쳇 또는 라켓이라고도 하는 이 악기는 손잡이를 잡고 돌리면 톱니바퀴가 돌면서 얇은 나무판을 스치며 소리가 난다. 음악치료 현장에서는 다양한 형태의 리듬합주에 사용될 수 있고, 클라이언트의 긴장이나 불안 등의 감정을 표현하는 데 사용될 수 있다. Crank-style 라켓의 경우는 악기 몸체의 주변이 쇠로 되어 있지만 실제 소리를 만들어 내는 부분은 나무판으로 되어 있다.

■ **연주방법**

　연주방법은 오른손으로 손잡이를 잡고 강약이나 속도를 조절하며 돌리면 된다. 반면, Whirlybird 라켓의 경우는 악기 전체가 모두 나무

로 되어 있고, 연주방법은 왼손으로 손잡이를 잡고 오른손으로 악기
의 직사각형 부분을 잡고 돌려서 소리 내게 된다. R. 시트라우스의
〈틸 오일렌스 피일의 유쾌한 장난〉과 레스피기의 〈로마의 소나무〉에
서 사용된다.

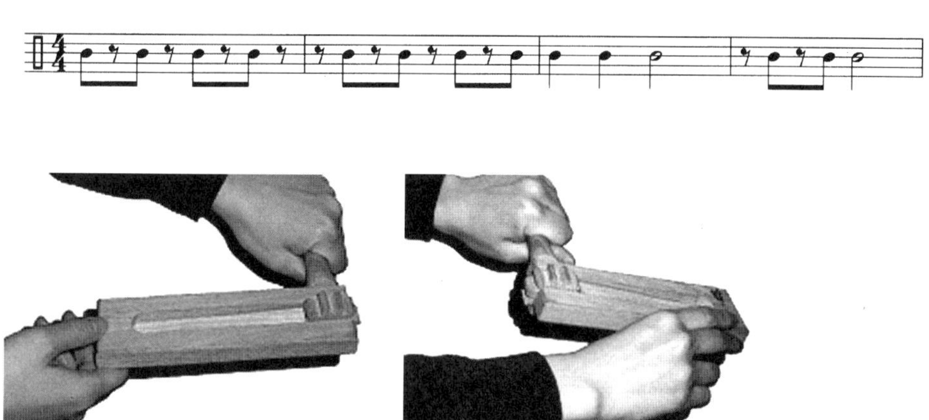

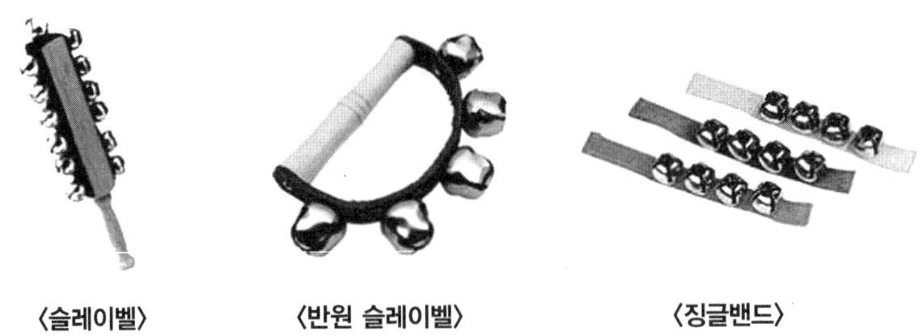

〈슬레이벨〉　　　〈반원 슬레이벨〉　　　〈징글밴드〉

24 각종 벨 Bells

■ 연주자세

음악치료 세션에서는 다양한 종류의 벨(bell)을 사용하게 된다. 특히 아동을 위한 치료 세션에서 많이 사용되는데, 흥미나 동기유발에 효과가 있기 때문이다. 연주를 위해서는 손잡이 부분을 잡고 연주하는 것이 보통이지만, 악기를 쥔 손을 직접 흔들지 않고, 다른 손으로 악기 쥔 손의 손목 부분을 가볍게 침으로써 좀더 맑고 정교한 연주를 하기도 한다. 반면, 기능이 낮은 장애아동의 경우에는 다음 그림과 같이 손목이나 발목에 방울을 매달아 움직일 때마다 소리 나게 할 수도 있다. 춤추기, 발 구르기, 손뼉 치기 동작에서 사용된다.

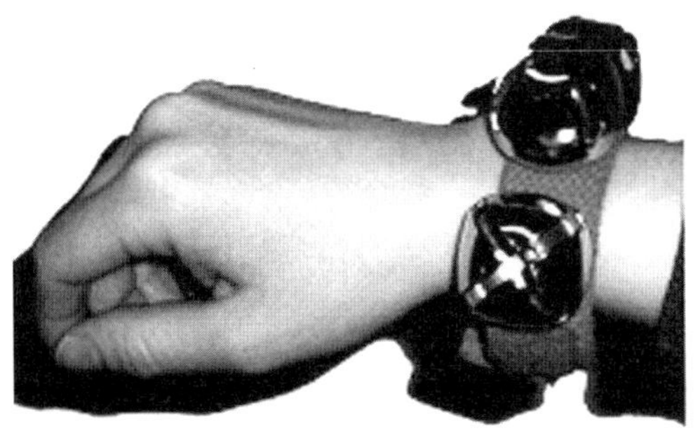

25 칭촉 Chingchok

■ 연주자세

칭촉은 악기 양쪽에 두 개씩 방울이 달려 있다. 악기 중앙부를 감아 쥐고 흔들어 연주하게 되면 양쪽에 달려 있는 방울이 흔들리며 소리를 내게 된다. 연주는 1회에 그치지 않고 여러 번 잘게 흔들어 준다.

26 아고고벨 Agogobell

■ 연주자세

아고고벨은 두 개의 울림통이 있는 철제 악기이다. 울림통의 크기가 달라서 작은 것은 높은 음정을, 울림통이 큰 것은 낮은 음정을 내게 된다. 일반적으로 높은 음정을 내는 작은 울림통을 위에 위치시켜 놓고 연주하는 것이 보통이다. 악기는 왼손 두 손가락을 감아쥐고, 스틱을 이용하여 연주한다.

올바른 예시(O)

올바르지 않은 예시(×)

27 | 크리켓 Criket

■ **연주자세**

크리켓은 악기 속에 쇠구슬이 여러 개 들어 있어서 흔들 때마다 악기 외부의 철판에 부딪쳐서 소리 나게 된다. 주의할 점은 쇠구슬이 여러 개이기 때문에 연주 시 한꺼번에 소리내기란 그리 쉽지 않다는 것이다. 따라서 악기를 내리면서 연주할 때 순간적으로 잠깐 손의 움직임을 멈춰주는 것이 중요하다. 물론 올릴 때도 같은 방법으로 멈춰준다.

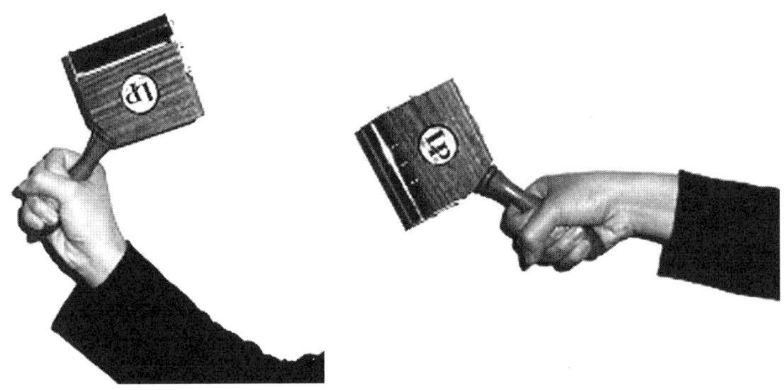

28 카우벨 Cowbell

■ 각 나라별 이름

(독) Almglocken

(이) Campanacio

(프) Cloche de vache

■ 악기소개

카우벨은 원래 인도나 알프스지방에서 방목하는 소의 목에 매다는 종모양의 방울을 뜻하는 용어이다. 그러나 타악기에서의 카우벨은 금속으로 만들어진 체명악기를 이르는 말이다. 소나 양의 목에 매다는 방울에는 추가 달려 있으나 카우벨 악기에는 추는 달려있지 않다.

■ 연주자세

연주를 위해서는 드럼채(스네어 드럼채)를 이용한다. 왼손으로 손잡이 부분을 잡고, 오른손으로는 채를 들고 쳐서 소리 낸다. 카우벨은 북이나 팀발레스와 함께 사용하는 경우가 많은데, 이때는 스탠드에 고정시켜 놓고 연주한다. 전문 연주용 카우벨은 음높이가 다양하다. R. 슈트라우스 〈알프스교향곡〉에서는 목양의음(牧羊擬音)으로 쓰이고 있다.

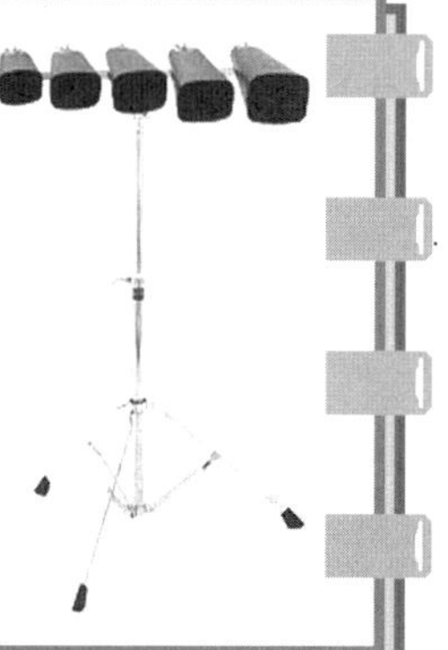

카우벨의 종류는 일반적으로 대(大), 중(中), 소(小)로 나뉘며, 음정은 크기에 따라 차이가 난다. 카우벨의 크기가 클수록 낮은 음정이 나고, 크기가 작을수록 높은 음정이 난다. 대개는 낮은(low)음정, 중간(medium)음정, 높은(high)음정으로 나눈다. 그러나 카우벨의 음정은 종류만큼이나 많다. Mahler의 〈Sixth Symphony〉 가운데 1악장에서 카우벨을 감상할 수 있다.

<table><tr><td>**29**</td><td>원드챠임 Wind chime</td></tr></table>

■ 각 나라별 이름

(독) Muschel Windglocken

(영) Wind Chime

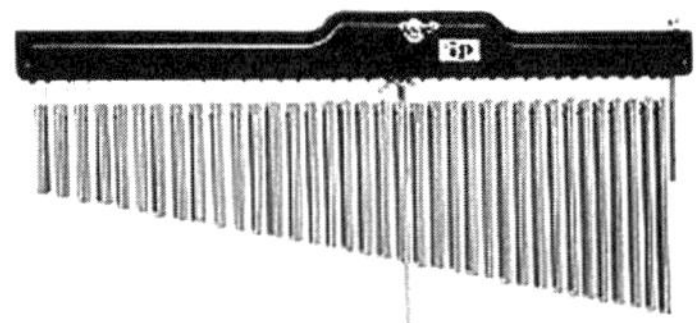

■ 악기소개

윈드챠임은 여러 가지 재료들을 모빌처럼 메달아 소리 내는 악기이
다. 윈드챠임의 용도는 악기 이외에도 가정용이나 장식용으로 많이
사용되고 있다. 재료에 따라 다음 세 가지 종류로 나뉘지만, 아래의
예 말고도 세라믹, 알루미늄, 동물, 캐릭터 등의 다양한 소재를 사용
하고 있다.

① 대나무 윈드챠임(bamboo wind chime) : 소리가 작고 딱딱거리
는 소리가 난다.

② 유리 윈드챠임(glass wind chime) : 음정이 높고 섬세하며 부
드럽다.

③ 금속 윈드챠임(metal wind chime) : 맑고 화려한 음색이 난다.

■ 연주자세

윈드챠임은 연주 뒤에 여운이 길기 때문에 짧은 패시지에는 사용하
기 힘들다. 여러 가지 다양한 연주방법이 있을 수 있다.

① 손으로 좌에서 우로 미끄러지듯이 연주한다.

② 손으로 우에서 좌로 연주할 수 있다.

③ 윈드챠임 중간을 기점으로 좌우 혹은 우좌로 다양하게 연주한다.

④ 두 손으로 악기를 연주할 수 있다.

⑤ 손이 아닌 막대를 가지고 연주할 수도 있다.

⑥ 악기의 재질을 적절히 선택하여 다양한 음색을 얻을 수 있다.

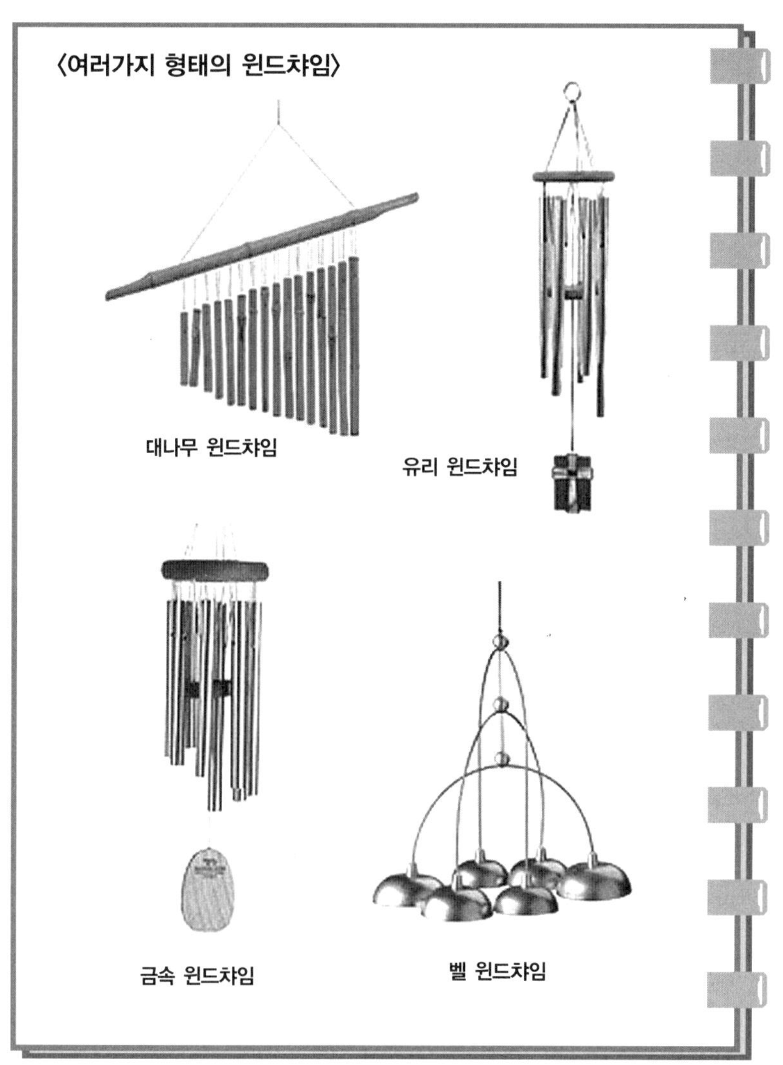

〈여러가지 형태의 윈드챠임〉
대나무 윈드챠임
유리 윈드챠임
금속 윈드챠임
벨 윈드챠임

■ 악기소개

큐코드(Q-Chord)는 음
악치료현장에서 최근에
많이 사용되고 있는 새로
운 반주악기이다. 이 악기
의 이전 형태인 옴니코드

(Omni-Chord)의 기능을 보다 향상시킨 전자악기이다. 이 악기의 장
점은 기타나 피아노 없이 간단히 치료 장소 내에서 반주하고 연주할
수 있다는 점이다. 즉, 노래의 코드만 정확히 알고 있다면 손쉽게 반
주나 연주가 가능해진다. 또 하나의 장점은 악기 이동의 용이성이다.
악기의 전체 무게가 약 1.5kg이라서 이동이 편리하다.

■ 악기의 기능 및 연주방법

큐코드는 연주나 반주를 위해 109가지의 리듬패턴, 10가지의 음원
(피아노, 기타, 현악, 스틸드럼 등의 음색), 4옥타브 스트럼판, 멜로디
기능의 키보드, 효과음, 베이스, 드럼 음원 등을 자동적으로 제공한
다. 36개의 코드 버튼이 있어서 음정이 자동으로 변환된다. 악기를 잡
는 자세는 왼손으로는 코드를 누를 수 있도록 하고, 오른손으로는 스
트롬판을 연주할 수 있도록 악기 전체를 감싸안은 자세가 좋다. 다음
은 간단한 큐코드 연주방법을 제시한 것이다.

① 가장 간단한 연주(반주)방법

EZ버튼을 누른 다음, 왼손으로 코드를 누르고 오른손으로는 스
트럼판(직사각형 모양의 넓은 기판)을 긁어 연주하면 그 코드의
음정이 나도록 만들어져 있다. 이 스트럼판은 약 4옥타브 정도의

음정범위를 갖고 있다. 스트럼판만으
로도 볼륨, 리듬 등의 기능을 낼 수 있
다. 또한 스피커가 내장되어 있어서
별도의 스피커는 필요하지 않다. 그러
나 넓은 장소에 많은 클라이언트를 대
상으로 세션을 진행할 경우에는 스테
레오나 휴대용 오디오 시스템에 연결
하여 사용하면 된다.

② 리듬패턴의 사용

　록에서 왈츠까지 10가지의 리듬이 드럼과 베이스, 리듬섹션을
통해 노래하는 동안 자동적으로 반주된다. 물론 음량과 템포,
스타일 등은 원하는 대로 선택할 수 있다.

③ 드럼 기능의 사용

　드럼버튼을 통해 간단한 드럼 솔로 연주도 가능하다.

④ Q Card Song 카트리지의 사용

　각 장르 별 노래가 입력되어 있어서 자동반주가 가능하다. Q
card 카트리지를 넣고 스트럼판을 치면서 노래하고, 키보드 연주
도 할 수 있 수 있다. 스트럼판을 피아노 치듯 손가락으로 가볍
게 두드리거나 기타 치듯 위, 아래로 훑으면서 연주하면 된다.

■ 실제연습

　다음에 제시된 연습과제는 스트럼판을 이용한 코드 반주를 위한 것
이다. 왼손으로는 코드를 짚어주고, 오른손으로는 다음에 제시된 리
듬패턴으로 연주하면 된다. 기호 'DN'과 'UP'은 '아래로', '위로'라
는 의미이고, 리듬 악보 선 위에 위치한 기호 'L'은 스트럼판을 반으
로 나누어 생각할 때 낮은 음정을 내는 절반 부분을 뜻하고, 'H'는 스
트럼판의 높은 음정을 내는 절반 부분을 의미한다. 연주할 때 일반적
으로 기타 칠 때와 마찬가지로 엄지와 검지를 사용하여 연주하지만,

엄지만을 사용하여 부드러운 연주를 할 수도 있다.

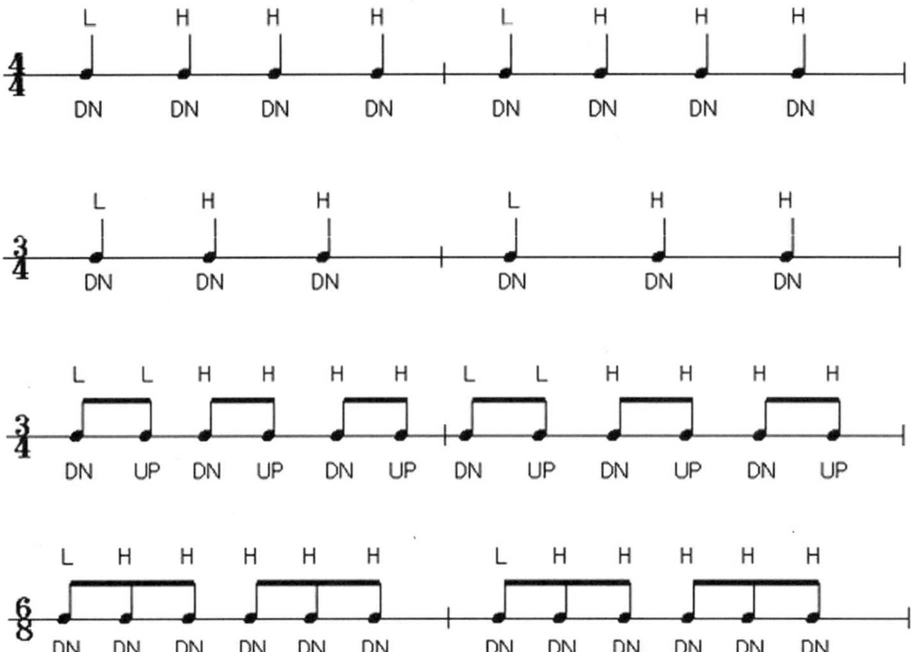

제3장
리듬앙상블 편곡법

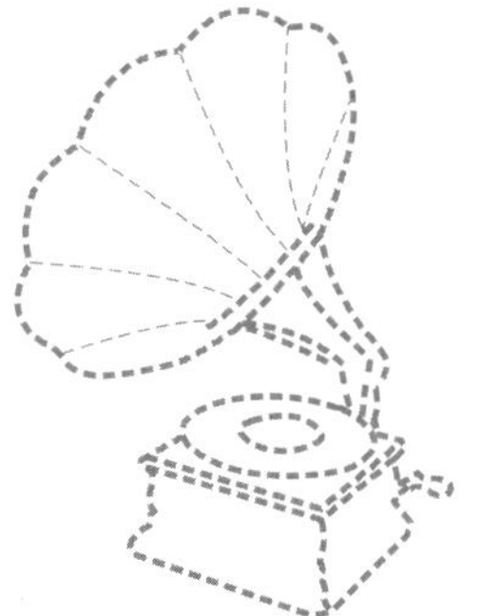

이 장에서는 음악치료 활동에서 사용될 수 있는 여러 가지 형태의 리듬앙상블 곡을 작곡하고 편곡하는 방법을 알아보고자 한다. 대부분의 경우, 치료사들은 기존 가요나 동요 및 적당한 클래식 곡을 선정하여 내담자들과 함께 다양한 악기합주를 하게 되는데, 단순한 형태에서 그치는 경우가 없지 않았다. 따라서 이 장의 내용들은 이러한 치료사들의 노력을 돕고, 내담자들이 좀더 큰 성취감을 갖도록 하고자 좀더 효과적인 리듬앙상블 구성방법을 제시하려 한다.

악곡의 형식

1 악곡의 구성요소

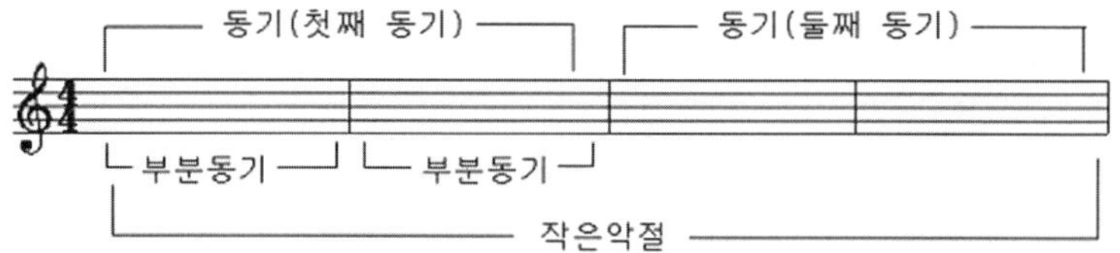

1. 동기(Motive)

'동기(動機)'란 악곡을 구성하는 가장 작은 구성요소이다. 동기의 길이는 2개의 음부터 시작해서 2마디까지의 여러 형태로 구성된다. 또한 '부분동기(部分動機)'라고 해서 동기를 구성하는 각 마디를 일컫는 용어이다.【동기=부분동기(1마디)+부분동기(1마디)】

2. 작은악절(Phrase)

작은악절은 동기 2개가 모여서 만들어진 악곡 형식 가운데 하나이다. 따라서 모두 4마디로 구성된다.【작은악절=동기(2마디)+동기(2마디)】

3. 큰악절(Period)

큰악절은 작은악절이 2개 모여서 이루어진 악곡의 구성요소이다. 모두 8마디로 구성되어 있으며, 제1작은악절은 대개 반마침(V도 화음으로 끝내는 종지법)으로 하고, 제2작은악절은 바른마침(I도 화음으로 끝내는 종지법)으로 끝낸다.【큰악절=작은악절(4마디)+작은악절(4마디)】

가요형식(song form)

앞서 언급한 동기, 작은악절, 큰악절을 여러 가지 형태로 조합하여 다양한 악곡형식을 만들 수 있다. 가장 쉽고, 단순한 형태의 악곡형식인 가요형식(歌謠形式)은 음악치료 현장에서 치료사들이 손쉽게 사용할 수 있는 형식이다. 가요형식에는 한도막 형식, 두도막 형식, 세도막 형식, 작은 세도막 형식 등이 있다.

1. 한 도막 형식(One-part song form)

이 형식은 1개의 큰악절만으로 이루어진 곡의 형식이다. 따라서 모두 8마디로 구성되며 제1작은악절과 제2작은악절 사이의 유사성에 따라 다시 분류가 가능하다. 여기서 작은악절은 소문자 'a, b, c…'로 표시한다.

※ 두 작은악절이 서로 비슷한 경우(aa'형식) : 〈학교종〉(학교종이 땡땡땡-)을 예로 들 수 있다.

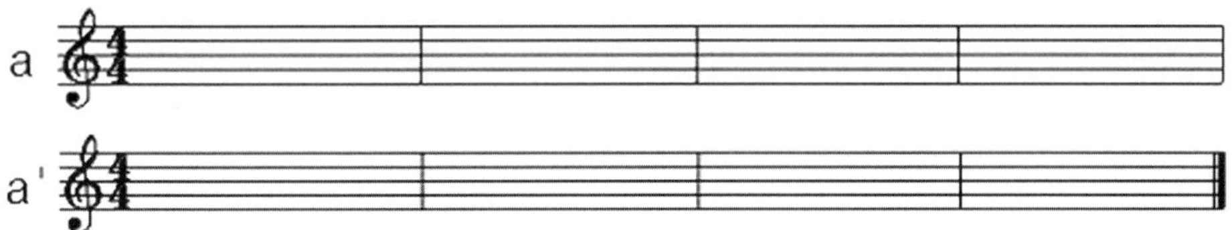

※ 두 작은악절이 서로 다른 경우(ab형식): 〈산토끼〉를 예로 들 수 있다.

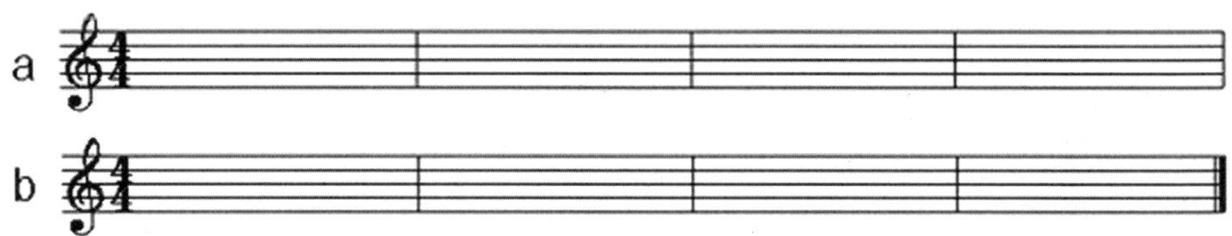

2. 두도막 형식(Two-part song form)

이 형식은 모두 16마디로 구성된다. 즉, 두 개의 큰악절이 서로 연결되어 있는 형식이다. 큰악절을 대문자 'A, B, C…'로 표시했을 때, A(a+a')+A' (b+a'), A(a+b)+B(c+d)형식을 예로 들 수 있다. 【두 도막 형식=큰악절+큰악절】

3. 세도막 형식(Three-part song form)

모두 24마디로 구성되는데, 큰악절 3개가 연결된 형태를 가진다. A+B+A, A+A+B, A+B+A', A+B+B', A+B+C 등의 형식이 있을 수 있다.

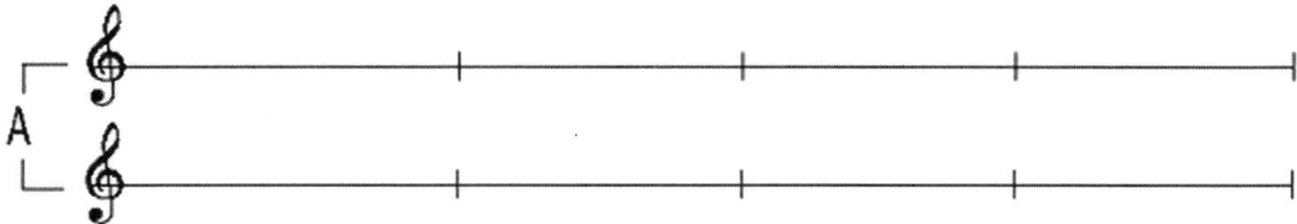

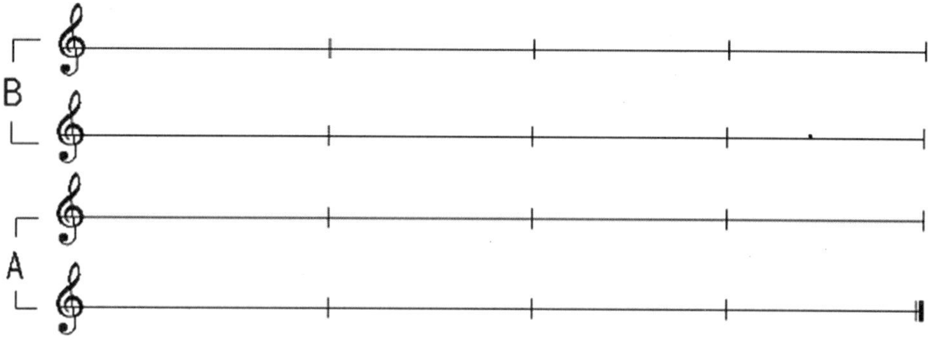

4. 작은 세도막 형식

작은 세도막 형식은 작은악절이 3개가 모여 12마디로 구성된다. 보
통 a-b-c 형식이 많다.

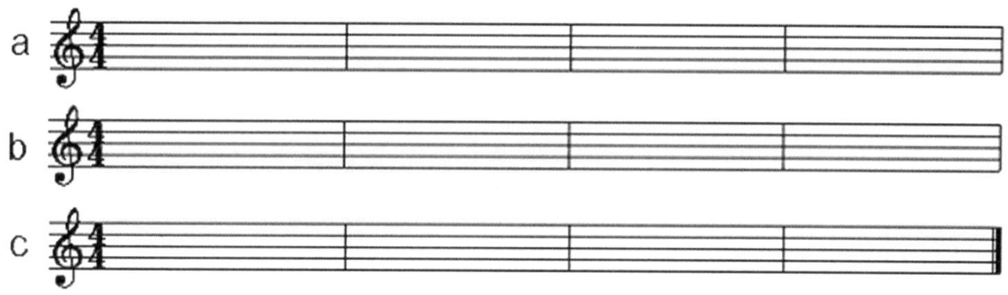

영 역		내 용	관련 익곡
동기		악곡을 구성하는 기본단위(2마디)	
작은악절		4마디 구성	
큰악절		두 개의 작은악절의 모임, 보통 8마디로 구성	
가요 형식	한도막 형식	하나의 큰악절로 이루어진 독립된 악곡(8마디) a+a', a+b	동요 민요
	두도막 형식	두 개의 큰악절로 이루어져 있으며 senl의 큰악절은 앞의 큰악절과 대조를 이루는 것이 많다(16마디). A(a+a')+B(b+a'), A(a+b)+B(c+d)	동요 가곡 찬송가
	세도막 형식	세 개의 큰악절로 이루어져 있으며, 둘째 큰악절은 첫째 큰악절과 대조적인 성격이며, 셋째 큰악절은 첫째 큰악절을 모방하거나 반복하는 것이 많다(24마디). A+B+A', A+B+C, A+B+A	가곡 단순한 기악곡
	작은세도막 형식	세 개의 작은악절로 이루어져 있다(12마디). a+b+a', a+b+a, a+b+c	동요 가곡
겹세도막형식		두도막 형식이나 세도막 형식의 악곡을 3개 연결한 형식으로 A+B+A의 구성을 한다. 이 가운데 중간부분(B)을 '트리오'라고 부르며 A부분과는 대조를 이룬다.	예술가곡 미뉴엣 스케르쪼

악곡특징 분석 및
리듬앙상블 편곡법

여기서는 다양한 리듬앙상블 곡을 작곡하고, 편곡하는 실제 방법을 알아보고자 한다. 이 책의 성격상, 편곡법을 전문적이고, 구체적으로 다룰 수는 없겠지만, 치료사들이 손쉽게 작곡·편곡할 수 있는 대략적이면서 기본적인 원리들을 제시하고자 한다.

악곡의 편성이나 편곡을 위해 가장 쉽게 접근할 수 있는 방법은 이미 만들어진 곡을 수없이 들어보는 것이다. 그 가운데서도 타악기가 들어 있는 동요나 가요를 감상하는 것이 좋다. 이런 곡들을 들으면서 다음과 같은 고민들을 해 보기 바란다.

1. 이 곡은 듣기에 좋은가, 어색한가?
2. 이 곡의 분위기는 어떠한가? 경쾌한가 아니면 조용하고 부드러운가?
3. 이 곡의 분위기를 표현하기 위해 어떤 악기를 사용했나? 빠른 곡에는 주로 어떤 악기를 사용했나? 느린 곡일 때는 주로 어떤 악기를 사용했나?
4. 이 곡 처음부터 끝까지 일관되게 이어지는 중심 오스티나토 (ostianto : 반복적인 리듬패턴)는 무엇인가?

5. 어떤 악기로 오스티나토를 연주하고 있는가?

6. 각각의 악기들은 어떤 리듬 패턴을 사용하고 있는가?

7. 처음은 어떤 악기로 시작하고 있는가?

8. 이 곡의 첫 부분과 마지막 부분에 쓰이는 악기나 음악형태는 서로 비슷한가 혹은 다른가?

9. 이 곡의 절정(climax)부분은 어디일까? 어떤 악기로 이 부분을 표현하고 있나?

10. 절정부분 바로 한 마디 전에는 어떤 악기나 리듬 형태가 사용되었나?

11. 이 곡에 사용된 악기들은 서로 잘 어울리는가?

12. 곡의 가사 가운데 특정 단어를 표현하기 위해 어떤 악기를 사용했나? 예를 들어, 동요 '반짝 반짝 작은 별' 일 경우 '별' 을 표현해 주는 악기는 어떤 것이 사용되었나?

1 기존 곡의 분위기 파악 ....

대부분의 경우 치료사들은 기존에 만들어져 있는 곡 위에다 여러 가지 타악기들을 편성하고 재구성하는 것이 일반적이다. 따라서 '작곡' 보다는 치료현장에서 많이 사용되는 '기존 곡의 리듬앙상블 편곡' 을 중점적으로 설명하고자 한다. 리듬앙상블을 작곡하거나 기존의 곡에 타악기 편성을 하고자 할 때는 그 곡의 분위기, 즉 기쁨, 슬픔, 밝음, 어두움, 편안함, 분노, 좌절 등을 파악해야 한다. 또한 곡의 전반부와 후반부에 분위기가 어떻게 반전되어 가는지 등을 파악하는 일도 중요하다. 이와 같이 기존 곡의 분위기를 먼저 파악해야 하는 주된 이유는 그 곡의 분위기에 맞는 가장 적당한 악기를 선정하기 위해서이다. 예컨대, 느리고 슬픈 가요에 경쾌한 탬버린 리듬패턴은 어울리지 않을 것이다.

물론 기존 곡에 여러 악기들을 편성하는 것이 일반적이지만, 자신이 직접 작곡한 곡을 사용하여 악기합주편성을 하거나, 순수하게 앙상블만을 위한 편성을 해도 좋다.

경쾌한 분위기의 곡	조용하고 의미 깊은 곡
■고래사냥 송창식 노래	■내가 만일 안치환 노래
■꿈을 먹는 젊은이 남궁옥분 노래	■만남 노사연 노래
■꿍따리 샤바라 클론 노래	■아름다운 세상 박학기 노래
■개구쟁이 산울림 노래	■모두가 사랑이에요 해바라기 노래
■뭉게구름 해바라기 노래	■사랑해 라나에로스포 노래
■소양강 처녀 김태희 노래	■아름다운 것들 양희은 노래
■아빠와 크레파스 배따라기 노래	■아침이슬 양희은 노래
■조개껍질 묶어 윤형주 노래	■사랑으로 해바라기 노래
■희망사항 변진섭 노래	■얼굴 윤연선 노래
■숲 속을 걸어요 정연택 작곡	■인생은 미완성 이진관 노래
■담다디 이상은 노래	■친구여 조용필 노래
■파란 나라 혜은이 노래	■그날 이후 해바라기 노래
■터 신형원 노래	■바위섬 김원중 노래
■꼴찌를 위하여 한돌 작곡	■마법의 성 더클래식 노래
■젊음의 노트 유미리 노래	■혜화동 동물원 노래
■여름 이야기 DJ DOC 노래	■가시나무 조성모 노래
■여행을 떠나요 박강성 노래	■넌 할 수 있어 강산에 노래
■핑계 김건모 노래	■솔아 솔아 푸르른 솔아 안치환 노래
■사람이 꽃보다 아름다워 안치환 노래	■어머님께 god 노래
■DOC와 춤을 DJ DOC 노래	■시청 앞 지하철역에서 동물원 노래
■사는게 뭔지 이무송 노래	■그때 그 사람 심수봉 노래
■아침을 기다리는 사람들 여행스케치 노래	■내인생은 나의 것 민혜경 노래
■나는 문제없어 황규영 노래	■새벽아침 수와진 노래
■베토벤 바이올린 협주곡 D장조 op.61	■마음에 쓰는 편지 임백천 노래
■브람스 바이올린 협주곡 D장조 op.77	■우리는 송창식 노래
■생상스 바이올린 협주곡 제3번 b단조 op.61	■그것은 인생 최혜영 노래
■라수스 왈츠 파도를 넘어서	■베토벤 장엄미사곡 D장조 op.123
■드보르작 첼로 협주곡 b단조 op.104	■리스트 헝가리 광시곡 제2번 C단조
■라벨 피아노곡 물의 유희	■부르흐 환상곡 콜 니드라이 제1부

화음과 리듬 구성 파악

일단 기존 곡의 분위기를 파악했으면 그 분위기에 따라 화음이나 리듬을 구성하게 된다. 화음과 리듬구조를 파악하고 구성하는 이유는 다른 악기들을 편성하는 바탕이 되기 때문이다. 즉, 멜로디 악기(예 : 실로폰)를 기존 곡 위에다 편성하고자 할 때, 그 마디의 화음 구성음 안에서 자유롭게 편곡할 수 있다. 예를 들어, '학교종이 땡땡땡'이라는 가사는 계이름이 '솔솔라라 솔솔미'이고, 화음은 Ⅰ-Ⅳ-Ⅰ이다. 따라서 Ⅰ도 화음의 경우 '도미솔'이기 때문에 이 화음구성음들 가운데에서 적절히 선택해서 구성하면 되는 것이다. 또한 리듬 악기의 경우에도 기존 곡의 리듬에 바탕을 두고 편성하는 것이 좋다. 이때 기존 곡의 리듬을 그대로 차용해서 편성하기도 하지만 기존 리듬의 일부분만을 골라서 사용할 수도 있다. 이상을 간단히 정리하면 다음과 같다.

1. 주어진 곡(혹은 작곡한 곡)의 화성 및 리듬구성을 파악한다.
2. 기본적이고 반복적으로 사용된 화성 및 리듬구성을 파악한다.
3. 악기의 성격에 맞게 기본적인 리듬 속에서 리듬패턴 일부를 추출하여 선정·배치한다.
4. 악기의 성격에 맞게 기본적인 화성의 구성음 안에서 중심 음정을 추출하여 선정·배치한다.

곡의 구조 분석 및 편성

그 곡이 어떤 구조를 갖고 있는지를 아는 것은 리듬앙상블 편곡에서 가장 중요한 부분 가운데 하나이다. 예를 들어, 곡의 주된 멜로디는 무엇이고, 곡의 절정부분은 어디이고, 어떤 부분이 반복적으로 사용되었는지 하는 등의 구조분석이다. 악곡을 분석하고 편성할 때는, 다

음 세 가지 사항 즉, 전주(introduction) 부분, 중개(bridges) 부분, 후주
(ending) 부분을 기존 곡에 삽입하게 된다. 즉, 일반적인 가사나 선율
에 이와 같은 전주, 간주, 후주를 적절히 삽입하여 곡의 길이를 좀더
연장시키거나 곡의 성격을 풍부하게 만들 수 있다. 필요하다면 곡의
구조에 따라 Ⓐ, Ⓑ, Ⓒ라는 표시를 하는 것도 좋다.

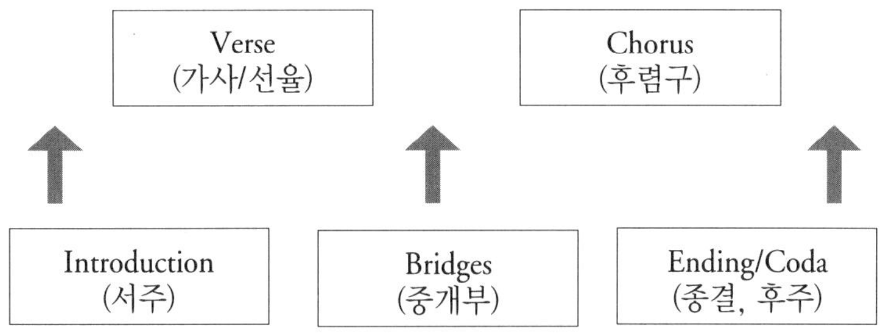

1. 서주(Introduction)

전주 또는 서주(序奏)라고 한다. 클래식에서는 여러 가지 의미가 있
을 수 있으나, 여기서는 실제 곡에 들어가기 전의 모든 과정이라고 정
의한다.

2. 중개부(Bridges, Interlude)

중개부(Intermediate group), 경과구(Transition), 삽입구(Episode)라고
한다. 일반적인 의미는 하나의 주제나 악곡의 한 부분으로부터 다른
주제나 부분으로 이끌어 가는 악절이지만, 여기서는 실제 노래나 곡
이 시작되어 끝나는 시점까지의 과정을 일컫는다. 물론 이 과정 또한
여러 개의 단계로 구성될 수가 있는데, 필요하다면 A, B, C, D 등으로
표기할 수도 있다.

3. 가사 및 멜로디(Verse)

실제로 가사와 멜로디가 진행되는 핵심 악구를 의미한다.

4. 후렴구(Chorus)

일정하게 반복적인 형태를 갖는 악구를 의미한다.

5. 종결부(Ending/Coda)

하나의 곡의 종결부분을 의미한다. Coda라고도 한다. 그러나 이 책에서는 실제 노래나 곡이 모두 마친 다음 이어지는 종결부분의 통칭으로 가정한다. 후주(後奏)라고도 한다.

이 구조를 좀더 분명하게 파악하기 위해서는 이미 녹음된 동요나 가요를 들어보는 것이 도움이 된다. 이들 녹음된 곡들을 곰곰이 들어보면 다음과 같은 여러 갈래의 부분들로 구성되어 있다는 사실을 알게 된다. 우선, 실제 가사가 시작되기 전 부분(전주, introduction)과 가사가 멜로디와 함께 흘러나오는 부분(가사/멜로디, verse), 1절과 2절 사이에 가사 없이 연결되는 부분(중개부, bridge), 1절과 2절 가사에 동일하게 연결되는 후렴부분(후렴구, chorus), 그리고 마지막으로 모든 가사와 멜로디가 끝난 뒤부터 곡이 완전히 종결될 때까지의 부분(종결부, coda)으로 나뉘어 있다.

아래의 내용은 다양한 악곡 편성 구조의 예를 보여준다.

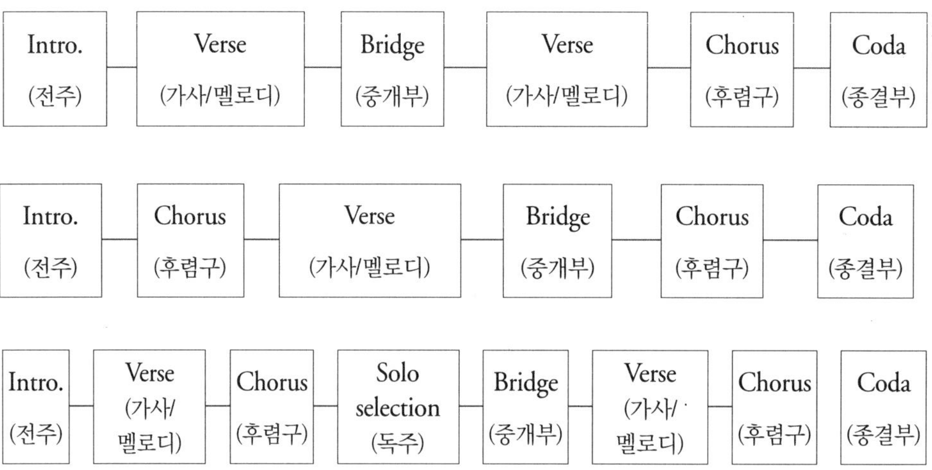

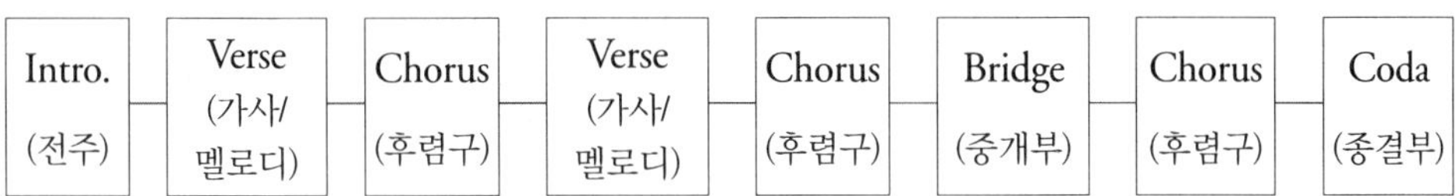

〈악곡 분석 모형도 예시 자료〉

악기 선정 및 배치

악기를 선정하고 배치할 때는 앞서 언급했던 것과 같이 그 곡의 분위기를 파악하는 일이 선행되어야 한다. 그 이유는 곡의 분위기에 따라 사용되는 악기 군이 달라지기 때문이다. 또 곡 안에 녹아 있는 여러 가지 소재들을 구체적으로 파악하여 그 각각의 소재에 맞는 악기를 고려해 보는 것도 악기 선정에서 중요하다. 여기서 말한 '소재'란 곡의 가사의 일부분이 될 수도 있고, 곡의 분위기일 수도 있다. 이때 유의할 점은 악기를 무작정 다양하게 많이 사용하는 것이 항상 바람직하지는 않다는 것이다. 곡의 분위기와 특정 소재에 맞는 가장 적절한 악기 몇 가지를 선정하는 것으로 족하다.

백영선(1995)은 악기 선정과 배치에 도움이 될 수 있는 '타악기의 역할'에 대한 개념을 언급하였다.

1. 선율을 표현하는 타악기(독주선율, 관현악 선율의 더블링)

2. 음색선율을 위한 타악기(타악기 음색을 통한 새로운 선율의 창조)

3. 화음을 위한 타악기

4. 화음을 융화시키는 타악기

5. 대위법적으로 사용되는 타악기

6. 관현악곡의 음색을 위한 타악기(한 가지 성격의 음색, 대비를 위한 음색, 기본적인 음색 위에 두드러지게 나타나는 음색)

7. 관현악곡의 융화를 위한 타악기

8. 악곡의 강세를 더하는 데 사용되는 타악기

9. 오스티나토로서의 타악기

10. 관현악의 제4영역으로서의 타악기

11. 자연의 소리 효과를 내는 타악기

12. 이국적 혹은 민속적 효과를 내는 타악기

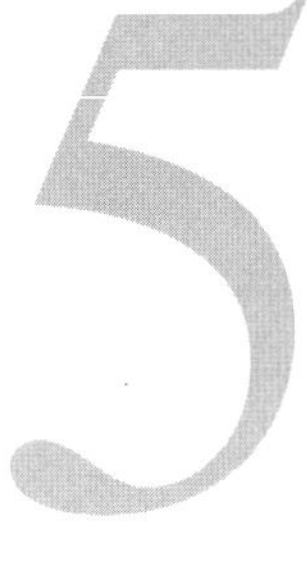

전주(introduction) 만드는 법 ....

전주란 앞서 언급한 바와 같이, 실제 원곡이 시작되기 전까지의 모든 과정이라고 가정했다. 어떤 곡의 전주를 만들 때에는 다음 3가지 방법이 있는데, 1)노래의 일부분을 차용하는 경우와 2)전혀 새로운 동기를 이용하여 작곡한 경우와 3)원곡의 일부분을 다른 조로 전조한 경우 등이 있다. 다음 사항들은 전주를 만드는 방법을 간략하게 기술한 것이다.

■ 전주로서 몇 마디를 만들 것인지를 먼저 결정한다.
■ 음역, 음정, 빠르기, 조 등에서 실제 원곡과의 관련성을 결정한다.
■ 원곡 속에서 전주에 사용하게 될 동기나 프레이즈 등을 결정한다.
■ 전주는 실제 원곡의 마지막 부분 4마디 정도를 이용하는 것이 가장 보편적이다. 어떤 경우는 원곡의 앞부분 3~5마디와 뒷부분 3~4마디 정도를 잘 이어서 연주하면 적절한 전주가 되는 경우가 많다(찬송가 전주를 만들 때).

다음은 전주를 만들 때의 유의사항이다.

1. 전주에 사용될 수 있는 악기로는 윈드챠임, 레인스틱, 심벌즈 등이 안전하다. 이 악기들을 1마디 정도 연주한 다음, 리듬 타악기를 가지고 일정한 리듬패턴을 첨가해 가면 좋다. 리듬패턴을 만

들어 내는 대표적인 악기들로는 카바사, 쉐이커, 탬버린, 리듬스틱, 귀로 등이 사용될 수 있다. 그 가운데서 쉐이커나 카바사는 빠르고 경쾌한 곡에서 배경리듬으로 사용하면 좋은 효과를 거둘 수 있다. 악기를 첨가해 갈 때 유의할 점은 낮은 음 악기부터 높은 음 악기로 향해 가는 것이 중요하다.

2. 전주에서는 리듬뿐만 아니라 멜로디를 사용할 수도 있다. 하나의 악기를 가지고 일정 멜로디패턴을 2마디에서 4마디 정도 연주하다가 본 곡으로 들어가는 것도 안전한 구성이다.

3. 전주를 위해 효과음이나 키보드 음원을 활용하는 경우도 있다. 곡의 분위기나 성격에 맞게 효과음이나 키보드 음원을 선정하는 것이 좋다. 효과음의 예로서는 맑은 물소리, 새소리, 물방울 떨어지는 소리, 시계 초침소리, 구두 발자국 소리 등 다양하게 적용할 수 있다.

다음에 제시한 곡은 〈Ibo〉라는 아프리카 음악이다. 이 4마디의 단순한 곡을 통해 간단한 악곡 편성을 해보기로 한다. 우선 아래 제시된 곡은 원곡 4마디이다.

원곡 한 개의 멜로디에 여러 개의 리듬악기 및 멜로디 악기를 첨가하여 악곡 편성을 할 수 있다. 참고로 건반악기(특히 올프식 건반악기) 악보 속에서 사용되는 몇 가지 용어에 대해서 간단히 알아보고자 한다. 대부분의 건반악기의 기보는 높은음자리표를 사용하는 것이 보통이지만 다음 용어가 사용되면 그 의미가 달라지게 된다.

■ AX(alto xylophone) : 악보에 기보된 음정대로 소리 난다.

　AM(alto metallophone) : 악보에 기보된 음정대로 소리 난다.

■ BX(bass xylophone) : 실제 악보보다 1옥타브 낮은 음정이다.

BM(bass metallophone) : 실제 악보보다 1옥타브 낮은 음정이다.

■ SM(soprano metallophone) : 실제 악보보다 1옥타브 위의 소리가
난다.

SX(soprano xylophone) : 실제 악보보다 1옥타브 위의 소리가 난다.

AG(alto glockenspiel) : 실제 악보보다 1옥타브 위의 소리가 난다.

■ SG(soprano glockenspiel) : 2옥타브 위의 소리이다.

다음에 제시된 악곡 편성 예시자료는 원곡(Soprano)에 실로폰, 베이스 드럼, 봉고, 콩가 등 5개의 악기를 첨가하여 악곡 편성을 한 것이다.

Ibo

Nigerian

■ 참고

1) AX(alto xylophone) : 알토 실로폰은 악보에 기보된 음정대로 소리 난다.

2) BX(bass xylophone) : 건반타악기를 실제 악보보다 1옥타브 낮은 음정으로 연주된다.

물론 앞에서 제시한 바와 같이 동시에 모든 5개의 악기와 노래 멜로
디를 연주할 수도 있겠지만, 본격적인 노래 멜로디를 부르기 이전에
전주의 형식으로서 악기를 먼저 연주할 수 있다. 즉, 가장 아래에 배
치된 BX, 즉 건반악기로 1옥타브 아래를 계속 연주하면, 4마디째에서
콩가리듬이 4마디 덧붙여지고, 봉고, 베이스드럼(혹은 핸드드럼), 실
로폰 등으로 4마디째에서 덧붙여 연주해 나간다. 다음 악보는 순차적
으로 악기를 4마디씩 첨가해 가는 악곡 편성의 예를 보여준다.

1. BX(베이스 실로폰 : bass xylophone)를 연주하기 시작한다.

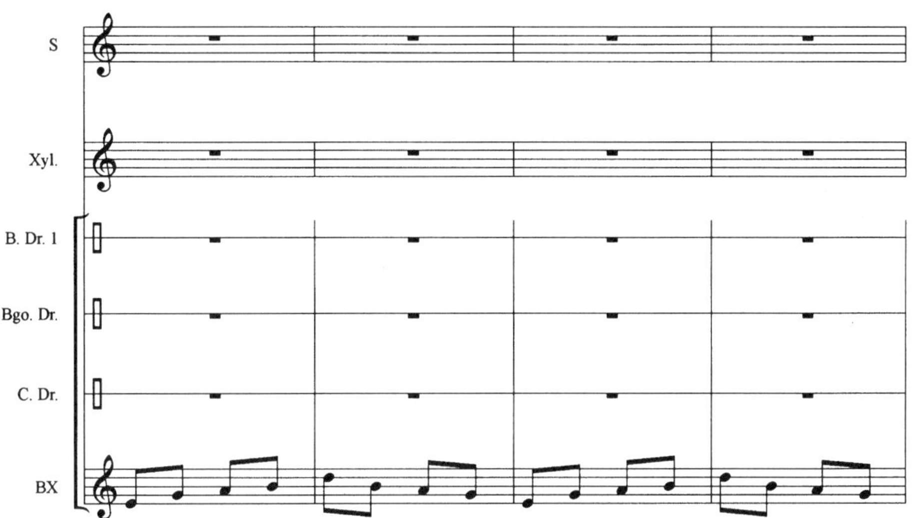

2. BX를 4마디 연주한 다음, 콩가(conga)리듬을 첨가시킨다.

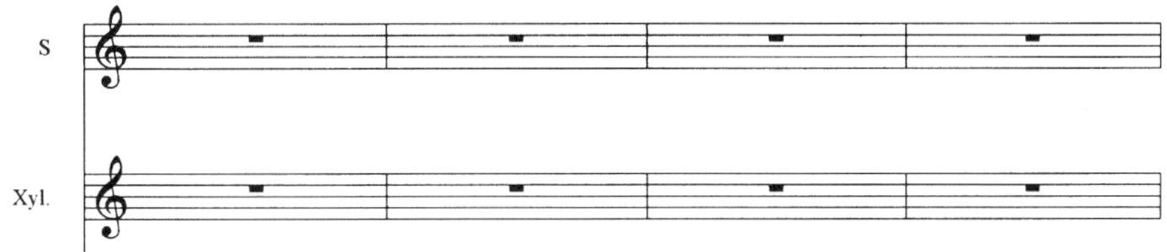

3. 콩가드럼을 4마디 연주한 다음, 봉고(bongo)리듬을 첨가시킨다.

4. 봉고드럼 4마디 연주한 다음 베이스 드럼(혹은 핸드드럼)리듬을
첨가시킨다.

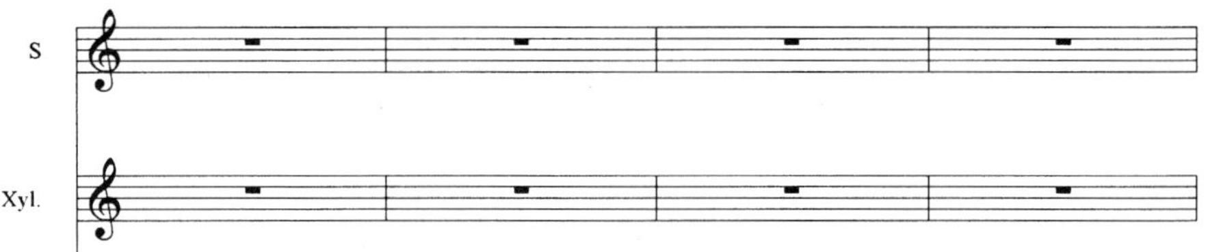

5. 베이스 드럼을 4마디 연주한 뒤 실로폰 멜로디를 첨가시킨다.

6. 실로폰(Alto Xylophone) 멜로디를 4마디 연주한 다음부터 노래를
   덧붙인다. 이것을 여러 번 반복할 수 있다. 그리고서 특정 악기가
   솔로로 연주할 수도 있으며, 다시 합주를 하고, 강약이나 속도를
   통해 곡의 변화를 주다가 매우 강하게 종지하면 된다.

중개부(bridges) 및 멜로디 작곡 · 편곡법 ·················

본 곡과 중개부를 포함하는 이 부분은 전주와 후주를 제외한 곡의
핵심을 이루는 중요한 부분이다. 이 책의 성격 때문에 화성이나 대위
와 관련된 구체적인 작곡방법을 소개하지는 않겠지만, 이 영역에 대
한 깊이 있는 연구의 병행이 필수적이라 하겠다. 좀더 효과적인 중개
부와 멜로디에 대한 악곡 편성을 위해 고려해야 할 4가지 핵심사항은
다음과 같다.

– 곡의 분위기, 구성 및 절정부분의 파악
– 곡의 분위기에 맞는 악기의 선정
– 곡의 중심 리듬 및 멜로디 파악 및 편성
– 악기간의 조화로운 음색배합

1. 주선율을 성격을 잘 파악하여 다른 악기들이 주선율을 방해하지
   않고, 보조하는 구실을 하도록 구성한다. 또한 주선율의 분위기

를 방해하지 말고, 느낌을 최대한 증대시키도록 한다.

2. 악기는 점진적으로 첨가시킨다. 예컨대, 멜로디가 주어져 있을
   때 초반부에는 피아노만으로 반주를 붙이지만, 점차적으로 그 위
   에 하나씩 악기를 첨가해 나간다.

3. 악기를 점진적으로 소거해 나간다. 곡이 절정에 이를 때까지 악
   기가 지속적으로 첨가해 가다가 곡이 후반부로 접어듦에 따라 사
   용되었던 악기들을 하나씩 소거해 나간다. 곡의 끝부분에서는 곡
   의 처음부분에서 쓰였던 악기로 똑같이 끝맺는 것이 일반적이다.

4. 다양한 오스티나토(반복적인 리듬패턴)를 사용한다. 두 개 이상의
   멜로디 혹은 리듬오스티나토를 사용하되, 서로 상반되는 형태로
   구성하여 균형과 대조를 이루도록 한다. 단 오스티나토를 사용할
   때는 8마디 이상의 구조가 되지 않도록 한다. 경우에 따라서는 두
   개 이상의 악기가 한 조가 되어 오스티나토를 구성할 수도 있다.

〈오스티나토 예시자료〉

5. 절정(climax)부분의 악곡 편성에서 고려해야 할 점은 다음과 같
   다. 우선, 곡의 대략적인 절정부분이 파악되었으면 어떤 악기로

이 부분을 표현할 것인가를 결정해야 할 것이다. 절정부분을 위한 가장 대표적인 악기로는 심벌즈와 드럼(특히 작은북)을 들 수 있다. 대개의 경우 절정부분의 한 마디 전부터 투입되게 되는데, 드럼을 구성하는 모든 북을 이용하여 필인(fill-in)리듬을 넣은 다음 절정부분에 가서는 크래쉬 심벌(crash cymbals)을 강하게 쳐줌으로써 절정의 분위기를 고조시킬 수 있다. 또, 절정 한 마디 전부터 심벌즈 트레몰로를 투입시켜 점진적으로 음량을 키워 절정부분에서 곡의 에너지를 분출시키는 것도 바람직하다.

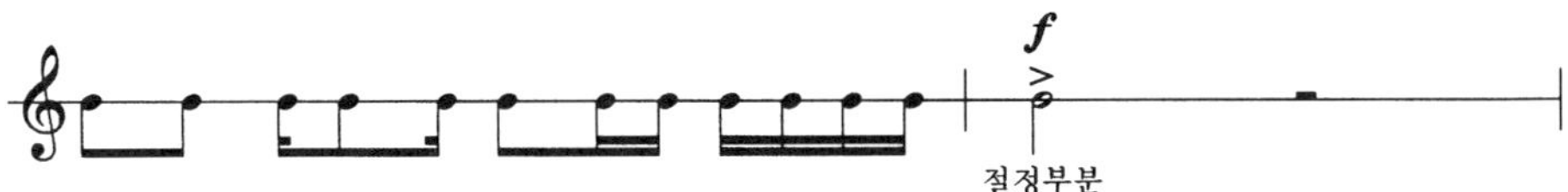

〈드럼을 통한 필인 예시자료〉

6. 피아노 반주를 붙이는 일정한 법칙은 없다. 그러나 반주를 만드는 일반적인 방법은 원곡의 리듬과 멜로디에 기초해서 만드는 것이다. 예컨대, 노래나 특정악기로 멜로디를 연주하고 피아노로 반주를 할 때 피아노의 오른손은 멜로디를 연주하고, 왼손은 원곡의 기본적인 리듬패턴을 그 화음 구성음 안에서 만드는 것이다. 물론 양손반주를 만들 수도 있는데, 왼손은 화음의 근음을 연주하고 오른손은 화음 구성음을 모두 혹은 일부분만 붙여주면 된다. 이때 유의할 점은 반주부와 원곡의 주선율은 서로 병행시켜서는 안 된다는 것이다. 최대한 병행을 피해서 독립적인 성격을 가질 수 있도록 구성한다.

7. 실제 멜로디 연주가 시작되거나 노래가 시작되면 반주를 약하게 해야 할 필요는 없다. 다만, 1)피아노와 같은 반주악기가 베이스를 받쳐주고, 2)악기의 수를 조금 줄이고, 3)타악기는 쉬게 하거나 한 가지 정도로 줄여준다고 생각하면 된다.

8. 멜로디가 비교적 낮은 음역일 경우, 반주가 멜로디와 완전히 중복
된다면 멜로디의 특징을 충분히 드러낼 수 없을 것이다. 따라서
그럴 때는 멜로디는 노래나 특정한 악기로 연주하되, 반주부분은
멜로디 선율과 중복하지 말고 근음 또는 중심이 되는 음만을 붙여
주면 좋다.

9. 주된 멜로디와 반주부분이 겹쳐도 좋을 경우는 그 곡의 절정
(climax)부분이다. 즉, 곡의 모든 요소들이 절정부분에서 결집된
다는 인상을 주는 것이 좋다. 유의할 점은 곡의 처음부터 끝까지
멜로디와 반주부분이 겹치는 것은 좋지 않다는 것이다. 겹치고자
할 때는 다음의 3가지 방법이 있을 수 있다.
　－멜로디의 한 옥타브 차이의 멜로디를 겹친다.
　－멜로디의 3도 혹은 6도를 붙여서 겹친다.
　－멜로디의 일부분을 중복시킨다. 예컨대, 그 마디의 첫 박과 셋
째 박의 음정을 중복시킬 수 있다.

후주(ending) 만드는 법

후주는 전주 만드는 법을 참조하여 편성하는 것이 좋다. 왜냐하면
대부분의 경우 한 곡의 전반부와 후반부를 비슷하게 구성하는 것이
가장 안전하기 때문이다. 전주부분과 마찬가지로 후주부분에서 사용
하면 적절한 악기로는 윈드챠임, 레인스틱, 심벌 등이 있다. 곡의 절정
(climax)부분에서부터 기본 반주악기만을 남기고 차츰 악기의 수를 줄
여나가는 것이 바람직하다. 종지음은 으뜸음으로 끝내도록 하고, 멜
로디나 베이스는 마지막 종지마디 강박에서 끝내도록 한다.

Benue

Nigerian

악곡구조에 따른 편성방법 ....

다음의 내용들은 악곡 구성 및 구조에 따른 악기 선정 및 배치방법
을 요약한 것이다.

1. 전주와 후주는 2마디 이상으로 서로 비슷하게 구성하는 것이 좋다.

2. 전주와 후주부분에 있어서, 곡의 시작과 끝은 윈드챠임/레인스틱
   /오션드럼 등을 사용하는 것이 좋다. 레인스틱의 경우 흔들어 사
   용해도 상관없다.

3. 전주나 중개부에는 메탈계통의 악기나 팀발레스, 심벌즈, 전자음원
   등을 이용하면 좋고, 가사(verse) 혹은 멜로디부분에는 콩가(congas)
   나 쉐이커(shakers)가 배경이 된 일정한 리듬패턴을 이용한다.

4. 낮은 음역의 강한 악구에서는 Metal Sounds를 사용하는 것이 일
   반적이며, 부드럽고 여린 악구에서는 콩가(congas)나 쉐이커
   (shakers)를 주로 사용한다.

5. 절정(climax)부분을 위해서는 심벌즈와 스네어 드럼 류 악기가 가
   장 즐겨 사용되는 반면, 소리가 사라지는 효과를 내기 위해서는
   드럼을 많이 사용한다. 느린 곡이나 소리가 사라지는 부분에서는
   쉐이커를 좌우로 잘게 흔들어 효과를 낼 수 있다.

6. 가사, 멜로디 부분이나 종결부분을 위해서는 나무(wood)계통의
   악기를 주로 사용하면 좋지만, 메탈계통의 악기를 반주나 배경으
   로 사용하기도 한다.

악곡 분위기에 따른 편성방법 ....

1. 평온한 감정표현을 위해서는 피아노와 칼라벨을 함께 사용한다든지, 핑거심벌즈를 정박에 한 번씩 사용하는 것이 좋다. 때에 따라서는 타악기를 제외한 합창을 활용하는 것도 고려해 볼만 하며, 핑거심벌즈와 철금을 함께 사용하는 것도 안전한 구성이다.

2. 슬픈 감정 표현을 위해서는 원곡을 단조로 이조하거나 피아노나 울림 많은 악기를 사용(Metal 악기)하는 것이 좋다.

3. 기쁜 감정 표현을 위해서는 민속북이나 카바사, 우드블록, 방울스틱 등을 사용할 수 있다. 경쾌한 라틴리듬을 사용하는 것도 경쾌하고 기쁜 감정 표현을 위해 고려될 수 있겠다. 평온하고 슬픈 곡에 비해서 기쁜 감정을 표현하는 곡들은 특히나 '리듬'이 강조된다. 따라서 다양하고 적절한 리듬의 사용이 무엇보다 중요하다.

4. AX(alto xylophone)와 AM(alto metallophone)은 노래의 조성을 받쳐주는 데 사용하고 AM(alto metallophone), AG(alto glockenspiel), SG(soprano glockenspiel)는 곡의 색채감을 표현하는 데 좋다.

악기별 표현내용 및 편성방법 ....

각각의 악기들은 그 나름대로 다양한 분위기를 만들어 낸다. 다음 내용은 악기별 표현내용을 정리해 본 것이다. '시'를 악기로 표현할 때나 '음악동화'를 작곡할 때 많이 사용될 수 있다. 아울러 각 악기가 곡 속에서 어떤 역할을 하는지에 대해서는 앞서 언급한 '악기연주법' 부분을 참조하기 바란다.

1. 트라이앵글 : 촛불의 빛, 별들이 반짝반짝 빛나는 모습, 눈송이, 동화 속 마술사, 빛나는, 부드러움, 둥실둥실 공중에 떠다닌다. 삼각형 모양.

2. 심벌즈 : 신호, 큰 장터, 절정, 찰카닥 소리, 달그락, 금속성 물질, 채찍질하는 듯한 느낌.

3. 핑거 심벌즈(손가락 심벌즈) : 눈송이, 성탄, 불꽃 반짝임, 장난감 시계, 이국적 이미지

4. 리듬스틱(막대) : 명랑, 활발, 익살, 쾌활, 예리, 메마른, 나무 위 딱따구리, 마녀의 긴 턱

5. 우드블록 : 짧게, 빠르게, 예리한, 사각형, 딱따구리, 뻐꾸기, 이국적인 이미지.

6. 큰 북 : 곰, 코끼리, 신호, 비, 천둥, 어두운, 섬뜩한, 쿵쾅, 무거운, 답답한, 살금살금, 손으로 더듬다.

7. 봉고 드럼 : 춤, 가다, 걷다, 깡충, 딱딱한 예민함, 함축성

8. 실로폰 : 즐거운, 슬픈, 밝은, 어두운, 거친, 감성적인 감정 표현에 적용 가능하다.

9. 메탈로폰(철금) : 고요함, 쾌감, 믿음성, 부드러움, 낭랑한 소리를 표현하는 데에 사용될 수 있다.

10. 글로켄슈필(종금) : 빛나는 태양, 흐르는 물, 날다, 살짝 스치고 지나가다, 새들의 지저귐 등.

11. 방울띠 : 썰매타기, 고양이의 움직임, 광대, 곰의 움직임, 춤추는 동작.

악기에 따른 악곡 편성 방법을 간단히 요약하면 다음과 같다.

1. 핑거심벌즈를 비롯한 심벌즈 류의 악기들은 잔류음이 길기 때문에 한 마디 안에서 여러 번 사용하는 것은 바람직하지 않다. 다만, 새로운 동기 시작할 때 분위기를 전환하기 위해 첨가하는 것

이 좋다.

2. 카바사와 탬버린과 같은 리듬을 중심으로 한 악기들은 곡의 처음부터 끝까지 시종일관 사용되는 것보다는 곡의 특정부분에서 선택적으로 사용되는 것이 좋다. 즉, 곡에서의 '숨 고름', 즉 '여백의 미'를 살리는 효과를 줄 수 있어서 듣는 이로 하여금 훨씬 안정된 여유를 준다.

3. 우드블록은 곡의 박을 지정해 주며, 밝은 분위기 조성해 준다. 카바사나 마라카스, 쉐이커 등과 함께 사용될 때 최대의 효과를 거둘 수 있다.

4. 키보드로는 멜로디만 연주하는 것이 안전하지만 피아노와 함께 연주해도 무방하다. 신비로운 분위기를 자아내는 용도로 사용될 수 있다.

5. 베이스 드럼은 여운이 많이 남기 때문에 신중하게 사용해야 하며, 곡의 절정부분에서 강박에 한 번씩만 쳐주는 것이 안전하다.

6. 부적합한 악기의 사용이나 과다한 악기 사용을 피하여 간결하면서도 명쾌한 연주가 되도록 한다.

짐베이

〈Make It Happen〉 by Marvin Sparks

Intro (16마디)

8마디까지 드럼과 페달 톤을 자유롭게 연주하되, 서스펜드 심벌을 트레몰로로 연주한다. 다른 첨가 악기로는 윈드챠임, 휘슬, 쉐이커를 사용할 수 있다.

Verse 1 (16마디)

콩가와 툼바오는 유사하게 연주하되, 드럼과 함께 매우 경쾌한 리듬을 구성한다.

Chorus (8마디)

탬버린은 조금 세게 연주하고, 쉐이커는 여리게 연주한다. 카우벨은 세게 연주하다가 점점 탬버린이나 쉐이커 리듬과 유사하게 변화시킨다.

Sole section (16마디)

배경음악으로 팀발레스, 카우벨, 전자악기 등을 사용한다. 그 음악적 배경 위에서 독주악기를 구성한다.

Interlude(bridge, 8마디)

Intro 부분과 유사하지만 자유롭게 연주한다.

Verse 2 (16마디)

Verse 1과 동일하게 구성한다.

Chorus/Ending

종결부는 아주 강하게 끝맺는다. 이때 팀발레스와 카우벨, 전자악기 등을 모두 함께 사용하여 흥분된 감정을 표현한다.

다음의 내용들은 위에서 언급한 악곡분석 단계에서 가장 핵심이 되는 악기별 리듬패턴들이다.

ZION by Lauren Hill

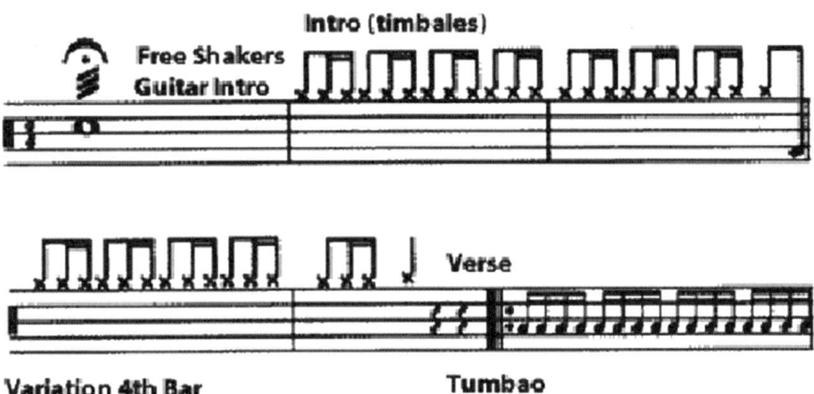

('마잠비크 스타일 앙상블' 에 사용된 오스티나토)
Conga key : O=Open Tone, S=Open Slap

Introduction	Bridges			Ending
	A	B	C	
* 윈드차임	* 피아노(반주)	* 피아노+성악	* 피아노(반주)	* 윈드차임
	* 메탈로폰(강박)	* 키보드+나래이터	* 메탈로폰(강박)	

Introduction	Bridges				Ending
	A	B	C	D	
* 타악기 (리듬오스티나토)	* 타악기 * 메탈로폰	* 타악기 * 다른 타악기 * 메탈로폰	* 타악기 * 다른 타악기 * 전자음원	* 타악기 * 다른 타악기 * 전자음원 * 탬버린	* 타악기 (리듬오스티나토)

악곡 분석 및 편성Ⅴ(실례)

Introduction	Bridges				Ending
	A	B	C	D	
* 윈드차임 * ①핑거심벌즈	* 피아노 * 키보드 * ②쉐이커	* 나레이터 * 오보에(Midi)	* ③콩가 * ④크리켓	* 피아노 * 키보드 * ⑤카바사	* 피아노 * ⑥핑거심벌즈

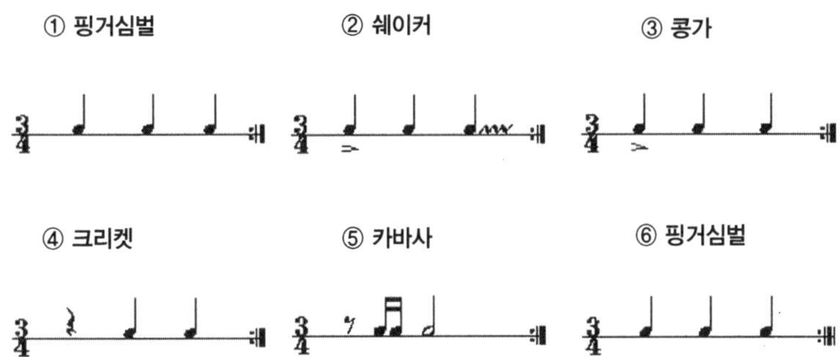

음색배합의 문제

거대한 오케스트라 안에는 많은 연주자들이 있어서 서로 호흡을 맞추게 된다. 그러나 타악기 주자들은 가끔 일어나 한 번 연주하고 다시 앉곤 한다. 그만큼 타악기 여러 개를 동시에 연주한다는 것이 많은 위험이 따른다는 것을 알 수 있다. 이것은 타악기의 재질이 천차만별이고 그에 따른 훌륭한 음색배합이 어렵기 때문이다.

타악기의 재질은 크게 세 종류로 분류가 가능하다. 즉 금속・나무・가죽 악기로 나눌 수 있다. 따라서 재질에 따라 음색 또한 다르기 때문에, 서로 다른 재질을 교대로 배치시키며 악곡을 편성하는 것이 필요하다. 뿐만 아니라 재질이 다른 악기를 동시에 사용하고자 할 때, 이 악기들 사이에 조화를 살피는 일은 악곡 편성에서 무엇보다 중요한 과제이다.

실제 곡에서 두드러지는 타악기의 역할이라면 새로운 분위기의 창출이라고 할 수 있다. 즉, 타악기는 1)절정 부분으로 유도해 주는 역할, 2)두 개의 부분을 서로 연결해 주는 역할, 3)새로운 분위기로 반전시키는 역할, 4)민속적, 이국적인 효과를 내는 역할, 5)자연음을 흉내 내는 역할 등을 한다. 그러나 악기에 따라서 음색이 서로 어울리는 것과 그렇지 않은 것이 있다. 음색의 배합을 적절하게 하면 이전과는 전

혀 새로운 음악이 되기도 하고, 그 음악이 추구하고자 하는 목적을 더
잘 표현해 주기도 한다. 따라서 악곡 편성이나 앙상블 창작에서 악기
사이의 음색배합의 문제는 작곡법의 화성, 대위만큼이나 중요하기 때
문에 악기 선정에 신중을 기해야 할 것이다.

음색배합 예시 자료

다음의 내용은 일반 라틴 음악에서 자주 짝을 이루며 함께 쓰이는
악기들을 모아본 것이다.

1	2	3	4	5
* 쉐이커 * 징글스틱	* 카우벨 * 스네어 드럼	* 카바사 * 쉐이커	* 탬버린 * 리듬스틱 (클라베스)	* 탬버린 * 귀로 * 봉고

6	7	8	9	10
* 봉고 * 스네어 드럼 * 팀발레스 * 콩가 * 베이스 드럼	* 카우벨 * 봉고 * 콩가 * 스네어 드럼 * 팀발레스 * 플로어 탐탐	* 실로폰 * 메탈로폰 * 마림바 * 아고고벨 * 봉고 * 콩가 * 드럼	* 클라베스 * 우드블록 * 귀로 * 트라이앵글 * 마라카스 * 봉고 * 콩가	* 메탈로폰 * 실로폰 * 쾌이어챠임 * 목탁 * 탬버린

11	12	13	14	15
* 메탈로폰 * 귀로 * 쉐이커 * 탬버린 * 피아노	* 투바노 * 쉐이커 * 봉고 * 카바사	* 귀로 * 카우벨 * 마라카스 * 콩가 * 팀발레스	* 마라카스 * 귀로 * 클라베스 * 봉고 * 콩가 * 팀발레스	* 귀로 * 카바사 * 마라카스 * 팀발레스

악기 음색배합 실습 ....

여기서는 실제로 악기이 음색배합을 경험해 보도록 한다. 여러 가지 악기를 소리내보고, 가장 적합한 음색배합을 이루는 악기를 골라보는 것이다. 악기는 최소 2개 이상씩 짝을 지어 배치한다. 적절한 음색배합에 대한 정답이 있는 것은 아니기 때문에 자유롭게 악기의 음색을 느껴보고 악기 사이에 조화가 느껴지면 적어본다.

1	2	3	4	5
6	7	8	9	10
11	12	13	14	15

비오는 세상

작곡: 서동일
편곡: 김종인

1.누 구 나   우 산 하 나 펴 늘   하 늘 은 - 있 지 -
2.누 구 나   우 산 빙 글 돌 릴   하 늘 은 - 있 지 -
3.누 구 나   우 산 하 나 접 을   하 늘 은 - 있 지 -
Tone Chimes
Synthesizer
Piano
Vibraphone
Percussion
Finger Cymbals
Rainstick
후 두 둑   떨 어 지 는   바 람 을 - 들 지
씽 씽 씽   돌 아 가 는   목 마 를 - 타 지 -
살 며 시   눈 비 비 는   햇 살 을 - 보 네 -
T. Chimes
Synth
Pno.
Vib.
Percu.
rit.

a tempo
비 오 는 날 엔   우 산 속 이 내 집   달 팽 이 가 되 어   집 을 들 고 다 니 지
Wood Block
a tempo
R L   L R L   L   R R L   L   L R L   R   R   R   R
Conga Drums
a tempo
L L R L L L R R   L L R L R R L R L R
Cabasa
a tempo
Tambourine
a tempo
Piano
a tempo
a tempo
Vibraphone
a tempo

랄 랄 랄 랄 라   비 오 는 날 엔   우 산 - 속 내 집 이   정 말 최 고 지
W. Block
L R R   L R L   R R   L R L   R L   L R L   R   R   R R
C. Dr.
L L R L L L R R
Cabasa
Tamb.
Pno.
Vib.

Percussion
Rainstick
Vibraphone
mf
sfz
Xylophone
mf
Synthesizer
mf

리듬앙상블 편곡실습

악곡 편성은 기존의 곡을 편곡하여 다양한 악기를 첨가하는 방법과 새로운 곡을 창작하여 악기를 편성하는 방법 두 가지가 있다고 설명한 바 있다. 악곡 편성 때 가장 중요한 것은 Intro, Bridge, Ending이라는 큰 틀을 염두에 두고 전개해 나가야 한다는 것이다. 절정 부분(climax)을 확인하고 그에 맞는 악기를 적절하게 선정해야 할 것이다. 실제 악곡 편성이 어떻게 소리가 날지 머리 속으로 상상하고, 다양한 상황들을 고려해야 한다. 곡에 대한 충분한 해석은 물론이고 연주 인원, 적절한 악기의 선정, 악기 사이의 음색배합, 다양한 리듬패턴의 사용, 지휘자의 정확하고 표현적인 인도, 악기의 사전준비 등에 이르기까지 꼼꼼히 살펴야 한다. 따라서 기존 곡을 앙상블로 편성하거나 창의적으로 편곡하고자 할 때, 고려할 수 있는 사항들은 다음과 같다.

다음 내용은 기존 곡을 편곡할 때 고려할 사항들을 요약한 것이다.

1. 전체적인 분위기 고려(경쾌, 차분, 기쁨, 슬픔 등)
2. 악기끼리의 조화로운 배치(음색배합)
3. 각 악기의 특성을 최대한 살려 편성
4. 악기 배치, 분위기 구성, 연주 부분에서의 창의성
5. 철저한 개인적 준비
6. 연주자들의 음악수준 고려(나이, 배경, 장애진단명 등)
7. 나름대로의 concept을 가짐(A, B, C 부분)
8. Dynamic을 살림. 즉 절정 부분을 적절히 표현함
9. 이 곡의 특정 감정을 표현해 주는 악기 선정(예 : 별–핑거심벌)
10. 여백의 미도 또한 고려(빽빽하게 악기 배치하지 않기)

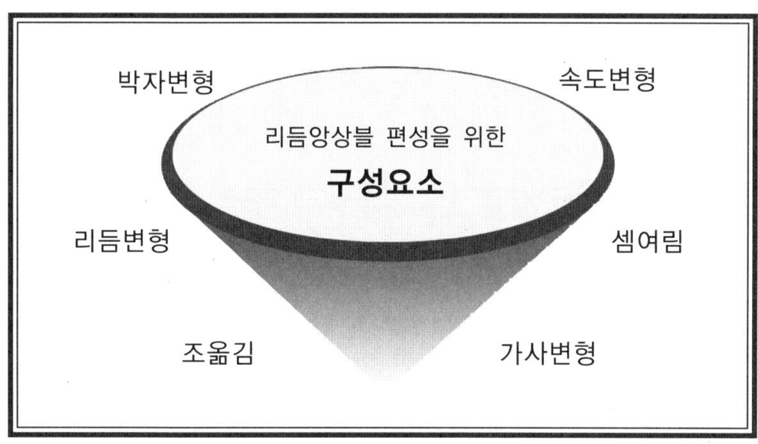

2 악곡 편성 실습과제 ....

우리가 잘 알고 있는 동요 윤석중 작사, 한용희 작곡의 〈고향땅〉을 가지고 악곡 편성 실습을 해 보기로 한다. 다음의 몇 가지 기준을 토대로 악곡 편성을 해 보자.

<과제1> 〈고향땅〉 원곡에 피아노 반주 부분을 붙여본다.
<과제2> 타악기 4개 이상을 사용하여 악곡 편성한다.
<과제3> 원곡의 앞뒤에 2마디 이상의 전주와 후주를 첨가한다.
<과제4> 타악기 3개와 피아노 반주를 이용하여 악곡 편성한다.
<과제5> 지정된 악기(카바사, 귀로, 쉐이커, 피아노)를 가지고 악곡 편성한다.

고향땅

고향땅

방법 : 1) 노래를 불러보며 곡의 분위기를 파악한다.

　　　2) 한 마디를 단위로 1~2개 정도의 화음을 결정한다.

　　　3) 적절한 리듬형태의 반주를 구성한다.

고향땅

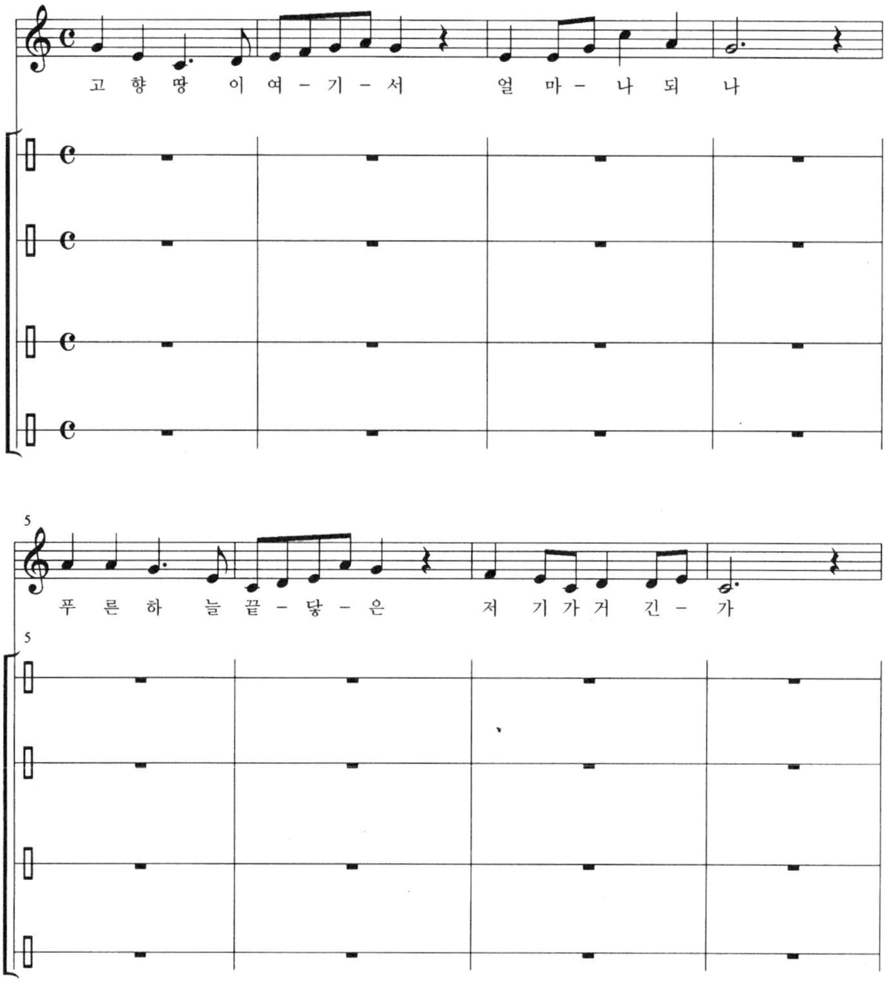

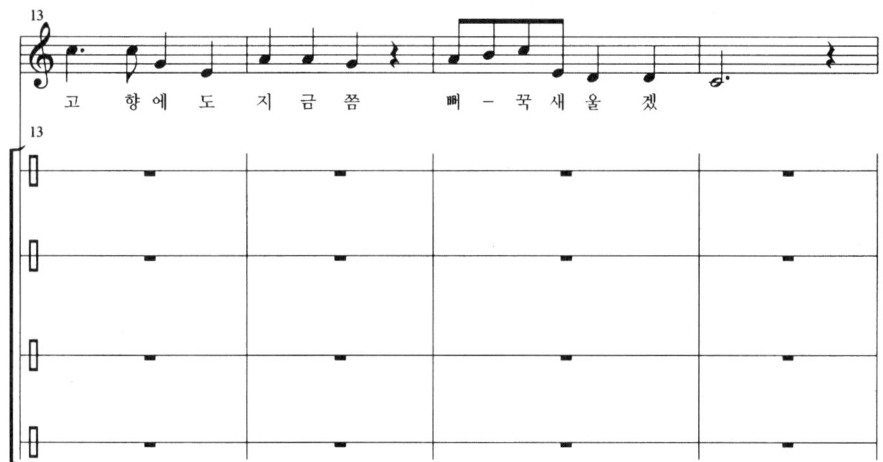

방법 : 1) 원곡의 중심이 되는 리듬형태를 먼저 파악한다.

2) 원곡의 분위기에 맞는 악기를 선택한다.

3) 선택된 악기 고유의 리듬특성을 살려가며 편성한다.

4) 절정부분에 사용될 악기를 따로 구성하여 첨가한다.

고향땅

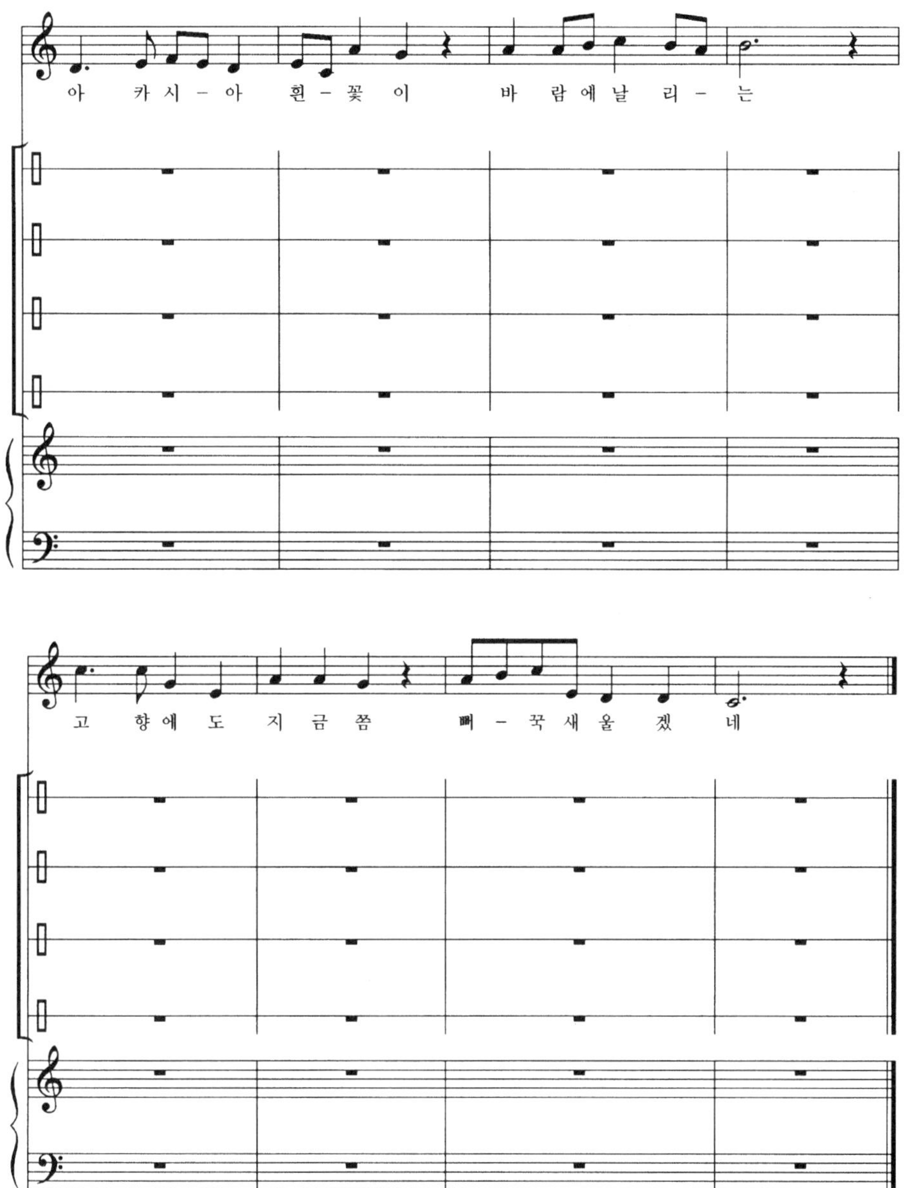

아 카시 — 아 흰 — 꽃이 바 람에날 리 — 는
고 향에도 지 금 쯤 뻐 — 꾹새울 겠 네

Work and Run

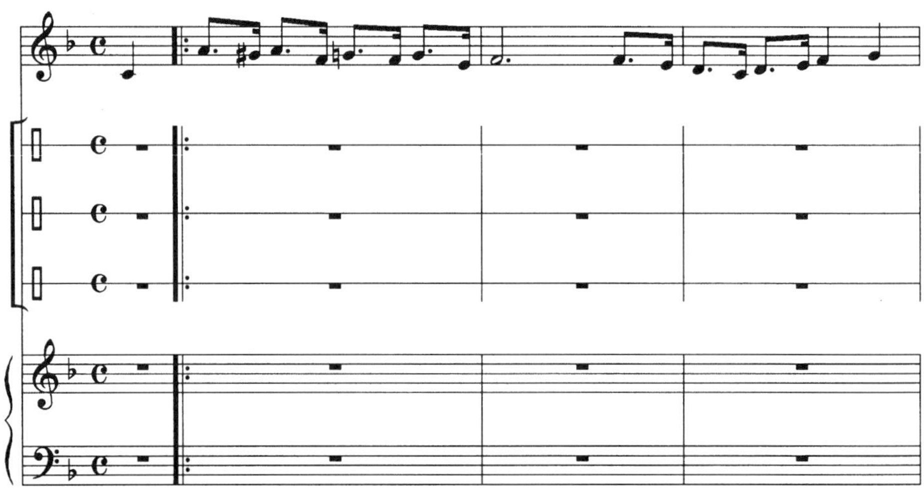

응용 : 1) 원곡의 멜로디를 피아노가 아닌 실로폰 등의 멜로디 악기로 구성해본다

2) 가사를 지어 사람의 목소리를 하나의 악기로서 구성할 수도 있다.

3) 악기의 수를 더 첨가해도 좋다. 반드시 리듬악기일 필요는 없다(예 : 기타, 철금 등).

과제5 _ 지정된 악기(카바사, 귀로, 쉐이커, 피아노)를 가지고 악곡 편성한다.
가사도 만들어 보시오.

Work and Run

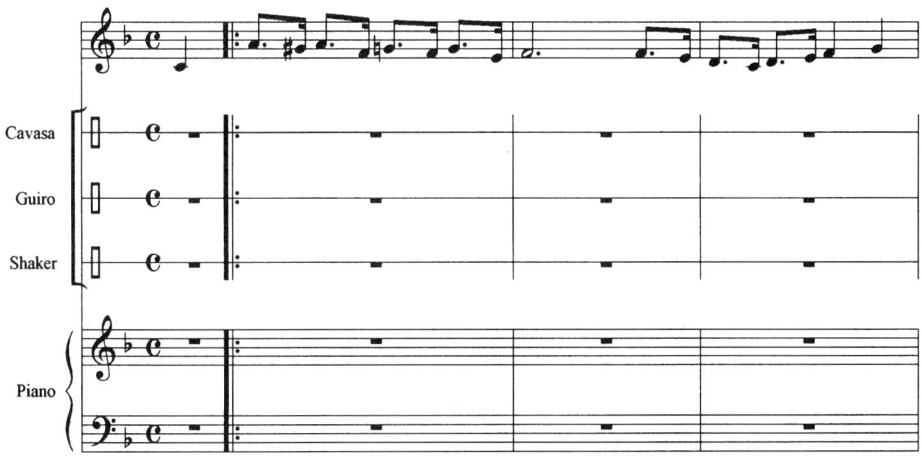

방법 : 1) 원곡을 여러 번 듣고 곡의 분위기를 충분히 파악한다.

　　　 2) 악기 고유의 리듬패턴을 살려 구성한다.

　　　 3) 원곡의 앞뒤에 2마디 이상의 전주와 후주를 편성한다.

　　　 4) 가사를 지어 사람의 목소리를 하나의 악기로서 구성할 수도 있다.

　　　 5) 지정된 악기 외에도 여러 필요한 악기들을 더 첨가시킨다.

과제6 _ 6명이 1조가 되어 멜로디는 음판악기로 구성하고, 나머지는 5개의 리듬악기로
구성하시오(이후의 악보들은 복사해서 사용할 수 있다).

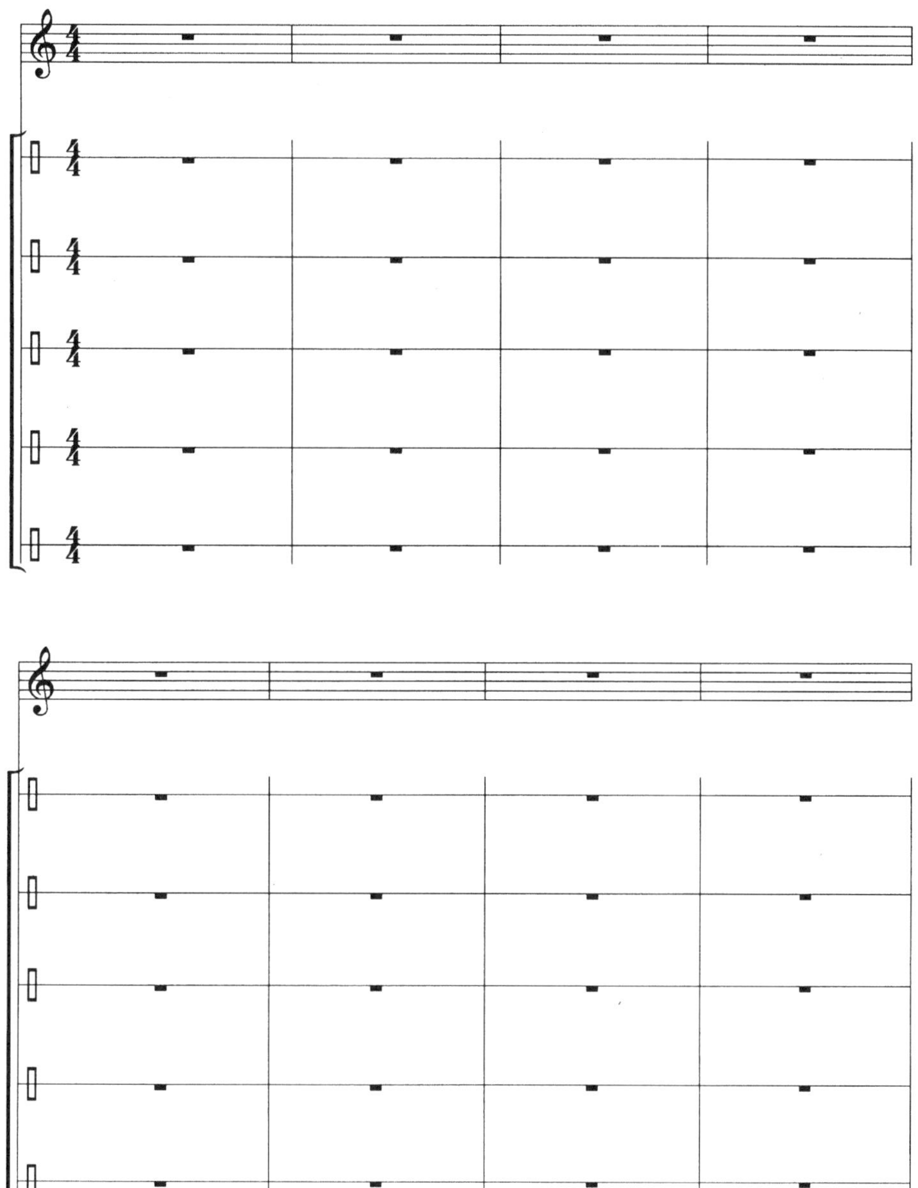

과제7 _ 5명이 1조가 되어 멜로디 연주를 위한 음판악기 1개, 3개의 리듬악기, 피아노를
사용하여 악곡을 편성해 본다.

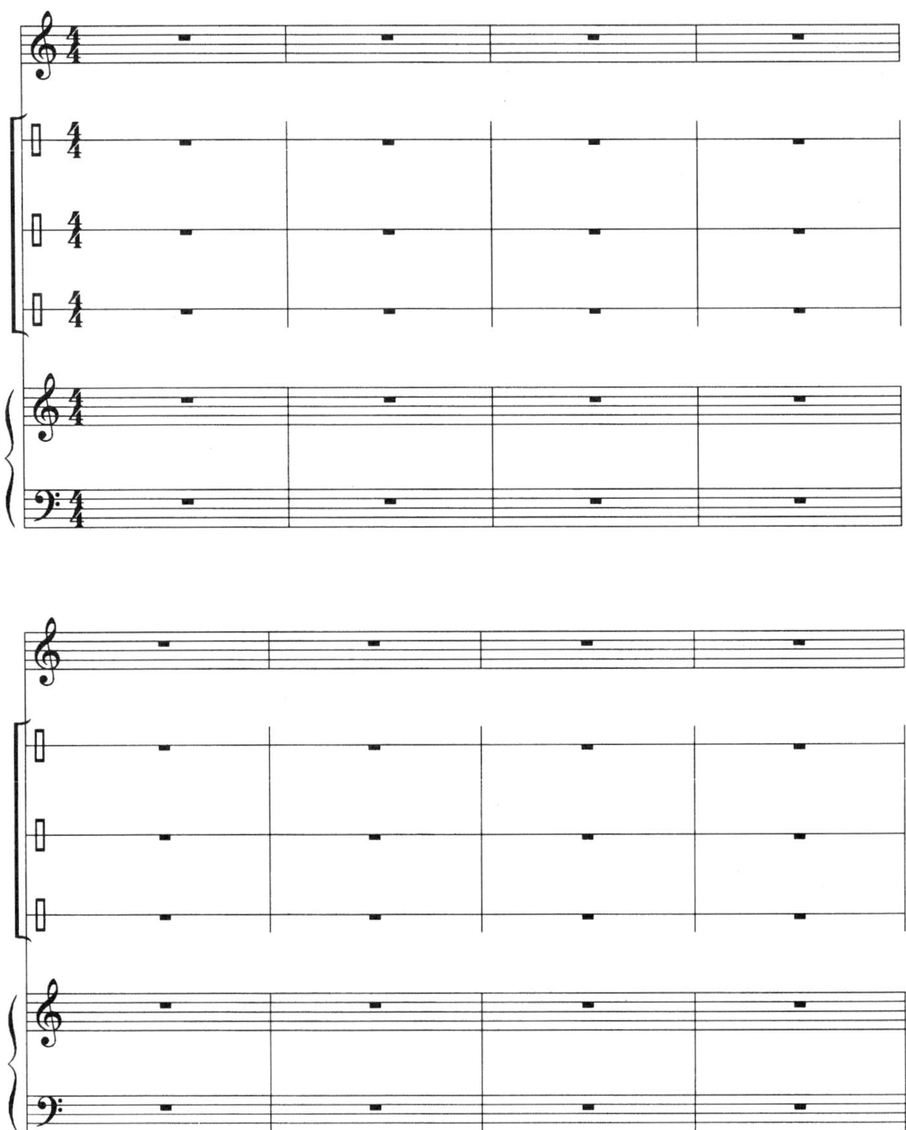

과제8 _ 음판악기만을 이용하여 악곡 편성을 해 보시오.-알토실로폰(AX), 소프라노실
로폰(SX), 베이스 실로폰(BX), 알토 철금(AX), 소프라노 철금(SX) 등

과제9_ 리듬악기만을 이용하여 악곡 편성을 해 본다(악기의 수는 자유이고 악보는 복사
해서 사용하시오).

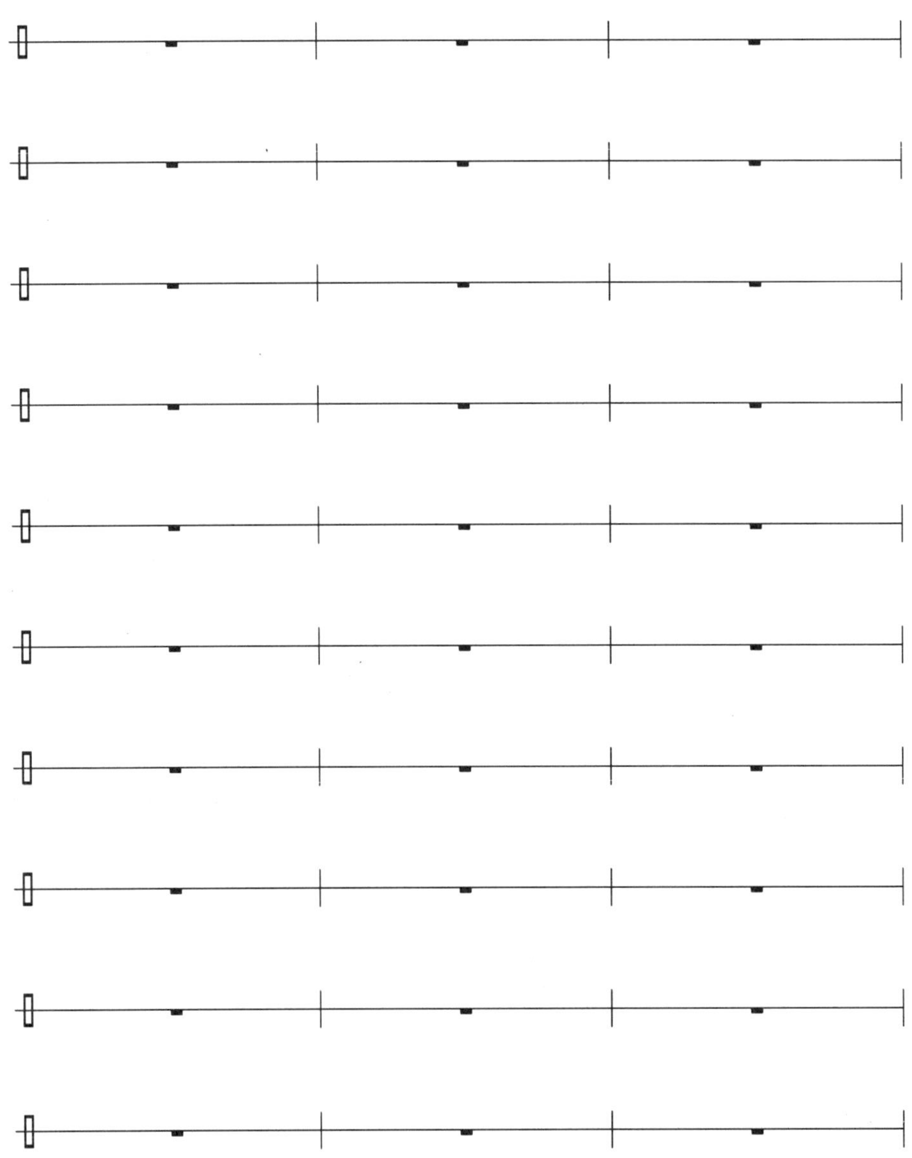

아침풍경
♩ = 110
경쾌하게, non-legato
Arr. by 박선연
멜로디(성악)
플룻(Midi)
트라이앵글
카바사
봉고
※ 시작하기 전 윈드차임
F C Dm F C Bb Bb(add2)/C
온
L R L R R
A F A7 Dm Bb G7 C
세상이아침에눈뜰때 하늘엔 따스한햇살 이 바
R L R L R L R L R
B F F7 Bb Gm A' F C7 F Dm7
람이살랑 얼굴스치면나도 모르게기분이좋아요 - - 나
L R L R R
Coda F C7 F C F
도모르게기분이좋 아
R L R L R L R L
R L R L R L R R

악곡 분석 테스트

용어의 이해	■ 다음 물음에 답하시오. 1. 악곡을 구성하는 기본단위는? 2. 작은악절이란? 3. 큰악절이란?
형식의 구성	■ A(a+a')+B(b+a')에 대하여 설명하시오.
실습	■ 동기, 작은 악절, 큰 악절을 아래 오선 위에 표시해 보시오.
악곡형식분석	■ 다음 악곡에 대한 형식을 분석해 봅시다. 　예 : A(a+a')+B(b+a') 1. 학교종 2. 개똥벌레 3. 애국가 4. 사랑으로

제4장
악곡지휘 · 기보

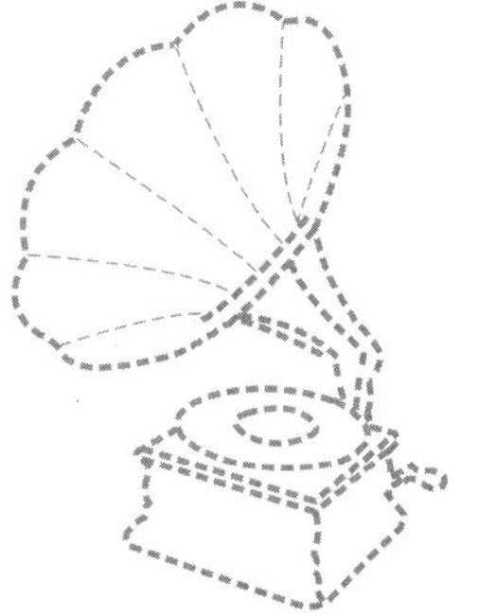

지휘와 집단역동성

지휘자의 구실

음악치료사는 한 치료 세션을 인도하는 오케스트라의 지휘자와 같다. 다양한 악기들이 지휘자의 손끝에서 속도, 강약, 음색, 감정 등의 여러 가지 표현이 가능해지는 것처럼, 치료사 또한 환자들의 다양한 요구를 조율해 주는 역할을 하게 된다. 특히, 세션 가운데 악기합주를 하는 경우 치료사의 지시와 신호는 환자들 사이에 음악의 합일점을 찾는 데 무엇보다 중요한 요소이다. 유능한 치료사라면 환자들에게 시작하는 시점과 끝나는 시점을 정확하게 제시해 줄 뿐만 아니라, 곡의 특정 부분에서 다양한 효과를 이끌어낼 수 있을 것이다. 다음 내용은 지휘자의 가장 기본적인 구실을 설명한 것이다.

① 악곡의 시작을 알린다.
② 악곡의 빠르기와 박자를 나타낸다.
③ 악곡의 표정을 살린다.
④ 악곡의 조화를 이루어 통일성을 부여한다.
⑤ 악곡의 끝마침을 알린다.

2 지휘의 기초 ....

가장 좋은 지휘는 지휘를 전혀 모르는 연주자들이라 할지라도 정확
하게 곡이 시작하도록 돕고, 곡의 표현이 쉽게 이해되도록 하며, 곡이
정확히 끝나도록·돕는 지휘일 것이다. 좋은 지휘를 위한 특정한 방법
이 있지는 않다. 어떤 지휘자들은 연주자와 함께 흥에 겨워 춤을 추면
서 지휘하기도 한다. 그럼에도 불구하고 좋은 지휘를 위한 일반적인
몇 가지 지침을 소개하면 다음과 같다.

1. 자세

다리는 자기 어깨 폭과 같은 정도로 벌리고 서는 것이 좋다. 이보다
더 좁게 두 발을 붙이고 서면 곧 넘어질 것 같은 불안한 느낌을 주게 되
는 반면, 너무 다리를 넓게 벌리면 산만하고 도전적인 느낌을 주기 때
문에 보기가 좋지 않다. 상체를 지나치게 흔들면서 지휘해서는 안 된
다. 될 수 있는 대로 상체를 곧추 세운 상태에서 지휘하는 것이 좋다.

2. 지휘봉 사용

음악치료 현장에서는 지휘봉을 사용하지 않는 것이 좋다. 치료사와
환자 사이는 거리가 비교적 좁기 때문에 정감 있는 맨손 지휘가 더 좋
다. 오른손의 모양을 예를 들면 다섯 손가락을 모두 펼치고 지휘하는
것은 보기에 산만하여 좋지 않다. 엄지와 중지를 곧게 펴고 둘을 살짝
붙여서 지휘봉 모양을 만들어 지휘하는 것이 좋다. 그러나 엄지와 중
지를 반드시 붙일 필요는 없다.

3. 타법(Beating)의 예비 연습

훌륭한 지휘자들은 좋은 타법을 익히기 위해서는 팔꿈치부터 손가
락 끝가지를 버드나무 가지와 같은 부드러운 지휘봉이라고 생각하는
것이 좋다고 조언한다. 지휘봉이 자연스럽게 움직이는 모양이 마치

물 속에서 버드나무 가지가 물의 저항에 따라 뒤로 쳐졌다가 마지막 순간에는 원래의 모양으로 돌아가는 것과 같은 이치라고 생각하면 된다. 먼저 팔을 앞으로 펴서 좌우로 움직일 때 손가락 끝은 무슨 저항이나 받듯이 손목이 휘면서 뒤쳐졌다가 중간 지점부터는 오히려 손목보다 손끝이 앞서 가게 하고 그 반대로 움직일 때에 마찬가지로 동작하도록 많은 연습이 필요하다. 그 다음에는 아래위로 흔드는 동작과 오른쪽 왼쪽으로 흔드는 동작을 동시에 연습한다. 그래서 아주 큰 지휘 동작까지도 이런 방식으로 할 수 있게 되면 어색하지 않고 자연스러운 모양의 비팅을 이루게 된다.

4. 손의 위치와 모양

지휘자의 손은 뒤에서 볼 때 어깨 폭 바깥으로 벗어나지 않고 손목이 보이지 않도록 가슴 안쪽에 있는 것이 좋다. 손가락은 달걀을 살짝 쥐는 느낌을 주어야 하며 각각의 손가락은 가능하면 붙이는 것이 좋다. 손의 기본적인 위치는 악수할 때의 위치가 가장 좋다.

> ■ **참고사항**
>
> 1. 손목만 사용하는 지휘는 피해야 한다.
> 2. 지휘의 중심은 몸 중앙에서 약간 오른쪽이 좋다.
> 3. 무표정한 얼굴을 해서는 안 된다.
> 4. 팔꿈치 동작이 너무 크지 않도록 한다.

5. 지휘의 폭

좋은 지휘의 폭은 양쪽 어깨 사이에서 이루어지는 것이 좋다. 약 40cm 정도가 가장 좋은데, 코와 배 사이에서 박자 젓기를 하는 것이 좋다. 상하로 너무 많이 흔들지 말고 좌우로는 많이 흔드는 것이 좋다. 그 이유는 음악의 흐름을 살리기 위해서이다. 그러나 양손으로 지휘하기 때문에 왼손과 오른손이 서로 맞부딪히는 것을 막으려고 양손을 안쪽으로 지나치게 많이 모으지 않는 것이 좋다. 지휘의 폭이 크다고 해서 좋은 것은 결코 아니다. 30cm 안에서 지휘의 폭을 적게 젓는 습관이 잘되면 지휘를 크게 할 경우에도 좌우상하 균형이 잘 유지된다. 지휘의 폭이 작으면 연주자들이 더욱 긴장하게 된다는 것도 기억해 둘 필요가 있다.

3 손을 통한 악곡표현

지휘할 때 왼손의 사용은 매우 효과적인 구실을 하게 되므로 주의 깊은 연습이 요구된다. 사실 왼손의 사용에 대해서는 지휘자 나름대로 각양각색의 지휘 스타일이 있기 때문에 특정한 법칙이 있다고는 할 수 없다. 대체로 왼손은 곡 가운데 표정을 나타내는 보조수단으로 사용하게 된다. 따라서 곡의 처음부터 끝까지 왼손과 오른손을 모두 똑같이 사용하지는 않는다. 다음과 같이, 곡의 특색을 살려야 할 경우에만 왼손을 사용하게 된다. 왼손을 사용하지 않을 때의 위치는 자신의 배꼽 정도면 좋겠다.

1. p. dim. 등 음을 약하게 내도록 할 때의 동작

음량을 약하게 내도록 하고자 할 때는 왼손과 오른손을 동시에 자신의 얼굴 앞 쪽에 바짝 모아서 지휘하는 것이 좋다. 두 손 모두를 똑같은 형태로 지휘하기도 하지만, 오른손과 왼손을 분리하여 지휘하기도 한다. 즉, 오른손으로는 평범하게 박자를 지휘하고, 왼손 손바닥은 아래를 향하게 하고서 점점 내리면 소리가 작아지는 효과를 줄 수 있다. 아무튼 연주자들의 처지에서 지휘자가 두 손을 거의 모으고서 아주 작게 지휘한다면 음량을 줄여야 한다는 느낌을 받을 수 있을 것이다. 이때 지휘의 폭은 작으면 작을수록 음량은 작게 표현된다. dim.을 표현하고자 한다면 지휘의 폭을 점점 더 줄여감으로써 연주자로 하여금 음량을 줄여야 한다는 느낌을 줄 수 있다.

2. f. crese. 등 음을 강하게 내도록 할 때의 동작

지휘자는 연주자가 음량을 세게 내도록 하려면 지휘의 폭을 좀더 크게 유지할 필요가 있다. 대개 좌우로는 어깨를 벗어나 지휘하고, 상하로는 머리 위까지 손을 올리기도 한다. 물론 음량의 정도에 따라 그 지휘의 폭도 달라질 것이다. 대개의 경우 양손을 함께 사용하여 crese.를 표현하지만 양손을 분리해서 사용하기도 한다. 즉, 오른손으로는 일정한 박자를 지휘하고, 왼손 손바닥은 위쪽을 향하게 한 상태에서 점점 올리면 소리가 커지는 효과를 낼 수가 있다. 아무튼 crese.를 표현하기 위해서는 지휘의 폭을 점점 넓혀 가면 되는데, 지휘 이후의 반동을 점점 크게 함으로써 연주자들이 crese.의 느낌을 받을 수 있다.

3. tenuto나 Fermata의 경우

늘임표가 붙은 리듬을 지휘할 경우에는 2가지 방법이 있다. 그 가운데 하나는 손을 움직여 소리 나는 지점까지 지휘한 다음 반동 없이 길게 멈춤으로써 늘임표를 표현할 수 있다. 또 다른 표현 방법은 늘임표가 붙은 리듬은 평범한 이전 리듬보다 2~3배 정도 느리게 움직이는 것이다. 후자보다는 전자의 지휘방법이 연주자로 하여금 더욱 늘임표의 느낌을 느끼도록 해준다.

4. staccato의 경우

스타카토를 지휘로 표현할 경우에는 마치 로봇과 같이 뻣뻣하게 지휘하면 된다. 즉, 소리 나는 지점까지 빠르게 지휘한 다음 순간적으로 멈추고, 곧 이어서 다음 소리 지점까지 도착한 다음 순간적으로 멈춘다. 이때 유의할 점은 스타카토가 있는 그 리듬 바로 전 예비박이 스타카토의 느낌을 주어야 실제 스타카토 리듬에서 그 효과를 발휘할 수 있다는 것이다.

실제 지휘연습 ....

1. 평균운동

2박자 평균운동

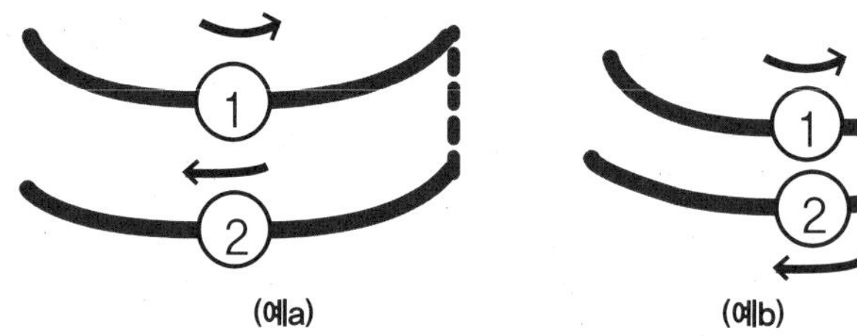

3박자 평균운동

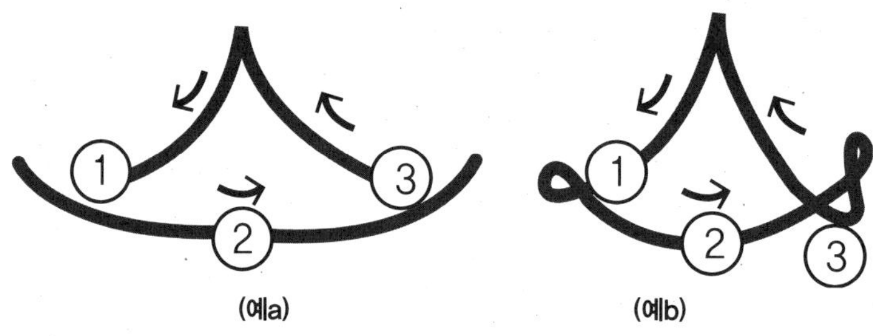

4박자 평균운동

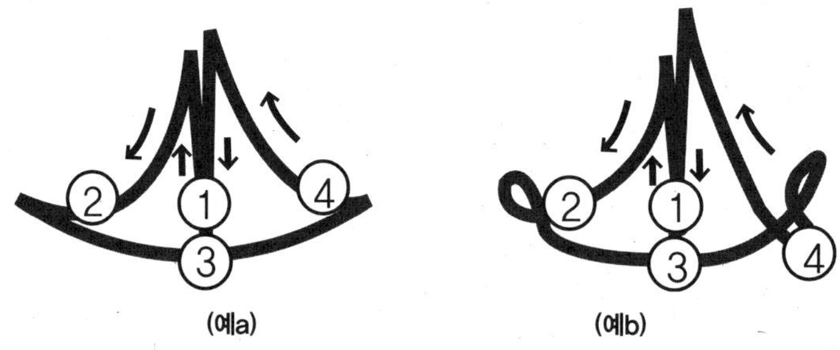

2. 예비박과 반동

　예비박은 곡의 분위기와 속도 및 정확한 시작을 결정하는 중요한 요소이다. 예비박은 대개 곡의 시작 1박자 전에 하지만, 곡의 분위기가 충분히 파악되지 않았을 경우에는 1, 2마디 전부터 제시해도 좋다. 당연한 말 같지만, 느린 곡의 예비박은 느리고, 빠른 곡의 예비박은 빠르다. 물론 예비박이란 개념은 곡이 처음 시작하는 부분 바로 전 마디만을 의미하지는 않는다. 곡의 중간 중간에 중요하고 변화가 심한 부분 바로 전 마디에서 다음에 나올 곡의 분위기나 속도를 예비박을 통해 지휘자는 알려주어야 하는 것이다. 예비박의 개념을 쉽게 이해하기 위해 많은 지휘자들이 다음의 예를 많이 들곤 한다.

　큰북을 치는 동작을 잘게 나누어 생각해 보면,
　① 북채를 낮게 큰북의 가죽 위에 놓는다(예비박 시작위치).
　② 높이 쳐든다(예비운동).
　③ 아래로 내리쳐서 소리를 낸다(점전 운동과 '점').
　④ 반동으로 퉁겨 올린다(점후운동).

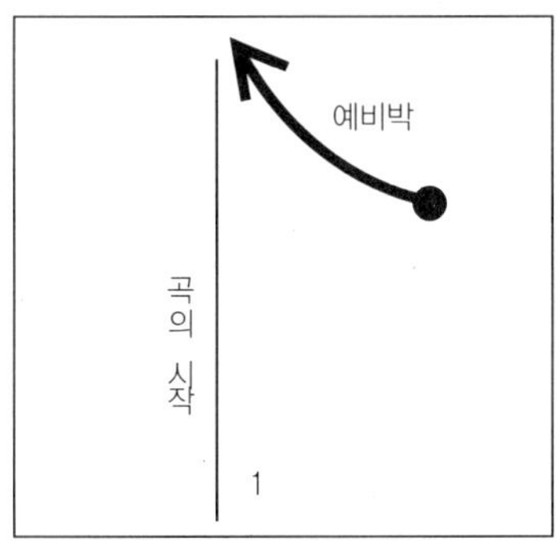

〈정박으로 시작하는 곡의 예비박〉

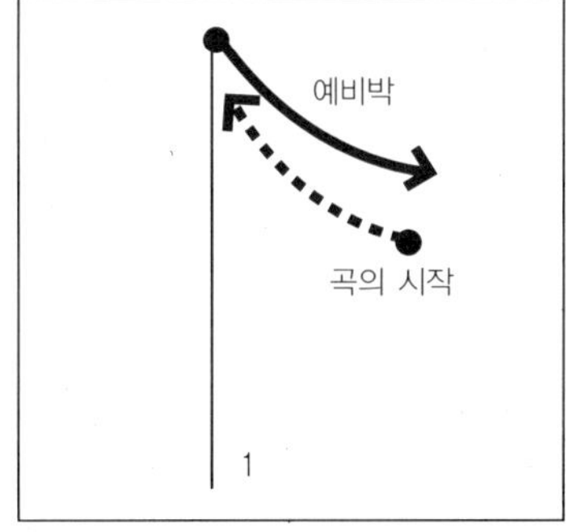

〈못갖춘 마디 곡위 예비박〉

　'반동'이란 땅에 떨어진 축구공과 같이 한 박자의 소리 지점을 지휘하고 나서 퉁겨 나오는 지휘 이후의 행동이라고 정의할 수 있겠다. 반동의 폭을 크고 빠르게 한다면 그 다음 박의 음량과 속도 또한 크고 빠르게 연주하라는 의미가 된다. 반대로 반동의 폭이 작고 느리다면 다음 박 또한 작고 느리게 연주해야 할 것이다. 즉, 예비박과 반동은 서로 연결된 개념으로 이해하면 좋겠다.

3. 박자별 지휘법

① 2박자 지휘법

② 3박자 지휘법

③ 4박자 지휘법

④ 6박자 지휘법

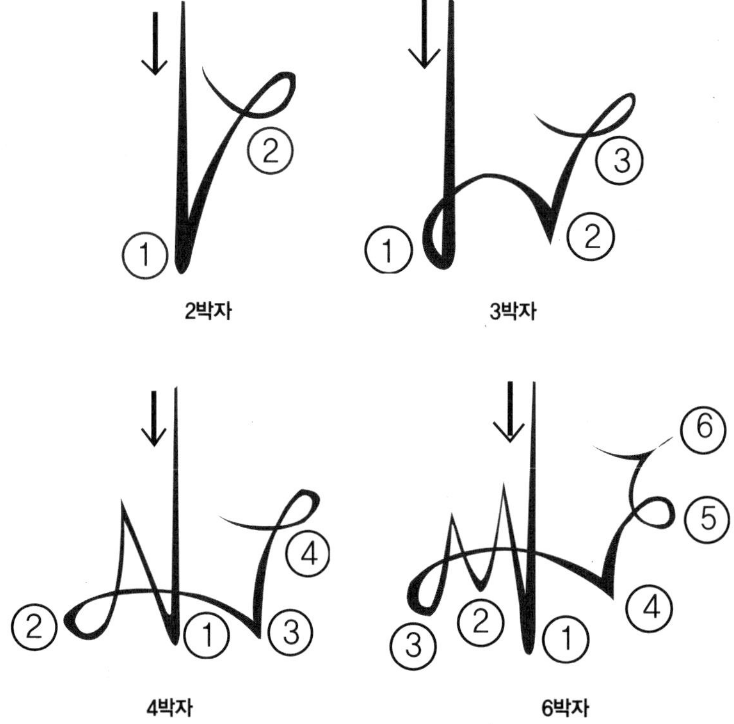

기보(Notation)

악기합주를 활용한 음악치료를 시행할 때는 다양한 형태의 악보를 사용하게 된다. 물론 우리에게 잘 알려진 '오선악보'나 '리듬악보'를 많이 사용하기도 하지만, 내담자들의 상황과 수준을 고려하여 좀더 쉽고 편하게 알 수 있도록 악보를 기보하고 제작해야 할 것이다. 따라서 음악치료 현장에서 실제로 많이 사용되고 있는 '색깔악보', '숫자악보', '리듬악보', '코드악보', '음정악보' 등도 함께 소개하고자 한다. 여기서 '색깔악보'는 인지능력이 떨어지는 내담자를 위해 사용될 수 있는데, 내담자의 악기에 특정 색깔의 종이를 붙어 놓아서 악보의 색깔과 자신의 악기에 붙어 있는 색깔이 일치할 때마다 연주한다. '리듬악보'란 초등학교 음악수업에 즐겨 다루어지는 리듬합주악보라고 생각하면 될 것이다. 이러한 과정들을 통해서 내담자들의 더 나은 인지능력의 향상을 기대할 수 있다. 이 장에서는 1)일반적인 기보방법과 2)악기배치순서, 3)구체적인 악기별 기보방법, 4)음악치료에서의 악보 제작법 등을 소개하였다.

1 기보법 ....

기보법이란 음을 악보에 표기하는 방법이다. 타악기를 악보에 옮겨
적을 때는 대개 리듬악보에 적지만, 음정이 있거나 두 개 이상의 음고
를 갖고 있는 타악기인 경우에는 오선보에 적기도 한다. 아고고벨, 우
드블록, 쉐이커, 콩가, 실로폰, 메탈로폰, 팀발레스, 드럼세트 등은 오
선보로 적을 수 있다. 그러나 심벌즈나 스네어 드럼, 베이스 드럼 등
이 독립적으로 연주될 때는 일반적으로 리듬악보에 그리게 된다. 이
것 역시 정해진 규칙이 있는 것은 아니기 때문에 적절하게 사용하면
된다. 오션드럼이나 윈드챠임과 같이 표기가 어려운 악기도 있는데,
이럴 경우에는 기보하는 사람이 악기의 특성에 맞게 창의적으로 상징
을 만들어 표기할 수 있다. 백영은(1995)은 타악기 기보법을 크게 네
가지로 나누었다. 즉, 1) 오선보표 기보법(stave notation), 2) 선보표 기
보법(line-score notation), 3) 상징표시 기보법(symbol notation), 4) 응용
된 상징 기보법(applied symbol notation)이 그것이다.

1. 오선보표 기보법(stave notation)

오선보표 기보법은 악기 기보를 위해 가장 널리 사용되고 있는 기보
법 가운데 하나이다. 실로폰과 같이 대부분의 멜로디 악기를 기보하
는 데 사용되며, 음고가 없는 타악기들도 많이 사용하고 있다. 봉고,
트라이앵글, 클라베스와 같은 비교적 음고가 높은 악기들은 리듬악보
의 위에서 첫째 칸에 주로 기보하고, 콩가, 귀로, 마라카스를 비롯한
대부분의 타악기들을 리듬악보의 위에서 둘째 칸에 기보한다. 그러나
이 기보방법은 다양한 작곡자들의 요구를 모두 충족시키지 못하는 한
계와 불필요한 음정의 표시로 말미암아 타악기 기보에는 그다지 추천
받지 못하고 있다.

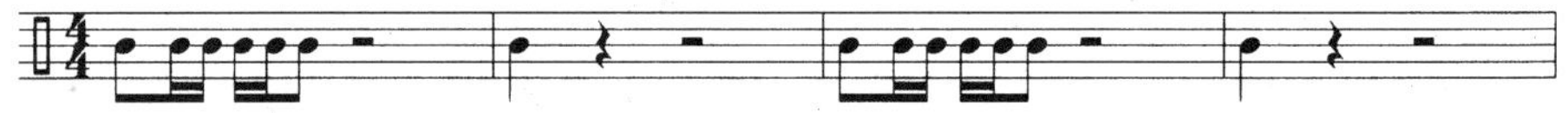

2. 선보표 기보법(line-score notation)

선보표 기보법이란 하나 이상의 선 위에 악기의 리듬을 나타내는 방법을 말한다. 리듬악보 기보법이라고도 한다. 심벌즈나 드럼류, 카바사, 캐스터네츠, 트라이앵글, 카우벨 등 멜로디 악기를 제외한 거의 모든 악기를 선보표로 나타낼 수 있다. 다음은 선보표에 따른 여러 가지 기보법을 예로 든 것이다.

아래의 리듬악보는 하나의 선을 기준으로 위아래로 음표가 나누어져 있는 형태를 띄고 있다. 이것은 투톤 우드블록(two-tone woodblock)과 같이 음고가 2개인 악기의 리듬을 기보할 때 주로 사용된다. 또는 중간 선 아래쪽은 큰북이나 심벌즈, 탐탐(tam tam), 트라이앵글과 같은 비교적 여운이 길고, 정박에 연주하는 악기들을 주로 배치시키고, 선 위 쪽에는 작은 북, 캐스터네츠, 탬버린 등 리듬이 짧고 경쾌한 악기들을 배치시킬 수 있다.

아래 악보는 두 개의 선을 이용한 예인데, 주로 콩가나 봉고드럼과 같이 악기구성 자체가 2개의 북으로 이루어져 있는 경우에 사용한다. 두 개의 선 가운데 위쪽은 높은 음정 북을 의미하고, 아래쪽 리듬 선은 낮은 음정 북을 의미한다.

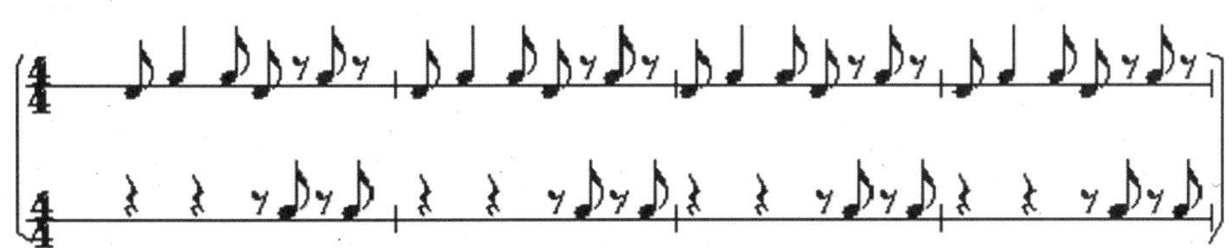

3. 상징표시 기보법(symbol notation)

상징표시 기보법은 악기와 비슷한 생김새의 약화 상징을 악보에 직접 그려 넣어 연주자들이 좀더 쉽게 연주할 수 있도록 돕는다는 특징이 있다. 또한 하나의 선으로 이루어진 리듬악보에 여러 개의 악기를 동시에 그려 넣을 수 있어서 경제적이라는 장점도 있다.

아래의 예에서 △ 표시는 트라이앵글을 뜻하고, ▱ 는 스네어 드럼, ── 표시는 클라베스, ⊖ 표시는 베이스 드럼을 뜻한다.

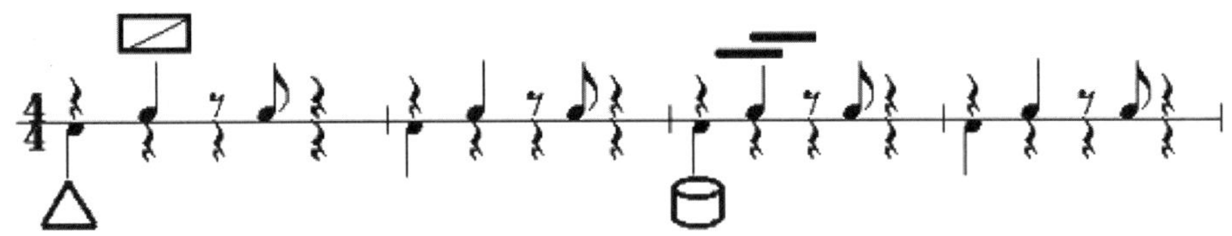

그 밖의 상징표시를 설명하면 다음과 같다.

상징	의미	상징	의미	상징	의미
△	트라이앵글	G▷	글로켄슈필	○─○	봉고
⬙	핑거심벌즈	V▷	비브라폰	⬡	콩가
⏢	카우벨	M▷	마림바	⊖	팀파니
⊙	공	X▶	실로폰	◎	큰북
─○○○	슬레이벨	▱	쇠줄 있는 스네어 드럼	□	통통
◁●	플렉사톤	▭	쇠줄 없는 스네어 드럼	⊜	템플블록
⊕	탬버린	▯	로그드럼	⊞	라켓
──	클라베스	◦◦	마라카스	⊖	심벌
⋁⋁⋁	귀로	⬰	차임	≡	하이헷

	하드 스틱 (나무 또는 플라스틱)		미디움 스틱 (고무)		소프트 스틱 (털실 또는 펠트)
	무거운 채		와이어 브러쉬		메탈 스틱
	양손에 2개씩 하드 스틱		양손에 2개씩 스프트 스틱		왼손에 소프트 스틱 2개, 오른손에 하드 스틱 2개

〈상징 기보법에 사용되는 상징과 의미〉

악보상의 악기 배치방법

일반 악기들과 타악기를 함께 총보로서 기보하고자 한다면 적절한 악기의 배치방법이 필요할 것이다. 일반적으로 목관악기가 가장 위쪽에 자리 잡고, 현악기와 핸드벨이 가장 낮은 곳에 자리하게 된다. 악기배치와 관련된 통상적인 국제기준을 제시하면 다음과 같다.

1. 일반적인 악기 배치방법

관현악 및 타악기를 함께 기보하려면 일정한 배치형태를 필요로 한다. 그렇지 않다면 연주자가 혼란을 불러일으킬 수 있으며, 새로운 악보를 접할 때마다 다시 새로운 배치형태에 익숙해지고자 노력해야 할 것이기 때문이다. 일반적으로 음악치료에서 많이 사용되는 타악기는 금관악기와 드럼류 사이에 많이 배치된다. 악기배치를 순차적으로 정리하면 다음과 같다.

① 목관악기(Woodwinds)

② 금관악기(Brass)

③ 음고가 있는 타악기(Pitched Percussion)

④ 일반 타악기(Percussion)

⑤ 드럼류(Drums)

⑥ 손으로 뜯는 기타류(Plucked Strings)

⑦ 건반악기(Keyboards)

⑧ 목소리(Chorus)

⑨ 현악기(Strings)

⑩ 핸드벨(Handbells)

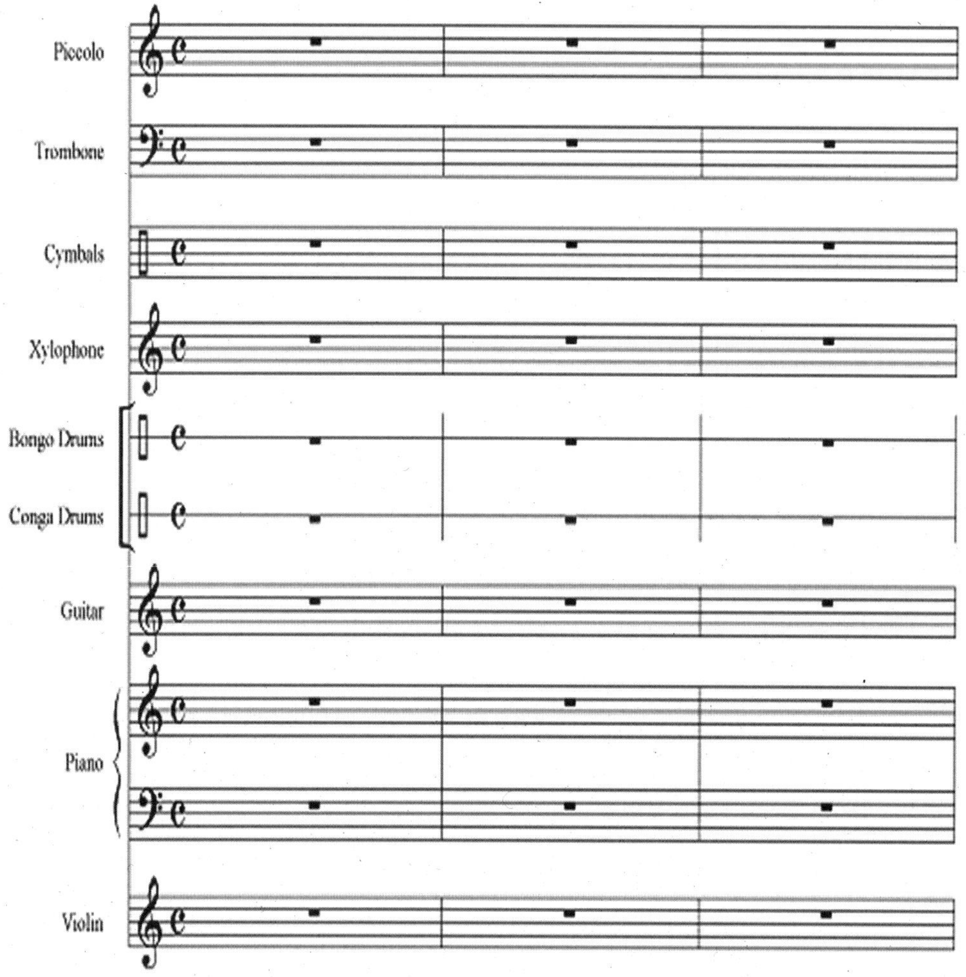

2. 악기 무리[群]별 배치방법

1) 음정에 따른 배치

하나의 악기 무리 안에서도 악기배치방법이 다르다. 일반적인 방법
은 동일 악기 종류 안에서도 음정이 높은 악기를 위에 배치하고, 음정
이 낮은 악기들을 차례로 배열시키면 된다. 다음은 악기 무리별 악보
배치방법을 나타낸 것이다.

악기분류	악기배치순서
목관악기 (Woodwinds)	Picclo-Flute-Soprano Recorder-Oboe-English Horn-Bassoon-Contrabassoon-Clarinet in Eb-Clarinet in A-Clarinet in Bb-Bass Clarinet-Soprano Saxophone-Alto Saxophone-Tenor Saxophone-Baritone Saxophone-Alto Flute-Bass Flute-Oboe d'Amore-Piccolo Clarinet-Descant Recorder-Alto Recorder-Tenor Recorder-Bass Recorder-Bagpipes-Basset Horn-Panpipes
금관악기(Brass)	Cornet-Trumpet in Bb-Trumpet in C-Flugelhorn-Horn in F-Trombone-Tenor Trombone-Bass Trombone-Bariton(T.C.)-Bariton-Euphonium-Tuba-Bass Tuba-Piccolo Cornet-Piccolo Trumpet in A-Bass Trumpet in C-Alto Trumbone-ContrabassTrumbone
음고가 있는 타악기 (Pitched Percussion)	Timpani-Bells-Glockenspiel-Crystal Glasses-Xylophone-Vibraphone-Marimba-Bass Marimba-Tubular Bells-Chimes-Steel Drums-Mallets
일반 타악기 (Percussion)	Wind Chimes-Bell Tree-Triangles-Crotales-Finger Cymbals-Sleigh Bells-Cymbals-Cowbell-Agogo Bells-Flexatone-Musical Saw-Brake Drum-Tam Tam-Gong-Claves-Slap Stick-Vibra Slap-Sand Block-Rachet-Guiro-Cuica-Maracas-Castanets-Wood Blocks-Temple Blocks-Log Drum-Tambourine-Whistle-Siren-Jawbone-Anbil
드럼류(Drums)	Drum set-Bongo-Timbales-Conga-Snare Drum-Quad Toms-Tenor Drums-Tom Tom-Roto Toms-Bass Drum
기타류 (Plucked Strings)	Harp-Guitar-Acoustic Guitar-Electric Guitar-Banjo-Bass-Acoustic Bass-Electric Bass-String Bass-Mandolin-Lute-Ukulele-Zither-Sitar
건반악기(Keyboards)	Piano-Organ-Harpsichord-Celesta-Accordion-Clavichord-Harmonium-Synthesizer

목소리(Chorus)	Soprano-Soprano I -Soprano II -Mezzo Soprano-Contralto-Alto-Counter Tenor-Tenor-Tenor I -Tenor II -Baritone-Bass-Bass I -Bass II -Voice-Vocals
현악기(Strings)	Violin-Violin I -Violin II -Viola-Cello-Violoncello-Contrabass-Double Bass-Solo Violin-Solo Viola-Solo Cello-Solo Bass-Viola d'Amore
핸드벨(Handbells)	Handbells-Handbells(T.C.)-Handbells(B.C)

<악기 무리 별 악보 배치 순서>

2) 악기 재료에 따른 배치

음정의 높이에 따른 배치기준 외에도 아들러(Samuel Adler, 1995)는 악기의 재료에 따르는 배치기준을 제시하였다. 이것은 백영은(1995)이 제시한 '수직적 배치'의 개념과 일맥상통하는 것이다. 여기서 '수직적 배치' 란 악기를 악보 위에 배치시키고자 할 때 악기 사이의 일정한 질서나 일관성을 유지해야 한다는 의미이다. 아무런 기준도 없이 무작정 악기배치를 하게 되면 새로운 곡을 만날 때마다 연주자들은 새로운 기준을 다시 학습해야 할 것이다. 그러므로 적절한 악기 배치 기준이 필요하며, 여러 가지 배치기준 가운데 악기의 소재나 음색에 따라 함께 기보하는 기준을 제시하게 된 것이다. 따라서 아들러가 언급한 악기의 재료에 따른 악기배치순서를 살펴보면 다음과 같다(위에서부터 아래로 배치).

① 금속재료 악기 : 아고고벨, 트라이앵글, 심벌즈, 카우벨, 윈드챠임 등
② 나무재료 악기 : 우드블록, 클라베스, 귀로, 템플 블록, 마림바, 실로폰 등
③ 가죽재료 악기 : 봉고드럼, 콩가드럼, 톰톰, 스네어 드럼, 베이스 드럼 등

악기배치에서 한 가지 염두에 두어야 할 점은 같은 재료의 악기 무리[群] 속에서도 음정이 높은 악기는 위쪽에 배치하고, 음정이 낮은

악기는 아래쪽에 배치해야 한다는 점이다. 한편 백영은(1995)은 실로
폰이나 마림바와 같이 고정된 음정을 갖는 악기는 나무재료악기와 가
죽재료악기 사이에 배치하는 것이 바람직하다고 언급하였다.

악기별 기보법

1. 드럼(Drum set)

드럼을 악보에 표기하는 방법은 두 가지가 있다. 오선보와 리듬악보
에 각각 표기할 수 있다. 드럼의 가장 기본적인 구성은 하이햇(High
Hat)과 베이스 드럼(Bass Drum), 사이드 드럼(스네어 드럼, Side
Drum, Snare Drum)이다. 따라서 가장 윗부분에는 하이햇을, 위에서
두 번째 부분에는 사이드 드럼(작은북)을, 가장 아래 부분에는 베이스

드럼(큰북)을 각각 기보한다.

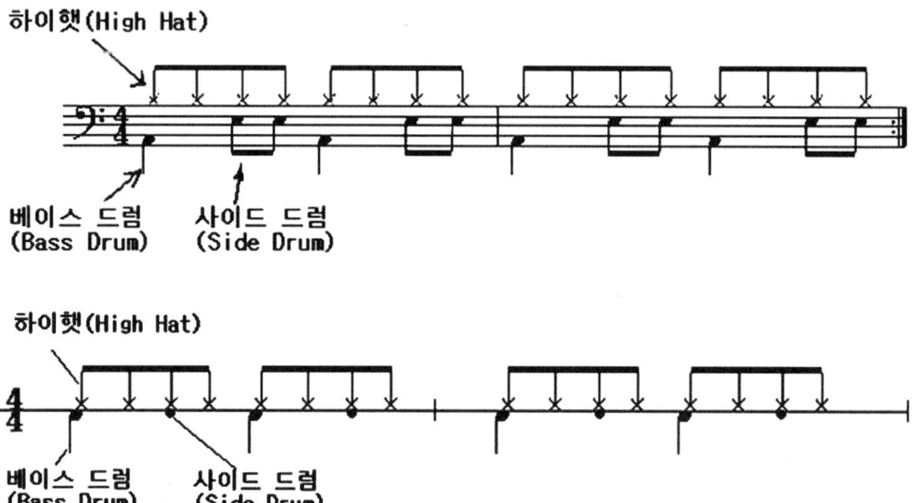

하이햇, 베이스 드럼, 사이드 드럼 이외의 다른 드럼 구성요소로는 Cybal, Ride Cymbal(RC), Tom1(T1), Tom2(T2), Floor Tom(FT, Bass Tom Tom) 등이다. 이것들의 악보표기방법은 다음과 같다.

2. 콰이어챠임(Choir chime)

콰이어 챠임은 오선보에 기보하게 된다. 화음을 구성하여 두 명 이상의 연주자가 동시에 소리 내도록 기보할 수도 있다.

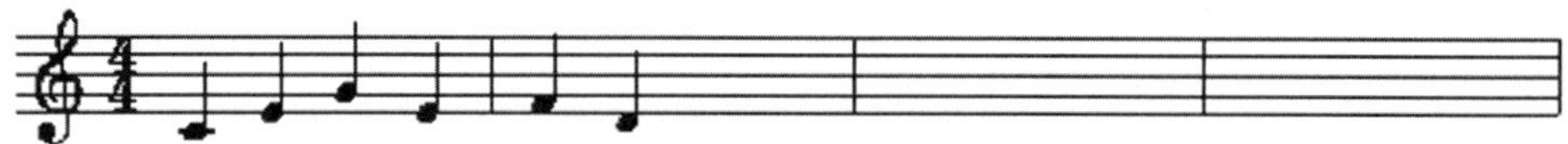

3. 우드블록(Wood Block)

우드블록의 두 가지 악보 형태에 모두 기보가 가능한 악기이다. 울림통이 1개일 경우와 2개일 경우의 기보법이 서로 다르다. 울림통 1개인 우드블록을 기보할 때는 리듬악보 가로선에 걸쳐서 리듬을 기보하면 되고, 울림통이 2개일 경우는 악보의 아래 부분은 낮은 음정을 가진 우드블록의 왼쪽 울림통을 기보하고, 리듬악보의 윗부분은 높은 음정을 가진 오른쪽 울림통을 기보한다.

〈울림통이 1개인 경우〉

〈울림통이 2개인 경우〉

〈오선보에 기보한 경우〉

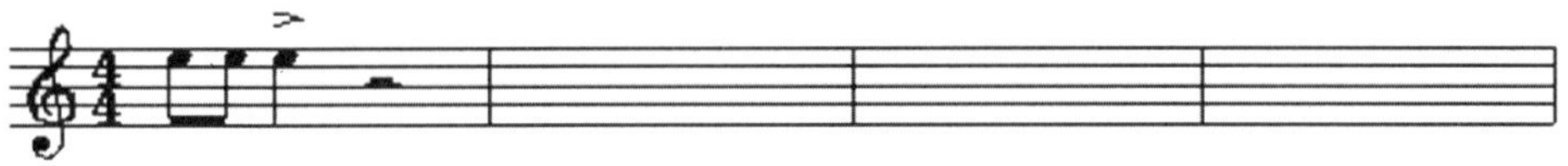

4. 큰북, 작은북, 탬버린

아동의 음악교육에 주로 사용되는 큰북, 작은북, 탬버린 등은 주로 리듬악보에 기보한다. 악보의 아래 부분에는 주로 강박에 사용되는 큰

북을 적어 넣고, 악보의 위 부분에는 약박에 많이 사용하는 작은북이나 탬버린 등을 표기하게 된다. 세 악기 모두를 동시에 표기하기 위해서는 악보 앞부분에 악기의 이름을 적어 주는 것이 좋다. 또한 단독으로 악기를 기보하고자 한다면 리듬악보 가로선에 걸쳐서 기보하면 된다.

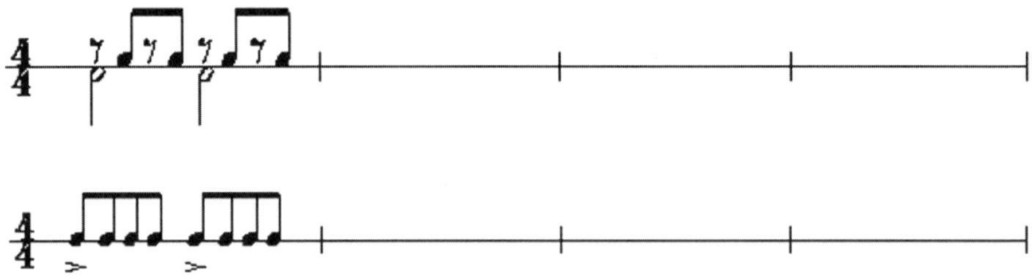

5. 핸드벨(Hand Bell)

핸드벨은 일반적으로 오선보에 음정을 그려 넣게 되는데, 다음과 같은 표시들을 사용하여 다양한 연주를 가능하게 한다.

*R(Ring) : 다른 방식의 연주나 기술(예를 들면 pluck)을 연주해 온 후, 일반적인 방법으로 연주하고자 할 때 R을 쓴다. 악보의 첫머리에 R이라 표시하지 않더라도 정상적인 방법으로 연주하여야 한다.

* LV(Let Vibrate) : 음표의 길이와 쉼표에 관계없이 damp(◆)표시가 나타날 때까지 공명시킨다.

* TD(Thumb Damp) : 엄지손가락을 bell의 바깥부분에 댄 상태로 추가 bell에 부딪칠 때 정지음을 발생시키는 방법이다.

* SK(Shake) 또는 ~~~~~표시 : 앞뒤로 중복해서 bell을 빠르게 흔드는 것을 나타낸다.

6. 마라카스(Maracas)

마라카스는 아래와 같이 리듬악보에 기보할 수 있다. 악보 속에 표기된 기호 R과 L은 right hand와 left hand를 의미한다. 또한 리듬악보의 아랫부분은 왼손 악기를 뜻하고, 윗부분은 오른손 악기를 뜻한다.

오선보에 마라카스를 기보하고자 할 때는 위에서 두 번째 칸에다 기
보하면 되는데, 기호 R과 L을 음표 아랫부분에 적음으로써 왼손과 오
른손을 구분해 줄 수도 있다.

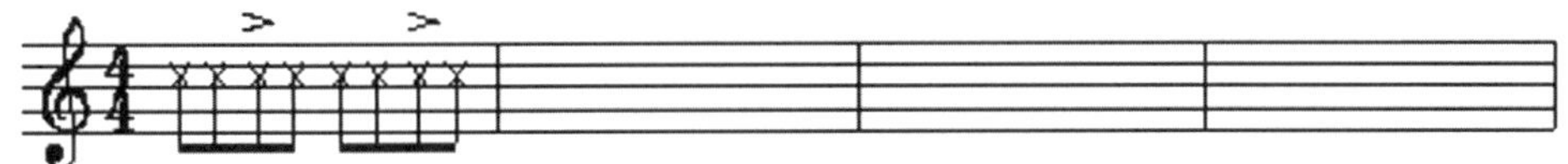

7. 카바사(Cavasa)

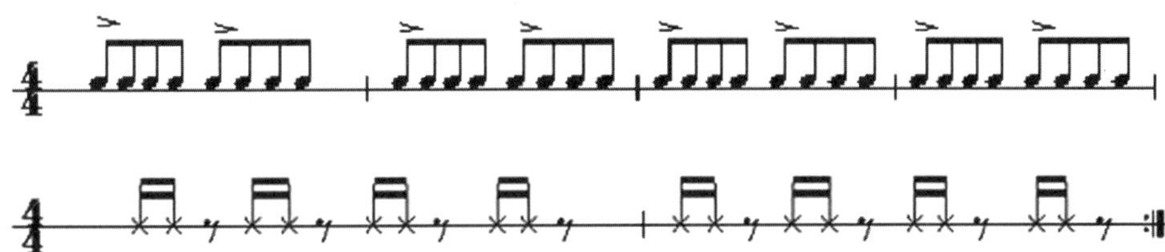

8. 귀로(Guiro)

귀로의 기보를 위해서는 DN과 UP이라는 표기를 사용한다. DN이
란 down의 약자로서 아래로 내려 그으라는 뜻이고, 반대로 UP은 글
자 그대로 up 즉, 위로 올려 연주하라는 뜻이다.

아래의 경우와 같이, 붙임줄이 붙은 다음 스타카토가 붙은 경우가

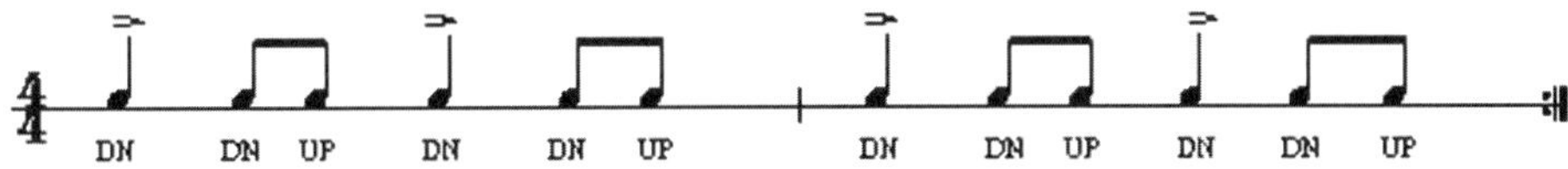

많은데, 이것은 힘있게 내려 그으면서 연주한 뒤 손을 떼지 않은 채로 짧게 끊어 올리는 것을 뜻한다.

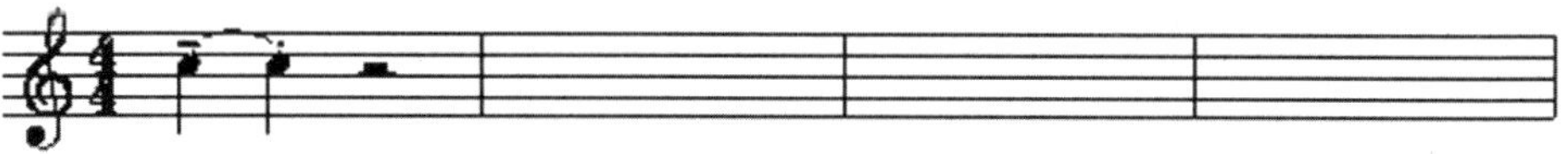

9. 콩가(Conga)

콩가의 기보에는 다음과 같은 기호가 사용된다. H(heel), T(toe), O(open), S(open slap), s(close slap), R(right hand), L(left hand) 등이다. 이 기호에 대한 자세한 설명은 실제 연주법에서 다루기로 한다. 아래 예시를 살펴보면, 위로부터 둘째 칸과 셋째 칸에 기보가 되어 있는 것을 확인할 수 있을 것이다. 이것은 two conga, 즉 콩가 드럼 2개를 가지고 연주할 때의 기보를 나타낸다. 악보에서, 위로부터 둘째 칸은 높은 음정의 드럼을 연주하고, 위에서 셋째 칸은 낮은 음정의 드럼을 연주하면 된다.

물론 아래 악보의 예처럼, 리듬악보에도 콩가를 기보할 수 있는데, 콩가가 두 개 이상의 북으로 구성되어 있기 때문에 리듬악보 또한 단선으로 된 리듬악보가 아닌 아래와 같이 두 개 이상의 리듬악보가 필요하다. 그 가운데 윗부분의 악보는 높은 음정의 북을 뜻하고, 아랫부분의 악보는 낮은 음정의 북을 뜻한다.

10. 카우벨(Cow Bell)

11. 봉고(Bongo)

'봉고' 는 '축소된 콩가' 라고 볼 수 있다. 따라서 리듬악보 위에 기보할 때는 콩가 기보법과 동일하다. 콩가와 같이 봉고도 두 개의 북으로 구성되어 있기 때문에 리듬악보 또한 단선으로 된 리듬악보가 아닌 아래와 같이 두 개 이상의 리듬악보가 필요하다. 그 가운데 윗부분의 악보는 높은 음정의 북을 뜻하고, 아랫부분의 악보는 낮은 음정의 북을 뜻한다.

오선보에 봉고를 기보하고자 할 때는, 콩가와는 그 위치가 다르다. 이유는 봉고의 음정이 콩가보다 높기 때문이다. 아래의 예시를 살펴보면, 위에서 첫째 칸과 둘째 칸에 각각 기보되어 있는 것을 볼 수 있다. 악보의 위로부터 첫 번째 칸에는 높은 음정의 북(작은북)을 표기하고, 두 번째 칸에는 낮은 음정의 북(큰북)을 표기하게 된다. R과 L은 right hand와 left hand를 말한다.

12. 클라베스(Claves)

13. 팀발레스(Timbales)

팀발레스도 봉고나 콩가와 같이 두 개의 북으로 구성되어 있기 때문에 리듬악보 또한 단선으로 된 리듬악보를 사용하지 않는다. 따라서

아래와 같이 두 개 이상의 리듬악보가 필요하다. 그 가운데 윗부분의
악보는 높은 음정의 북을 뜻하고, 아랫부분의 악보는 낮은 음정의 북
을 뜻한다. R과 L은 right hand와 left hand를 말한다.

14. 핸드드럼(Hand drum)

다양한 연주와 음색을 위해 다음과 같은 기호를 사용하여 기보하게
된다.

① h(heel) : 맬릿으로 연주하는 것을 뜻한다.

② f(finger) : 손가락으로 북 표면을 치는 것을 뜻한다.

③ s(slap) : 손바닥으로 북 표면을 치는 것을 뜻한다.

④ t(touch or spacer) : 악보상에서 연주가 없는 부분(쉬는 박)은
손가락으로 북 표면을 살짝 대준다.

⑤ _(accent) : 이 부호가 붙어 있을 때는 강하게 연주하라는 뜻이다.

음악치료에서 악보 기보방법

1 색깔악보

색깔악보는 내담자의 색깔 인지 능력을 향상시키고, 집중력과 지속력, 시각추적력 등을 향상시키는 데 무엇보다 좋은 도구이다. 색깔악보에는 여러 가지 다양한 형태가 있을 수 있겠지만, 대표적인 것은 (1) 가사 위에다 각각의 음정을 나타내는 색종이를 붙여놓고 악기에도 일정한 색을 붙여서 서로 일치할 때 내담자가 연주하도록 하는 형태이다. 그 밖에도 (2)가사 자체에다 색깔을 입히는 방법도 생각해 볼 수 있으며, (3)가사 없이 색종이만 악보에 붙여놓고 그것만 보고 내담자가 연주하도록 하는 방법이 있을 수 있다. 색깔을 이용한 악보를 세션에서 사용하기 위해서는 음정이 있는 악기를 선정해야 할 것이다. 예를 들어, 색깔종(color bells)이라든지, 음판악기 즉, 실로폰이나 철금, 낱건반 등에 색깔을 붙여놓고 연주하도록 할 수 있다. 참고로 다음의 색깔은 색깔종 음정에 따라 만든 악보들이다.

〈색깔악보 예시1〉

파	–	노	노		초	주	빨	–
주	–	노	주		빨	노	파	–
남	파	남	파		남	파	노	–
파	–	주	초		노	주	빨	–

※ 위에 제시된 〈산토끼〉 노래 각각의 네모 칸은 4분의 4박자에서 1박자를 의미한다. 한 칸을 반으로 나눈 것은 반박자를 표시하기 위함이고, '–' 표시는 앞 칸의 음을 계속해서 이어서 연주하라는 의미이다.

〈색깔악보 예시2〉

숫자악보

숫자악보는 색깔악보와 마찬가지로 가사 위에 숫자를 써서 표시할 수 있는데, 치료사는 내담자에게 특정 숫자가 붙어 있는 악기를 가지고 정해진 부분에서 연주하도록 한다. 다른 방법으로는 가사 없이 숫자만으로 악기를 연주하도록 할 수 있다.

〈숫자악보 예시1〉

5	–	3	3
2	–	3	2
8	5	8	5
5	–	2	4

5	3	1	–
1	3	5	–
8	5	3	–
3	2	1	–

※ 위에 제시된 각각의 네모 칸은 4분의 4박자에서 1박자를 의미한다. 한 칸을 반으로 나눈 것은 반박자를 표시하기 위함이고, '–'표시는 앞 칸의 음을 계속해서 이어서 연주하라는 의미이다.

〈숫자악보 예시2〉

리듬악보

리듬악보는 우리가 초등학교 음악시간에 사용했던 타악기들 즉, 큰
북, 작은북, 심벌 등을 떠올리면 좋을 것이다.

산	–	토	끼	토	끼	야	–
○	●	●	●	○	●	○	●
○	●●	○	●	○	●	○	●

어	–	디	를	가	느	냐	–
○	●	●	●	○	●	○	●
○	●●	○	●	○	●	○	●

깡	–충	깡	–충	뛰	면	서	–
○	●	○	●	○	●	●	○
○	●●	○	●	○	●	●	○

어	–	디	를	가	느	냐	–
○	●	●	●	○	●	●	○
○	●●	○	●	○	●	●	○

※ 참고 : '○'표는 연주하지 말라는 쉼표의 의미를 대
신하고 있으며, '●'표는 한 박자에 한 번 연주하라는 것
이고, '●●'표시는 한 박자에 두 번을 연주하라는 뜻이
다. 또한 '–'표시는 앞 칸의 연주를 지속하라는 뜻이다.
편의상 작은북과 탬버린 리듬을 적어놓았을 뿐 다양한 악
기를 사용할 수 있을 것이다.

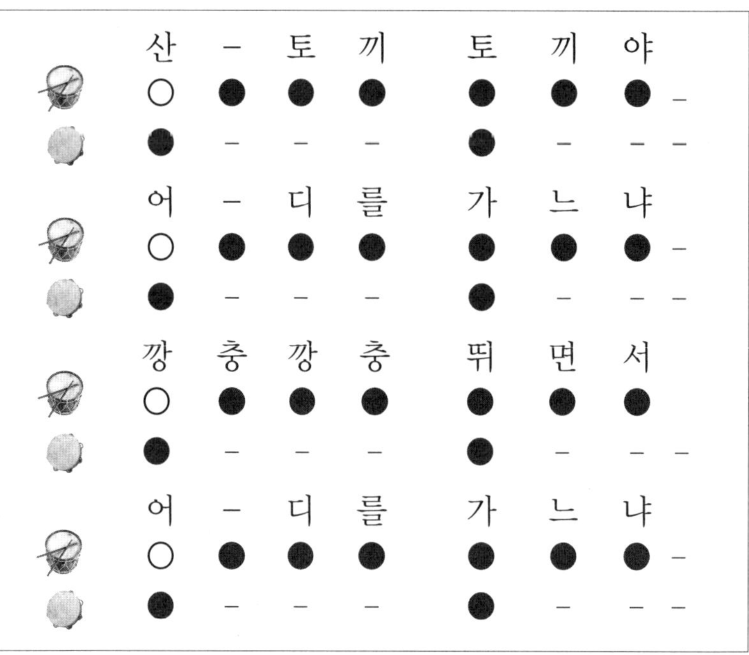

〈리듬악보 예시1〉

〈리듬악보 예시2〉

코드악보

    코드악보는 말 그대로 Ⅰ, Ⅳ, Ⅴ도 등의 화음을 이용한 악보이다. 하나의 코드에는 최소한 3개 이상의 음정이 있기 때문에 연주자 또한 세 사람이 필요하게 된다. 가사에다 코드를 직접 붙여서 악보를 제작한 뒤, 연주자들이 자신의 악기에 붙어 있는 코드에 따라 연주하면 된다. 다른 방법으로는 딱딱한 느낌의 코드보다는 좀더 부드러운 요소 즉, 색깔이나 그림 등을 활용하여 코드를 대처할 수도 있다. 예를 들어 Ⅰ도 화음의 경우 도, 미, 솔 세 개의 음정이 있는 악기에 빨간색을 붙여서 동시에 소리 나게 하면 된다.

Ⅰ		Ⅰ		--		Ⅰ		-		Ⅰ	
산		토		끼		토		끼		야	
Ⅴ		Ⅴ		-		Ⅰ		--		Ⅰ	
어		디		를		가		느		냐	
Ⅰ	-	Ⅰ	-	Ⅰ		Ⅰ	--			Ⅰ	
깡	충	깡	충	뛰		면				서	
Ⅴ		Ⅴ		--		Ⅰ		Ⅴ		Ⅰ	
어		디		를		가		느		냐	

〈코드악보 예시1〉

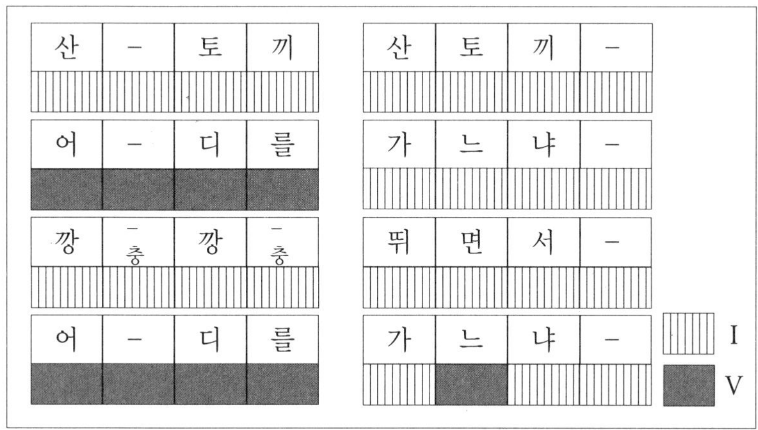

〈코드악보 예시2〉

음정악보 ....

음정악보는 우리에게 가장 익숙한 악보 가운데 하나이다. 도, 레, 미, 파, 솔, 라, 시, 도 등의 여러 가지 음정을 악보에 가사와 함께 기입함으로써 연주자들의 연주를 돕는다. 다음에 제시된 각각의 네모 칸은 4분의 4박자에서 1박자를 뜻한다. 한 칸을 반으로 나눈 것은 반박자를 표시하기 위함이고, '˗' 표시는 그 표시가 있는 바로 앞 칸의 음을 계속해서 이어서 연주하라는 뜻이다.

I	I	˗ ˗	I	˗	I
산	토	끼	토	끼	야
V	V	˗	I	˗ ˗	I
어	디	를	가	느	냐
I	˗	I	˗	I	˗ ˗	I
깡	충	깡	충	뛰	면	서
V	V	˗ ˗	I	V	I
어	디	를	가	느	냐

〈음정악보 예시1〉

산	–	토	끼		산	토	끼	–
솔	–	**미**	**미**		**솔**	**미**	**도**	–
어	–	디	를		가	느	냐	–
레	–	**미**	**레**		**도**	**미**	**솔**	–
깡	충	깡	충		뛰	면	서	–
도	**솔**	**도**	**솔**		**도**	**솔**	**미**	–
어	–	디	를		가	느	냐	–
솔	–	**레**	**파**		**미**	**레**	**도**	–

〈음정악보 예시2〉

산토끼

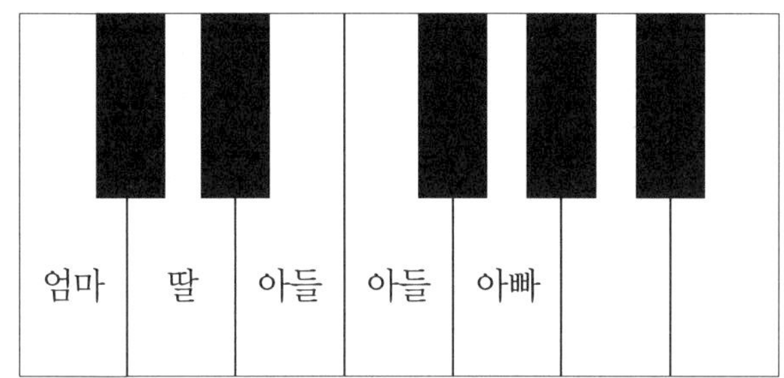

엄마(도)   아들(미, 파)   딸(레)   아빠(솔)

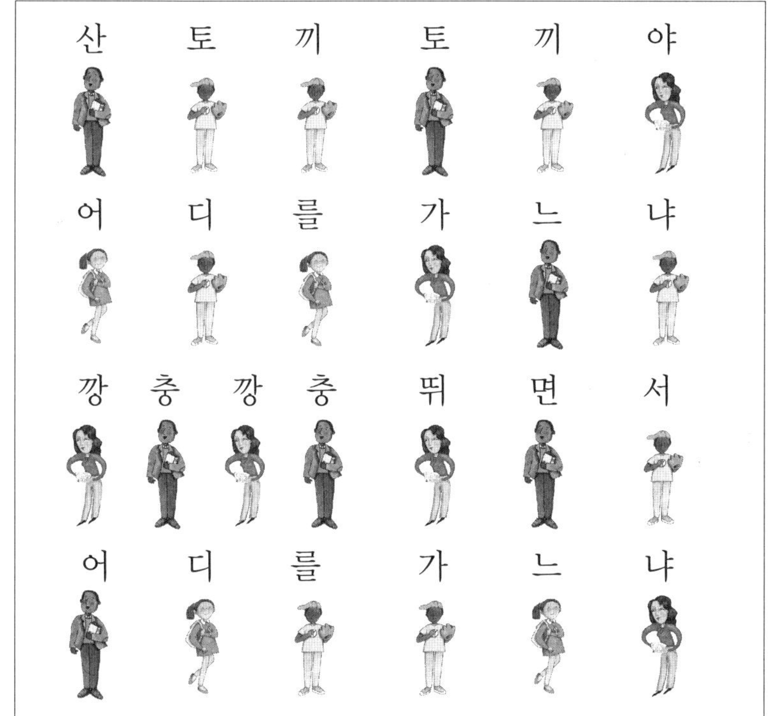

7 과일악보

산토끼

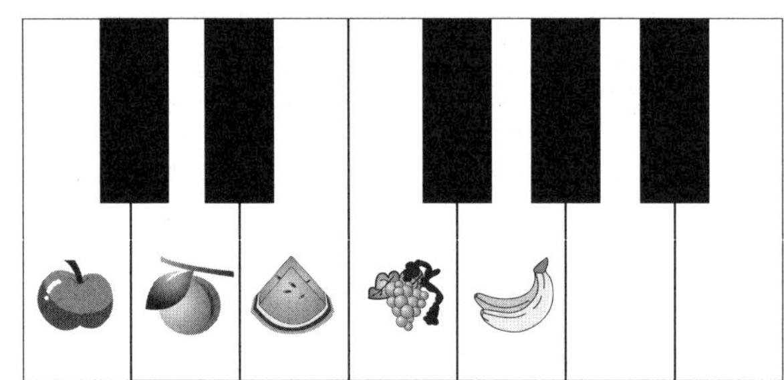

  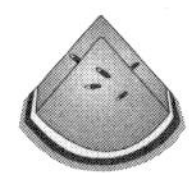  

사과(도)　　복숭아(레)　　수박(미)　　포도(파)　　바나나(솔)

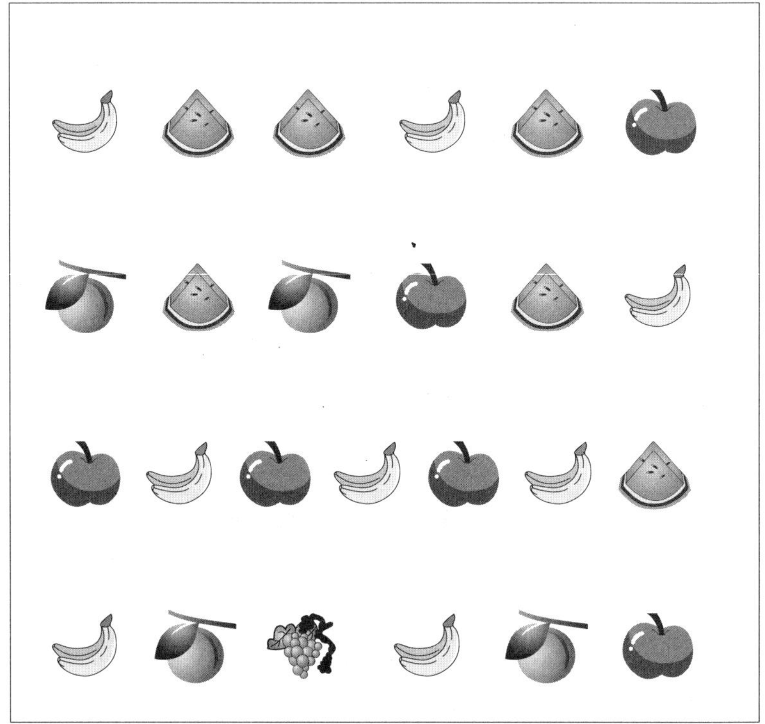

8

동물악보

산토끼

악어(도)　　새(레)　　곰(미)　　기린(파)　　거북이(솔)

산토끼

네모(도) 세모(레) 동그라미(미) 마름모(파) 별(솔)

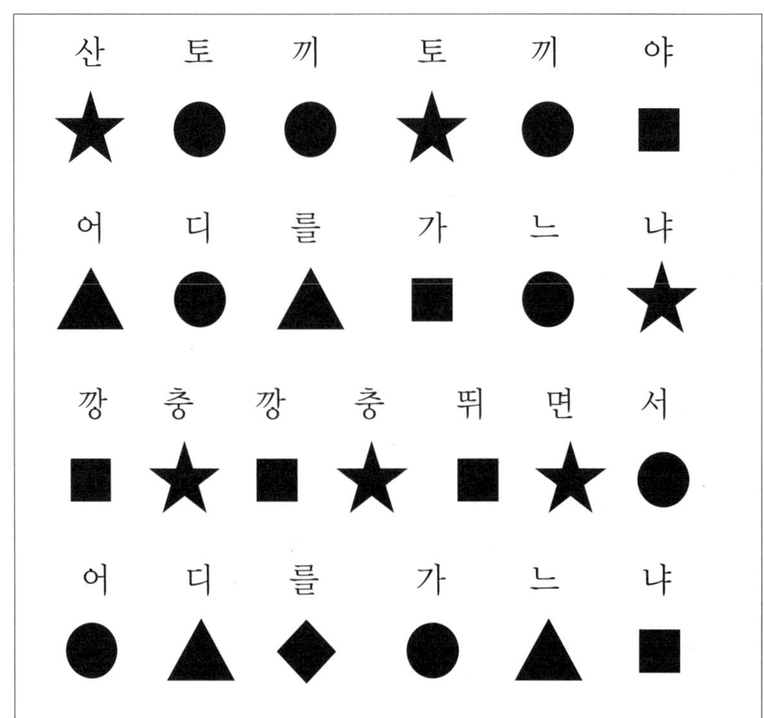

Invitation

composede by 김종인

10

F. Cym.
C. Bl.
A.B.
W.Block
Tamb.
Bgo. Dr.
C. Dr.
S.Dr.
T.T.
B. Dr.
5

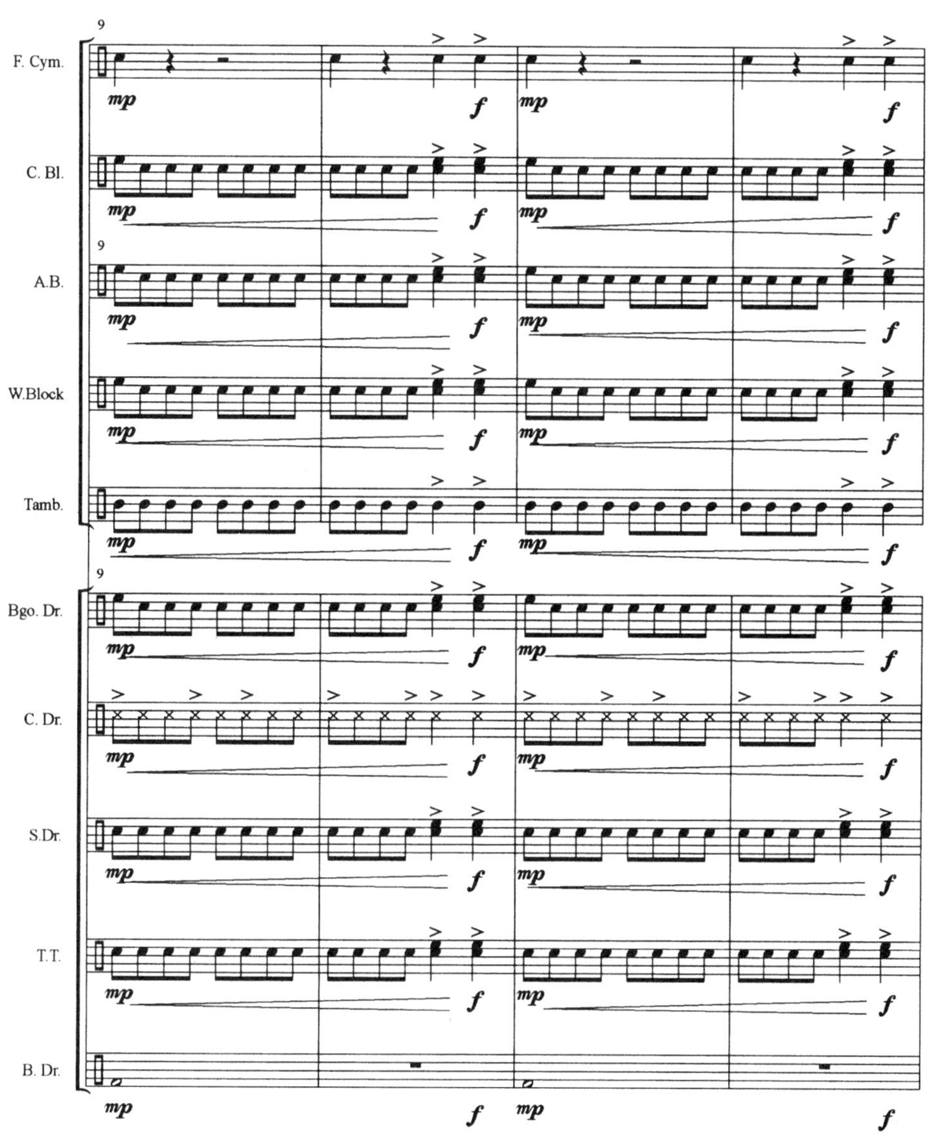

F. Cym.
mp
C. Bl.
mf
A.B.
mp
W.Block
mf
Tamb.
mp
Bgo. Dr.
mf
C. Dr.
mp
S.Dr.
mp
T.T.
mf
B. Dr.

21
F. Cym.
C. Bl.
21
A.B.
W.Block
Tamb.
21
Bgo. Dr.
C. Dr.
S.Dr.
T.T.
B. Dr.

F. Cym.
C. Bl.
A.B.
W.Block
Tamb.
Bgo. Dr.
C. Dr.
S.Dr.
T.T.
B. Dr.
25
f
ff
Hey !

제5장
리듬패턴

리듬(Rhythm)

이 장에서는 다양한 리듬패턴에 대해 함께 실습하게 된다. 리듬을 이해하는 것은 앙상블을 이루는 기초가 되며, 치료 세션을 다양화하는 좋은 소재가 될 수 있다. 보사노바, 쿰비아, 룸바, 차차차, 콩가 등의 라틴리듬을 통해 치료악기를 실제 앙상블 속에서 사용해 보는 기회를 갖게 될 것이며, 아울러서 음악치료 세션에서 가장 많이 사용되는 8개의 기타(Guitar)리듬패턴을 연습해 보고자 한다. 더욱 훌륭하고 다양한 아이디어를 소유한 음악치료사가 되기 위해 이 밖에도 여러 가지 리듬을 폭넓게 이해하고 있어야 할 것이다.

리듬 사전테스트

Rhythm A

Rhythm B

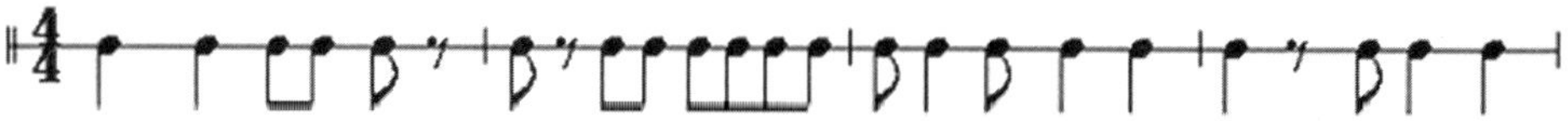

Rhythm C

Rhythm D

Rhythm E

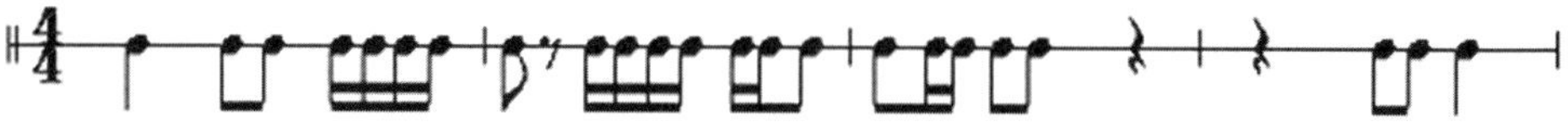

Rhythm F

Rhythm G

Rhythm H

리듬창작

다음의 여러 가지 과제들은 리듬에 대한 개념을 익히고 리듬을 창작해 보기 위한 것이다. 다양한 리듬창작이 가능하게 되면, 그만큼 음악치료의 질도 높아지게 된다. 다양한 리듬을 많이 알고 보유하고 있는 음악치료사는 그렇지 않은 치료사와 근본적으로 차이가 있을 것이다. 영감은 텅 빈 머리에서는 나오지 않는다. 다양한 정보를 수집하고 정리해서 자신의 것으로 소화한 음악치료사야말로 자신이 원하는 순간에 활용하고자 하는 것들을 자유롭게 꺼낼 수 있을 것이다.

리듬형 창작 기본연습

다음은 12개의 박자를 4마디씩 제시해 놓은 것이다. 첫 번째 박자는 가장 기본이 되는 리듬패턴을 나타낸다. 그 나머지 세 마디를 다양한 리듬패턴으로 채워 넣어보시오.

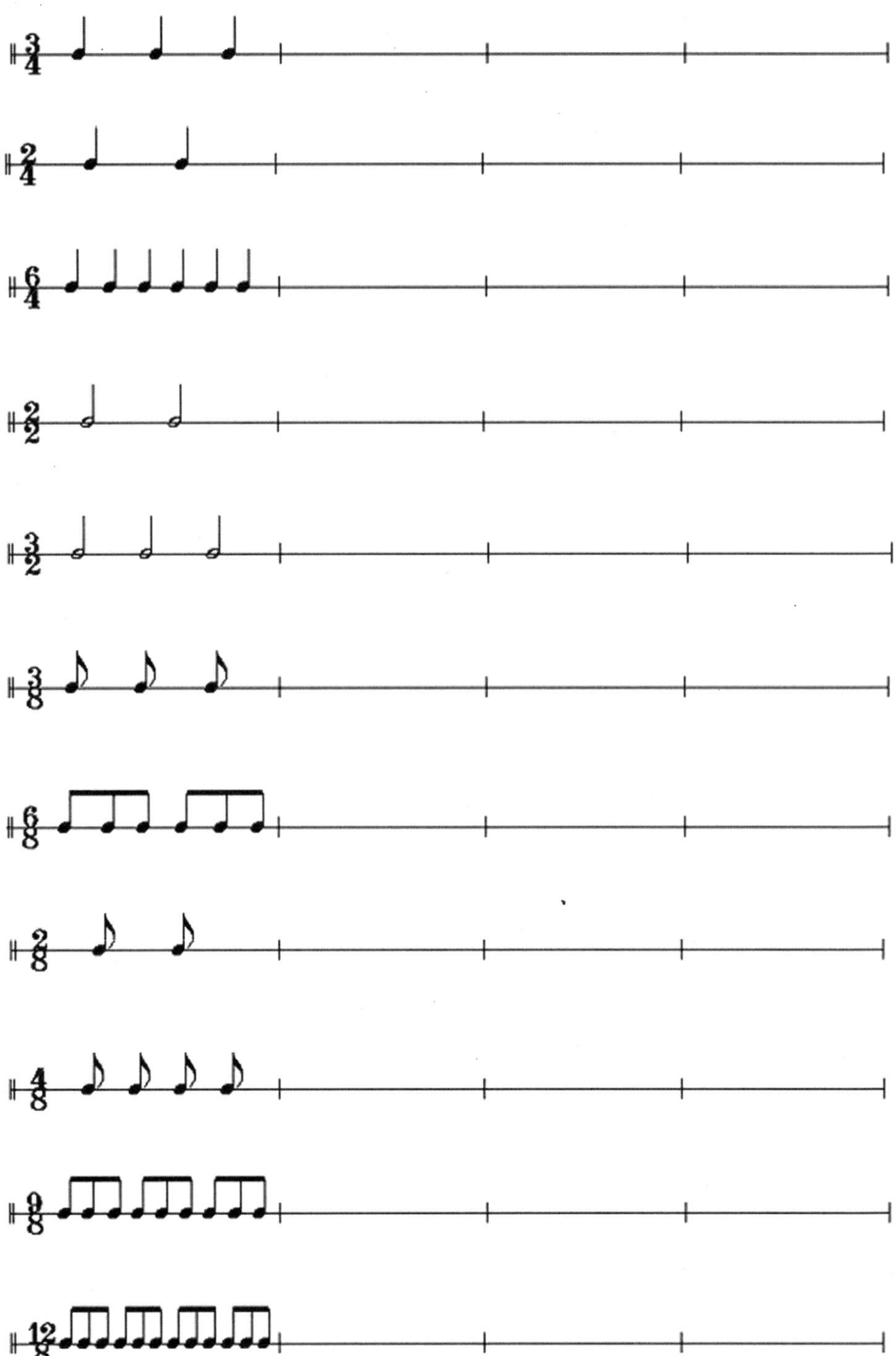

점음표 만들기 ·····························

> ※ 다음 과제는 점음표 개념을 이용한 문제이다. □를 완성하시오.
>
> 예시) 4. = 6
>
> (1) 2. = □   (2) 6. = □   (3) 8. = □
>
> (4) 10. = □   (5) 12. = □   (6) 14. = □
>
> (7) 16. = □   (8) 40. = □   (9) 100. = □

※ 아래 첫 마디의 점음표를 둘째 마디에다 4분 음표만으로 적는다
면 몇 개가 필요할까?

※ 아래 첫 마디의 점음표를 둘째 마디에다 8분 음표만으로 적는다
면 몇 개가 필요할까?

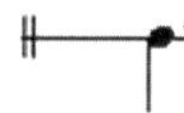

※ 아래 첫 마디의 2분 음표 세 개를 둘째 마디에다 점음표로 적는
다면 무엇일까?

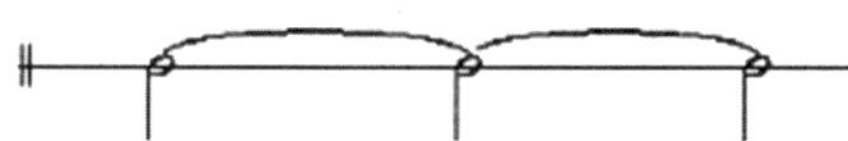

※ 아래 첫 마디에 있는 16분 음표 세 개를 둘째 마디에다 점음표로
적는다면 무엇일까?

3 리듬 수학문제 ···

재미있는 리듬 수학문제를 풀어보자. 리듬 개념을 익히는 가장 기본
이 되는 문제들이다.

(1) ♩ + ♩ = □   (2) ♩ + ♩ = □

(3) ♩ + ♪ = □   (4) ♩ + ♩ = □

(5) ♪ + ♪ = □   (6) ♪ + ♪ = □

(7) ○ − ♩ = □   (8) ♩ − ♩ = □

(9) ○ − ♩ = □   (10) ♩ − ♪ = □

(11) 𝄽 + 𝄽 = □   (12) 𝄼 + 𝄽 = □

(13) 𝄾 + 𝄾 = □   (14) 𝄾 + 𝄿 = □

(15) 𝄼· − 𝄽 = □   (16) 𝄾 − 𝄿 = □

정답

(1) ♩ (2) ♩· (3) ♩· (4) ○ (5) ♩ (6) ♪ (7) ♩ (8) ♩ (9) ♩· (10) ♪

(11) 𝄼 (12) 𝄼· (13) 𝄽 (14) 𝄾· (15) 𝄼 (16) 𝄿

---

4 리듬패턴 ···

리듬의 다양한 조합을 통해서 새로운 리듬패턴을 만들어 낼 수 있
다. 리듬패턴은 1마디에서 여러 마디까지도 가능하지만, 최대 8마디
이상 진행되면 일관성이 없어지는 경향을 보이게 된다. 물론 여러 악
기를 동시에 사용하여 일관된 리듬패턴을 만들 수도 있을 것이다.

1. 단음(혹은 1개의 악기)을 위한 리듬패턴

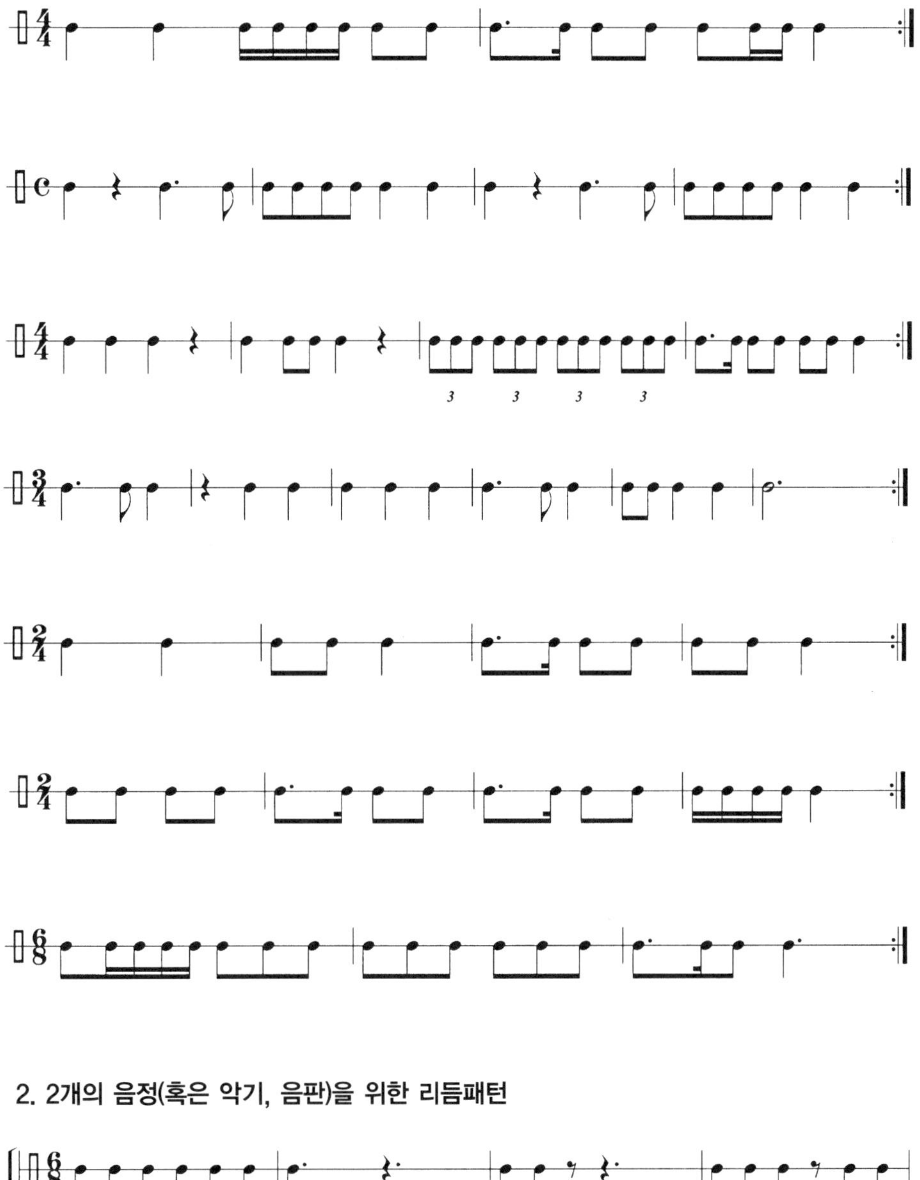

2. 2개의 음정(혹은 악기, 음판)을 위한 리듬패턴

3. 3개 이상의 음정(혹은 악기, 음판)을 위한 리듬패턴

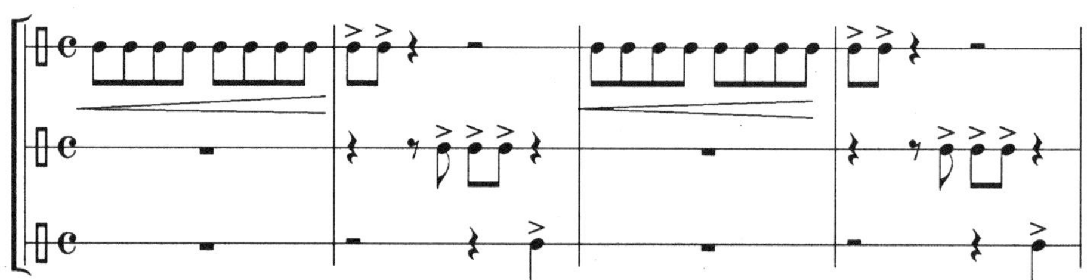

Building The House

라틴 리듬패턴

　　음악치료 상황에서 좀더 경쾌하고 새로운 느낌의 리듬앙상블을 계획하는 치료사들이라면 라틴리듬을 심도 깊게 연구해 볼 필요가 있다. 라틴 음악이란 중앙아메리카 및 남아메리카 일대 라틴계(系) 이민(移民)의 민속적인 음악유산과 이를 기반으로 한 새로운 파퓰러 뮤직의 총칭이다. 즉, 라틴 음악은 멕시코 이남의 중앙아메리카·남아메리카 여러 나라의 음악이다. 라틴아메리카 음악의 가장 큰 특색은 '융합의 음악'이라 할 수 있다. 즉 원주민인 인디오, 16세기 이후 이 지역으로 진출해 온 유럽계 백인, 아프리카에서 노동력으로 끌려온 흑인들의 3가지 양식의 음악이, 긴 세월을 거쳐 여러 모양으로 융합된 결과 태어난 독자적 음악이다. 라틴 음악의 대부분은 댄스 음악이라 하여도 과언이 아니다. 그리고 세계적으로 알려져 있는 라틴리듬의 대부분은 쿠바에 그 연원을 두고 있다. 맘보, 차차차, 볼레로, 비긴, 칼립소 등도 모두 쿠바리듬에서 유래하였다. 쿠바 이외의 것으로 탱고는 부에노스아이레스를 중심으로 20세기 초에 확립된 아르헨티나의 새로운 사교적 음악이고, 삼바는 브라질의 흑인음악에서 발생하였으며, 또한 이 삼바에 부드러움과 화성(和聲)을 곁들인 보사노바도 브라질에 그 기원을 두고 있다. 라틴 음악에 대해 좀더 살펴보면 다음과 같다.

라틴 음악의 특색, 융합음악 ....

　라틴 음악의 가장 큰 특징이라면 '융합의 음악', 즉 혼혈음악이라 할 수 있다. 원주민인 인디오와 16세기 이후 이 지역으로 진출해 온 백인, 그리고 아프리카에서 노동력으로 끌려온 흑인들의 3가지 양식의 음악이, 긴 세월을 거쳐 여러 모양으로 융합된 결과 태어난 독자적 음악이다. 오랜 세월을 걸쳐오면서 전승되어온 것도 있고, 최근에 작곡된 성격의 곡도 많이 있다. 그 외에 이 두 가지 양식이 어우러진 형태도 있다. 탱고, 삼바, 레게 같은 라틴 음악은 오늘날에는 단순히 한 지역의 음악이 아닌 전 세계적인 음악으로서 음악계에 큰 영향을 주고 있다.

라틴 음악에 사용되는 악기 ....

　라틴 음악에 쓰이는 악기는 인디오와 흑인, 유럽계의 악기로 나눌 수 있다. 현재 쓰이고 있는 악기 중 인디오가 원래 가지고 있었으리라 추정되는 것으로는,

①　카냐라는 식물로 만든 퉁소식 숨구멍이 있는 피리 케나

②　역시 카냐로 만든 리코더식 숨구멍이 있는 피리 핑쿠요

③　나무로 만든 피리 타르카

④　팬파이프스인 시쿠(또는 안타라),

⑤　나무의 줄기에 구멍을 낸 대형 양면고(兩面鼓)인 봄보

⑥　손목에 매달아 두드리는 소형 북인 카하(또는 틴야)·마라카스류등
　　　이 있다. 유럽에서 전해진 악기가 개량·연구되어서 쓰이고 있는
　　　것으로는 갖가지 종류의 기타, 소형 하프인 르파 등이 있다. 흑인계
　　　의 악기로는 중앙아메리카에서 흔히 사용되는 실로폰[木琴]의 일
　　　종인 마림바나 귀로(Güiro)·콩가와 같은 타악기류를 들 수 있다.

3 라틴 음악의 종류 ....

룸바(Rumba)

쿠바 민속춤곡의 총칭. 노예로 팔려온 아프리카 흑인의 원시적 리듬
에 바탕을 두고 19세기 초 쿠바의 아프리카계 주민들 사이에서 시작된
댄스리듬이다. 마라카스·봉고 등의 특수한 악기를 사용한 빠르고 활
기찬 2/4박자가 특색이다. 1930년대에 대중적인 사교댄스로서 미국과
유럽에 퍼졌으며, 같은 시기에 룸바는 재즈의 영향을 받아 맘보
(mambo)의 모체가 되었다. 미국에 룸바가 유행하게 된 것은 쿠바 출신
돈 아스피아스의 〈땅콩장수(The Peanut Vendor)〉와 그 밖의 몇 개의 히
트곡 때문이다. 춤출 때는 똑바로 서서 리듬에 맞추어 허리를 흔든다.

삼바(Samba)

삼바는 브라질에서 태동한 리듬이다. 브라질의 아프리카계 이민들
이 추는 집단적인 춤 또는 그 음악과 리듬. 1870년부터 1914년 무렵
유행한 마시셰가 기원이다. 원래는 아프리카의 노예들이 전한 원무
(圓舞, batuque)의 춤추는 법을 뜻하였는데, 나중에 사교춤으로서 널리
퍼졌다. 상파울루의 시골식 삼바는 2박자로서 3도 병행(竝行)인 노래
와 당김음(syncopation) 리듬이 특징이다. 이 시골식 삼바는 19세기 말
에 도회지풍으로 변하여 1920년대에 특히 리우데자네이루에서 카니
발음악으로 번성하게 되었다.

보사노바(Bosanova)

열정적인 경쾌함이 특징인 삼바리듬에 모던재즈(Modern Jazz) 기법
을 도입한 것이 보사노바(Bosanoba) 리듬이다. 따라서 삼바와 보사노바
는 서로 밀접한 관련이 있다. 1950년대 말기에 브라질의 도회풍 삼바
에서 재즈의 영향을 받아 파생한 포퓰러뮤직. 보사노바라는 말은 '새
로운 감각', '새로운 경향'을 뜻한다. 삼바에 대한 보사노바의 혁신성

은, 삼바의 리듬을 기초로 한 리듬구조와 브라질의 구상시(具象詩)와
유사점을 갖는 가사에 가장 두드러지게 나타나 있다. 또한 보사노바에
서는 선율·화성·리듬이 혼연일체가 되어 있으며, 반주악기의 주력
인 기타는 화음을 리듬적으로 울리듯이 연주한다. 창법의 특징으로는
전통가요의 창법을 받아들여서 콧소리로 억양을 붙이지 않고 거의 이
야기하는 것 같은 가락으로 노래하는 것을 들 수 있다. 이와 같은 기타
연주법과 창법의 고안은 질베르토에 힘입은 바가 크다.

살사(Salsa)

살사는 쿠바에서 전해진 미국의 포퓰러 댄스음악이다. 정열적이고
다이나믹한 8박자 리듬이 특징이다. 1940년대에 차랑고 등의 무도반
주음악 연주양식과 맘보, 볼레로, 차차차 등의 무도 리듬이 혼합되어
생겨났다. 1950년대에 많은 쿠바 음악가가 뉴욕으로 이주하고, 그곳
에서 빅밴드에 의한 스윙·재즈 양식을 섞어 '라틴재즈'로 발전시켰
다. 그 뒤 1960년대에서 70년대에 걸쳐, 민족의식의 앙양과 서로 작용
해서 본래의 쿠바 양식으로 복귀하게 되고, 푸에르토리코와 남아메리
카의 음악적 요소도 받아들여 살사라는 호칭으로 정착되었다.

메렝게(Merengue)

메렝게는 카리브해의 도미니카공화국에서 개최되는 카니발 행렬에
쓰이는 춤과 행진의 리듬이다. 탐보라(tambora)라는 북으로 연주되는
카니발 춤곡을 말한다. 2마디 간격으로 타악기의 연타(連打) 리듬을
갖는 것이 특징이며, 템포는 아주 빠르고 전체적으로 밝고 경쾌한 감
이 나는 곡조인 것이 많다. 1950년대에 라틴 리듬악기에 의하여 새로
운 댄스리듬으로 구미에 소개되어 대중화되었다.

쿰비아(Cumbia)

쿰비아란 살사, 메렝게와 더불어 중남미 특히 남미 쪽에서 많이 추

는 콜롬비아 대서양쪽의 흑인들 사이에서 추던 춤곡이다. 사전적으로 쿰비아에 대한 정의는 콜롬비아에서 대서양쪽 지방을 대표하는 춤곡이며 아프리카의 영향을 받은 곡이다. 쿰비아는 흑인들 춤이 일종에서 나온 것으로 이것이 오늘날 인디오들과 스페인적인 음악, 연주가들이 영향을 받으면서 지금의 형태를 만들어낸 것이며, 쿰비아는 살사보다 훨씬 자극적이고 빠르다고 한다.

차차차(Cha Cha Cha)

차차차는 쿠바의 댄스 음악이다. 귀로(표주박모양의 타악기)를 써서 '차차차' 라는 느낌을 주는 리듬을 만드는 데서 붙은 이름으로 보인다. 쿠바의 바이올린 주자 겸 악단 지휘자 E. 호린이 19세기 말부터 20세기 초에 걸쳐 유행했던 쿠바의 춤곡 〈단손(danzón)〉을 개량하여 만들었는데, 차랑가(플루트1 · 바이올린3 · 피아노 · 베이스 · 타악기) 편성으로 연주되며, 여린박자의 흐느끼는 듯한 리듬이 특징적이다. 1950년대 중반 세계적으로 유행하였다.

1 볼레로 BOLERO

■ 마라카스

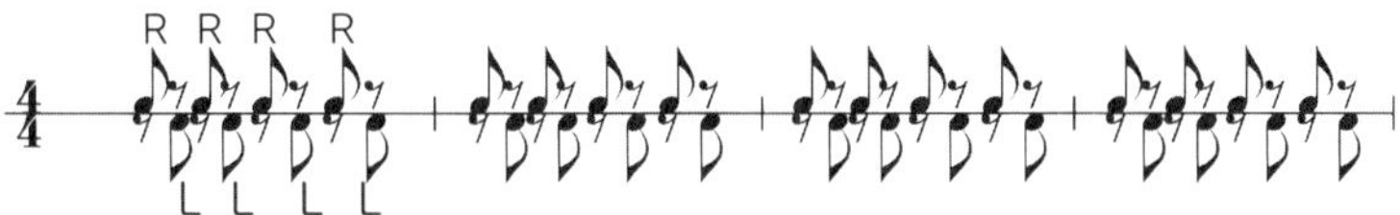

■ 귀로

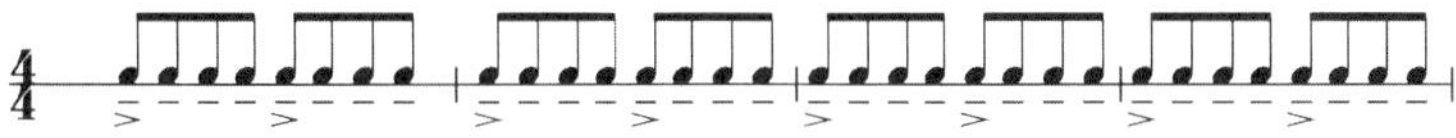

■ 클라베스

■ 봉고

■ 콩가

■ 팀발레스

2 쿰비아 CUMBIA

■ 귀로

■ 카우벨

■ 마라카스

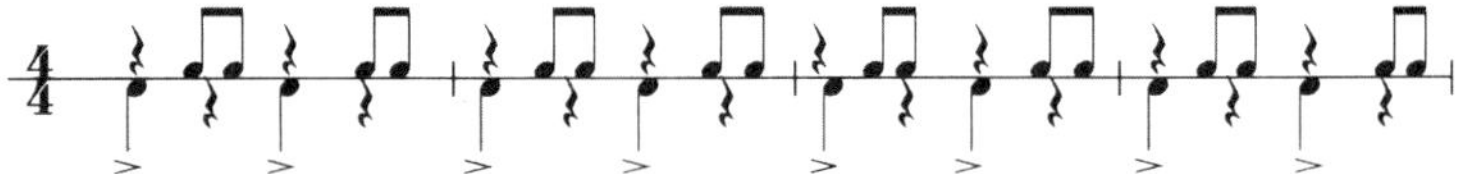

■ 콩가

■ 팀발레스

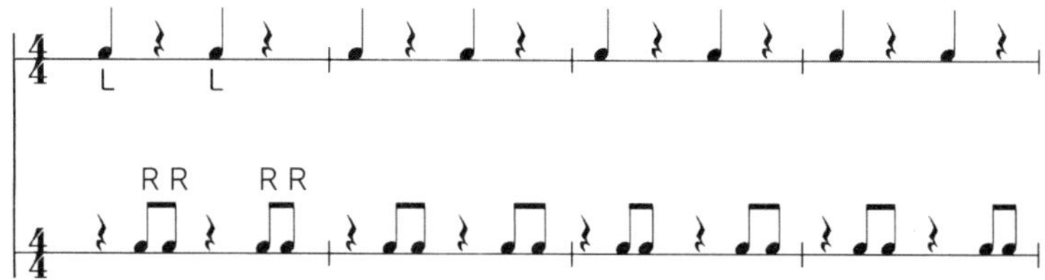

3 룸바 RUMBA

■ 마라카스

■ 귀로

■ 클라베스

■ 팀발레스

4 보사노바 BOSSANOVA

■ 귀로

■ 카바사

■ 카우벨

■ 팀발레스

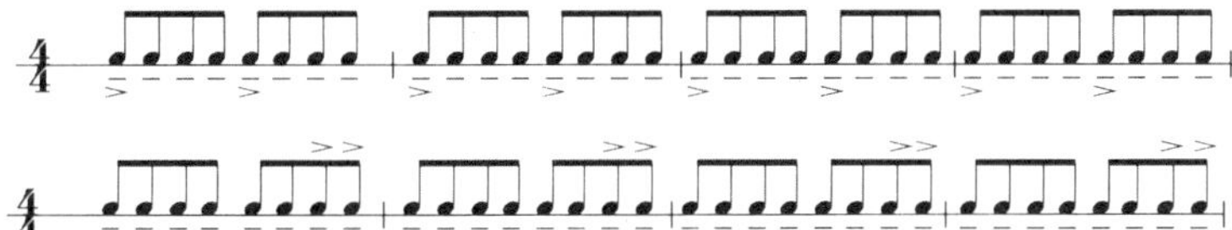

5 차차차 CHA CHA CHA

■ 귀로

■ 카우벨

■ 봉고

■ 콩가

■ 팀발레스

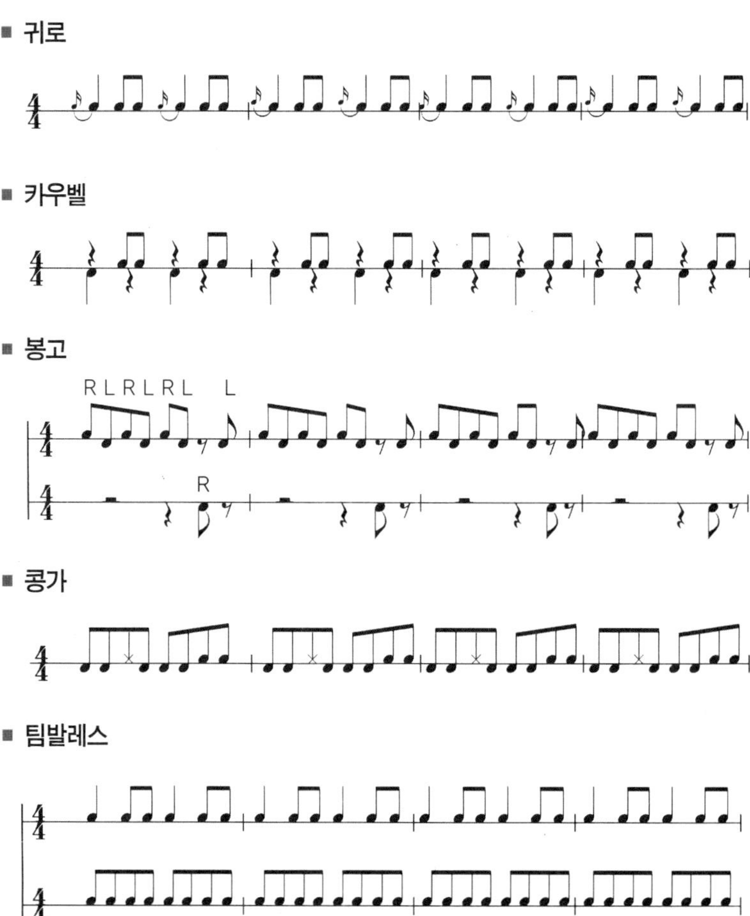

6 삼바 칸촌 SAMBA CANZON

■ 귀로

■ 카바사

■ 마라카스

■ 팀발레스

7 맘보 MAMBO

■ 카우벨

■ 귀로

■ 콩가

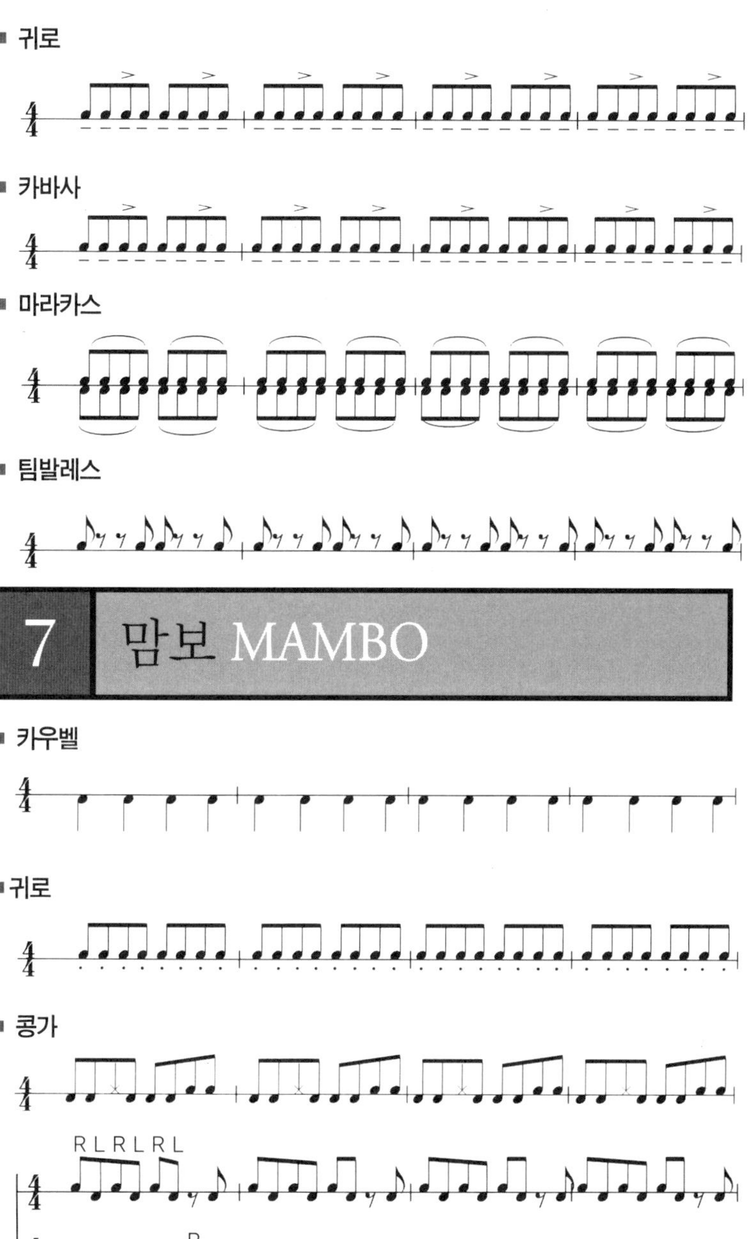

8 | 콩가 CONGA

■ 귀로

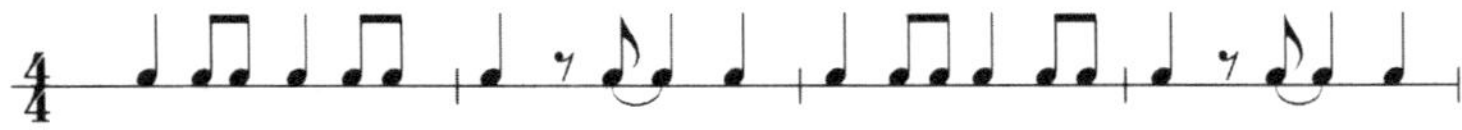

■ 카우벨

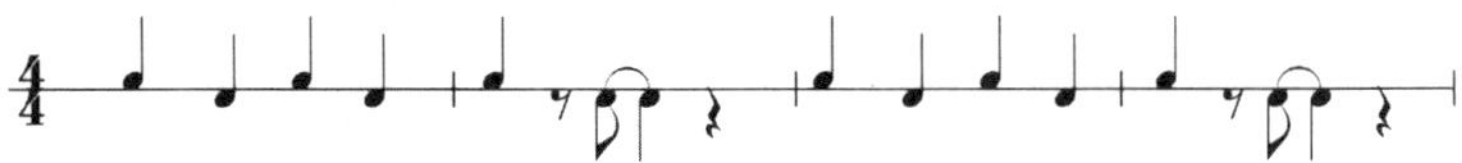

■ 키하다

■ 콩가

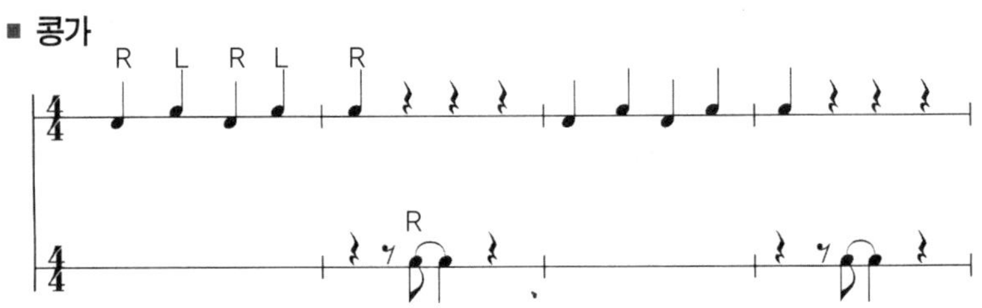

■ 팀발레스

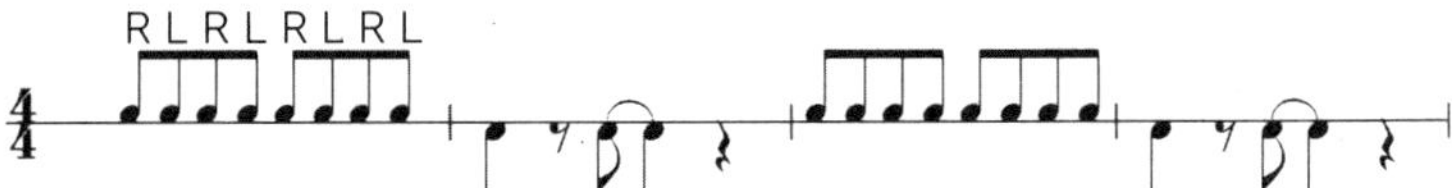

바이온 BAION

■ 귀로

■ 탕부랭

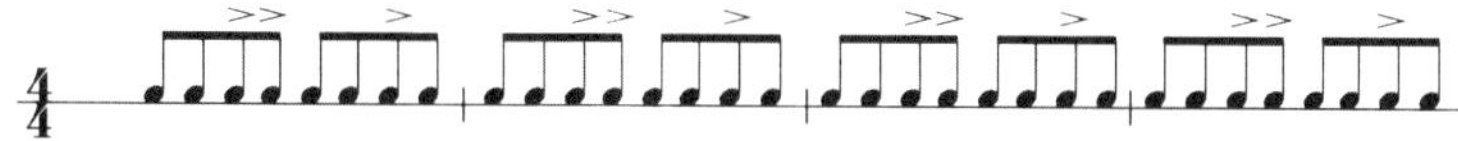

■ 카바사

■ 카우벨

■ 콩가

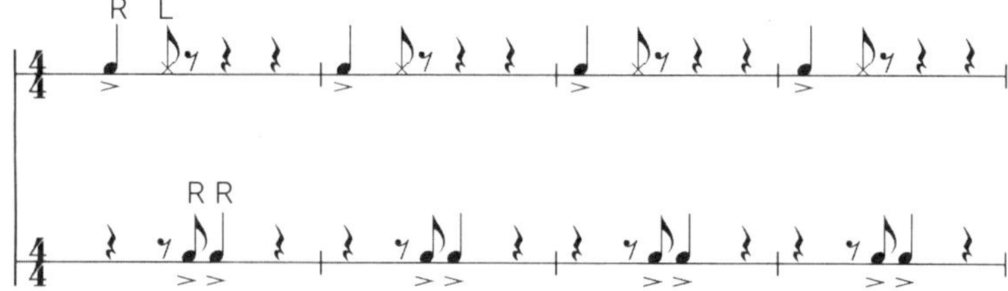

10 구아라차 GUARACHA

■ 귀로

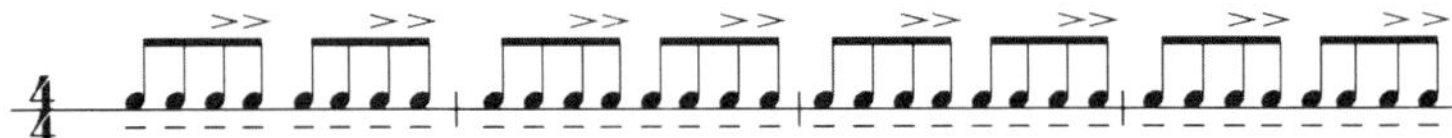

■ 카우벨

■ 마라카스

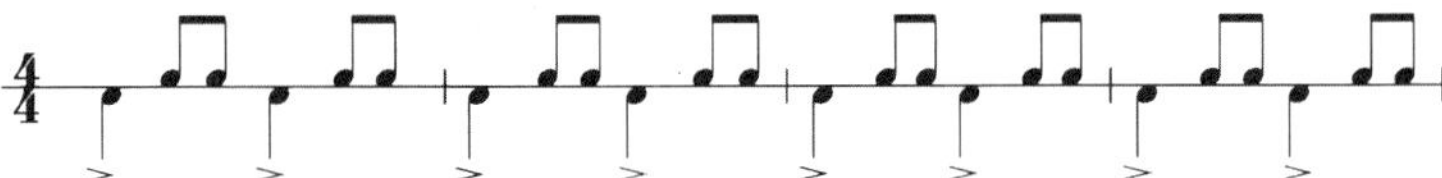

■ 콩가

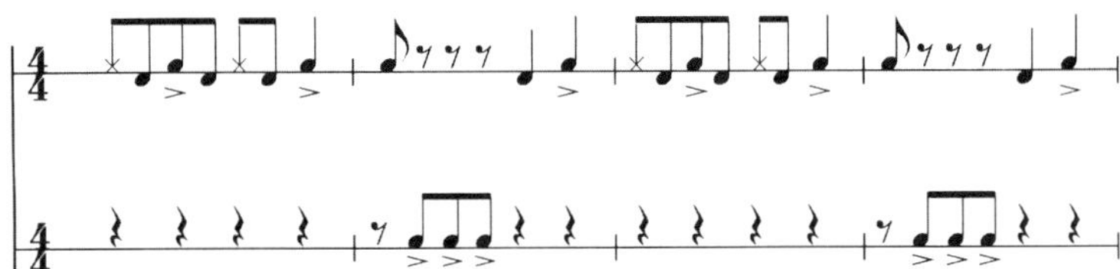

■ 팀발레스

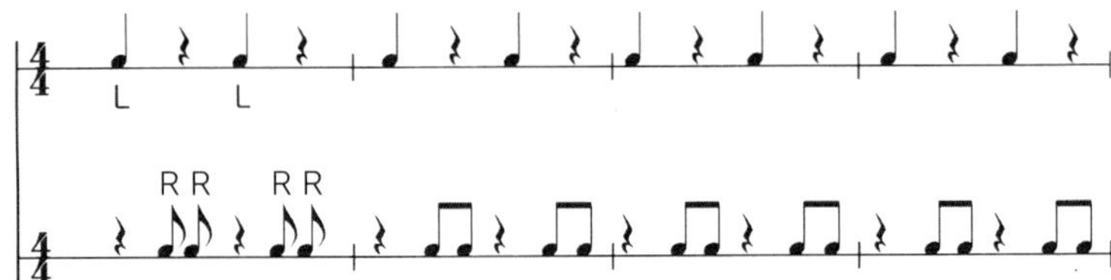

11 | 삼바 SAMBA

■ 귀로

■ 탕부랭

■ 카바사

■ 카우벨

■ 콩가

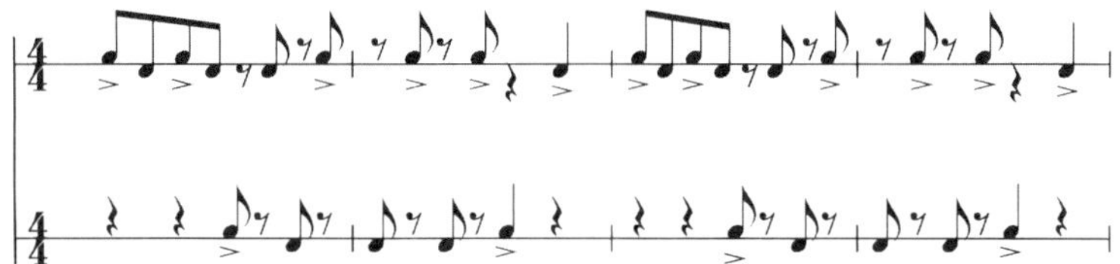

■ 팀발레스

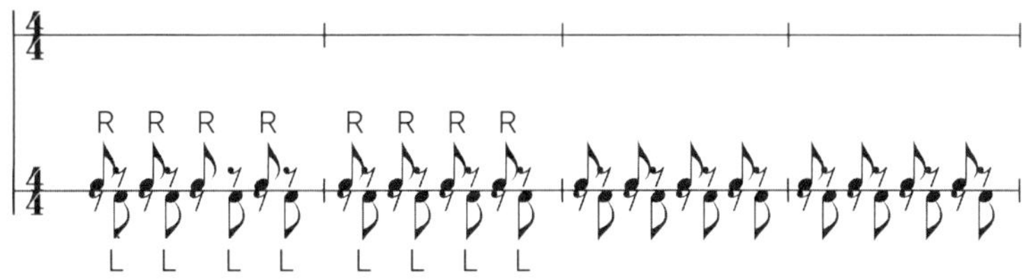

12 비긴 BEGUINE

■ 마라카스

■ 귀로

■ 클라베스

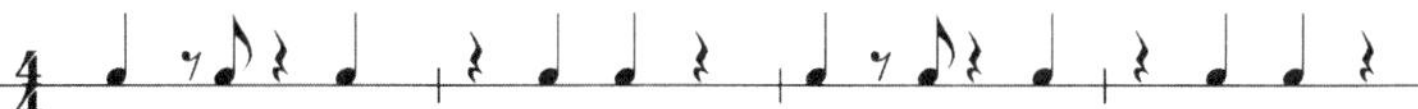

■ 봉고

■ 콩가

■ 팀발레스

13 파창가 PACHANGA

■ 귀로

■ 카우벨

■ 콩가

■ 팀발레스

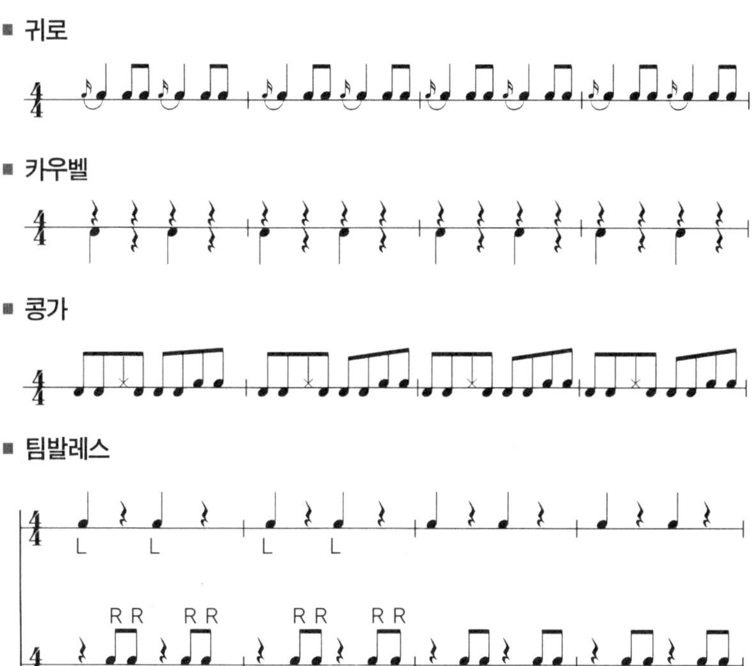

기타(Guitar) 리듬패턴 연습

    기타(Guitar)는 피아노와 함께 치료사들이 치료하면서 가장 많이 쓰는 악기이다. 기타 가운데서도 클래식 기타(Acoustic Nylon Guitar)를 주로 사용하는데 그 이유는 포크기타에 견주어 음색이 부드러워서 내담자들에게 안전하게 다가갈 수 있기 때문이다. 다음의 내용은 치료사들이 치료활동 가운데 환자들과 함께 노래 부르거나 악기 연주를 하게 될 때, 반주로서 사용되는 기타 연주패턴을 정리한 것이다. 왈츠, 슬로우 고고, 고고, 슬로우, 락, 스윙, 트로트, 비긴, 칼립소 순이다.

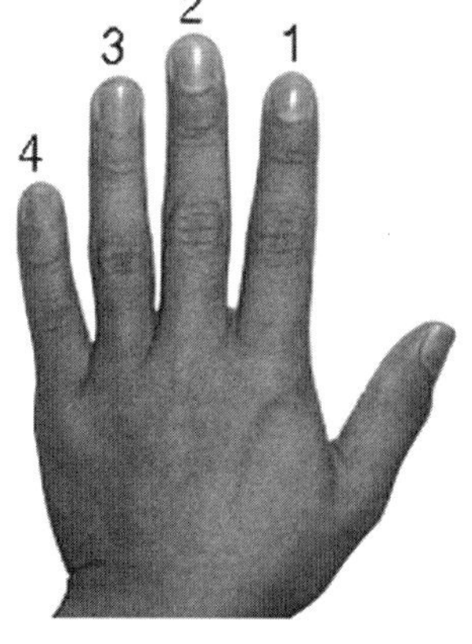

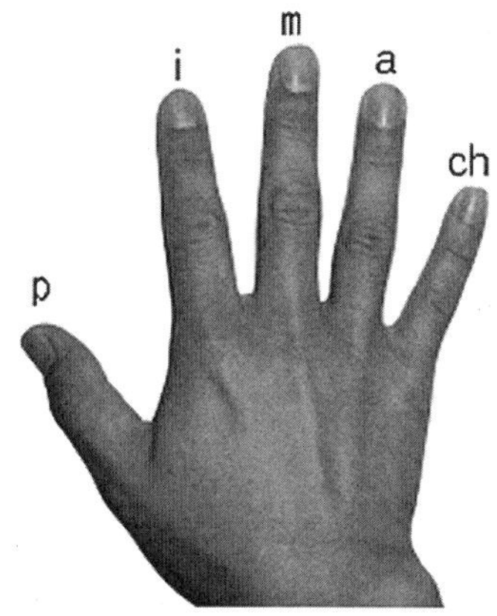

p= pulgar(엄지)
i= indice(집게)
m= medio(가운데)
a= anular(약손)
ch= chico(새끼)

기타를 연주할 때 주로 다음 두 가지 주법을 사용하게 된다. 하나는 손가락을 각각 따로 사용해 줄을 퉁기는 '아르페지오(Arpegio) 주법' 과 다른 하나는 엄지와 검지로 줄을 쳐서 소리내는 '스트로크(Stroke) 주법' 이 있다. 이 주법들은 맨손으로 연주할 수도 있지만, 피크(pick) 라는 삼각형 모양의 채를 가지고 연주하기도 한다. 여기서는 피크가 아닌 손가락만을 가지고 연주하는 방법을 알아보고자 한다.

기타를 연주하는 오른손은 항상 자연스럽고, 힘이 빠져 있어야 한다. 엄지와 검지를 이용하여 주로 스트로크(쳐서 연주하는 방법)하게 되는데, 내리면서 연주하는 Down Stroke는 검지의 손톱이 줄을 퉁기도록 오른손을 눕혀 주어야 하며, 올리면서 연주하는 Up Stroke는 엄지의 손톱이 줄에 닿도록 오른손을 바짝 눕혀 주어야 한다. 손톱이 아닌 손가락의 다른 부분이 기타 줄에 닿게 되면 맑지 않고 둔탁한 소리가 나게 되므로 주의가 요구된다. 오른손 연습을 위해 코드를 집는 왼손은 특정 코드를 잡지 않고, 엄지를 제외한 다른 손가락으로 줄을 가볍게 잡아서 Mute시킨 다음 오른손 연습을 하는 것이 바람직하다.

〈아르페지오로 연주하는 모습〉

〈왼손으로 Mute 시킨 모습〉

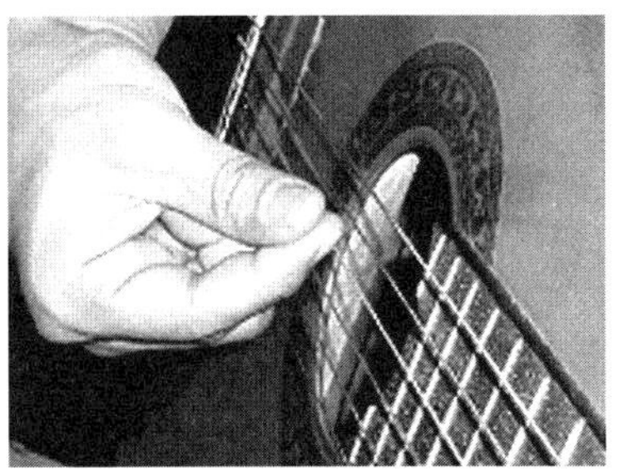

〈내려칠 때 검지손톱이 닿는 모습〉

〈올려칠 때 엄지손톱이 닿는 모습〉

2 왼손 코드변형 ···

오른손이 스트로크나 아르페지오 주법으로 연주하는 동안, 왼손은
코드를 짚어주게 된다. 대개의 경우 한 마디 안에 한 개 이상의 코드
가 사용되게 되며, 코드 2개가 가장 많이 쓰인다. 이때 한 코드에서 다
른 코드로 부드럽게 이어주는 것이 무엇보다 중요한데, 많은 연습이
필요한 부분이다. 만약 다음과 같은 4박자 리듬패턴이 있을 경우 두
가지 방법으로 연습할 수 있다.

〈보기〉

초보자의 경우

초보자의 경우는 한 코드(C)에서 다음 코드(F)로 코드변형을 한다는 것이 쉽지 않다. 따라서 1, 2, 3째 박까지는 왼손으로 C코드를 잡고, 오른손 스트로크로 연주한다. 다음 4번째 박에서는 C코드를 짚었던 왼손을 모두 지판에서 뗀 채로 오른손을 연주하고, 2번째 마디의 첫 박에서는 다시 왼손으로 F코드를 짚고 연주하면 된다. 2마디에서 3마디로 넘어갈 때도 같은 방법으로 코드변형을 시켜주면 된다. 중요한 점은 각 마디 4째 박에서는 왼손을 open시켜주고, 오른손으로 그 다음 박 연주를 시작하기 직전에 코드를 다시 잡아준다는 것이다. 이렇게 하면 맑은 음색을 얻을 수 있다.

중급 이상의 코드변형

초급자 수준의 코드변형이 자유롭게 되면, 좀더 정교한 코드변형이 필요하게 된다. 즉, 초급수준에서는 각 마디의 4번째 박에서 open시켜 주었던 왼손을 떼지 않고, 〈보기〉의 4번과 5번 사이에서 순간적으로 코드를 변형시켜주면 된다. 이 과정이 아주 빠르게 이루어져야 하기 때문에 많은 연습을 필요로 한다.

만약 아래의 경우처럼 한 마디 안에 2개의 코드가 있을 경우는 초심자의 경우 2번과 4번에서 각각 코드 짚었던 손을 지판에서 떼어주어야 하며, 중급 이상 연주자의 경우는 2번과 3번 사이에서 순간적으로 빠르게 코드변형을 해 주어야 한다.

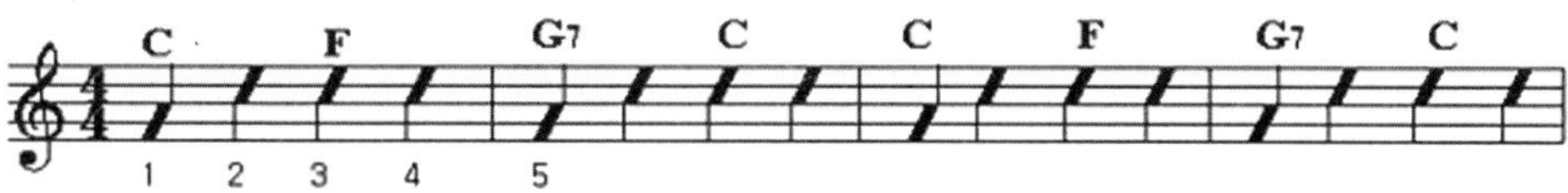

3 스트로크(stroke) 연습 ....

오른손을 이용하여 스트로크를 연습하고자 할 때 염두에 두어야 할 가장 중요한 점은 '타점(打點)'을 맞추는 일이다. '타점'이란 오른손으로 쳐서 부딪히는 부분을 의미한다. 만약 특정한 타점에 대한 감각 없이 아무렇게나 오른손으로 연주한다면 좋은 음색을 얻기 힘들다. 따라서 타점을 살려 연주하기 위해서는 기타 6개 줄을 1, 2, 3번 줄과 4, 5, 6번 줄로 나누어 생각할 수 있어야 한다. 낮은 음정부분인 4, 5, 6번 줄은 주로 코드의 으뜸음(대개는 첫 박)을 연주할 때 주로 사용되고, 높은 음정부분인 1, 2, 3번 줄은 으뜸음을 제외한 나머지 박을 연주하는데 사용된다. 예를 들어, 4박자 곡을 연주할 때 첫 박은 4, 5, 6번 줄을 스트로크하고, 나머지 세 박은 1, 2, 3번 줄을 스트로크 하면 된다.

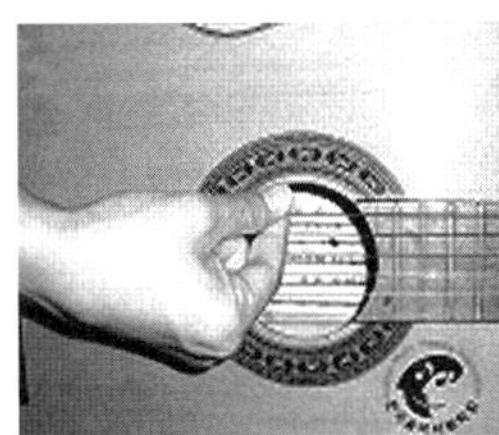

〈다운 스트로크 연주모습〉

〈업 스트로크 연주모습〉

스트로크의 강약구분 ....

각 박자마다 저마다의 셈여림(강약)이 있다. 우리가 학창시절 음악
시간에 배웠던 셈여림과는 약간의 차이가 있다. 각 박자별로 셈여림
을 구분해 보면 다음과 같다.

1. 3 비트 스트로크의 셈여림

2. 4 비트 스트로크의 셈여림

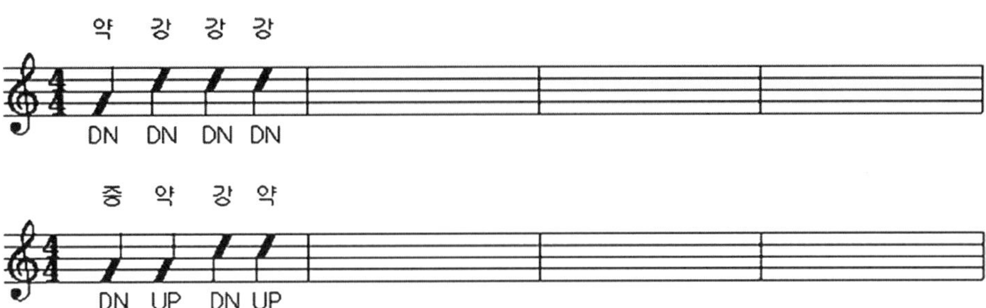

3. 8 비트 스트로크의 셈여림

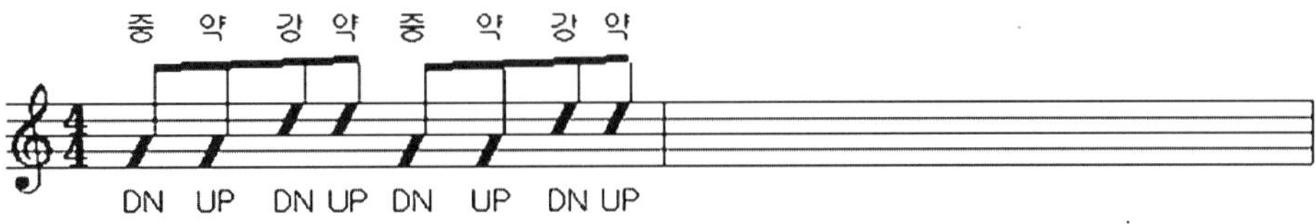

4. 12 비트 스트로크의 셈여림

5 기타 리듬패턴 ....

고고, 슬로우 고고, 슬로우 락, 스윙 등의 기타(guitar) 리듬패턴은 서로 밀접한 관련성을 갖고 있다. 이 가운데서 가장 기본이 되는 리듬패턴은 고고(go go)리듬이다. 고고리듬의 특징은 둘째 박과 넷째 박에 강세가 있고, 스타카토로 끊어서 연주한다(예시곡 : 배따라기의 〈아빠와 크레파스〉, 정광태의 〈독도는 우리 땅〉 등).

〈고고 리듬패턴〉

'고고' 리듬패턴을 여러 가지 형태로 변형하여 새로운 패턴들을 만들 수 있다. 우선, 고고리듬을 좀더 느리고 부드럽게 바꾼 것이 '슬로우 고고(slow gogo)' 리듬패턴이다. 슬로우 고고 리듬은 16비트의 일종이라고 이해하는 것이 좋다. 여기서 16비트라고 해서 반드시 빠른 곡이라는 편견은 갖지 않는 것이 좋다. 왜냐하면 한 마디 안에 박의 수가 많을수록 더욱 정교한 연주가 가능해지기 때문이다. 이 패턴에도 강약이 있지만 고고리듬처럼 끊어지듯 강하지는 않다(예시곡 : 해바라기의 〈사랑으로〉, 김원중의 〈바위섬〉 등).

'칼립소(calypso)' 패턴은 고고리듬에 당김음을 첨가하여 좀더 밝고 경쾌한 분위기를 띤다(예시곡 : 자우림의 〈헤이 헤이 헤이〉). 칼립소 리듬을 손목에 힘을 최대한 빼고 부드러우면서 2배 정도 빠르게 연주하면 '컨츄리(country)' 리듬패턴이 된다.

〈칼립소 리듬패턴〉

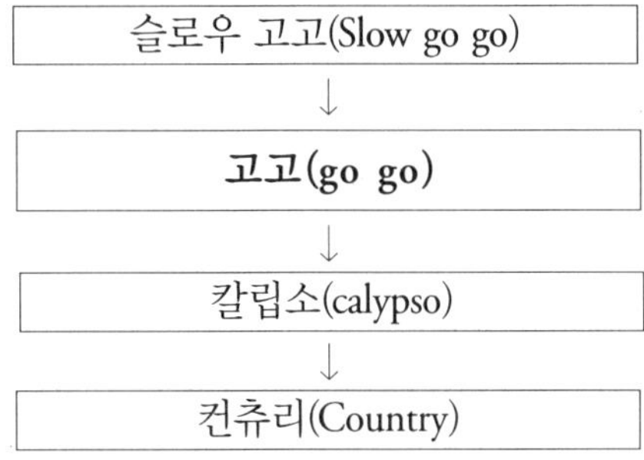

〈리듬변형도 Ⅰ〉

'슬로우 락(slow rock)' 리듬은 3연음(3잇단음표)을 사용하는 느린 곡에서 주로 사용되는 리듬패턴이지만(예시곡 : 양희은의 〈이루어질 수 없는 사랑〉), 3연음의 가운데 박을 생략해서 빠르게 연주하게 되면 '셔플 · 스윙(swing)' 리듬이 된다.

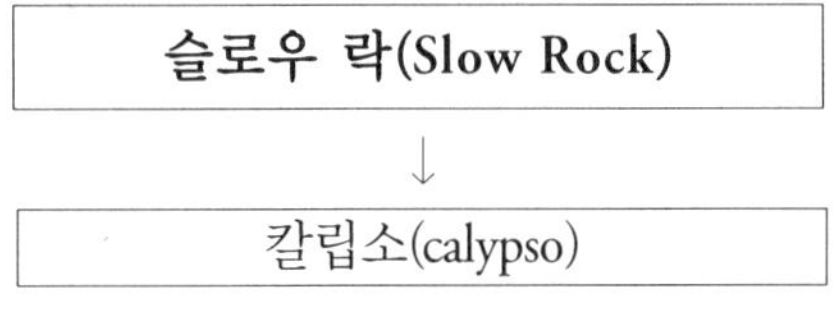

〈리듬변형도 Ⅱ〉

<table><tr><td>1</td><td>왈츠 Walts</td></tr></table>

스트로크

아르페지오

아르페지오

■ 왈츠 리듬의 예시곡

모닥불

<pre>
C   G7   C F   G7
모닥불 피워놓고 마주 앉아서
C   Am Dm   G7
우리들의 이야기는 끝이 없어라
C   G7   C F   G7
인생은 연기속에 재를 남기고
C   Am   Dm   G7
말없이 사라지는 모닥불 같은것
</pre>

```
Am      G7      Dm      G7
타 다가  꺼지는 그 순간까지
C       Am       Dm      G7
우리들의 이야기는  끝이  없어라
```

■ **그 밖의 예시곡**

① 아름다운 것들 – 양희은

② 모닥불 – 박인희

③ 새색시 시집가네 – 이연실

④ 고요한 밤 거룩한 밤 – F. Gruber 곡

⑤ 등대지기 – 영국민요

⑥ 얼굴 – 신귀복 곡

⑦ 하얀 조가비 – 박인희

⑧ 비내리는 영동교 – 주현미

⑨ 홀로 아리랑 – 서유석

2 | 슬로우 고고 Slow Go Go

슬로우 고고(Slow Go Go)리듬은 고고(Go Go)리듬을 좀더 느리고 분화해서 변형시킨 형태의 리듬이다. 따라서 16비트의 일종이라고 생각해도 무방하다.

스트로크

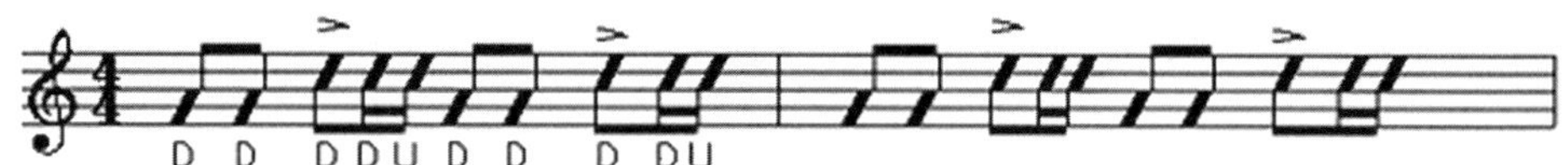

아르페지오1

아르페지오2

■ 슬로우 고고리듬의 예시곡

① 바위섬 – 김원중

② 그댄 봄비를 무척 좋아하나요 – 배따라기

③ 사랑으로 – 해바라기

④ 작은 연인들 – 권태수 · 김세화

⑤ 솔아 솔아 푸르른 솔아 – 안치환

⑥ 나는 못난이 – 버들피리

⑦ 알고 싶어요 – 이선희

⑧ 여자 여자 여자 – 설운도

⑨ 재회 – 하덕규

⑩ 너를 사랑하고도 – 전유나

3 | 고고 Go Go

고고(Go Go)리듬은 8비트의 빠른 곡을 연주하기 위한 기타 연주의 가장 기본이 되는 리듬패턴이다. 고고리듬이 좀더 느리고 정교하게 분화된 것이 슬로우 고고(Slow Go Go)리듬이고, 좀더 밝고 명랑하게 변형된 것이 칼립소(Calypso)리듬이다.

스트로크1

스트로크2

아르페지오

■ **고고 리듬의 예시곡**

① 아파트 – 윤수일　　② 아빠와 크레파스 – 배따라기

③ 독도는 우리땅 – 정광태　　④ 그대여 – 이정희

⑤ 미지의 세계 – 조용필　　⑥ 누구없소 – 한영애

⑦ 새들처럼 – 변진섭　　⑧ 일편단심 민들레야 – 조용필

⑨ 해뜰날 – 송대관　　⑩ 친구야 친구 – 윤복희

⑪ 내가 – 김학래 · 임철은

4 슬로우 락 Slow rock

슬로우 락(Slow Rock)리듬은 3연음으로 구성된 느린 곡을 위한 리듬 패턴이다. 오른손 스트로크는 모두 Down stroke로 하면 된다. 슬로우 락을 빠르게 연주하여 변형시킨 것이 셔플스윙 리듬이다.

스트로크

아르페지오

■ 슬로우 락리듬의 예시곡

① 이루어질 수 없는 사랑 – 양희은

② 사랑해 – 라나에로스포

③ 불씨 – 신형원   ④ 밤배 – 둘다섯

⑤ 만남 – 노사연   ⑥ 친구여 – 조용필

⑦ 빙글 빙글 – 나미   ⑧ 사랑이여 – 유심초

⑨ 아이 러브 유 – 포지션   ⑩ 여자야 – 유현상

⑪ 울면서 후회하네 – 주현미

<table><tr><td>**5**</td><td>## 셔플스윙 Suffle swing</td></tr></table>

셔플스윙(Suffle swing)리듬은 슬로우 락(Slow Rock)을 빠르게 연주하여 변형시킨 형태이다.

스트로크

아르페지오

■ **스윙리듬의 예시곡**

① 연가 – 바블껌

② 남남 – 최성수

③ 개똥벌레 – 신형원

④ 나는 행복한 사람 – 이문세

⑤ 여름 – 징검다리

⑥ 그때 그사람 – 심수봉

⑦ 열아홉 순정 – 이미자

⑧ 당신은 어디 있나요 – 양수경

⑨ 짝사랑(마주치는 눈빛이⋯) – 주현미

트로트(Trot)리듬은 특정한 주법이 따로 있지는 않지만, 대개 아래와
같은 리듬패턴을 많이 사용하게 된다.

스트로크

아르페지오

■ **트로트 리듬의 예시곡**

① 돌아와요 부산항에 – 조용필

② 너무합니다 – 김수희

③ 소양강 처녀 – 김태희

④ 차표한장 – 송대관

⑤ 섬마을 선생님 – 이미자

⑥ 장밋빛 스카프 – 윤항기

⑦ 님 그림자 – 노사연

⑧ 목포의 눈물 – 이난영

⑨ 어디쯤 가고 있을까 – 전 영

⑩ 사랑은 아무나 하나 – 태진아

<table><tr><td># 7</td><td># 칼립소 Calypso</td></tr></table>

스트로크

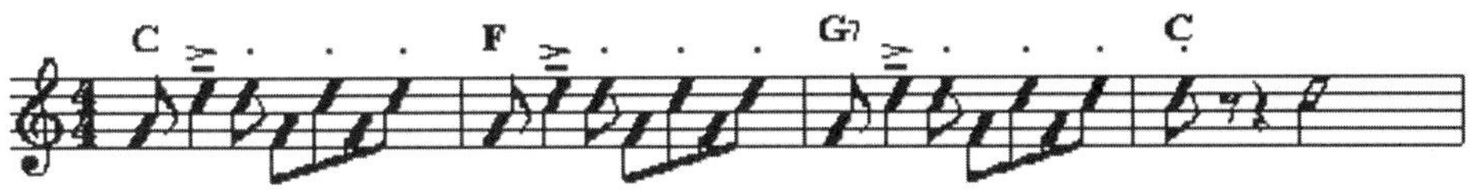

아르페지오

■ **칼립소 리듬의 예시곡**

① 꿈을 먹는 젊은이 – 남궁옥분

② 눈이 큰 아이 – 버들피리

③ 나뭇잎 사이로 – 조동진

④ 토요일 밤(긴 머리…) – 김세환

⑤ 너(낙엽지던…) – 이종용

⑥ 친구(검푸른…) – 김민기

⑦ 헤이 헤이 헤이 – 자우림

8 비긴 Beguine

스트로크

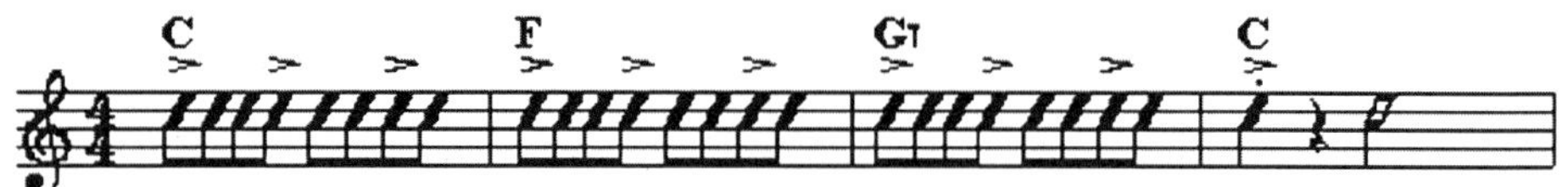

아르페지오

■ **비긴 리듬의 예시곡**

① 비둘기 집 – 이 석

② 눈이 내리네 – 김추자

③ 일어나 – 김광석

DATE :　　　년　월　일

CLASS :

NAME :

(악기명 :　　　　　)

(　　　　　　　)

(　　　　　　　)

(　　　　　　　)

(　　　　　　　)

(　　　　　　　)

(　　　　　　　)

DATE :　　년　월　일

CLASS :

NAME :

(　　　　　)

(　　　　　)

(　　　　　)

(　　　　　)

(　　　　　)

(　　　　　)

(　　　　　)

DATE :　　년　월　일

CLASS :

NAME :

DATE :　　　년　월　일

CLASS :

NAME :

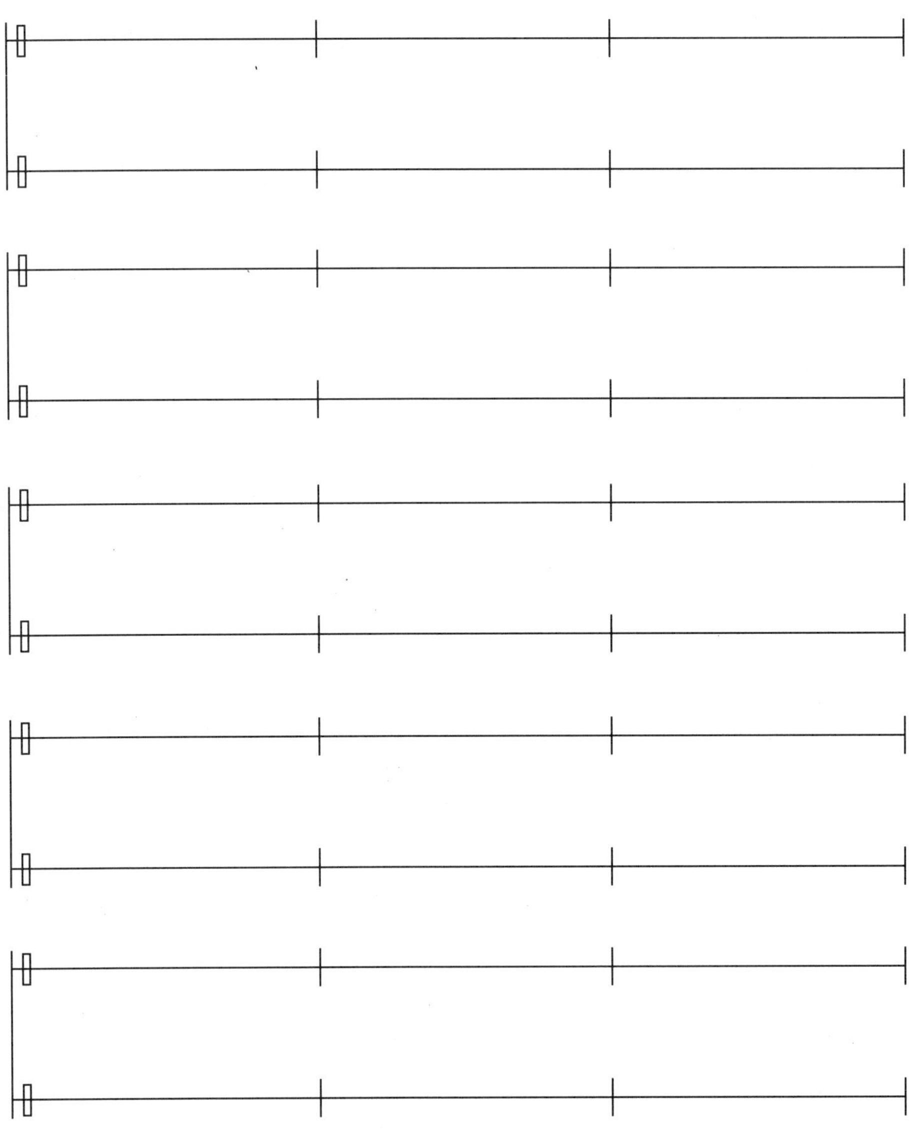

DATE :　　년　월　일

CLASS :

NAME :

DATE :　　년　월　일

CLASS :

NAME :

DATE :　　　년　월　일

CLASS :

NAME :

DATE :　　　년　월　일
CLASS :
NAME :

DATE :　　년　월　일

CLASS :

NAME :

$\frac{4}{4}$

$\frac{4}{4}$

$\frac{4}{4}$

$\frac{4}{4}$

$\frac{4}{4}$

$\frac{4}{4}$

$\frac{4}{4}$

$\frac{4}{4}$

$\frac{4}{4}$

$\frac{4}{4}$

DATE :　　　년　월　일

CLASS :

NAME :

$\frac{4}{4}$

$\frac{4}{4}$

$\frac{4}{4}$

$\frac{4}{4}$

$\frac{4}{4}$

$\frac{4}{4}$

$\frac{4}{4}$

$\frac{4}{4}$

$\frac{4}{4}$

$\frac{4}{4}$

$\frac{4}{4}$

$\frac{4}{4}$

$\frac{4}{4}$

$\frac{4}{4}$

$\frac{4}{4}$

$\frac{4}{4}$

$\frac{4}{4}$

$\frac{4}{4}$

$\frac{4}{4}$

$\frac{4}{4}$

$\frac{4}{4}$

$\frac{4}{4}$

$\frac{4}{4}$

$\frac{4}{4}$

$\frac{4}{4}$

$\frac{4}{4}$

$\frac{4}{4}$

$\frac{4}{4}$

$\frac{4}{4}$

$\frac{4}{4}$

$\frac{4}{4}$

$\frac{4}{4}$

$\frac{4}{4}$

$\frac{4}{4}$

$\frac{4}{4}$

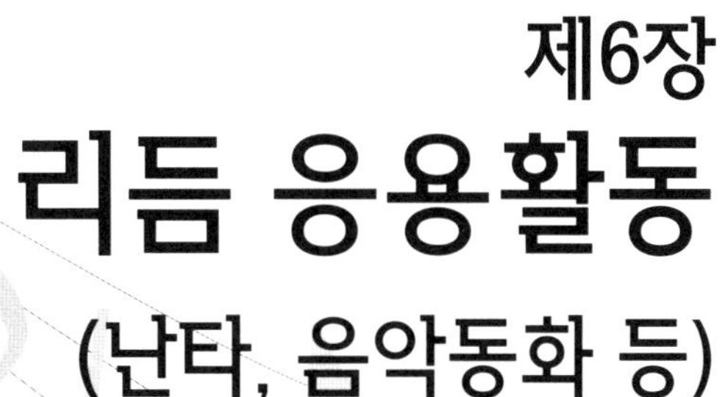

제6장
리듬 응용활동
(난타, 음악동화 등)

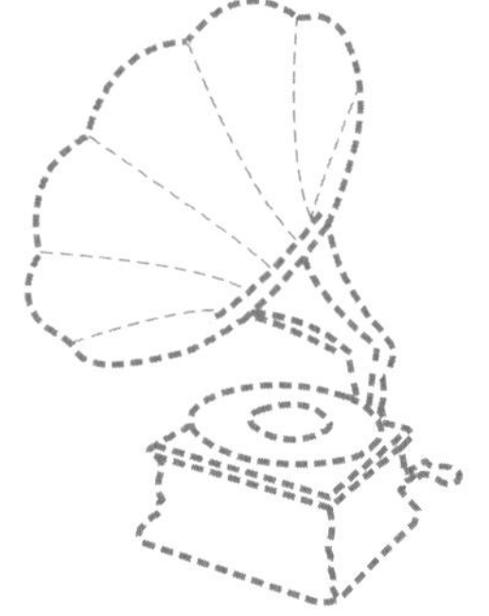

이 장에서는 리듬앙상블을 응용한 활동으로서 '난타', '음악동화', '광고음악 및 로고송' 등을 연주하고 만들어 보는 경험을 해 보고자 한다. 이와 같은 활동들은 음악치료의 여러 장면에서 다양하게 활용될 수 있을 것이다. 특히 '난타'는 난이도를 달리하여 적용한다면 다양한 영역에서 사용될 수 있는데, 가장 중요한 치료목적으로는 '사회교류 기술향상'이나 '집중력 향상' 등을 들 수 있다. '음악동화'는 아동들을 위한 정서순화 및 상상력 증진 등의 목적을 달성할 수 있을 것이다.

타악 앙상블, '난타'

1 난타란?

'난타(Nanta)'란 원래 사물을 무차별적으로 가격하는 것을 의미한다. 그러나 지금은 대한민국의 대표 타악퍼포먼스 가운데 하나로 자리잡았다. 굳이 이 교재에서 '난타'의 구성과 기본 원리, 리듬패턴 등을 다루는 이유는 음악치료현장에서의 타악합주에 대한 패러다임을 좀더 넓혀보자는 의도에서였다.

다음의 내용들은 난타의 기획, 구성내용, 배우구성 등에 대한 것이다. 내용출처는 난타공식홈페이지 자료를 근거로 하였다.

난타 기획 및 구성 ....

1. 남자 3명 + 여자 1명 구성의 난타

전용관, 지방공연, 해외공연에서 이루어지는 기획으로 전용관, 지방
공연, 해외공연에서 행하여지는 기획으로 '난타'의 기본 공연 멤버이
다. 드라마적인 요소가 가장 많이 구성되어 있어 재미있게 즐길 수 있
는 기획이다

2. 남자 2명 + 여자 2명 구성의 난타

이벤트 공연 가운데 가장 파워풀하고 임팩트한 하이라이트 공연으
로 남자와 여자의 조화가 맞기 때문에 배우 구성 자체만으로도 멋있
고 이쁜 타악 퍼포먼스의 진가를 느낄 수 있는 기획이다.

3. 여자 4명 구성의 난타

여자 4명으로 구성된 '난타' 하이라이트 공연으로 똑똑하고 섬세하
면서도 통통 튀면서 섹시한 여배우 4명으로 여배우들의 섹시함의 진
가를 느낄 수 있는 기획이다.

4. 8인 구성의 난타

'난타' 하이라이트 공연 가운데 가장 규모가 큰 기획으로 배우 8명
이 무대에 다 같이 올라가서 연주하는 것으로, 시상식장 같은 큰 곳에
서 많이 진행되었으며, 이는 웅장하면서도 멋있고 파워풀한 기획이
다. 각 구성된 기획과 스텝(무대감독, 소품담당, company 매니저)이
하이라이트 공연 때 함께한다.

5. 난타 따라잡기

'난타' 리듬디렉터가 일반인들이 '난타'의 장단을 배워보고 같이 해
볼 수 있고, 하이라이트 공연도 직접 해 볼 수 있는 기획이다. 이는 기
관이나 단체 특히 청소년단체나 대학교 동아리, 주부 대상의 문화센
터에서 이루어지고 있다.

난타의 구성내용 ....

1) 총 분 량 : 30분 내외

2) 참가인원 : 배우 및 스텝 3명

3) 난타 구성 내용 : 다음은 난타의 일반적인 구성 순서를 나타낸 것
   이다. 그러나 행사의 기획과 의도에 따라 구성이 다소 변경되기
   도 한다.

■ **사물놀이 오프닝 :** 프라이팬, 냄비, 기름통, 자장면 배달통 등 우리의
전통 사물놀이의 음색과 가장 가까운 주방도구를 이용하여 즐기도록 한 사
물놀이 버전이며, 극의 처음부분에 삽입되어 한국적 맛을 살리는 구실을
한다.

■ **스프, 야채씬 :** 요리사들은 서로의 칼솜씨를 자랑한다. 박진감 넘치
는 삼도 설장고 가락을 도마치기로 선사한다.

■ **도마씬 :** 주방을 상징하는 칼과 도마를 이용하여 경쾌한 리듬을 만들
어내고, 극중 요리를 만들어내는 중간과정으로 표현되며 각종 야채 썰기와
배우들의 날렵한 칼 놀림이 볼거리를 제공한다.

■ **관객과 함께 박수 :** 요리사 가운데 가장 우두머리급인 주방장이 무대
중앙으로 나와 관객과 함께 박수장단을 만들어 내며 중간중간 언어가 아닌
의성어, 의태어 등을 이용한 애드립이 관객과 배우를 하나로 만들어 준다.

■ **북 엔딩 :** 주방에서 쉽게 볼 수 있는 소금, 설탕, 고추장, 간장통으로
가장한 한국 전통북을 이용하여 클라이맥스를 장식하며 흥겹고 빠른 템포
로 이어지는 경쾌한 리듬감을 맛볼 수 있다.

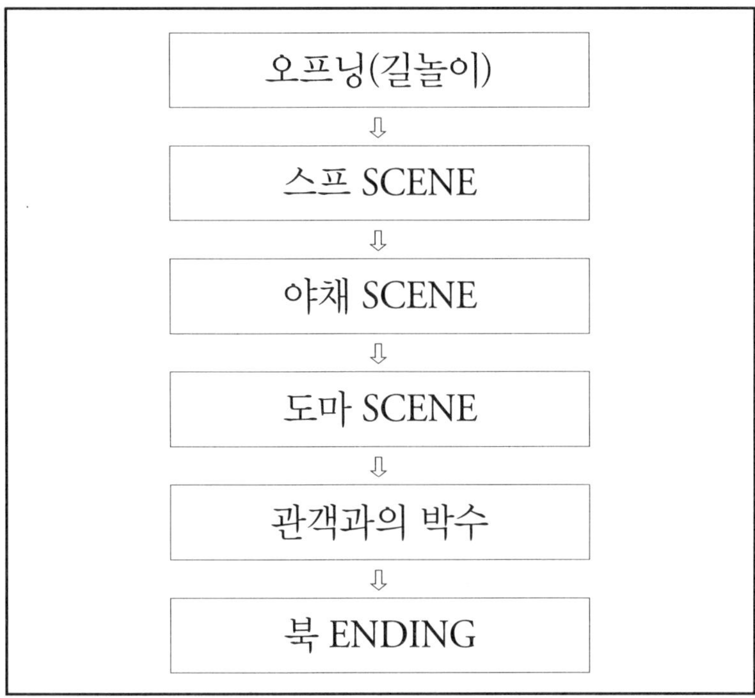

난타의 배우구성

1. 전막공연의 배우구성

HEAD(남), FEMALE(여), SEXY(남), NEPHEW(남).

2. 새로운 배우구성

HEAD(남), FEMALE(여), SEXY(남), NEPHEW(남).

HEAD(남), FEMALE(여), SEXY(여), NEPHEW(남).

지배인, HEAD(여), FEMALE여), SEXY(여), NEPHEW(남).

지배인, HEAD(남), FEMALE(여), SEXY(남), NEPHEW(남).

HEAD(남자 2), FEMALE(여자 2), SEXY(남자 2), NEPHEW(남자 2).

3. 배우 캐릭터 소개

- 지배인 — 심술기가 가득하고 권위적이지만 따뜻한 마음을 지닌 지배인
- 주방장 — 성격이 급하고 소심하지만 인간적인 주방장
- 여자 요리사 — 요리사 가운데 유일한 여성 요리사로 똑똑하고 섹시한 요리사
- 섹시 가이 — 우직하고 다혈질적이며 여자 요리사를 좋아하는 요리사
- 조카 — 매니저의 조카로 요리사를 꿈꾸는 신참내기 요리사로 꾀가 많고 장난기가 심하여 극중 말썽쟁이 요리사

난타공연의 세부 구성내용 ....

아래의 내용은 난타공연에서 실제로 사용되는 세부 구성내용을 난타 홈페이지에서 인용한 것이다. 사용된 악기들 사이의 음색배합에 유념하면서 살펴본다.

1. 서막(Prologue)

- 사용악기 & 도구
  · Head Chef : 놋그릇, 무종, 스틱, 튀김저 2, 바라.
  · Female : 함지박, 박, 놋대야(小), 뭉치스틱 2, 튀김저 2.
  · Sexyguy : 무종, 다듬이, 다듬이채 2, 놋대야(大), 징채, 튀김저.
  · Nephew : 무종, N스틱 2, 항아리북, 튀김저.

물소리와 함께 고요하게 시작되는 도입부이다. 한국 전통의 주방기구를 이용하여 한국적 정서를 느낄 수 있게끔 구성되어 있다. 첫 부분은 웃다리(경기, 충청) 농악의 칠채, 육채를 사용하였고 빨라지는 부분은 사물놀이의 독주와 승무 가락 가운데 자진모리 부분을 사용하여 영남 맺음채로 마무리된다.

2. 시작(Opening)

■ 사용악기 & 도구

· Head Chef : 국자(小) 2, 전골냄비, 나무주걱(小).

· Female : 전골냄비, 긴빗자루, 나무주걱(小), 플라스틱컵 2.

· Sexyguy : 믹싱수저 2, 배달통, 거품기(小), 무쇠프라이팬 2.

· Nephew : 뚫어뻥 2, 석유통, N스틱.

1997년 초연 때 작곡된 곡으로 지금까지 난타의 중요한 테마로 이용되고 있다. 중간 이후 나오는 가락은 별달거리로 시작해 사물놀이의 짝쇠부분으로 마무리된다.

3. 조카(Nephew)

조카가 등장할 때 이용되는 테마로서 2000년 봄에 더 현대적인 느낌으로 수정된 곡이다.

4. 난타의 주제(NANTA Theme)

관객들에게 수프를 시식시킬 때 나오는 곡으로서 아프리칸 비트에 테크노 요소와 월드뮤직 성격이 강하다. 역시 2000년 봄에 만들어졌다.

5. 요리 쇼(Cooking show) A

■ 사용악기 & 도구

· Head Chef : 웍, 구리접시 2, 나무양념통 2, 칼, 포크, 다대스푼, 튀김저 2, 뒤지개, 구리접시 2, 도마테이프, 폴대, 탐(12인치), 프라이팬, 고글.

· Female : 웍, 구리접시 2, 나무양념통 2, 칼, 포크, 집게, 다대스푼, 튀김저 2, 도마테이블, 폴대, 탐(10인치), 팝콘 프라이팬, 고글.

· Sexyguy : 웍, 구리접시 2, 나무양념통 2, 칼, 포크, 집게, 다대

스푼, 튀김저 2, 탐(10인치), 팝콘 프라이팬, 고글.
· Nephew : 팝콘 프라이팬, 국자, 큰웍, 스틱, 도마테이블, 미니북.

요리사들이 실제 요리를 할 때 쓰이는 곡으로 스윙 스타일에 코믹한 요소들이 많이 들어 있고 색소폰, 피아노, 베이스, 기타 등 각 악기의 솔로들을 요리사들의 캐릭터로 묘사하고 있다. 요리사들이 연주하는 가락은 동해안의 푸너리 가락으로, 삼고무의 가락으로 마무리된다.

6. 요리 쇼(Cooking show) B

요리쇼가 끝난 뒤 요리사들이 우왕좌왕하는 상황의 곡으로 펑키하며 코믹한 구성이다.

7. 도마(Doma)

■ 사용악기 & 도구

· Head Chef : 칼, 도마, 도마테이블, 크림수저.
· Female : 칼, 도마, 도마테이블, 크림수저.
· Sexyguy : 칼, 도마, 도마테이블, 산적칼, 크림수저.
· Nephew : 칼, 도마, 도마테이블, 크림수저.

난타의 대표적인 신(Scene)으로서 1997년 초연부터 지금까지 많은 사랑을 받았다. 삼도 설장구의 동살푸리부터 휘모리까지 사용하면서 중간중간에 승무의 가락과 영남의 별달거리, 그리고 대북가락을 이용했다. 강렬하고 폭발적인 느낌을 위해 헤비메탈 사운드와 접목했다. 1997년 작곡.

8. 쿵후(Kungfu)

Sexyguy와 Nephew가 청소하다가 싸우게 되는 에피소드를 그린 곡이며 동양적인 분위기와 긴장감을 묘사했다. 2001년 작곡.

9. 마술(Magic)

주방장(Head Chef)과 매니저의 마술쇼를 위한 곡인데, 수프 음악과
비슷한 구성으로 보다 월드뮤직 성격이 강한 곡이다. 2001년 작곡.

10. 만두(Mandu)

요리사들의 만두 요리로 경쟁을 하는 장면이며 나중에는 관객들이
만두 만들기에 동참한다. 도입부는 기계음으로 과장된 느낌을 주며
아프리칸, 아시안 비트가 섞여 있는 곡이다. 2001년 작곡.

11. 케이크(Cake)

■ 사용악기 & 도구
· Head Chef : 튀김저 2.
· Female : 튀김저 2.
· Sexyguy : 튀김저 2.
· Nephew : 튀김저 2.

케이크를 만들어 완성되기를 기다리는 신을 묘사했다. 영남의 반길
군악을 사용하면서 장구놀이의 후두둑 가락을 이용했다. 2000년 작곡.

12. 6시(6 O'clock)

6시! 급박하면서도 코믹한 상황의 곡으로 트리팝 테크노 스타일이
다. 2000년 작곡.

13. 삼고무(Samgomu)

■ 사용악기 & 도구

· Head Chef : 고무통, 석유통, 생수통, 스틱.

· Female : 고무통, 석유통, 생수통, 스틱.

· Sexyguy : 고무통, 석유통, 생수통, 스틱.

· Nephew : 고무통, 석유통, 생수통, 스틱.

오프닝 테마와 같은 구성이며 난타의 마무리를 시작하는 도입부이
다. 강렬한 느낌의 락스타일로서 97년 작곡.

14. 마무리(Ending) A

■ 사용악기 & 도구

· Manager : 북(大), 북채.

· Head Chef : 미제통, 스틱.

· Female : 미제통, 스틱.

· Sexyguy : 북(中), 북채.

· Nephew : 북(中), 북채.

다 함께 흥겹게 노는 신으로 97년부터 지금까지 공연에선 락 스타일
이었으나 이번 음반에선 테크노 패턴에 국악기를 사용한 새로운 버전
으로 선보인다. 북연주는 장구 가락과 승무 가락을 주고받으며 대북
가락을 사용했고 서양적인 느낌도 다소 가미했다. 97년 작곡.

15. 마무리(Ending) B

난타의 대미를 장식하는 곡으로서 구성은 엔딩 A와 동일하다. 97년
작곡.

16. 앙코르(Encore)

앙코르 시 사용되는 음악이다. 실제 공연보다 길게 재구성되었다.

17. 앙코르(MR)

앙코르의 반주곡으로 누구나 난타 배우가 될 수 있도록 보너스로 수록한 곡이다.

18. 준비되었나(Are you ready)?

공연 시작과 끝난 뒤에 사용되는 배경음악. 원래는 20분이지만 4분 가량으로 재편집했다. 아프리카, 인도 리듬에 가야금과 일렉트로 사운드를 가미한 곡으로 난타의 분위기를 고조시키는 역할을 하는 곡이다. 97년 작곡.

19. 도마 라이브 버전(Doma Live version)

실제 라이브 버전으로 공연 실황의 현장감을 기억할 수 있도록 보너스 트랙으로 삽입했다.

난타의 실제

난타를 실제로 하려면 양손으로 스틱을 잡고 북을 치는, 이른바 드럼치기 연습을 많이 해야 한다. 다음에 제시되는 난타 기본 리듬패턴들을 여러 가지 형태로 잘 조합하면 훌륭한 난타곡을 완성할 수 있을 것이다. 또한 다양한 악기들의 음색조합을 고려하여 구성해 보면 더욱 훌륭한 난타곡이 될 수 있다.

1. 난타 악보 설명

난타를 악보에 기보하는 방법은 여러 가지 형태가 있을 수 있겠지만, 가장 많이 사용하는 방법은 오선부 또는 리듬악보에 기보하는 방법일 것이다. 그러나 다음에 제시된 정간보(井間譜) 형식의 악보는 초보자들을 위해 알아보기 쉽게 고안된 것이다. 우선, 일정하게 나누어진 칸 하나는 한 박자를 의미하고, 총 4개가 한 단위로 되어 있으므로 4박자 형태의 곡임을 알 수 있다. '번호'는 연주순서를 나타낸 것이며, '비고'란 해당 번호의 리듬패턴을 몇 번 반복해야 할지, 어떻게 연주해야 할지, 어떤 악기로 연주해야 할지를 알려준다. 특별한 지시가 없는 한 양손으로 연주하는데, 기본이 되는 4칸 가운데 첫째 칸은 오른손으로, 둘째 칸은 왼손으로, 셋째 칸은 오른손으로, 넷째 칸은 왼손으로 연주한다. 또한 리듬, 강세, 주법의 구분은 다음의 기호를 사용하여 나타낸다.

번호	실제 연주 및 설명							비고
1	◉	○	○		◉	○	◆	◆	북(P)
	R	L	R	L	R	L	R	L	

〈난타악보 예시자료〉

기호	설명
◉	이 표시는 북의 중간 부분을 큰 소리가 나게 치라는 표시이다(크게 치기).
○	이 표시는 북의 중간 부분을 작은 소리가 나게 치면 된다(작게 치기).
◆	이 표시는 북의 태 부분을 치라는 표시이다(태치기).
■	이 표시는 두 손으로 북의 중간 부분을 동시에 강하게 치라는 의미이다(양손치기).
빈칸	이 표시는 연주하지 말라는 표시이다.
P	여리게 연주하라는 표시이다.
F	세게 연주하라는 표시이다.
P-F	한 줄을 반으로 나누어 앞부분은 '여리게', 뒷부분은 '세게' 연주하라는 의미이다.
P-F-P-F	첫째, 셋째 마디는 여리게 연주하고, 둘째 넷째 마디는 세게 연주하라는 의미이다.
×2	이 표시는 2번 반복하라는 의미이다.

〈난타악보 상의 기호 설명〉

2. 난타 기본 리듬패턴

아래 제시된 여러 형태의 리듬패턴들은 실제 사용할 수 있도록 구성된 것이다. 자신의 수준에 맞게 빠르기를 달리하여 연습하도록 한다. 처음에는 조금 느린 템포로 연습하는 것이 바람직하며, 숙달이 되면 좀더 빠른 템포로 해 본다. 초심자들이 유의할 점은 템포가 수시로 바뀐다는 점인데, 연주 도중에 템포가 흔들리는 것을 막기 위해 소리 내어 템포를 세며 연주한다거나, 숙달되면 마음속으로 템포를 세면서 연주하면 된다. 메트로놈으로 ♩= 60~200까지 훈련하는 것을 권한다.

■ 난타 기본 리듬패턴 A

번호	실제 연 주 및 설 명																비고
1	●	○	○	○	●	○	○	○	●	○	○	○	●	○	○	○	
2	●	○	○	○	●	○	○	○	●	○	○	○	●	○	○	○	
3	○	●	○	○	○	●	○	○	○	●	○	○	○	●	○	○	
4	○	●	○	○	○	●	○	○	○	●	○	○	○	●	○	○	
5	○	○	●	○	○	○	●	○	○	○	●	○	○	○	●	○	
6	○	○	●	○	○	○	●	○	○	○	●	○	○	○	●	○	
7	○	○	○	●	○	○	○	●	○	○	○	○	○	○	○	●	
8	○	○	○	●	○	○	○	●	○	○	○	○	○	○	○	●	

■ 난타 기본 리듬패턴 B

번호	실제 연 주 및 설 명																비고
1	○	○	○	○	○	○	○	○	○	○	○	○	○	○	○	○	
2	●	●	●	●	●	●	●	●	●	●	●	●	●	●	●	●	
3	○	○	○	○	○	○	○	○	○	○	○	○	○	○	○	○	
4	●	●	●	●	●	●	●	●	●	●	●	●	●	●	●	●	
5	○	○	○	○	○	○	○	○	○	○	○	○	○	○	○	○	
6	●	●	●	●	●	●	●	●	●	●	●	●	●	●	●	●	

■ 난타 기본 리듬패턴 C

번호	실제 연주 및 설명																비고
1	◉																P
2	◉																P
3	◉								◉								F
4	◉								◉								P
5	◉				◉				◉				◉				F-P
6	◉				◉				◉				◉				F-P
7	◉		◉		◉		◉		◉		◉		◉		◉	◉	점점 세게
8	◉	◉	◉	◉	◉	◉	◉	◉	◉	◉	◉	◉	◉	◉	◉		점점 여리게

■ 난타 기본 리듬패턴 D

번호	실제 연주 및 설명																비고
1	◉	○	○	○	○	○	○	○	○	○	○	○	○	○	○	○	×2번
2	◉	○	○	○	○	○	○	○	◉	○	○	○	○	○	○	○	×2번
3	◉	○	○	○	◉	○	○	○	◉	○	○	○	◉	○	○	○	×2번
4	◉	○	○	○	○	◉	○	○	◉	○	○	○	○	◉	○	○	×2번
5	◉	○	○	○	○	○	◉	○	◉	○	○	○	○	○	◉	○	×2번

■ 난타 기본 리듬패턴 E

번호	실제 연주 및 설명																비고
1	◉	○	○	◉	○	○	◉	○	◉	○	○	◉	○	○	◉	○	
2	◉	○	○	◉	○	○	◉	○	◉	○	○	◉	○	○	◉	○	
3	◉	○	○	◉	○	○	◉	○	○	◉	○	○	◉	○	○	◉	
4	◉	○	○	◉	○	○	◉	○	○	◉	○	○	◉	○	○	◉	

■ 난타 기본 리듬패턴 F

번호	실제 연주 및 설명																비고
1	◉	○	○	○	◉	○	○	○	◉	○	○	○	◉	○	○	○	
2	◉	○	○	○	◉	○	○	○	◉	○	○	○	◉	○	○	○	
3	◆	○	○	○	◆	○	○	○	◆	○	○	○	◆	○	○	○	
4	◆	○	○	○	◆	○	○	○	◆	○	○	○	◆	○	○	○	
5	◉	○	○	○	◉	○	○	○	◉	○	○	○	◉	○	○	○	
6	◆	○	○	○	◆	○	○	○	◆	○	○	○	◆	○	○	○	
7	◉	○	○	○	◆	○	○	○	◉	○	○	○	◆	○	○	○	
8	◉	○	○	○	◆	○	○	○	◉	○	○	○	◆	○	○	○	
9	◉	○	◆	○	◉	○	◆	○	◉	○	◆	○	◉	○	◆	○	
10	◉	○	◆	○	◉	○	◆	○	◉	○	◆	○	◉	○	◆	○	

■ 난타 기본 리듬패턴 G

번호	실제 연주 및 설명															비고
1	◉	○	○	◉	○	○	◉	○	◉	○	○	◉	◉		◉	
2	◉	○	○	◉	○	○	◉	○	◉	○	○	◉	◉		◉	
3	○	◉	○		○	◉	○		○	◉	○		■		■	
4	○	◉	○		○	◉	○		○	◉	○		■		■	■:양손치기
5	○	◉	○	◉	○	◉	○	◉	○	◉	○	◉	◉		◉	
6	○	◉	○	◉	○	◉	○	◉	○	◉	○	◉	◉		◉	
7	○	○	○	○	○	○	○	○	○	○	○	○	○	○	○	점점 세게
8	◉		◉		◉		◉		○	◉	○	◉		■	■	

■ 난타 기본 리듬패턴 H

번호	실제 연주 및 설명																비고
1	◎	◎	◎	◎	◎	◎	◎	◎	◎	◎	◎	◎	◎	◎	◎	◎	
2	◎	◎	◎	◎	◎	◎	◎	◎	◎	◎	◎	◎	◎	◎	◎	◎	

■ 난타 기본 리듬패턴 I

번호	실제 연주 및 설명																비고
1	○	○	○		○	○		○	○		○	○		○	○	○	
2	○	○	○		○	○		○	○		○	○		○	○	○	
3	○	○		○	○	○		○		○		○	○		○		
4	○	○		○	○	○		○		○		○	○		○		
5	○			○	○		○		○			○	○		○		
6	○			○	○		○		○			○	○		○		
7	○			○			○			○		○					
8	○			○			○			○		○					

■ 난타 기본 리듬패턴 J

번호	실제 연주 및 설명																비고
1	◎	○	○	◎		○	○	◎	◎			◎	◎	◎	◎		
2	◎	○	○	◎		○	○	◎	◎			◎	◎	◎	◎		
3	◎	○	○	◎		◎	○	◎	◎	○	○	◎		○	○	◎	
4	◎	○	○	◎		○	○	◎	◎	○	○	◎		○	○	◎	
5	◎	○	○	◎	○	○	○○	○○	◎	○	○	◎	○	○	○○	○○	
6	○	○	○	○	○	○	○	○	○	○	○	○	◎		◎		점점 세게
7	○	○	○	○	○	○	○	○	○	○	○	○	◎		◎		점점 세게

■ 난타 기본 리듬패턴 K

번호																	비고
	실 제 연 주 및 설 명																
1	◉	○	○	◉	○	○	◉	○	◉	○	○	◉	○	○	◉	○	
2	◉	○	○	◉	○	○	◉	○	◉	○	○	◉	○	○	◉	○	
3	◉	○	○	◉	○	○	◉	○	○	◉	○	○	◉	○	○	◉	
4	◉	○	○	◉	○	○	◉	○	○	◉	○	○	◉	○	○	◉	

■ 난타 기본 리듬패턴 L

번호	실 제 연 주 및 설 명																비고
1	○	○	○	○	◉	○	○	○	○	○	○	○	◉	○	○	○	숙달되면
2	○	○	○	○	◉	○	○	○	○	○	○	○	◉	○	◉	◉	매우 빨리
3	○	○	○	○	◉	○	○	○	○	○	○	○	◉	○	○	○	연주해본다.
4	○	○	○	○	◉	○	○	○	○	◉	○	◉	◉	○	○	○	

■ 난타 기본 리듬패턴 M

번호	실 제 연 주 및 설 명																비고
1	◉	○	○	○	○	○	○	○	○	○	◉	○	○	○	○	○	
2	◉	○	○	○	○	○	○	○	○	○	◉	○	○	○	○	○	
3	◉	○	○	○	○	◉	○	◉	◉	○	○	○	○	○	○	○	
4	◉	○	○	○	○	◉	○	◉	◉	○	○	○	○	○	○	○	
5	◉	○	◉	◉	○	◉	○	◉	◉	○	○	○	○	○	○	○	
6	◉	○	◉	◉	○	◉	○	◉	◉	○	○	○	○	○	○	○	
7	◉	○	○	○	○	○	◉	○	◉	○	○	○	○	○	◉	○	
8	◉	○	○	○	○	○	◉	○	◉	○	◉	◉	◉	◉	◉	◉	

3. 난타 실제 예시곡

아줌마 난타

김 종 인

composed 2003

기호설명 : ⦿ 크게 치기, ○ 작게 치기, ◆ 태치기, 빈칸은 연주하지 않음

번호	실제연주 및 설명								비고	
1	⦿				⦿				북	
2	⦿		⦿		⦿		⦿			
3	⦿	⦿	⦿	⦿	⦿	⦿	⦿	⦿		
4	⦿○○○		⦿○○○		⦿○○○		⦿	⦿	×2	모두
5	⦿○○○		⦿	⦿	⦿○○○		⦿	⦿	×2	//
6	○○○○		○○○○		○○○○		⦿	⦿	×2	//
7	⦿○○○		⦿○○○		⦿○○○		⦿	⦿	×1	북 종류
8	⦿○○○		⦿○○○		⦿○○○		⦿	⦿	×1	쇠 종류
9	⦿○○○		⦿	⦿	⦿○○○		⦿	⦿	×2	모두
10	○○○○		○○○○		○○○○		⦿	⦿	×2	//
11	7~10번을 한 번 더 반복한 다음,								×1	
12	○⦿○		○⦿○		○⦿○		⦿	⦿	×2	모두
13	야－－ 하－－하－				－⦿	⦿⦿	⦿	헤이	×1	크게

※ 북소리 종류 악기: 쓰레기통, 마포걸레, 의자, 플라스틱 음료수병

※ 쇠소리 종류 악기: 양동이, 숟가락, 징, 냄비 뚜껑, 숟가락 또는 주걱, 대야

음악동화

    '음악동화(music fable)'는 음악극(music drama)과는 다른 개념의 음악활동이다. '음악극'은 일반적으로 내용이 있는 한편의 드라마를 춤과 노래를 통해 관객들에게 보여주는 음악활동인 반면, '음악동화'는 무대 위에서 이리 저리 걸어 다니지 않고 교훈이 되는 이야기 내용을 노래와 악기연주로 표현하는 음악활동이라고 설명할 수 있다. 물론 이 두 가지 형태가 특정한 이야기를 소재로 하고 있다는 면에서 공통점이 있지만, 음악동화는 음악극보다 좀더 어린이에게 초점이 맞춰진 동화적 성격이 강하다는 데에 차이점이 있다. 또한 '연기'보다는 '노래'를 위주로 하는 활동이라는 점이 음악동화의 가장 큰 특징일 것이다. 다음은 음악동화의 여러 가지 변형 및 예시 곡들이다.

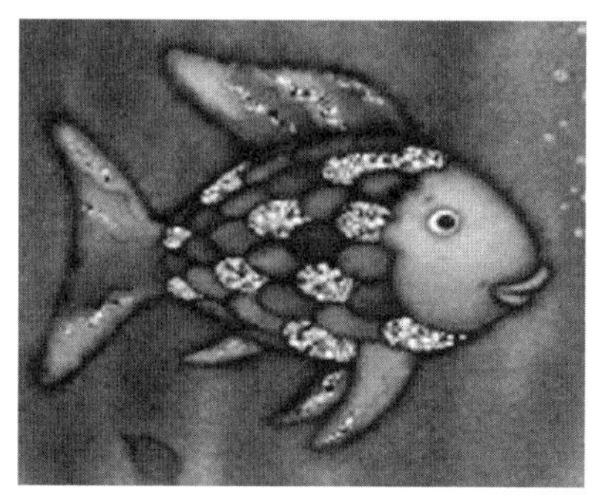

1 시를 위한 연주 ·······························

치료시는 굳이 음악동화를 만들지 않더라도 기존의 시나 동시를 소재로 해서 악기합주를 할 수 있다. 방법은 다음과 같다. 1)시의 소재와 내용을 파악하고 2)그 특성에 따라 악기를 짝지은 다음, 3)연주자를 선정한다. 4)구연자가 시를 읽으면 내담자 자신이 맡은 시의 특정부분에서 자유롭게 연주해 가면 된다.

시	연주방법
손 석비아 꾸욱, 비 오는 날 손들은 모두 세상을 그린다.	■ 1연 오션 드럼, 윈드챠임, 실로폰
뽀얗게 핀 창문에 찍힌 자욱 사이로 파랗게 건넛산이 들어 있다.	■ 2연 핑거 심벌즈, 리듬 막대
하나, 둘. 별이 뜨는 날 손들은 모두 별을 만든다.	■ 3연 트라이앵글, 리코더, 메탈로폰, 캐스터네츠, 리듬막대, 우드블록
까만 하늘에 대고 하나 둘 세면 고 자리에 살짝 별이 돋는다.	■ 4연 윈드챠임, 트라이앵글, 럭, 귀로
투닥투닥, 친구와 싸운 날 손들은 모두 우정을 숨긴다.	■ 5연 우드블록, 큰북, 방울띠, 핸드드럼, 캐스터네츠
친구 손이 살짝 내 손을 잡을 때 한줌 우정이 톡 튀어나온다. (《새얼문예》16-초등5, 6학년부 시 부문 장원)	■ 6연 메탈로폰, 실로폰

　치료사들은 여러 명의 내담자들과 함께 다양한 악기를 활용하여 동화를 연주할 수 있다. 동화를 위한 연주방법은 다음과 같다. 우선, 1)동화의 내용과 소재를 면밀히 파악한 다음, 2)적절한 악기를 선정한다. 3)동화 속 소재와 악기를 서로 짝을 지은 다음 4)연주자를 선정하게 된다. 5)동화구연자가 동화를 천천히 읽어 나가면 연주자들은 자신의 소재와 짝을 이루는 동화 속 소재가 읽혀질 때마다 자유롭게 연주하면 된다.

동 화	연주방법
아기 다람쥐와 너구리 　커다란 밤나무에 달려있던 밤이 다 익어서 땅에 툭 떨어졌어요. 밤나무 밑에서 놀고 있던 아기 다람쥐가 밤을 주웠어요. 　"와아! 밤이 크고 맛있게 생겼다. 집에 가지고 가서 가족들하고 함께 나누어 먹어야지." 　아기 다람쥐는 여기저기에서 맛있게 익은 밤들을 주워 모았어요. 　그때 너구리가 나타났어요. 　"저기 꼬마 다람쥐가 있구나. 얼른 가서 잡아먹어야지." 　너구리는 열심히 밤을 줍고 있는 다람쥐 뒤로 가서, 다람쥐를 꽉 붙잡았습니다. 　"으악!" 　"너, 나한테 잘 걸렸다! 배가 고프던 참인데 잘 됐어. 너를 잡아먹어야겠다." 　다람쥐는 깜짝 놀랐어요. 그리고 겁이 났어요. 어떻게 해야 할지 몰랐어요. 　"아니! 이것들은 밤이잖아. 잘 됐다. 이 밤들도 내가 빼앗아 먹어야지." 　그때 다람쥐한테 지혜가 생겼어요. 그리고 침착하게 말을 했어요. 　"너구리 아저씨! 밤을 불에 구워먹으면 아주 맛있어요." 　"불에 구워먹는다고? 정말 맛있니?" 　"네, 정말 맛있어요." 　"어떻게 굽는 건데." 　"제가 가르쳐 줄께요." 　아기 다람쥐는 나뭇가지에 불을 붙이고, 그 불 위에 넙쩍한 돌을 얹어놓았어요. 그 돌은 점점 뜨거워지기 시작했어요. 아기 다람쥐는 그 돌 위에 밤들을 올려놓았어요.	

동 화	연주방법
"너구리 아저씨. 조금 있으면 이 밤들이 더 커지면서 맛있게 익어요. 점점 더 커지니까. 아주 커진 다음에 먹으면 돼요." "이 밤들이 더 커진다고? 그것 참 신기하네. 그러면 나머지 밤들도 더 얹어 놔. 모두 커지게 한 다음에 많이 먹게." 돌이 점점 뜨거워졌어요. 돌 위에 있는 밤들도 익으면서 점점 팽창하여 커지고 있었어요. 구수한 냄새가 풍겨 나왔어요. "음, 냄새 좋다. 와아! 정말 밤이 커지네. 너 이런 거 어디에서 배웠니?" "책에서 배웠어요. 여기 이 밤 좀 보세요. 아까보다 훨씬 더 커졌죠?" "정말 이것이 제일 커졌네." 너구리는 신기해서 자세히 보려고 눈을 가까이 대고, 그 밤을 쳐다보았어요. 그때 '펑' 하고 밤이 터졌어요. 밤을 불에 구우면 뜨거운 열 때문에 밤껍질이 팽창합니다. 밤껍질이 팽창하다가, 압력이 너무 세지면 밤껍질이 폭탄처럼 터집니다. "펑!" "으악!" 밤껍질이 터지면서 너구리의 눈에 맞았어요. "아이고! 아이고! 아퍼!" 너구리는 너무 아파서 눈을 감싸고 뒹굴었어요. 아기 다람쥐는 재빨리 도망쳤어요. 아기 다람쥐는 지혜를 써서, 위기를 벗어날 수 있었어요. 너구리의 눈 주위가 꺼멓게 보이는 것은 이때 밤껍질에 얻어맞아서 그렇다고 합니다.	

3 음악동화

다음은 음악동화의 실제 예시자료들이다.

1. 피터와 늑대

이 곡은 러시아 작곡가 세르게이 프로코피예프(Sergej Sergejewitsch Prokofjew)가 작곡한 대본 낭독이 삽입된 관현악곡(작품 67)이다. 1936년 작곡되어 그해 5월 모스크바관현악단의 '어린이를 위한 연주회'에서 초연해 큰 성공을 거두었다. 어린이들을 관현악음악과 친숙하게 하려는 목적으로 작곡되었으며, 대본도 작곡자 자신이 썼다. 작곡자 자신은 '내레이터와 관현악단을 위한 교향적 이야기'라 불렀다. 내용은 러시아동화에 나오는 용감한 소년 피터가 기지를 발휘하여 늑대를 생포하기까지의 이야기이다. 연주 사이사이에 낭독을 넣어 이야기를 전개하며 피터는 바이올린, 늑대는 호른, 새는 플루트 등 각 등장인물마다 어울리는 악기를 배정하여, 각 악기의 특성과 전체적인 관현악곡의 구성을 이해할 수 있도록 하였다. 효과적인 관현악 편성과 솜씨 있는 주제 구성으로 전세계에서 연주되고 있다. 소프라노 조수미가 최근 오케스트라와 함께 이 곡을 낭송해서 더욱 관심을 낳고 있다.

2. 무지개 물고기

‘무지개 물고기’는 마르쿠스 피스터(Marcus Pfister)가 글과 그림을 그린 동화로서 파랑, 초록, 자주색 비늘을 가진 무지개 물고기가 찬란한 자신의 비늘을 뽐내다가 물고기 무리로부터 소외를 당하자 비늘을 하나씩 뽑아주게 된다. 그러자 자신의 비늘을 하나씩 뽑아줄 때마다 하나씩 친구가 생겨나게 되고 더욱 더 행복하게 된다. 세상의 모든 것은 나눌수록 기쁨이 커진다는 것을 알려주는 내용이다. 여기에 음악치료사 김혜영(2001)이 작곡한 곡으로서 기존의 아름다운 동화 ‘무지개 물고기’에 곡과 악기편성을 한 작품이다. 사용된 악기에는 우드블록, 윈드챠임, 실로폰, 쾌이어챠임, 레인스틱 등이 있다(예시곡 참조, 작곡자에게 허락을 받아 전곡을 게재함).

3. 아낌없이 주는 나무

쉘 실버스타인(Shel Silverstein)의 명작동화 《아낌없이 주는 나무》는 헌신적인 나무와 철부지 소년과의 아름다운 이야기이다. 미국 놀도프라빈스(Nordoff Robbins) 연구소에서는 프로젝트의 일환으로 이 동화를 음악동화로 재탄생시켰다. 즉, 아이와 나무의 아름다운 사랑이야기를 그린 감동적인 동화 《아낌없이 주는 나무》에 곡을 붙이고 악기를 편성한 것이다. 이 곡에 사용된 악기는 쾌이어챠임, 실로폰, 윈드챠임과 두 명의 목소리이다.

4. 노란 우산

《노란 우산》은 글씨 없이 그림만 있는 그림동화책이다. 책을 읽으며
함께 들을 수 있는 우산을 수재로 한 피아노곡과 노래는 더욱 감동을
더해 준다. 이 동화를 지은 류재수는 국내에서보다 해외에서 더 인기
를 누리는 그림책 작가이다. 빗길을 걷는 형형색색 우산들의 말없는
몸짓이 인상적인 《노란 우산》은 국제어린이도서협의회(IBBY)에서 지
난해 '창립 50주년 프로젝트'의 일환으로 엄선한 '50년 총산 세계의 어
린이 책 40권'(Bests of Bests 40)에 뽑히기도 했고, 세계 어린이책의 판
도를 좌우한다는 '뉴욕타임스 올해의 우수 그림책 10권'에 선정되기도
했다.

무지개 물고기

마르쿠스 피스터 글/김혜영 작곡

Wood block은 낮은 음역부터 연주함
Wind chime은 노래나 대사가 끝난 뒤 연주함.

PERC.
PNO.
물 고 기 는 온 바 다 에 서 가__장 아 름 다 웠 네 그 어 느 물 고 기 보 다 더__
파__랑 초__록 자 주 빛 비 늘 사 이 로 박 혀 있 는 은 비 늘 때 문 에
ALLEGRO MODERATO ANIMATO E SWING ♩= 110
WOOD BLOCK
다 른__물 고 기 들
mf

22
PERC.
PNO.
도 우 우 그 물 고 기 가 너 무 예 뻤 다 네
25
CHOIR CHIME
무 지 개 물 고 기 라 고 부 르 며 놀 자 고 했 지 "무 지 개 물 고 기 야
28
RIT.
우 리 와 함 께 놀 자!" 하지만 무지개 물고기는 대꾸도 없이 잘난채 하며 휙 지 나 가 버 렸 지

WIND CHIME
ALLEGRO MODERATO ANIMATO E SWING
WOOD BLOCK
PERC.
RIT.
PNO.
비늘을 반 짝 이 면 서
어 느_날 파 란 물 고 기 한 마 리 가
무 지_개 물 고 기_를
CHOIR CHIME
뒤 따 라 왔 네
"무 지 개 물 고 기 야 반 짝 이 비 늘 이 멋 지 구 나

WIND CHIME
너에겐비늘이많으니 나에게비늘하나만주겠니?"
무지개 물고기는 소리를 버럭 질렀어
"내가 가장 아끼는 건데 널 달라고?
네가 뭔데 그래? 저리비켜!"
RIT.
LAMENTO E SWING
WOOD BLOCK
파란꼬_마물고기_는 너무나 속상했지 그래서친구들에게이일을
TEN. SEMPRE

CHOIR CHIME
모 두 말 했 다 네   그 후 론 아 무 도 그 물 고 기 와
놀 려 고 하 지 않 았 네   무 지 개 물 고 기 가 다 가 오 면
WIND CHIME
ANDANTE DOLCE E AMABILE
METALLOPHONE
RIT.
모 두 들 자 리 를 피 했 네   오 아 무 도 감 탄 해 주 지
mf

앞___는데___눈부신 반짝이 비늘이 무슨 소용 있겠어 이제
무 지 개 물 고 기 는 온 바 다 에 서 가___장 쓸___쓸 한 물 고 기 가
되 어 버 렸 지 무 지 개 물 고 기 는 불 가 사 리 아 저 씨 에 게

고 민 을 털 어 놓 았 지

"나는 정말로 예쁘잖아요.
그런데 왜 아무도 나를
좋아하지 않는 걸까요?"

METALLOPHONE

불가 사 _리아 저씨가 말했어요 "나 는 너의 물음에 해줄말이 없_구나_

산호초 뒤에있 는 동굴에 가 면 문어할머니를만 날 수_

81
PERC.
PNO.
있__을꺼야   어쩌면___   문어할머니가 도__와 주실꺼__야
84
MODERATO CALMATO ♩=95
RAIN STICK
너__를 도와 주실 꺼 야"
88
무 지 개 물   고 기 는__

PERC.
PNO.
92
동굴을찾 아__ 갔지 동굴은너무깜깜 해서
96
아무것도보이지않 았어 갑자기눈동자두__ 개 가
100
WIND CHIME
무지개물고기에게 반짝하더니__ 컴컴한 데서

MODERATO CALMATO
RAIN STICK
PERC.
PNO.
103
문__어 할 머 니 가 나 타 났 지__
107
문 어 할 머 니 는 말 했 지   널 기 다 리 고 있 었 단 다
111
파 도 가 벌 써 얘 기 해 줬 단 다   내 가 널 도 와__ 주 마

ALLEGRO MODERATO ANIMATO E SWING
WOOD BLOCK
130
PERC.
PNO.
무 지 개 물 고 기 는
135
CHOIR CHIME
갑 자 기 누 군 가 옆 으 로 오 는 걸 느 꼈 지 그 건 바 로 파 란
139
물 고 기 가 돌 아 왔 네 "무 지 개 물 고 기 야 제 발 화 내 지 마

난 너의 작은 비늘 한개만 갖고 싶어"
무지개 물고기는 마음이 흔들렸어,
조그만 반짝이 비늘 딱 한개 뿐인데
한개쯤은 없어도 괜찮을꺼야
무지개 물고기는
조심스럽게 가장 작은 비늘 한개를 뽑아서
파란 물고기에게

주________ 었__ 지 "고마워 무지개 물고기야 정말정말고마워"
파 란 꼬__마 물고기는 너 무너__무좋아하며 반 짝__이 비 늘을
비 늘 사 이 에 끼 웠 네
무지개 물고기는 기분이 좀 묘해졌어.
그래서 파란꼬마 물고기가 반짝이 비늘을 달고
앞으로 뒤로 헤엄치는 모습을 한동안 지켜봤지.
WOOD BLOCK

166
PERC.
PNO.
파란꼬마 물고기는 비늘을반짝 이_면서 바다속을
171
CHOIR CHIME
쉭 쉭 쉭 헤엄쳐돌아 다_녔지 오래지않아
175
다른물고기들도 무지개 물고기 옆으로 몰려왔네

무 지 개 물 고 기 는 반 짝 이 비 늘 을 뽑 아 서 나 눠 줬 지 반 짝 이 비 늘 을 줄 수 록
기 쁨 이 커__졌 네 무 지 개 물 고 기 를
WOOD BLOCK
둘 러 싼 바 다 는 반 짝 이 비 늘 로 가 득 해 졌 어 무 지 개

물 고 기 는 이 제 다 른 물 고 기 들 과 친 구 가 됐 지
마 침_ 내 무 지 개 물 고 기 에 게 는_ 반 짝 이 비 늘 이 딱 하 나 만 남 게 되 었 지 가 장
아 끼 는 보 물 을 나 눠 주 어 버 렸 지 만 무 지 개 물 고 기 는

행 복했지__ 너무너무나좋아하는 다__ 른 물고기들과
친구가되었기때문 에 친구가되었기때문__ 에__
WIND CHIME
rit.

광고음악 만들기

음악치료 활동에 사용되는 멜로디나 리듬은 내담자에게 친숙하면 할수록 효과가 크다. 가요나 클래식을 많이 사용하지만 우리들의 귀에 익숙한 광고음악을 사용하는 것도 좋다.

거의 모든 광고음악에는 앙상블 연주가 포함되어 있다. 감각적이고 현대적인 느낌의 광고에서 특히 두드러지게 타악 리듬앙상블이 많이 사용되고 있는 것을 볼 수 있다. 대체적으로 이들 광고음악에는 기본적인 베이스(Bass) 리듬 오스티나토 패턴이 반복해서 받쳐주고 있으며, 그 바탕 위에서 노래나 음성(Voice), 기타 악기들이 자기의 구실을 하고 있다. 광고음악 제작의 구성요소를 살펴보면 다음과 같다.

---

1. 광고제품명 :

2. 기본 Concept :

3. 광고 Copy 내용 :

4. 광고에 사용할 악기 :

5. 광고음악 악곡편성구조 :

따라서 광고음악 제작의 구성요소에 바탕을 두고 광고음악을 만들

어 보면 다음과 같다.

- 광고제품명 : 남성 화장품 '루베로'
- 기본 Concept : 단순하면서도 강하게 광고의 메시지를 소비자에게 심어준다.
- 광고 Copy 내용 : 남자들도 하얗게, 남성만의 화장품 '루베로'
- 광고에 사용할 악기 : 실로폰, 사람의 목소리, 핑거심벌즈, 내레이터의 목소리
- 광고음악 악곡 편성 구조 :

  1. 아래 기본 멜로디를 실로폰과 핑거심벌즈로 2회 연주한다.
  2. 실로폰과 핑거심벌즈의 기본 멜로디 위에 '두' 라는 사람의 목소리를 첨가한다. 역시 2회 함께 연주한다.
  3. 5번째 연주부터는 나레이터가 광고문구를 읽는다.

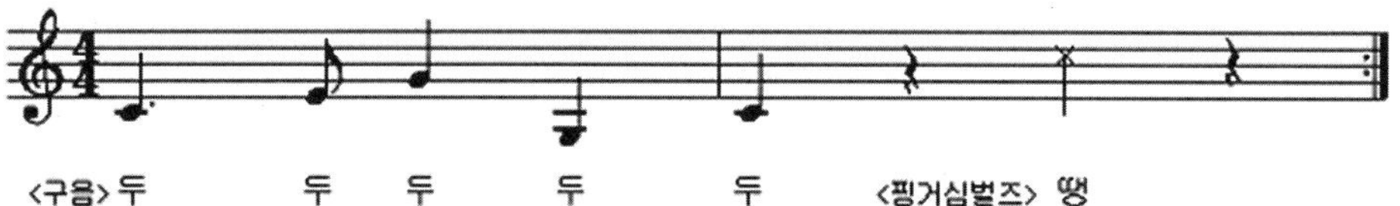

〈광고에 사용되는 기본 오스티나토 패턴과 광고문구 예시〉

1. 광고제품명 :

2. 기본 Concept :

3. 광고 Copy 내용 :

4. 광고에 사용할 악기 :

1. 광고제품명 :

2. 기본 Concept :

3. 광고 Copy 내용 :

4. 광고에 사용할 악기 :

1. 광고제품명 :

2. 기본 Concept :

3. 광고 Copy 내용 :

4. 광고에 사용할 악기 :

1. 광고제품명 :

2. 기본 Concept :

3. 광고 Copy 내용 :

4. 광고에 사용할 악기 :

제7장

전통악기

얼마 전 세간에 떠돌던 유행어 가운데 '우리 것이 좋은 것이여' 라는 말이 있었다. 요즘에는 너도나도 세계화를 부르짖고 있지만, 한편에서는 '세계적인 것들의 한국화' 를 주장하고 있다. 특별한 경우를 제외하고 우리는 우리나라(한국)에서, 한국인을 위해 치료할 것이다. 그렇다면 더욱 훌륭한 치료를 위해서는 우리나라(한국)를 잘 이해해야 하며, 우리나라 사람(한국인) 정서에 맞는 음악적 특성을 잘 이해해야 할 것이다.

음악치료는 서양에서 들어온 학문이다. 그러다 보니 한국 상황에 맞는 '한국적 음악치료' 가 절실히 요청되는 것이다. 우리 민족만큼 음악을 사랑하는 민족이 또 있겠는가? 우리 민족만큼 음악 속에 살아온 사람들이 또 어디에 있겠는가? 음악치료는 한국인의 정서에 가장 걸맞은 치료의 한 영역으로 성장이 가능하다. 그러나 음악치료에서 사용하는 악기들은 웬만한 한국사람에게는 모두 이름도 생소한 다른 나라 악기가 대부분이다. 물론 색다른 악기를 통해서 호기심을 자극하고 치료에 참여하고자 하는 의지를 더욱 강하게 한다는 면에서는 긍정적이다. 그렇지만 우리나라 민족 정서에 맞는 악기로서 다가간다면 더욱 강한 친밀감과 긍정적인 치료효과를 이끌어낼 수도 있을 것이다, 북, 장구, 소고 등의 리듬악기를 통한 치료개입 또한 생각해볼 수 있겠고, 〈수제천〉이나 〈영상회상〉, 〈시나위〉, 〈제례악〉과 같은 곡을 감상곡으로 사용해보는 것도 가능할 것이다. 뿐만 아니라, 시조, 가곡, 판소리 등의 성악형식을 차용한 성악즉흥 연주활동 또한 시도해 볼 만하다. 이러한 다양하고, 폭넓은 음악치료의 적용을 위하여 여러 전통악기에 대한 소개와 더불어, 사물놀이 악기를 중심으로 그 연주법과 대표적인 장단을 소개하고자 한다.

한국의 전통악기

우리 역사 속에서 나타났던 악기의 종류나 숫자는 현재까지 전해지는 것만 해도 약 60여 종에 달한다고 한다. 이러한 악기들 가운데는 가야금, 거문고와 같이 우리나라에서 처음 만들어진 악기가 있는 반면, 중국이나 서역 등지에서 들어와 사용된 악기도 있다. 이렇게 외국에서 들어온 악기들은 대부분 본래의 형태를 유지하고 있는데, 그 연주 방법이나 조율 방법은 우리 음악을 연주하는 데 적합한 형태로 향악화해 오늘에 이르고 있다. 현재, 실제 연주에 쓰이는 30여 종을 제외한 나머지는 안타깝게도 연주법이 전해지지 않고 있거나, 실제 연주에 도움이 되지 않아 안 쓰이고 있다.

국악기의 분류 방법에는 다음과 같은 두 가지가 있다. 이 분류 방법은 《증보문헌비고》 나 《악학괘범》을 근거로 한 우리 고유의 전통국악기 분류법이다.

■ 팔음(八音)에 따른 분류

1) 금부(金部, 쇠붙이로 만든 악기) : 편종, 특종, 방향, 운라, 자바라, 징, 꽹과리, 나발, 양금
2) 석부(石部, 돌로 만든 악기) : 편경, 특경

3) 사부(絲部, 명주실로 만든 악기) : 거문고, 가야금, 해금, 아쟁, 향비파, 당비파, 월금, 공후, 금, 슬

4) 죽부(竹部, 대나무로 만든 악기) : 대금, 중금, 소금, 피리, 당적, 퉁소, 약, 적, 소, 지

5) 포부(匏部, 바가지로 만든 악기) : 생황

6) 토부(土部, 흙으로 만든 악기) : 훈, 부, 나각

7) 혁부(革部, 가죽으로 만든 악기) : 장구, 소고, 건고, 삭고, 용고, 갈고, 좌고, 뇌고, 뇌도, 영고, 영도, 노고, 노도, 교방고, 중고

8) 목부(木部, 나무로 만든 악기) : 축, 어

■ 음악 계통에 따른 분류

1) 아부(雅部) − 편종 등 46종

2) 당부(唐部) − 퉁소 등 13종

3) 향부(鄕部) − 가야금 등 7종

금부

편종

편종은 고려 예종 11년(1116)에 중국의 송나라에서 들어온 악기이다. 당시에 중국계 아악에 편성되던 편종과 편경 등의 악기는 12율(c−b) 사청성(c′, c#, d′, d#)을 가진 정성과 12율만 가진 중성의 두 종류로 나뉘어 있었다.

정성의 편종은 16반음이므로 16개의 종을 가졌고, 중성의 편종은 12반음을 가졌으므로 12개의 종을 가진 악기이다.

조선조 세종 때까지는 이 정성과 중성의 악기를 다 썼으나, 성종 이후 현재까지 사용된 편종은 이 가운데 정성에 속하는 악기이다. 편종

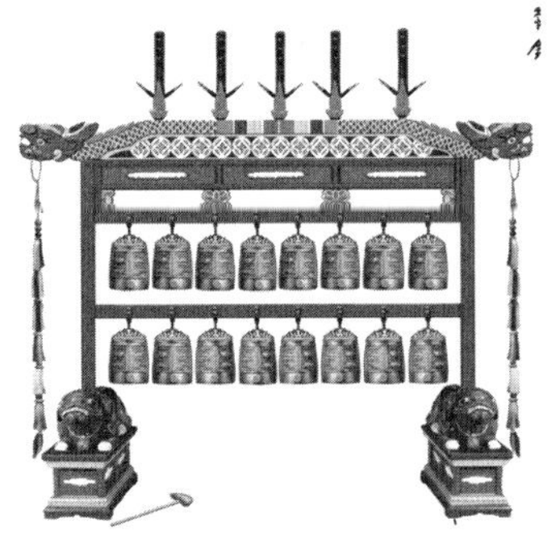

은 16개의 종 크기는 같으나 종의 두께가 얇으면 소리가 낮고, 두꺼우면 두꺼울수록 그 소리가 높아진다.

각 음을 내는 16개의 종은 2단으로 된 나무틀에 각 1단에 8개씩 벌려서 건다. 틀은 중앙에 구멍을 뚫은 직사각형의 방대와 그 위에 놓은 목사자 한 쌍 위에 꽂아서 세운다.

운 라

운라는 놋 접시 모양의 나 10매를 틀에 매달아서 작은 망치로 하나하나 때려서 소리를 내는 것이다. 이 악기에 대한 기록으로 순조 무자년과 기축년의 〈진작의궤〉와 〈진찬의궤〉에 사용된 기록이 있다. 또 조선 말기의 풍속도인 〈평안감사 도임환영도〉에는 이 악기가 대취타에 편성되어 있다.

나 발

나발은 여러 가지 국악기 가운데서 유일한 금관악기, 즉 금속관악기이다. 나각도 그렇지만 한 가지 음만을 길게 혹은 짧게 소리낼 뿐 선율을 연주하지는 않는다. '원님 덕분에 나발분다'라는 속담이 있듯이

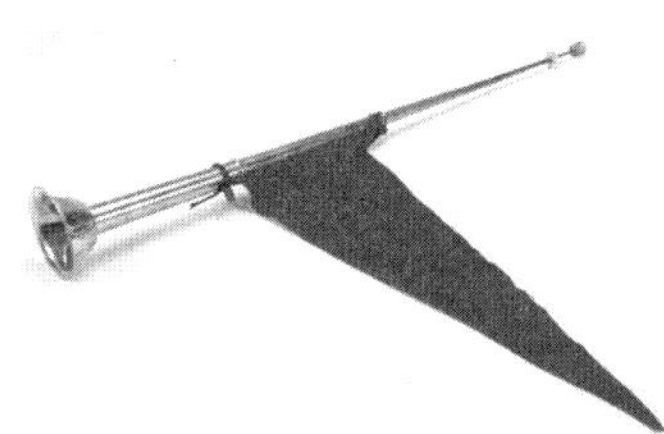

이 나발은 행진음악에 쓰인다. 즉, 새납, 나각, 바라 징, 용고 등과 함께 행진음악인 '대취타' 연주에 사용되는 것이다. 또한 '풍물놀이(농악)'에도 이 나발이 쓰이는데 이 '풍물놀이'를 본격적으로 연주하기에 앞서 음악의 시작과 행진의 출발을 알릴 때 이 나발이 중요한 신호음을 연주하여 사람들을 긴장시킨다. 현

재 쓰이고 있는 나발은 사용하지 않을 때에는 삼단으로 분리된 부분을 넣어 짧게 보관할 수 있도록 고안되어 있다. 나발은 '나팔'로 발음되기도 하는데 관례상 국악기로서의 나팔은 '나발'로 발음한다.

꽹과리

소금(꽹과리와 동일)은 징처럼 용도에 따라 명칭이 다르다. 종묘제례악에 사용될 때에는 소금으로 기록되어 있고 농악에 사용될 때에는 꽹과리라고 부른다. 종묘제례악에서는 정대업 매박(每拍) 처음에 치고 특히 분웅(奮雄)에서는 매박 처음에 진고(晋鼓)와 대금을 친 다음 소금을 계속해서 3번 친다. 농악에서 상쇠는 땡땡한 음색에 높은 소리가 나는 것을 쓰고, 부쇠는 이보다 부드러운 음색에 소리가 낮은 것을 즐겨 쓴다.

자바라

자바라는 자바라 또는 제금이라고도 부르는 악기로 서양의 심벌즈와 같이 양손에 하나씩 들고 맞부딪쳐서 소리내는 타악기이다. 심벌즈 계통의 이 악기에는 터키형과 중국형의 두 가지가 있는데, 양악에서 사용하는 것은 터키형으로서 비교적 음색이 맑아 '챙챙'거리는 소리가 나며 우리 음악에 사용하는 것은 중국형으로서 음색이 둔탁하여 '촬촬촤르르르'하는 소리가 난다.

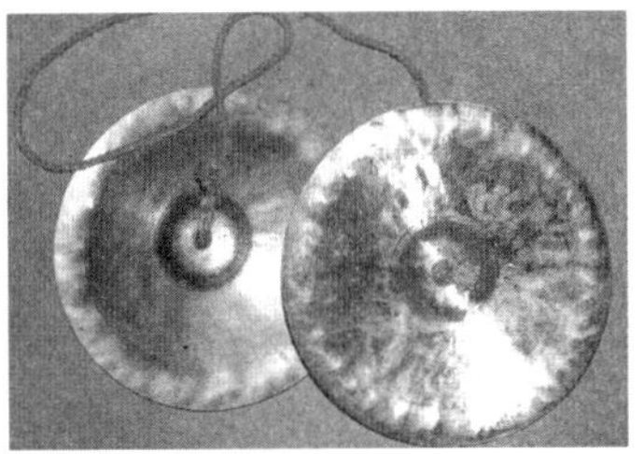

징

대금(징)은 쇠로 만든 금속성의 타악기로 '정(鉦)', '금징(金鉦)', '금

(金)’, ‘금라’, ‘나’등으로 불린다. 혹 궁중음악에서 쓰는 대금(大金)과 혼동이 되는 경우가 있는데 이 징과 대금은 거의 차이가 없기 때문에 그런 것 같다. 원래 징은 북과 함께 군중에서 사용한 관계로 고취징(鼓吹鉦)이라는 이름도 붙여진 바 있는데, 지금은 모두 징이라는 명칭으로 굳어졌으며 행진곡 계통의 취타대 음악은 물론 ‘종묘제례악’, ‘불교음악’, ‘무속음악’ 그리고 ‘풍물놀이(농악)’에 이르기까지 실로 징의 사용범위는 넓다. 또한 이름이 다양한 만큼 용도에 따라 이 징의 크기 역시 다양하다. 특히 징은 풍물놀이나 사물놀이에서 매 장단 첫 박이나 중요한 위치에서 침으로써 음악상의 단락을 잘 매듭지어 주는 구실을 할 뿐 아니라 웅장하고 부드러운 음색으로 음악을 하나의 덩어리로 포근하게 감싸주는 구실을 한다.

2. 석부

편경

편경는 고려 예종 7년 이후에 편종과 함께 사용된 돌로 만든 진귀한 악기이다. 편경과 편종을 중국에서 들여온 것은 태종 6년이 마지막이다. 따라서 세종 때에 편경을 제작하기 이전까지는 그 수효가 모자라

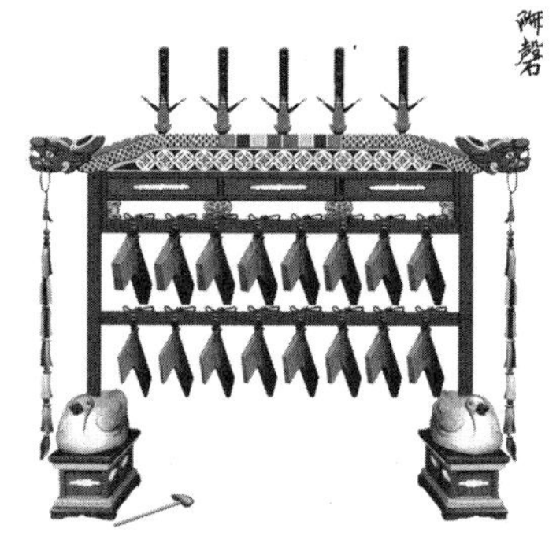

서 기와를 굽듯이 구운 와경으로 대신할 정도였다. 그런데 세종 7년에 경기도 남양에서 소리가 아름다운 경돌을 발견하게 되어 “세종 8년 가을부터 10년 여름까지 만든 편경과 특경이 528매나 된다”고 하였다.

편경은 'ㄱ'자 모양으로 경돌을 깎아서 만들며, 편종처럼 크기는 같고 두께에 따라서 그 음률이 낮기도 하고 높기도 하다. 그리고 16매의 경돌을 음률순으로 배열하는 법은 편종과 같고 목사자 대신 백아(흰 기러기), 용두 대신 봉두, 색사유소 대신 홍승을 쓰는 점이 다르다. 장식 가운데 백아를 쓰는 이유는 편경과 소리가 백아처럼 청아함을 상징한 것이다.

특 경

특경은 세종 때에는 '가경'이라고도 했던 악기로 특종처럼 한 개의 큰 경을 틀에 매단 것이다. 현재는 문묘, 곧 공자묘 제향악에 사용하고 있다. 특종은 음악을 시작할 때 치고 특경은 음악을 그칠 때 쓰는 것이다. 곧 음악이 끝나면 먼저 휘를 눕히고, 절고를 세 번 치고 어를 북소리에 따라 세 번 긋는데 특경은 절고의 첫소리를 낼 때 한 번 함께 치는 것이다.

사 부

거문고

거문고는 우리나라 전통악기 가운데 가장 중요한 악기인 현악기이다. 오동나무로 만든 울림통 위에 6개의 줄이 얹혀져 있다. 이 6현 가운데 제2현, 3현, 4현까지는 16개의 괘에 얹혀져 있고 제1현과 5현, 6현은 가야금과 같이 기러기발 모양의 안족 위에 얹혀져 있다. 역시 줄은 명주실로 꼬아 만든 줄을 쓰며 오른손의 식지와 장지 사이에 끼워서 줄을 퉁기는 기구인 술대는 바닷가에서 나는 검은색의 해죽으로

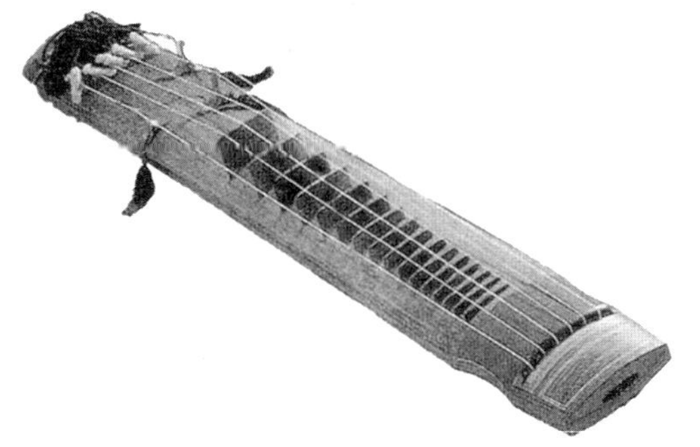

만든다.

　왼손으로 괘를 집고 오른손으로는 식지와 장지 상에 끼운 술대를 가지고 줄을 내려치거나 올려 뜯어서 소리 낸다. 고구려의 왕산악이 만들었다고 알려져 있는 거문고는 고구려 고분 무용총 등의 벽화에도 보이고 있어 꽤 오래된 악기로 평가되고 있다. 거문고는 그 소리가 그윽하고 은은하여 예로부터 선비들이 애호하던 고상한 악기로 '영산회상', '가곡' 등과 같은 정악은 물론 '산조', '시나위' 등과 같은 민속음악에까지 널리 쓰이고 있다.

해금

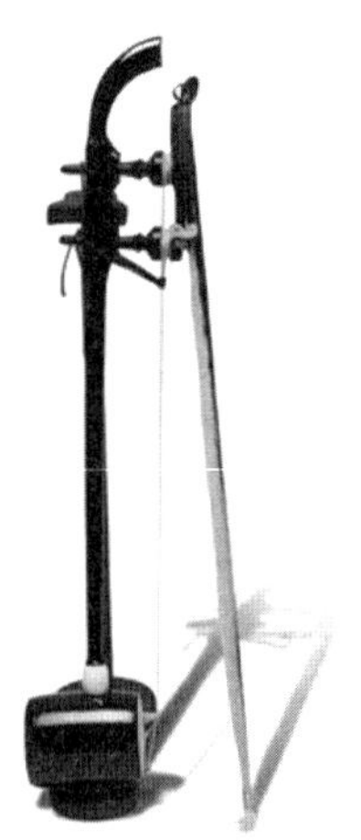

　해금은 중현과 유현이라는 두 줄 사이에 활대(bow)를 끼워 넣고 이를 문질러서 연주하는 찰현악기이다. 울림통은 원래 대나무로 만들었지만 요즈음에는 단단한 나무로 깎아서 만들기도 하며 줄은 명주실, 활대는 말꼬리인 말총으로 만든다. 고려 때부터 우리나라에서 사용된 이 악기는 넓은 음역을 가진데다가 여러 가지 음악적 효과를 낼 수 있는 풍부한 표현력 덕분에 정악과 민속악에 매우 폭넓게 쓰인다. 울림통 위에 놓고 줄을 떠받치는 데 쓰는 원산은 음량이 큰 합주음악일 때에는 중앙에 놓고 음량이 작은 음악을 연주할 때에는 울림통의 가장자리에 놓음으로써 음량을 크고 작게 조절하는 기능을 갖고 있다.

가야금

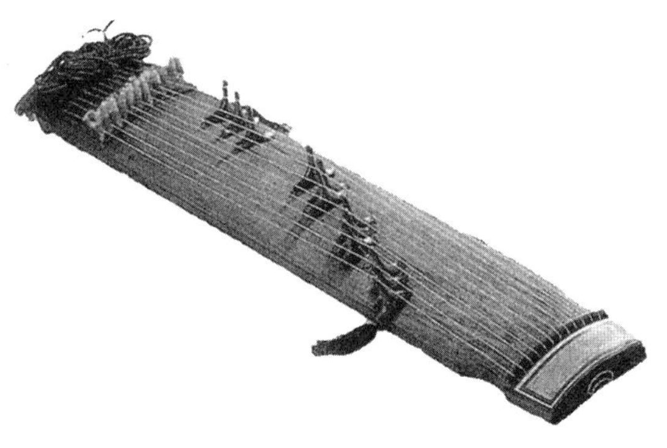

  가야금은 거문고와 함께 우리나라를 대표하는 현악기이다. 오동나무로 만든 울림통 위에 기러기발 모양의 안족을 세우고 그 위에 명주실을 꼬아서 만든 12줄을 얹은 다음 머리 쪽에는 담괘라는 것을 두어 줄을 버티고 꼬리에는 양이두를 꽂아 줄을 감아 얹어 두었다. 왼손으로 줄을 누르거나 흔들고 오른손으로는 뜯거나 퉁기면서 연주할 때의 가야금 소리는 부드럽고 아름다우며 섬세한 음색면에서 가히 일품으로 꼽는다.

  이 악기는 6세기 경에 가야국의 가실왕이 만들었다고 전해지며 신라 진흥왕 때에 우륵에 의해 신라에서 크게 발전하였다고 한다. 가야금에는 그 쓰임에 따라 비교적 근세에 와서 만들어진 산조가야금과 신라 때부터 전하는 보다 고형의 풍류가야금의 두 가지가 있다. 풍류가야금은 산조가야금보다 크기가 크고 줄과 줄 사이가 넓어서 '영산회상', '밑도드리' 같은 정악의 연주에 적합한 반면 산조가야금은 크기가 보다 작고 현과 현 사이가 좁아 '산조', '시나위' 등과 같은 빠른 민속음악을 연주하기에 적합하다.

아 쟁

  아쟁은 해금과 같은 줄을 문질러서 소리 내는 찰현악기로 국악기 가운데 가장 낮은 음역을 가지는 악기이다. 아쟁은 7줄인데 거문고와 같이 상자모양

으로 짠 울림통을 초상이라고 하는 받침대로 받쳐 놓고 개나리나무의 껍질을 벗겨 송진을 칠한 활대로 문질러서 소리 낸다. 이 개나리나무

로 만든 활대는 말꼬리로 만든 말총활대보다 조금 거친 소리는 내지만 장엄하고 웅장한 맛은 있다. 줄과 줄 사이가 넓어서 악기의 자유로운 손놀림이 어렵고 그에 따라 빠른 곡조의 연주가 힘들다. 또한 음역이 좁아서 여러가지 다양한 음악적 효과는 기대할 수가 없지만 아쟁이 음악에 포함되느냐 안 되느냐에 따라 장엄하고 정중한 음악인가의 여부가 결정될 정도로 음악에서 절대적인 역할을 한다.

아쟁은 원래 7현이지만 요즈음은 음역확대를 위하여 9현의 아쟁도 많이 사용하고 있으며 산조음악을 연주하기에 적합한 보다 작은 크기의 8현의 아쟁 즉, 산조아쟁도 개발되어 사용되어 오고 있다.

향비파

향비파는 가야금, 거문고와 함께 신라시대의 대표적인 현악기 가운데 하나이다.

모두 5현으로서 목 부분이 곧게 퍼져 있다. 울림통 위에는 10개의 '괘'가 부착되어 있어 이 '괘'로 음의 높낮이를 조절하게 된다. 그런데 이 향비파는 손으로 연주하지 않고 거문고 연주때 사용하는 작은 막대 모양의 '술대'로 연주하는 점이 특징적이다.

원래 '비파(琵琶)'라는 말은 '밖으로 쳐내고 안으로 당겨 탄다'는 뜻에서 붙여졌다고 한다. 삼국시대부터 조선조 후기까지 우리음악 연주에 사용되었던 이 악기는 현재에 와서 쓰이지 않고 있다. 그러나 최근에 와서 이 악기의 옛날 모습 그대로 다시 제작하여 연주할 수 있도록 하는 노력이 기울여지고 있다.

금

금은 줄의 수가 모두 일곱이기 때문
에 보통 '칠현금(七絃琴)'으로 통한다.
이 금은 또 울림통 위에 자개로 만든

13개의 '휘(徽)'가 박혀 있는 관계로 '휘
금'이라고 부르기도 한다. 이 휘는 악기 위에 붙여진 단순한 장식이 아
니라 '휘'가 붙어 있는 위치에 따라 손으로 현을 짚으면서 원하는 음을
찾을 수 있도록 고안된 일종의 좌표인 셈이다. 줄을 떠받치는 '안족'이
없이 7현 모두 양 끝만을 고정시켜 놓은 상태, 즉 개방현을 튕겨 소리
내기 때문에 줄이 느슨하고 미약한 면은 있으나 은은하게 남는 소리
의 여운이 매력이다.

고려 때부터 우리나라에서 쓰이기 시작한 이 악기는 현재 〈문묘제
례악〉에 편성하여 사용하난 실제적으로 연주하지는 않고 다만 편성될
뿐이다. 그렇지만 중국에서는 이 금의 연주전통이 매우 잘 이어져오
고 있다.

슬

슬은 모두 25현이다. 울림통 위에 학
과 구름 등이 그려져 있어서 매우 호화
로운 모습을 하고 있다. 슬은 금과 함
께 연주되는 경우가 많고 그 소리가 서

로 잘 어울려 사이가 좋은 부부를 가르켜 '금슬이 좋다'라는 말까지 나
오게 되었던 것이다. 그러나 이 슬 역시 금의 경우와 같이 '문묘제례
악'에 편성만 될 뿐 그 주법을 잃어 버렸다.

죽부 ....

향피리

향피리는 한자로는 '향필률'이라고
한다. 또 세피리에 상대되는 말로 '대
피리'라고도 한다. 이 악기는 고구려시
대에 사용되던 것으로 당시에는 대필
률, 소필률, 도피필률 등이 있었다. 대
풍류, 무용 반주, 대편성의 관현합주
등에서 주선율의 구실을 하는 중추적인 악기이다.

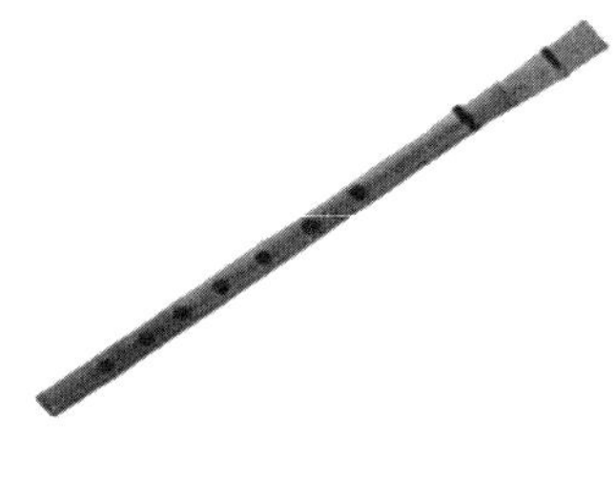

단소

단소는 퉁소보다 작고 지공이 뒤에 1개, 앞에
4개가 있다. 단소는 양금(洋琴)과 함께 《악학궤
범》에는 빠져 있지 않는 것으로 보아 조선왕조
후기에 생긴 듯하며 '영산회상(靈山會相)'과 '자
진한닢' 같은 관현악 합주에 사용되고 관현합주
(管絃合奏) 외에 생황(笙簧)과의 이중주나 양금,
해금(奚琴)과의 삼중주 또는 독주에도 애용된다.

퉁소

현재 사용되고 있는 퉁소에는 두 가지가 있다.

지공이 뒤에 1개, 앞에 5개가 있고, 청공이 없는 것과 또 하나는 지
공이 뒤에 1개, 앞에 4개가 있고 청공에 갈대청을 붙인 것인데, 후자
를 일명 퉁애라고도 한다. 전자는 고려 때부터 사용되었는데 지금은

성악반주 등에 사용되며, 후자는 민요나 시나위 등의
반주에 쓰인다.

《악학궤범(樂學軌範)》에 "퉁소에 갈대청을 붙여 소
리를 맑게 한다"라는 기록이 있는 것으로 미루어 보
아 퉁애는 조선왕조에 들어와서 청공을 첨가, 개량한
것임을 알 수 있다.

대금

대금은 중금, 소금과 더불어 신라 말기의 삼죽 가운
데 하나이다. 삼죽 가운데 가장 크기가 큰 악기로 거
문고, 가얏고와 함께 역사가 오래된 악기 가운데 하
나이다. 예부터 대금은 관현악 합주를 할 때 모든 악
기의 음 높이를 정하는 표준 악기로 구실을 해왔다.

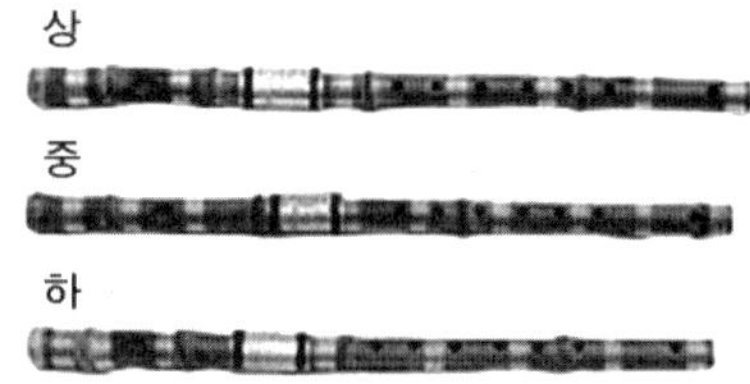

당적(젓대)

젓대는 우리나라 관악기 가운데 가장 높은 음역을
가지고 있으며, 그 음색이 맑고 영롱하다.

세피리

세피리는 향피리와 생김새는 동일하나 크기가 조금
작다. 또한 제도와 음역도 향피리와 같다. 이 악기는
가곡, 가사, 시조 등의 반주용으로 쓰인다. 또 비교적
음량이 작은 거문고, 가얏고, 양금과 같은 현악기가
중심되는 줄풍류에 편성된다.

장고

장고는 우리나라의 북 계통의 악
기를 대표하는 매우 중요한 장단연
주 타악기이다. 아악(궁중음악), 정
악은 물론 '산조', '시나위', '풍물
놀이', '민요'와 같은 민속악 그리
고 춤장단 반주에 이르기까지 실로

장구의 쓰임은 매우 광범위하다. 장구를 일명 '세요고'라고 하는 것은
외형상 가느다란 장구의 허리모양 때문에 붙여진 이름이고 장구라는
명칭은 '채(杖)로 치는 북(鼓)'이라는 뜻에서 그렇게 부르는 것이다. 원
래 중동 및 중앙아시아 지역인 서역계통의 악기로 중국을 거쳐 우리
나라에 들어온 것은 고려 때이다. 그러나 고구려 고분벽화 등에도 소
형의 장구 그림이 발견됨으로써 장구가 고려 훨씬 이전부터 우리나라
에서 쓰였을 가능성을 제시해 주고 있다.

용고

용고는 '판소리' 반주에 쓰이는 소리북 정도의 크
기이나 북통에 화려한 용(龍)의 그림을 그려놓았기 때
문에 용고(龍鼓)라고 부르는 북 종류의 타악기이다.
북의 몸통에 박혀 있는 세 개의 고리에 무명끈을 감아
이것을 목에 걸고 허리높이로 늘어뜨린 다음 양손에
든 두개의 북채로 내려쳐서 소리 낸다. 이때 북면의
한면은 위로, 또 한면은 아래로 향하게 되어 결국 북
의 한 면만을 가지고 연주하며 대개의 북종류의 악기가 한 개의 북채

를 사용하는 것에 견주어 이 용고의 연주에는 두 개의 북채를 사용하
는 것이 특색이다.

휴대하고 걸어가면서 연주할 수 있도록 고안되어 '대취타'와 같은
행진음악에 주로 사용되는 이 악기는 힘 있고 단단하며 알찬 소리를
내는 타악기이다.

교방고

교방고는 고려 시대 이후에 우리나라에 소개된 악기
로 당악과 행악에 사용된다. 대고와 같이 북통 둘레에
범룡이 그려져 있고, 진고처럼 네 발로 된 틀 위에 놓
되 북의 가죽을 씌운 면이 위로 가도록 북틀에 건다.

목부

박

박은 여섯 개의 단단한 나무 조각을 엮어서 만든 타악기이다. 한쪽
끝을 가죽 끈으로 묶어 놓았기 때문에 반대쪽을 잡고 부채를 펴는 것
처럼 벌렸다가 닫으면서 치면 크고 단아한 소리가 난다. 대부분의 궁
중음악에 편성되는 이 악기는 음악의 시작과 끝, 그리고 음악에서 중
요한 변화가 있을 때 치는데 음악을 시
작할 때나 중요한 변화를 알릴 때는 한
번, 끝날 때는 세 번 친다. 끝날 때 치
는 박은 보통 세 번만 쳐서 음악을 그
치게 되지만 어떤 경우에는 세 번 이상
급히 쳐서 마칠 때도 있다. 궁중음악의

연주에서 지휘자를 '집박'이라고 한다. 바로 이 집박이 박을 잡는 사람
이라는 뜻으로 보통 음악의 내용과 진행을 잘 아는 원로악사가 맡게
되며 음악연주에서 실질적인 지휘와 감독의 임무를 수행하게 된다.

궁중음악 연주시 박을 치는 집박의 의상은 초록색으로 일반 연주자
의 붉은색 홍주의(紅紬衣)와 구별되며 무대 한쪽에 서서 박을 손에 들
고 지휘역을 담당하는 것이다.

태평소

태평소 매구북이라고도 한다. 농
악에 사용되는 작은 북으로 손잡이
가 없는 것도 있고 손잡이가 있는 것
도 있다. 농악과 민속무에서 많이
사용되고 있다.

축

축은 고려 때부터 우리나라에서 사용해온 타악기의 하나이다. 이 악
기는 나무로 짠 네모난 상자의 윗면 중앙에 꽂아놓은
나무방망이를 내려쳐서 소리내기 때문에 '탁탁'하는
식의 둔탁하고 단순한 소리가 난다.

축은 '종묘제례악'과 '문묘제례악'과 같은 제례음
악에서 음악의 시작을 알리는 데 주로 쓰이는 악기
이다.

그런데 제례음악에 쓰이는 축의 겉모양을 보면 동
서남북의 방위(方位) 가운데 동쪽방향을 상징하는 푸
른색[靑]을 칠하여 놓았다. 그 이유는 해가 떠오르는
동쪽이 하루의 시작과 관련있듯이 음악의 시작을 알

리는 축에다가 동쪽을 상징하는 푸른색을 칠하여야 된다고 생각했기 때문이다. 그래서 이 축에다가 푸른색을 칠하게 되었으며 또 이 악기를 동쪽위치에 배치하여 놓고 연주하는 것이다.

기타(포부, 토부)

생 황

생황는 박통 속에 죽관(竹管)을 나란히 꽂은 것이다. 죽관 아래쪽 외면에 있는 구멍을 막으면 소리가 나고, 열면 안 난다. 죽관 아래 끝에 금속청이 달려서 하모니카와 같은 원리로 숨을 내쉬고 들이마실 때 소리를 낸다. 생황을 포부(匏部, 박)에 넣은 이유는 입김을 불어 넣는 통에 옛날에는 박통을 썼기 때문이다. 지금은 나무로 만든다. 우리나라 악기 가운데 유일한 화음 악기인 생황은 단소나 양금과의 병주 또는 세악 합주에 쓰인다.

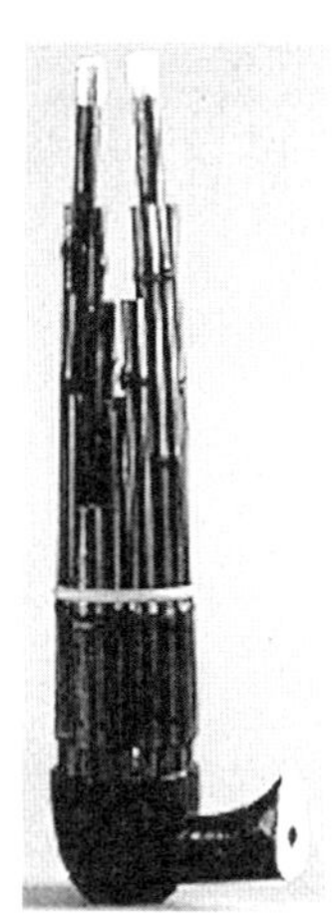

나 각

나각은 토부의 일종으로 소라 고동의 껍질로 만든 악기로 고려 때 명나라로부터 전래하여 궁중음악이나 군대음악에 쓰여온 관악기의 일종이다. 자연생 소라의 뾰족한 부분에 구멍을 뚫거나 그 구멍에 취구를 만들어 꽂아서 불어 소리 낸다. 마치 큰 배에서 울리는 기적소리를 연상시키듯, 이 나각의 소리는 멀리 뻗어나가는 뱃고동 소리 같다. 따라서 나각의 소리음은 '출발'과 '행진'에

관련된 행진음악이며 군대음악인 '대취타' 에 쓰이는 것이다. 나각은
나 또는 소라라고 부르기도 한다.

부

　　토부의 일종인 부은 점토로 화로같이 만들어 구은
것이다. 9갈래로 쪼개진 대나무 채[四杖]로 부의 윗쪽
가장자리를 쳐서 소리를 낸다. 소리는 두꺼우면 높고
얇으면 낮아지며 잘 구워야 좋은 소리를 얻을 수 있
다. 중국 고대 아악기의 하나이지만 우리나라에 수입
된 시기는 확실하지 않다. 문헌에 따르면 조선왕조 세
종 때에 박연이 당시에 사용하던 부가 좋지 않아 마포
강가에서 완전한 부 10개를 만들어 사용하였다고 전
한다. 부는 문묘제례악에 쓰이는데, 부를 치는 방법은 한 음이 규칙적
으로 4박씩 계속되는 경우 제1박에서는 쉬고, 제2박에서는 한 번, 제
3박에서는 두 번, 제4박에서는 굴려서 친다.

전통악기와 음악치료

전통악기를 통한 음악치료는 다양한 형태로 현재 국내에서 시도되고 있다. 이와 관련된 논문 또한 상당수 발표되고 있어서 참으로 바람직하다 할 수 있겠다. 문서란(2001)은 〈사물놀이의 자진모리장단이 노인의 상지근력 활동도수에 미치는 영향〉에 대해 연구한 바 있다. 아직까지는 보편화하고 활성화하여 있지는 않지만 지속적인 연구활동으로 임상에 보급되리라 생각된다. 전통악기의 수는 서양악기의 수만큼이나 다양하다. 그 때문에 치료현장에서 쉽고 편리하며 영향력 있게 사용할 수 있는 국악기를 선정해야 한다.

여러 전통악기 가운데서도 가장 보편적으로 사용되고 있는 악기가 바로 소고, 징, 꽹과리, 북, 장고 등이다. 일반적으로 우리가 풍물이나 사물놀이에서 자주 접하게 되는 악기들이다. 임상에서는 주로 노인영역이나 아동영역에서 이 전통악기들이 주로 사용된다. 다음은 치료사들이 치료의 폭을 넓히는 데 도움이 될 대표적인 전통악기 4가지를 선택하여 연주자세나 연주법 등을 설명하고자 한다. 아울러서 실제로 내담자에게 사용할 수 있는 국악장단과 민요 등을 제시하였다.

1 사물놀이의 이해 및 연주법 ....

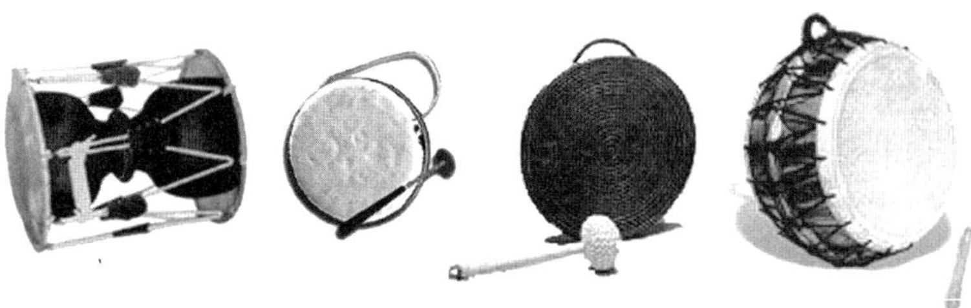

사물놀이의 의미와 유래

'사물놀이'란 1978년 2월 공간사랑 소극장에서 창단을 한 놀이패의 명칭이다. 그런데 이제는 놀이패에 그치지 않고, 네 개의 타악기인 꽹과리, 장고, 북, 징으로 연주하는 풍물굿을 가리켜 사물놀이라 일컬음으로써 예술 갈래를 가리키는 말로 변모되었다. '사물놀이'는 '사물'과 '놀이'가 합쳐진 합성어이다. 사물은 본디 불교적 용어이다. 불교에서도 타악기인 사물을 무척 중요하게 여기는데, 불교에서 사물은 법고(法鼓), 운판(雲版), 목어(木魚), 대종(大鐘)을 가리킨다. 그러던 것이 꽹과리, 북, 장고, 징 등 풍물에서 쓰는 네 가지 연장을 일컫게 됨으로써 의미의 변용이 생겼다.

사물놀이와 풍물과의 차이점

풍물굿은 다섯 악기(꽹과리, 징, 장구, 북, 소고)를 주로 치며, 소고를 들고 다양한 춤을 추는 기능과 극적 짜임을 맡는 잡색놀이 등을 포함하는 공동체적인 놀이 형태를 말한다. 그 기원은 원시사회의 풍농과 안택을 비는 제천 의식이나 일의 율동에서 비롯된 것으로 점차 집단 생활 속에서 놀이 형태, 축원 형태, 연극 형태로 발전되고 사람들이 이를 즐기게 된 것으로 보인다. 다시 말해서 풍물굿은 가장 오랜 전통을 가진 종교적 놀이요, 집단의식에서 싹튼 놀이 양식으로서 농경생활이 시작되면서부터 발달한 문화의 한 양식이다.

풍물의 악기는 원래 신을 부르는 악기였기에, 사람의 기운을 북돋워 주는 주술적인 기능을 갖고 있다. 춤과 놀이를 통해 외로움과 아픔을 풀어 기쁨으로 끌어올리는 가운데 신명이 나온다. 농민들은 활기 있는 노동 생활을 위하여 풍물굿에서 신명을 얻어내려고 하였다. 이렇게 볼 때 풍물굿은 본질적으로 공동체적 염원을 모으려는 진취적인 행위, 신명으로 고통을 이겨내는 재생과 생존의 놀이라 할 수 있다. 그 용어를 보면 가장 일반적인 말이 농악인데 이는 일제 식민지 시대 일제의 민족말살 정책적인 조어이고 지역과 굿을 하는 목적에 따라 굿, 매구, 매구굿, 풍물, 풍장, 두레, 걸궁, 걸립 등 다양한 이름으로 불러 왔다.

사물놀이에 쓰이는 악기

'사물'은 꽹과리, 장고, 북, 징을 일컫는 말이다. 가장 오래된 형태의 악기는 북이다. 쇠가 리듬을 주도해 가는 반면에, 징은 쇠에 종속되어 주도하는 것을 도와줄 따름이다. 장고와 북도 마찬가지이다. 장고가 리듬을 잘게 나누고, 북은 장고의 원박을 도와주는 구실을 한다. 여기에 다시 놀이라는 단어가 결합됨으로써 본래의 불교적 의미에서 한층 멀어져 농악의 가락을 다시 짠 꽹과리, 북, 장고, 징의 놀이라는 뜻을 지니게 되었다. 사물놀이는 이에 따라서 독특한 갈래로 정착하게 되었다.

사물놀이가 연주하는 가락

전통 풍물굿은 각 지역과 또 굿을 치는 목적에 따라 진법과 그 가락이 특징과 독특한 맛을 가지고 있다. 1978년 '김덕수패 사물놀이'의 창단 연주 이래 많은 전문 연주 단체가 결성되어 국내외에서 활발한 연주회를 펼치고 있고 동호인 단체들이 활발한 활동을 펼치고 있다. 그동안 연주되어 온 대표적인 작품들은 다음과 같다.

가. 우도굿

호남 지역의 풍물을 구분하는 전통적인 방법은 좌도와 우도로 나누는 것인데 정읍, 영광, 장성, 화순 등이 우도의 중심지이다. 우도 풍물을 다시 짜서 우도굿이라 명명하고 연주하는데 그 짜임새는 오채질 굿, 자진오채질 굿, 굿거리, 3채, 영산, 세산조시로 짜여 있다.

나. 영남가락(12차)

진주, 삼천포 지방의 풍물로서 북이 자주 쓰여 힘찬 느낌이 있고 길군악, 잦은 길군악, 별달거리, 영산, 영산 다드래기 순으로 연주한다.

다. 웃다리 풍물

웃다리 풍물은 경기, 충청 가락을 지칭한다. 특히 꽹과리 가락이 섬세하고 긴장, 이완의 원리, 음양성이 두드러지게 나타난다. 웃다리 풍물에 쓰이는 가락은 소리굿, 찍찍이, 타령, 길군악 7채 • 6채, 자진모리, 짝드름 순서로 연주하는데, 마지막에 꽹과리들이 서로 가락을 주고받는 짝쇠 부분에서는 가히 몰아의 경지로 이끄는 장관을 이룬다.

라. 삼도 설장구

설장구는 원래 판굿의 개인놀이에서 장구잽이가 최고의 기량을 발휘하는 놀이인데 각 지역의 가락을 모아 새로이 편성한 것으로, 4~5인의 연주가 모두 장구를 연주하는 합주형태이다. 다스름으로 소리를 고르고 휘모리, 동살풀이, 굿거리, 자진모리, 휘모리 순서로 보통 연주하며 중간 중간에 돌아가면서 개인기량을 최대한 발휘하는 변주부분이 일품이다.

마. 기타

그 밖에 삼도 지방의 풍물을 우수한 가락만 모아 연주하는 삼도 풍물이 있고 축원을 하는 비나리, 대북과 사물놀이, 남도 연신굿 노래

등이 있으며 국악관현악과 협연하는 신모듬 외에 다른 갈래(장르)와의 만남, 서양음악과의 협연, 재즈 협연 등 계속적인 실험작업을 통해 그 지평을 넓혀가고 있다.

사물놀이 악기소개 및 연주법

1 꽹과리

꽹과리는 주로 '쇠'라고 한다. 그 밖에도 '꽹쇄', '꽝쇠', '꽹맥이', '동고', '소금' 등의 별칭이 있다. 흔히 꽹과리를 치는 사람을 '쇠잽이'라 하고, 특히 제일 앞에서 쇠를 치며 풍물패를 이끄는 사람을 상쇠라 하는데, 상쇠의 위치는 풍물패에서 가장 중요한 자리를 차지한다. 꽹과리는 놋쇠로 만드는데, 정확히 말하자면 구리와 아연의 합금이다. 구리의 비율이 아연보다 많으면 꽹과리 색깔이 더 밝아지고, 소리는 맑고 높아진다. 반면, 아연의 비율이 구리보다 많아지면 꽹과리 색깔이 어둡고, 소리 자체는 탁하고 낮아진다. 꽹과리는 음색에 따라서 숫꽹과리와 암꽹과리로 나눌 수 있다. 숫꽹과리는 소리가 힘차고 높으나 암꽹과리는 소리가 부드럽고 낮다고 할 수 있다. 숫쇠와 암쇠가 서로 받아치며 하는 놀이는 마치 암새와 숫새가 서로 화답하듯 화

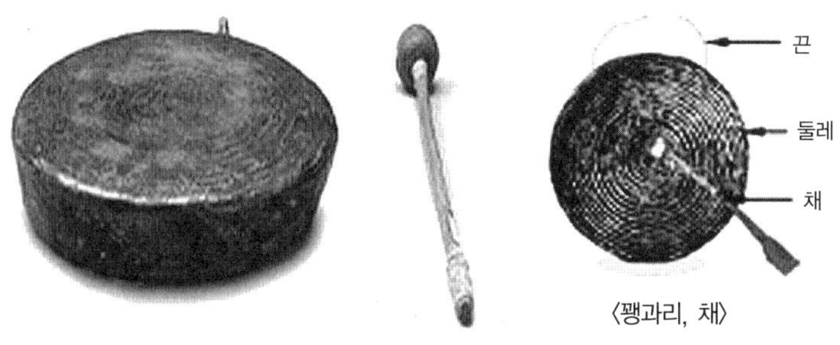

〈꽹과리, 채〉

음이 잘 어울려 리듬악기로서 으뜸인데 예전에는 군악이나 제례악에서도 사용되었지만 현재는 풍물에서 주도적 역할을 한다.

■ **연주자세**

① 끈 잡는 법 : 꽹과리에 숙달된 사람들은 끈을 잡지 않은 채 왼손 엄지와 검지로 악기를 받쳐 들고 연주하지만, 일반적인 경우는 꽹과리 끈을 왼손 엄지로 돌려 감고 엄지와 검지로 악기의 안쪽 부분을 받쳐 드는 것이 보통이다. 혹은 끈을 바깥쪽 안쪽 두 겹으로 만들어 엄지에 걸고 왼손 검지만 악기 안쪽에 넣어 받쳐 들고 연주하는 경우도 있다.

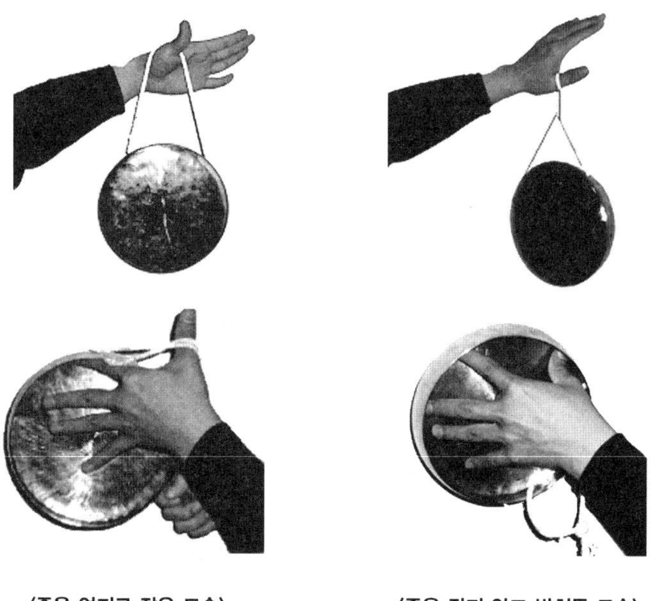

〈줄을 엄지로 잡은 모습〉　　　　　　〈줄을 잡지 않고 받쳐든 모습〉

② 채 잡는 법 : 오른손으로는 꽹과리 채의 3분의 1 지점을 가볍게 잡고 연주한다.

〈채를 잡는 올바른 예시〉

아래 그림은 채를 잡는 잘못된 예를 보여준 것이다. 〈예시1〉은 꽹과리채를 90도로 세워서 친 상태이고, 〈예시2〉는 손목을 너무 펴서 친 상태를 보여주었다.

〈잘못된 예시1〉

〈잘못된 예시2〉

③ 꽹과리의 위치 : 꽹과리는 자신의 명치 부분(가슴 중앙부) 바로 앞에 둔다. 주의할 점은 연주할 때도 위치가 바뀌지 않아야 한다는 것이다.

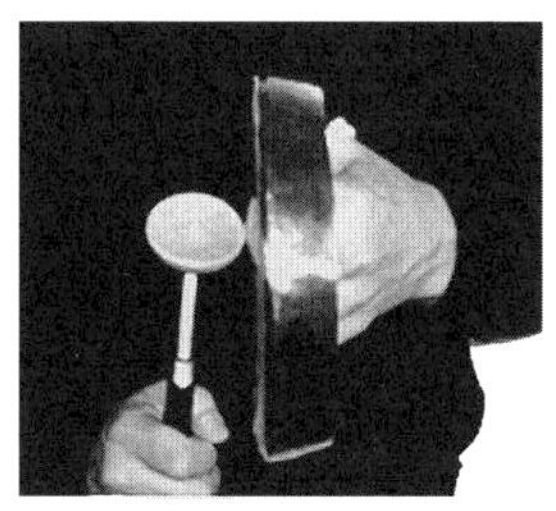

〈정면에서 본 모습〉

〈측면에서 본 모습〉

④ 앉아서 연주할 때는 왼발이 오른발 앞에 위치하도록 하고, 악기의 높이는 역시 명치 부분 바로 앞에 둔 뒤에 연주하는 것이 좋다.

■ 구음과 타법

① 갠(당) : 구음 '갠'은 구음 '지'와 함께 사용된다. '갠'의 타법은 상향타로서 채를 아래에서 위로 올려친다.

② 지(그) : 구음 '지'는 구음 '갠'과 함께 사용되며, 타법은 하향타로서 채를 위에서 아래를 향해 치게 된다. 따라서 '갠-지 갠-지 갠-지 갠-지' 또는 '당-그 당-그 당-그 당-그' 하면서 상향타와 하향타를 번갈아 가면서 연습하도록 한다.

③ 갯(닷) : 구음 '갯'은 막는 소리를 의미한다. 여기서 막는다는 의미는 왼손 엄지와 검지를 제외한 나머지 손가락으로 악기 안쪽 면을 막는다는 뜻이다. 타법은 손가락으로 막으면서 채로 치면 탁한 소리가 나게 된다. 좀더 정확하게 막힌 소리를 내기 위해 악기를 받치고 있는 왼손을 비스듬히 숙여서 왼손과 악기가 완전히 밀착되도록 한 다음 채로 치기도 한다.

④ 갱(당) : 구음 '갱'은 정타를 의미한다. 즉, 상향타나 하향타가 아닌 오른쪽에서 왼쪽으로 채를 수평이 되게 연주하면 된다. 이 때 유의할 점은 손목 반동을 이용하여 부드럽게 치는 것이 무엇보다 중요하다.

놋쇠로 만드는 타악기의 하나로 원음은 '정'이나 징이라는 명칭으로 굳어진 징은 옛 군악인 고취악에 사용된 연유로 해서 '고취징'이라는 별명도 있고 그 밖에 나, 금라, 금 등의 호칭이 있다. 사용범위는 넓어서 취타를 비롯한 무악과 풍물 등에 사용되며 절에서도 사용된다. 제주도에서는 징과 꽹과리의 중간형태의 크기로 '무구'가 있는데, 징과 같이 사용하고 꽹과리와도 같이 사용되는 특이한 형태의 것도 있다.

또 징이 사용되기 시작한 시대를 보면, 전남대 호남문화 연구회 박물관에 있는 고려시대의 징으로 보아 고려시대 이전으로 거슬러 올라간다. 징의 기원이나 역사에 대한 문헌이나 자료가 없으므로 확실하게 말할 수는 없으나, 징의 사용이 단순함으로 보아 꽹과리보다 먼저 사용된 제기였음을 추측해 볼 수 있겠다.

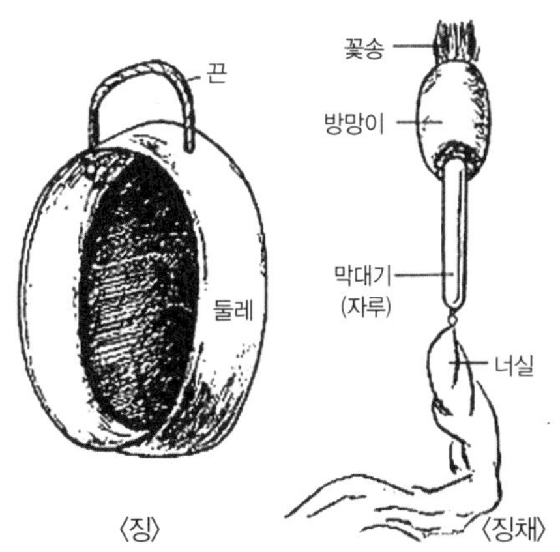

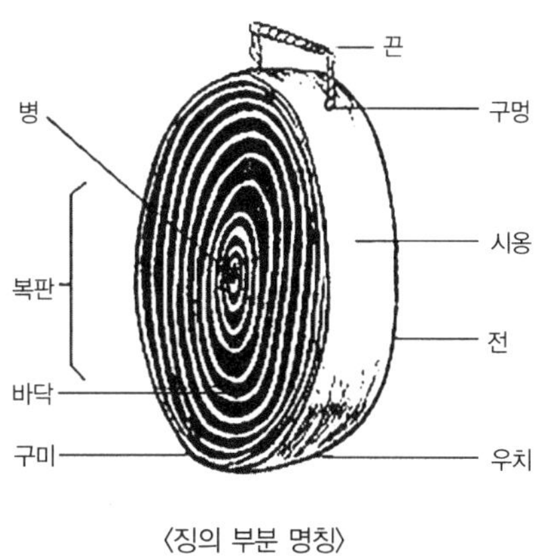

① 서서 연주할 때는 왼손을 쭉 펴서 징의 끈을 잡고, 오른손으로
채를 잡고 연주한다.

② 앉아서 연주할 때는 일반적으로 징걸이를 사용하여 징을 고정
시킨 다음 오른손으로 연주한다.

3 장구

가죽으로 된 타악기의 양편 머리가 크고 그 허리가 가늘다 하여 '세
요고'라고도 한다. 왼쪽 북(북편)이 오른쪽 북(채편)보다 약간 더 크
다. 북편(궁편, 좌편)은 흰 말가죽이나 소가죽을 대어 가죽이 좀 두껍
고 소리가 낮으며, 채편(열편, 쇠편, 우편)은 보통 말가죽을 대어 가죽
이 얇고 높은 소리를 낸다. 가죽으로는 개가죽이 소리가 크고 제일 좋
다. 양쪽의 북을 진홍사라는 끈이 이어주는데, 이 끈에는 축수라는 끈
조임 기구가 8개 붙어 있다.

장구의 통은 사기, 기와, 쇠, 나무 등을 쓰는데 보통 미루나무와 오
동나무를 쓰고, 소리는 오동나무가 좋은 편이며, 소나무 통은 무겁기
는 하나 소리는 제일 좋은 편이다. 예전에는 장구의 전 형태로 생각되
는 물장구 모래장구도 있었다고 한다.

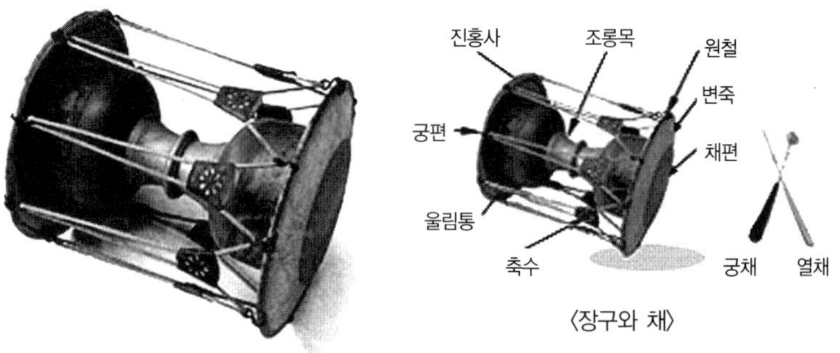

〈장구와 채〉

　　장구의 채는 궁채, 열채가 있는데 대나무 뿌리로 몸체를 만들고 끝부분에 박달나무를 둥글게 하여 끼어 만든 것이 궁채이고, 열채는 나무를 깎아서 만든 것이다. 궁채로는 북편을 연주하고, 열채로는 채편을 연주하게 된다.

■ 연주자세

① 장구의 위치 : 앉아서 연주할 경우 장구의 위치는 장구의 채편을 연주자의 중심에 놓는다. 그리고 장구가 연주 도중 움직이지 않도록 왼발과 오른발 바닥으로 채편을 잡아준다.

② 궁글채 잡는 법 : 궁채를 왼손 엄지와 검지로 빠지지 않을 정도로만 가볍게 쥔다. 채의 이탈을 막기 위해 왼손 새끼손가락을 끼워 잡는다.

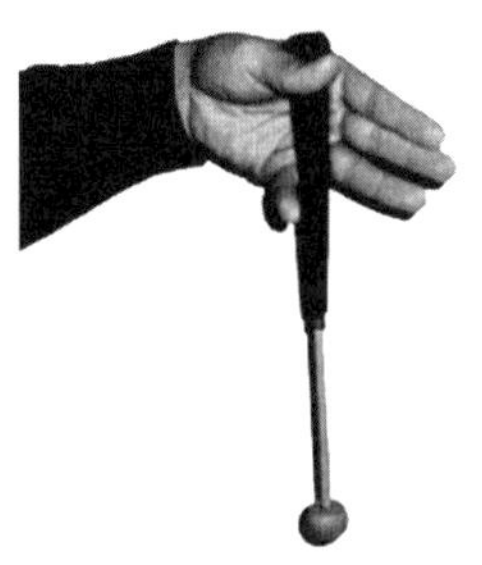

③ 열채 잡는 법 : 열채를 오른손 엄지와 검지로 가볍게 잡는다. 나머지 세 개의 손가락은 채가 흔들리지 않도록 지탱해 주는 구실만 하게 된다. 내려 칠 때는 검지를 이용하고, 손을 들 때는 엄지를 이용하게 된다.

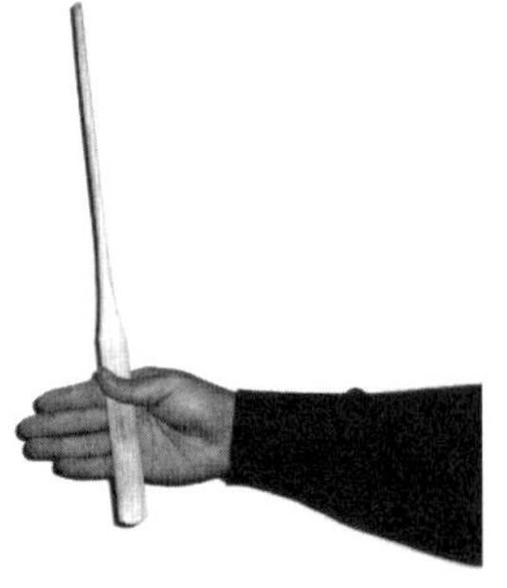

구음과 타법은 다음 '기본 장단연습'에서 자세히 다루기로 한다.

① 덩 : 북편과 채편을 동시에 친다.

② 쿵 : 북편만 연주하라는 의미이다.

③ 기 : 열채로 채편을 치되, 채의 끝부분으로 채편의 중앙부분을 연주하라는 의미이다.

④ 덕 : 열채로 채편을 치되, 채의 중앙부분이 채편의 태부분을 쳐서 그 반동으로 채 끝이 채편 중앙부를 치도록 하는 타법이다. 이때 주의할 점은 치고 난 다음 열채를 태부분에서 때지 않아야 한다는 점이다.

⑤ 더러러러 : 오른손 열채 끝부분으로 채편을 4번 연속으로 치는 타법이다. 이때 채를 오른손 엄지와 검지만을 이용해서 잡은 다음, 오른손 검지를 채편 방향으로 밀면서 연주한다. 자연스럽게 열채가 튕겨 나올 수 있도록 연습한다.

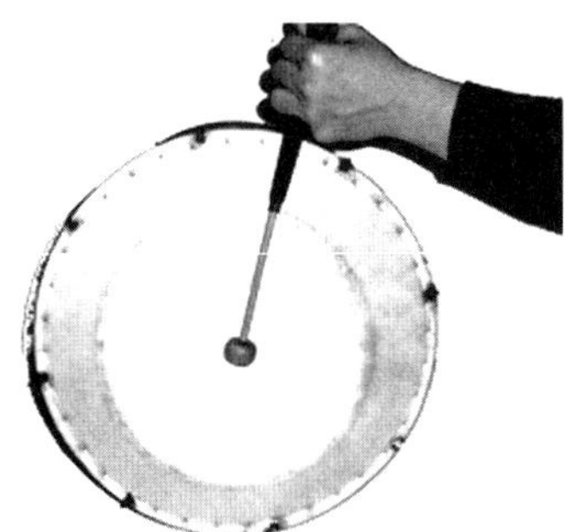

■ **연주할 때 유의사항**

① 궁글채를 연주할 때는 어떠한 경우이든지 어깨를 움직이지 않도록 한다. 연주할 때는 북편이 정확히 보이지 않으므로 궁글채 머리부분이 북편 중앙에 오는 위치를 외워둘 필요가 있다.

② 궁글채로 북편을 치다가 채편을 쳐야할 경우, 넘어오는 과정에서 왼손 바닥부분이 아래를 향하도록 해야 하며, 채편을 칠 때는 왼손 손바닥 부분이 채편으로 향하게 치면 된다.

③ 북편(궁편)을 궁글채 없이 손으로 연주하게 될 때는 변죽 부분에 엄지손가락을 댄 상태에서 엄지를 제외한 나머지 손가락으로 연주한다. 이때 엄지를 축으로 해서 연주하되, 나머지 손가락들은 모두 붙인 상태에서 연주가 이루어져야 한다.

4 북

북은 그 구조가 간단한 관계로 그 역사가 오래되고 또 세계 모든 지역에서 그 발생을 볼 수 있다. 각각 그 민족의 특색을 지닌 것으로 발달했다. 동양에서도 인도, 중국 등에서 그 발생의 흔적을 볼 수 있다. 한국에서는 고장에 따라 여러 가지 변종이 전해져 왔는데, 풍물악기 가운데서 북은 가장 오랜 악기로 추측되며, 그 이유로는 청동기 시대 이전의 목축시대에 만들 수 있는 가장 간단한 구조로 된 악기이기 때문이다. 특히 북 놀음이나 가락은 경상도 지방의 풍물에서 발달되어 있다.

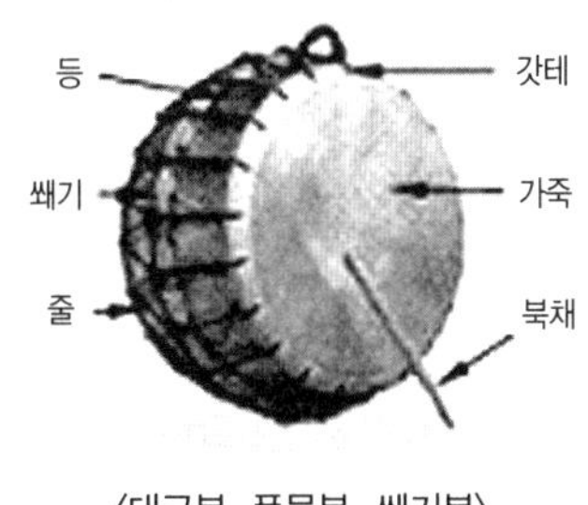

〈대구북, 풍물북, 쐐기북〉

① 앉아서 연주할 경우 북 받침대에 끼워 고정시킨 다음 채로 연주한다. 한편 서서 연주할 경우에는 왼손을 쭉 펴 상태로 북에 달린 끈을 잡고 오른손 채로 연주한다.

② 징은 다른 사물놀이 악기에 견주어 단순한 구음을 사용한다.

- 둥 : 정타 혹은 상향타를 의미한다. 즉, 오른손 북채로 북을 우에서 좌로 수평이 되게 치면 된다. 구음 '두'와 함께 쓰이면 상향타(아래에서 위쪽 방향으로 치는 타법)로 사용되기도 한다.

- 두 : 이 구음은 하향타 또는 짧은 정타를 의미한다. 대개의 경우는 짧고 약하게 연주하면 되나, 만약 '둥'과 '두'가 동시에 '둥-두 둥-두 둥-두 둥-두'와 같이 사용되면, 상향타와 하향타를 번갈아 가면서 연주하면 된다.

3 기본장단 연습 ··

우리 음악은 악기로 연주하는 기악곡이든 민요와 같은 성악곡이든 장구의 장단에 맞추는 것이 대부분이다. 이처럼 우리 음악을 음악치료 세션에서 사용하고자 한다면 기본장단을 익히는 것이 필수적이다. 그 가운데에서도 특히 장구장단을 익혀서 여러 민요를 반주할 수 있어야 할 것이다. 따라서 여기서는 장구의 기본장단을 연습해 보기로 한다. 장구장단에는

1. 장단호흡

'장단호흡'이란 어떠한 장단이나 가락을 치는 데 알맞은 몸과 마음 쓰기로 정의할 수 있다. 가장 중요한 것은 자연스러움이다. 지나치지 않고 과장됨 없는 악기와 어우러짐이 무엇보다 중요하다. 연주할 때

에 몸을 숙였다 폈다하는 것 또한 자연스런 장단과 호흡 위에서 이루어져야 한다. 주의할 점은 연습을 할 때는 큰 소리를 내면서 하고 몸으로 느끼도록 노력하면서 연습하는 것이 도움이 많이 된다.

하	나	아
하		나	
하	나	두	울

호흡❶ : 하나아호흡(세등분하여 호흡한다)
호흡❷ : 하나①호흡(이등분하여 호흡하되 길게 한다)
호흡❸ : 하나②호흡(이등분하여 호흡하되 짧게 한다)

· '하나아' 는 주로 굿거리장단이나 덩덕궁이에서 사용된다.
· '하나①' 은 동살풀이에서 사용된다.
· '하나②' 는 휘모리에서 많이 쓰인다.

2. 장단호흡의 4단계

'호흡' 이란 연주자와 악기와의 호흡만을 의미하지는 않는다. 더 나아가서 연주자 사이에 이루어지는 호흡, 듣는 사람과의 호흡 등이 또한 중요하다. 치료사로서 내담자, 특히 노인대상으로 세션을 할 경우에는 그분들과 함께 호흡하기 위해 노력해야 할 것이다. 일반적인 호흡의 단계는 다음 4가지로 나누어질 수 있다.

1단계 : 연주자와 악기의 조화로움
2단계 : 연주자와 연주자 사이의 조화로움
3단계 : 연주자와 관람객 사이의 어우러짐
4단계 : 음악과 자연과의 조화로움

3. 구음과 타법

'구음' 이란 악기, 특히 장구의 소리를 입으로 흉내 낸 것이다. 이것은 실제 악기 소리를 그대로 흉내 낸 것이 많은데, 일반적으로 채편과 북편을 함께 치면 '덩' 이라고 소리 내고, 채편만 칠 경우에는 '덕' 혹은 '따', 북편만 칠 경우에는 '쿵' 이라고 소리 낸다. 그 밖에도 '기덕'

과 '더러러러' 등이 있다. 그러나 지방마다 연주자마다 다르게 구음을
내는 것에서 알 수 있듯이 절대적인 원칙은 없다.

부호	구음	명 칭	설 명	셈여림
◐	덩	합장단(쌍)	북편과 채편을 함께 침	$f\!f$
|	덕(따)	채편(편)	채편을 채로 침	f
○	궁	북편(고)	북편을 왼손으로 침	mf
┊	기덕	겹채(편겹)	채편을 채로 겹쳐 침	mp
┊	더러러러	채굴림(요)	채편을 채로 굴려서 침	f
◎	구궁	겹궁(요겹)	북편을 왼손으로 겹쳐 침	mf
·	따(기)	점(채편)	채편을 채로 찍어 침	pp

　가. 합장단(덩, 떵) – 오른손 열채와 왼손 궁채를 가슴높이까지 들어
　　　올려 호선을 그으며 내리는 동시에 친다. 속도가 빠른 음악에서
　　　는 손을 들어올리지 않고 치게 되며 대개 장단의 제 1박에 사용
　　　된다. 특별한 경우 즉 아주 느린 음악에서는 채와 북을 동시에
　　　치지 않고 기덕쿵이라 하여 채편을 먼저 친 다음 제2박에 북편
　　　을 쳐서 속도를 조절해주기도 한다.

　나. 북편(쿵) – 왼손으로 궁채를 가볍게 잡고 장구의 북편을 치는 주
　　　법이다. 음악의 속도에 따라 손을 들어 올려치거나 들어올리지
　　　않고 치기도 한다.

　다. 채편(따, 덕) – 채를 모지와 식지 사이에 끼고 장지, 무명지, 소
　　　지로 채를 잡고 치는 주법이다.

　라. 채굴림(따라라라, 더러러러) – 장구채 끝을 굴려서 소리를 내는
　　　채굴림이다. 초보자는 제대로 연주하기 어려운데 해당박자 안에
　　　서 채끝을 서너번 치되 첫 번째는 좀 크게 치고 나머지는 작게

치는 방법으로 연습한다. 이 주법은 대개 약박에 사용된다.

마. 겹채(기따, 기덕) – 기따는 따 앞에 장식음이 있는 주법이다. 모
지와 식지를 채를 잡고 장지, 무명지, 소지를 가볍게 펴서 전타
음을 친 다음 재빨리 손가락을 오므려서 따를 치면 된다. 이완상
태의 근육을 순간적으로 긴장시켜야 하므로 많은 연습이 필요한
주법이다.

바. 채점(따, 더) – 장구 채끝으로 채편을 약하게 찍어 주는 채찍기
인데 대개 약박으로서 장단의 끝에 사용되는 주법이다.

사. 겹궁(쿠쿵) – 왼손의 궁채로 북편을 겹쳐 친다.

기본장단 연습 차례 ···

1. 인사굿
2. 일채
3. 이채(휘몰이, 두마치)
4. 굿거리
5. 양산도(세마치)
6. 삼채(자진몰이)
7. 동살풀이(오방진)
8. 진오방진
9. 별달거리

1. 인사굿

번호	실제 연주 및 설명																					
1	덩		덩			덩		덩			더	더	덩		덩		덩				따	

2. 일체

※ 점점 빠르게 연주해 나가도록 한다.

번호	실제 연주 및 설명																		
1	덩				덩						덩		덩						
2	덩			덩			덩				덩								
3	덩		덩		덩		덩												
4	덩	덩	덩	덩	덩	덩	덩												

3. 이채(휘모리, 두마치)

번호	실제 연주 및 설명						
1	덩		덩		쿵	따	쿵	
2	덩		따	따	쿵	따	쿵	
3	따		쿵		쿵	따	쿵	
4	따	쿵	따	따	쿵	따	쿵	
5	쿵	따	따	따	쿵	따	쿵	
6	따	구	궁	따	쿵	따	쿵	
7	쿵	쿵	따	쿵	쿵	따	쿵	

※ 위의 1번은 이채의 기본장단이다.

4. 굿거리

(1) 머릿장단

※ 여기서 '얼쑤' 와 '절쑤' 는 사람의 입으로 흥을 돋우는 추임새를 의미하는 것이다.

번호	실제 연주 및 설명																							
1	덩						덩						덩				덩		얼			쑤		
2	덩		덩				덩		덩				덩				덩		절			쑤		

(2) 본장단

번호																
				실 제 연 주	및	설 명										
1	덩			기	닥		덩		더	러	러	러	쿵			기	닥		쿵		더	러	러	러
2	덩			기	닥		덩		따	따	따	따	쿵			기	닥		쿵		따		따	

5. 세마치(양산도)

번호	실 제 연 주	및	설 명					
1	덩			덩			따	쿵	따	
2	더	덩		덩			따	쿵	따	
3	더	덩		덩			따	쿵	따	
4	더	덩		덩			짝		

※ 짝 : 열채로 채편의 변죽을 치라는 의미이다. 따라서 위의 4번은 한 곡을 끝마치는 장단으로 사용하면 좋다.

6. 덩덕궁이(삼채, 자진모리)

(1) 기본가락 1

번호	실 제 연 주	및	설 명									
1	덩				덩				덩		따	쿵	따		
2	덩				따	쿵			덩		따	쿵	따		

(2) 기본가락 2

번호	실 제 연 주	및	설 명									
1	덩		덩		덩		덩		덩		덩	
2	따	쿵		따	쿵		덩		따	쿵	따	
3	덩			따	쿵	따	쿵		따	쿵	따	

(3) 기본가락 3

번호	실 제 연 주	및	설 명									
1	덩				덩				덩		따	쿵	따		
2	덩			따	쿵	따			덩		따	쿵	따		

(4) 기본가락 4

번호	실제연주 및 설명																		
1	덩				따	쿵		따			덩				따	쿵		따		
2	따		쿵			덩					덩				따	쿵		따		

(5) 기본가락 5

번호	실제연주 및 설명																		
1	덩				따	쿵		따		쿵	쿵		따		쿵	쿵		따		
2	따		쿵		따	쿵		따		쿵	쿵		따		쿵	쿵		따		

7. 동살풀이(오방진)

(1) 기본가락 1

번호	실제연주 및 설명							
1	덩			따	닥		따	
2	덩			따	덩			따

(2) 기본가락 2

번호	실제연주 및 설명												
1	덩			덩			덩		덩	따	따		
2	더	더	덩		더	더	덩		덩		덩	따	따
3	덩		기	닥		따	구	궁	따	구	궁		따
4	덩		기	닥		따	따	구	궁	따	궁	따	쿵

8. 진오방진

번호	실제연주 및 설명															
1	덩		따	따	쿵	따	쿵		따	구	궁	따	쿵	따	쿵	

9. 별달거리(매우 빠르게)

(1) 기본가락 1

번호	실제 연주 및 설명					
1	덩		덩		쿵	따	쿵
2	쿵	따	쿵	따	쿵	따	쿵
3	쿵	따	쿵		쿵	따	쿵
4	쿵	따	쿵	따	쿵	따	쿵

(2) 기본가락 2

번호	실제 연주 및 설명											
1	하	늘	보	고	별	을	따	고	땅	을	보	고	농	사	짓	고
2	올	해	도		대	풍	이	요	내	년	에	도	풍	년	일	세
3	달	아	달	아	밝	은	달	아	대	낮	같	이	밝	은	달	아
4	어	둠	속	의	달	빛	이		우	리	네	를	비	취	주	네
5	뚫	으	세		뚫	으	세		물	구	멍	을	뚫	으	세	
6	동	해	물	도	땡	기	고		서	해	물	도	땡	기	고	
7	백	두	산	도	땡	기	고		한	라	산	도	땡	기	고	
8	뚫	어	라		뚫	어	라		한	반	도	를	뚫	어	라	

5 장단을 활용한 민요연습 ·······································

진도아리랑

세마치 전라도민요

번호	실 제 연 주 및 설 명							
1	덩			덩		따	쿵	따	
2	더	덩		덩		따	쿵	따	
3	더	덩		덩		따	쿵	따	
4	더	덩		덩			짝		

한강수타령

번호	실제 연주 및 설명												
1	덩		기	닥	덩	더	러	러	러	쿵		기	닥	쿵	더 러 러 러
2	덩		기	닥	덩	따	따	따	따	쿵		기	닥	쿵	따 따

밀양아리랑

세마치   경상도민요

번호	실제 연주 및 설명							
1	덩			덩			따	쿵	따	
2	더	덩		덩			따	쿵	따	
3	더	덩		덩			따	쿵	따	
4	더	덩		덩			짝			

몽금포 타령

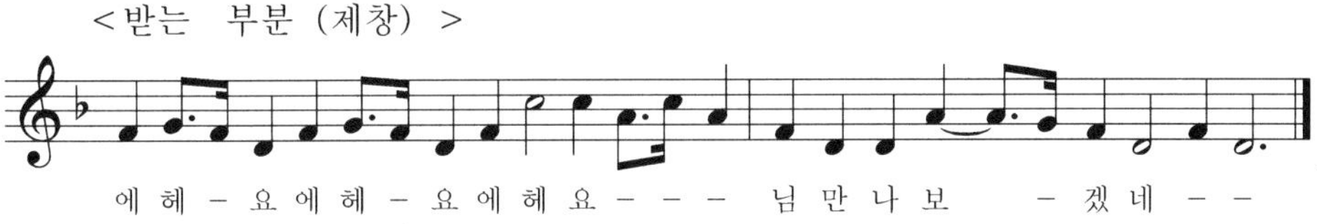

번호	실 제 연 주 및 설 명											
1	덩			따		쿵	따	따	따	쿵	쿵	따	쿵	따	따	따

박연폭포

번호	실제연주 및 설명												
1	덩		기	닥	덩	더	러	러	러	쿵		기	닥	쿵	더 러 러 러
2	덩		기	닥	덩	따	따	따	따	쿵		기	닥	쿵	따	따

강원도아리랑

번호	실 제 연 주 및 설 명											
1	덩			따	쿵			쿵			따	쿵	

오돌또기

번호	실제연주 및 설명												
1	덩		기	닥	덩	더	러	러	러	쿵		기	닥	쿵	더	러	러	러
2	덩		기	닥	덩	따	따	따	따	쿵		기	닥	쿵	따		따

신고산타령

자진모리   함경도민요

가을바 – 람 소슬하 – 니 낙엽이우수수지고 – 요 – –

귀뚜라 – 미 – – 슬피울어 고향 – 생각이나누 – 나 – –

어랑 어랑 어 허 야 에 헤 야 데 헤 야

모 두 가 내 사 랑 이 로 – 다 – – – – – – –

번호	실제 연주 및 설명																			
1	덩					덩					덩			따		쿵	따			
2	덩					따	쿵				덩			따		쿵	따			

웃다리 풍물 가락보(얼림굿, 길놀이) ....

	가락	쇠(꽹과리)	장구	북
1	점 고	북수 : 둥 둥 - 둥 둥 - 둥 둥 둥 두 두 두 두 두 - ×2 둥 둥 - 둥 둥 - 둥 - - 둥 - -		
2	내드림	다다당————×2	- - - - 더 구 덩 -	- - - - 두 두 둥 -
3	난 타			
4	신 호	당 - 당 - 당 - 닥 - ×2		
5	도 입	당 - 당 - 당 - 당 - 당 그당 -	덩 - 덩 - 덩 - 덩 - 궁 따궁 -	둥 - 둥 - 둥 - 두 - 둥 - 두 -
6	이채기본	당 - 당 - 당 그당 -	덩 - 덩 - 궁 따궁 -	둥 - 두 - 둥 - 두 -
7	박어친변주 굴려친변주	당 그당 그당 그당 그 당 그랑 그랑 그랑 그(계속)	궁 따 궁 - 궁 따 궁 - 궁 따 궁 다 궁 따 궁 다	둥 - 두 - 둥 - 두 -
8	신 호	당 - 당 - 당 - 닥 - ×1	궁 따 궁 - 궁 따 궁 -	둥 - 두 - 둥 - 두 -
9	사 채	당 - 다 다 웃 다 당 - 당 그다 다 웃 다 당 - ×4	덩 - 따 다 궁 따 궁 - 더 궁 따 다 궁 따 궁	둥 - 두 - 둥 - 두 -
10	신 호	당 - 당 - 당 - 닥 ×1	덩 - 따 다 궁 따 궁 -	둥 - 두 - 둥 - 두 -
11	이 채	당 - 당 - 당 - 당 - 당 그당 -(계속)	덩 - 덩 - 덩 - 덩 - 궁 따궁 -	둥 - 둥 - 둥 - 두 - 둥 - 두 -
12	기본 및 변주	당 그당 그다다 당 -(신호)		
13	맺 음	당 - - 다 다 다 - 당 - - - - - -	덩 - - 따 궁 따 - 덩 - - - - - -	둥 - - 두 두 두 - 둥 - - - - - -
14		4번~13번까지 다시 반복		
15	광고장단 (굿거리)	당-당 당 그당 당당그당 닷당 당당그당 당당그당 당당그당 닷당	덩-덩 궁 따궁 덩 궁 따 궁덩 - 덩궁따 궁궁따 궁궁따 궁덩 -	둥-둥 둥-둥 둥 - 둥- 둥 둥둥- 둥둥- 둥 - 둥- 둥
16	맺 음	당당그당 당당그당 당-다당 -다당닥		
17	짠 지 머릿장단	당 - 당 닷 - 다 당 - 당 닷 - 다	덩 - 덩 덩 - 덩 덩 - 덩 덩 - 덩	둥 - 둥 둥 - 둥 둥 - 둥 둥 - 둥
18	짠지가락	당 - 당 당 그당 당 - 당 당 그당 당 그당 당 그당 당 그당 닷 - 다	덩 - 덩 덩 기덩 덩 - 덩 덩 기덩 덩 기덩 덩 기덩 덩 기덩 덩 - 덕	둥-두-둥-두둥-두-둥-두
19	변 주	당 그당 당 그당 당 그당 당 그당	덩 기덩 덩 기덩 덩 기덩 덩 기덩	둥-두-둥-두둥-두-둥-두
20	맺 음	당 그당 당 그당 다 다 다 다당-		
21	연결가락	당 - 당 - 당 - 닥 - ×2	덩 = 따 다 궁 따 궁 -	둥 - 두 - 둥 - 두
22		10번~13번까지 연주		
23	인사굿	10번~13번까지 반복한 다음 인사하며 끝낸다(징소리와 함께).		

제8장

악기합주의 치료적 접근

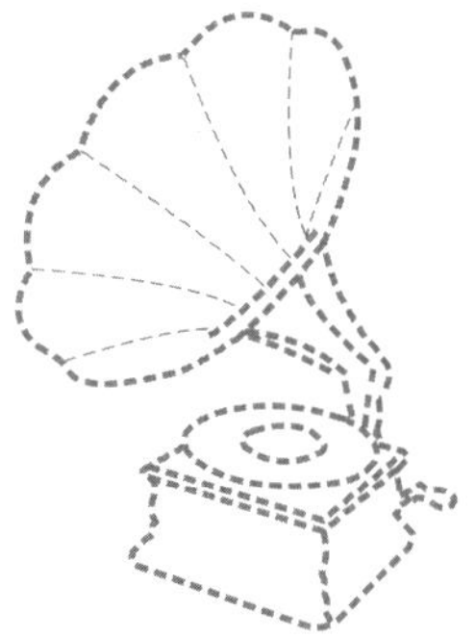

음악교육의 리듬앙상블

음악교수법의 이해

다른 전문영역의 발달로 말미암아 음악치료는 많은 성장과 도움을 받게 되었다. 특히 음악교육은 음악치료의 적용영역을 한층 더 넓게 확보해 주는 중요한 계기가 되었다. 또한 코다이, 오르프, 달크로즈 등의 음악교육 연구가들의 연구와 노력에 힘입어 좀더 다양한 치료방법의 구안은 물론 교육을 통한 치료라는 새로운 시각을 갖도록 해 주었다. 따라서 음악교육에 대한 좀더 정확한 이해는 더 충실한 음악치료에 도움을 줄 수 있다. 대표적인 음악교수법들이 추구하는 핵심목적, 구성요소, 목표 등을 살펴보면 다음과 같다.

1. 코다이 교수법(Zoltan Kodaly, 1882~1967)

- 헝가리의 작곡가 · 민족음악학자 · 교육가 · 지휘자
- 국적 : 헝가리
- 출생지 : 헝가리 케치케메트
- 주요작품 : 〈하리 야노시〉(1926), 〈헝가리 시편(詩篇)〉(1923), 〈무반주 첼로소나타〉(1915)

(가) 목적

코다이는 음악교육의 목적을 '심미적인 민감성 획득' 이라고 설명했다. 즉, 음악을 이해하고 사용하는 기본적 음악기술훈련을 어린 시절부터 지속적으로 투입하면 청년기에 이르러서 풍부한 미적 감수성을 갖게 된다는 뜻이다. 또한 음악교육이란 '전문적인 음악가를 양성하는 것뿐만 아니라 훌륭한 청중을 길러내어 인류의 행복을 위해 음악의 가치를 세상에 널리 알리는 것' 이라고 했다. 코다이는 특히 '음악교육의 표준화' 를 주창하였는데, 이 말의 뜻은 음악은 모든 사람의 것이어야만 한다는 것이다. 구체적으로 살펴보면 다음과 같다.

1) 모든 사람이 글을 읽듯이 음악을 읽을 수 있어야 한다.
2) 노래하는 것은 음악에서 가장 좋은 바탕이다.
3) 음악교육이 가장 효과가 있기 위해서는 가장 어릴 때에 시작되어야 한다.
4) 아동의 민요는 마치 모국어처럼 가장 먼저 사용되어야 한다.
5) 예술적 가치가 높은 음악만이 음악교육에서 사용되어야 한다.
6) 음악교육은 모든 교육 가운데서도 필수교과목이 되어야 한다. 교육은 위한 기본으로 채택되어야 한다.

(나) 코다이 교수법의 구성요소

1) 리듬 길이의 기호 체계
2) 이동도법 : 장조 선법에서 '도'가 으뜸음이고 단조 선법에서 '라'가 으뜸음.
3) 음 관계 발달에 도움이 되는 손기호 체계.

(다) 코다이 교수법의 구체적 목표

1) 말, 동작, 노래 게임을 통한 리듬감각을 길러준다.
2) 암송창과 시창을 통한 리듬감각을 길러준다.

3) 멜로디와 리듬의 동시활용을 통한 다음(多音)감각을 길러준다.

4) 민요와 가곡을 통하여 음악양식과 음색에 대한 인식력을 길러준다.

5) 손기호의 사용을 통해 청음력을 길러준다.

6) 모든 조와 음자리표의 이동에 대한 음악적 기술을 길러준다.

7) 익힌 멜로디와 리듬의 인식을 바탕으로 즉흥연주기술을 습득한다.

8) 계명창법의 노래기술을 바탕으로 한 기악적 기술을 습득한다.

2. 달크로즈 교수법(Emile Gaques Dalcroze, 1865~1950)

- 스위스의 음악교육가 · 작곡가.
- 국적 : 스위스
- 출생지 : 오스트리아 빈
- 주요저서 : 《리듬 · 음악과 교육(Rhythm, Music and Education)》(1922)
- 주요작품 : 〈자니〉(1893), 〈산초 판자〉(1897)

(가) 목적

달크로즈는 음악교육의 목적을 음악적 재능을 개발하기 위한 것이어야 한다고 주장했다. 또한 어린이들이 음악을 듣고 몸동작으로 표현하는 과정을 통해 건전한 자아개념을 형성하고, 자신의 내적감정을 탐색하고 표현하며 형성해 나갈 수 있도록 하는 것이라고 했다. 이러한 음악성은 리듬과 음조를 통해 깨우쳐야 하기 때문에 발성연습과 가창을 특히 강조하였다. 무엇보다 '리듬(rhythm)'은 모든 음악요소 가운데 가장 중요한 요소라고 여겼고, 모든 음악적 리듬은 사람의 몸의 자연적 리듬에서 찾을 수 있다고 하였으며, 동작노래(gesture songs)를 강조하였다.

(나) 달크로즈 교수법의 구성요소

   1) 유리드믹스(Eurhythmics) : 음악에 대한 신체의 반응을 위한
연습 - 음악적 개념은 리듬 운동을 통해 내면하된다.

   2) 솔페이즈(Solfege)를 통한 청음 또는 시창훈련 : 내청(inner
hearing)을 개발.

   3) 즉흥 연주(Improvisation)

(다) 달크로즈 교수법의 구체적 목표

   1) 소리에 대한 정확한 청음발달을 이루어야 한다.

   2) 자유롭고 활발한 창의력이 개발되어야 한다.

   3) 신체운동을 통해서 음악적 리듬감을 발달시킨다.

3. 오르프 교수법(Carl Orff, 1895~1982)

- 독일의 작곡가 · 지휘자 · 교육가.
- 국적 : 독일
- 출생지 : 독일 뮌헨
- 주요작품 : 〈카르미나부라나〉〈안티고네〉〈아프로디테의 승리〉

(가) 목 적

오르프는 리듬과 즉흥연주에 바탕을 둔 '경험 교수법'을 주장하였
다. 이를 통해 음악에 대한 아름다움을 느끼도록 돕고, 자기 표현능력
을 발달시켜야 한다고 했다. 특히 어린이들의 생활과 밀접하게 관련
된 말이나 동작, 노래를 사용함으로써 자연스럽게 음악의 본질을 경
험하도록 했으며, 음악요소에 대한 지적인 이해보다는 신체적인 경험
이 우선되어야 한다고 주장했다. 따라서 음악은 인격형성을 위한 종
합적인 경험임을 설명하였다.

(나) 오르프 교수법의 구성요소

1) 올프과정(Orff Process): 탐구 및 관찰(exploration and experience Observe) → 모방(Imitate) → 경험(Experiment) → 창조(Create)

2) 올프 과정의 각 단계에는 다음 내용이 반드시 포함되어야 한다.

   a. 움직임을 통한 공간의 탐구

   b. 음성과 기악을 통한 형식의 탐구

   c. 즉흥 연주를 통한 형식의 탐구

3) 과정의 각 단계에서 학습자는

   a. 모방에서 창조로 나아가야 한다.

   b. 부분에서 전체로 나아가야 한다.

(다) 오르프 교수법의 구체적 목표

1) 말과 동작은 음악적 경험의 바탕 위에서 자연스럽게 사용한다.

2) 언어, 동작, 놀이, 노래는 하나의 유기체와 같이 서로 작용한다.

3) 음악적 경험의 능동적인 참여를 통해 곧바로 즐거움과 의미를 깨닫도록 한다.

4) 리듬과 멜로디의 뜻을 몸으로 느끼도록 하고, 이런 경험을 통해 음악을 이해하도록 한다.

5) 음악의 기본요소들을 경험하도록 한다. 리듬적인 경험을 하도록 도우며, 유아기의 노래와 같이 극히 단순한 멜로디부터 시작한다.

6) 리듬과 멜로디를 경험하게 함으로써 창의성을 향상시키고, 능동적 참여능력을 개발한다.

음악교수법의 활용(오르프 합주를 중심으로) ....

음악교육 분야에서는 여러 가지 리듬앙상블 활동을 이미 지속적으로 연구하고 개발해오고 있다. 단순하고 일반적인 악기합주에 그치지 않고 학습자로 하여금 다양하고 뜻있는 음악적 경험을 통해 각 교수법들이 추구하는 목적을 달성하고 있는 것이다. 따라서 오늘날 음악교수법에서 활용하고 있는 다양한 리듬앙상블의 예를 제시하고자 한다. 그 가운데서도 다음의 내용들은 오르프 교수법과 특히 관련된 내용들이다.

1. 악기와 구음 활동

※ 악기 구성 : 악기집단 3+구음집단 4+멜로디집단 3+악기첨가 5

  ① 올프 악기 : 일정한 반복 리듬과 음을 정해서 연습을 하며 탐색을 한다(예 : 탬버린, 철금, 실로폰).

  도도 솔 / 도도 솔

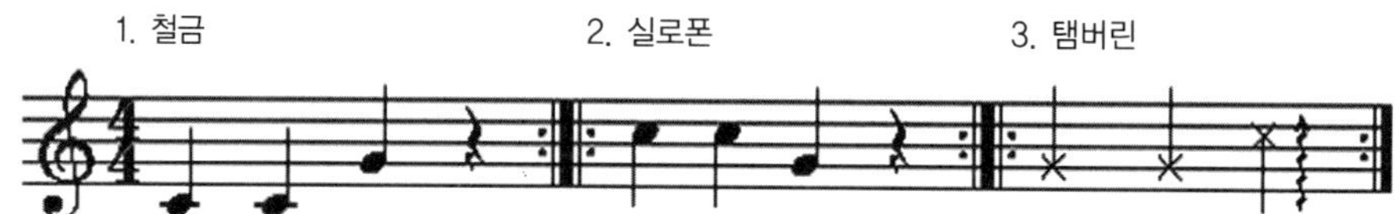

  ② 구음연습 : 지휘에 맞추어 4집단으로 나누어 구음 연습을 한다.

  도레미솔/도 솔/도솔라솔 도솔라솔/도 − − 도/

  ③ 멜로디 부분 : 악기를 ②처럼 연습하고 구음은 '도 솔 라라라솔 미미미미레미 도도솔'을 한다. ('빰'이란 가사를 붙여서 노래 불러본다)

  ④ 기타 악기 첨가 : 지휘에 따라 악기를 하나씩 첨가시키며 연주한다. 핑거(교차 제스처), 우드블록(두드리기), 탬버린(밑에서 또는 위에서 몰아가기), 레인스틱(기울이기), 타악기(두드리기) 등으로 하고 타악기로 마친다. ③의 활동을 도돌이식으로 해본다.

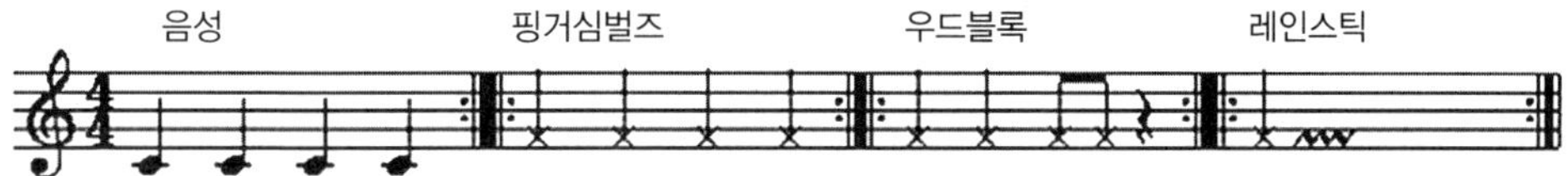

⑤ 응용 활동 : 음판악기(도도솔)+실로폰(도 솔 라라라솔 미미미
미레미 도도솔)+음성+핑거+우드+작은북……)를 함께 연주
해 볼 수도 있다. 또한 북리듬을 첨가해 볼 수도 있다.

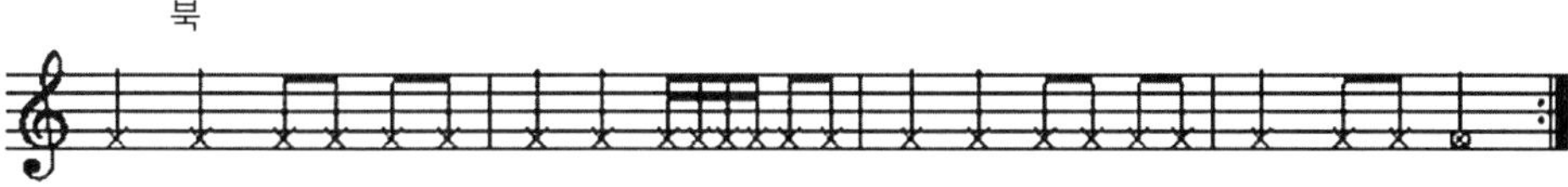

2. Orff 악기합주

아래 메탈로폰부터 시작하여 마지막 우드블록까지 1마디씩 계속 첨
가하며 합주해 나간다. 단, 특정 악기를 연주하는 연주자들이 충분히
그 악기가 익숙해질 때까지 연습시킨 다음, 다음 주자들이 연주를 첨
가하게 해야 한다.

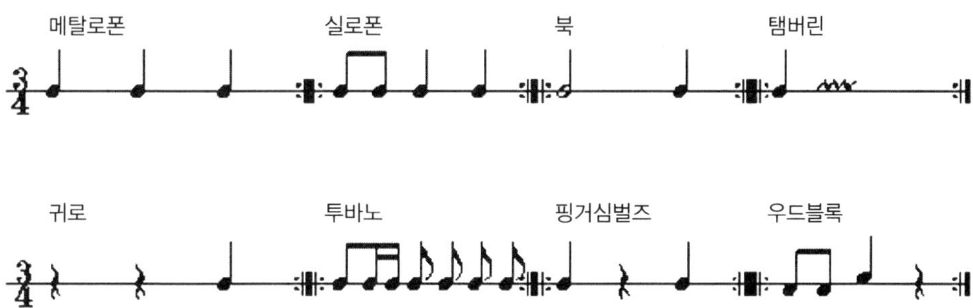

다음 리듬악보를 이용해서 간단한 리듬앙상블을 완성하시오.

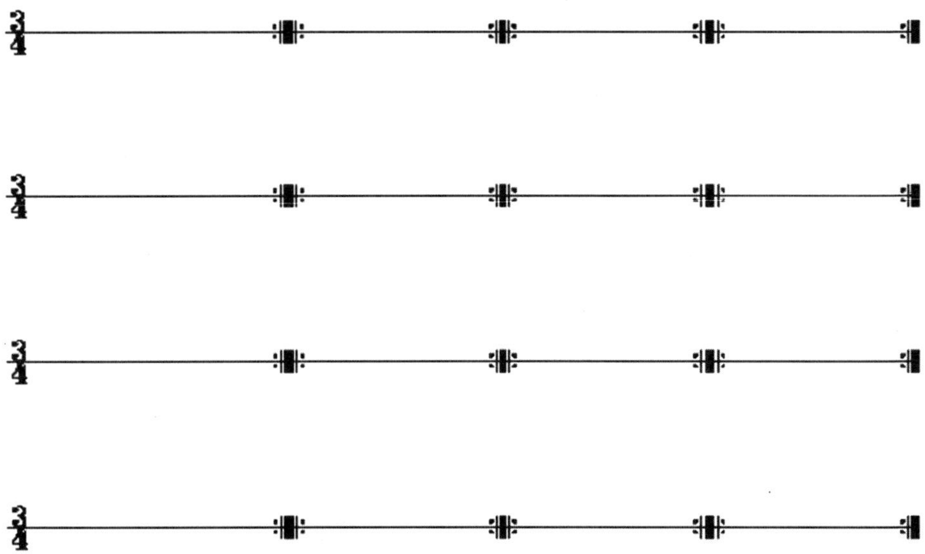

3. 신체 리듬앙상블

신체의 여러 가지 소리들을 활용하여 리듬앙상블을 만들어 볼 수 있다. 우선 엄지와 검지를 맞부딪치는 '손가락 퉁기기'와 양손을 맞부딪치는 '손뼉 치기', 양손으로 자신의 양 무릎을 치는 '무릎치기', 양발을 동시에 들었다가 놓는 '발 구르기' 등이 있다. 물론 발을 구르는 신체행동은 오른발, 왼발 번갈아가며 구를 수도 있다. 이 밖에도 양손으로 배를 친다든지, 탁자와 같은 물건을 손으로 칠 수도 있다. 다음은 가장 일반적인 신체 리듬앙상블의 예이다.

① 치료사가 4가지 신체 소리 패턴(손가락퉁기기, 손뼉치기, 무릎치기, 발 구르기)을 즉흥적으로 4박자 단위로 만들면 내담자는 그대로 모방해 본다.

② 그런 다음, 치료사는 정해진 리듬패턴을 내담자에게 제시하여

신체행동을 해보도록 한다(예 : 아래의 리듬패턴 참조).

③ 내담자를 네 집단으로 나눠서 4가지 신체행동을 동시에 소리
내보도록 한다.

④ 응용활동 : 4가지 리듬악기를 가지고 리듬앙상블을 할 수도 있
고, 한 사람이 4가지 신체행동을 모두 해보도록 할 수도 있다.
또한 이러한 신체 앙상블 리듬 위에 다양한 손뼉이나 멜로디
악기, 리듬 악기 등을 더해서 좀더 다양하게 합주할 수도 있다.

■ 신체 앙상블 예시곡 Ⅰ

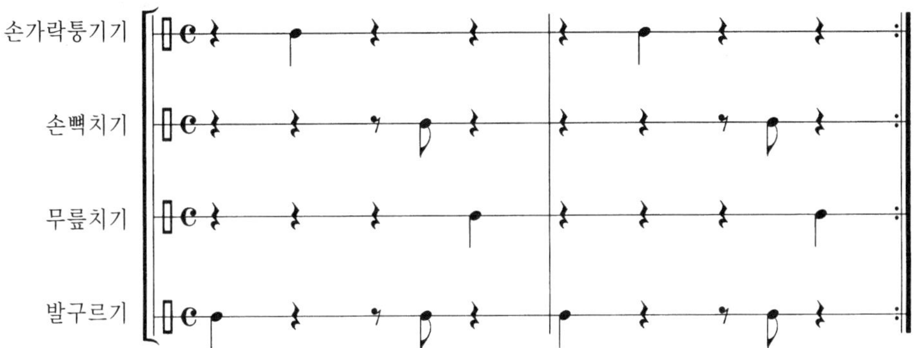

■ 신체 앙상블 예시곡 Ⅱ

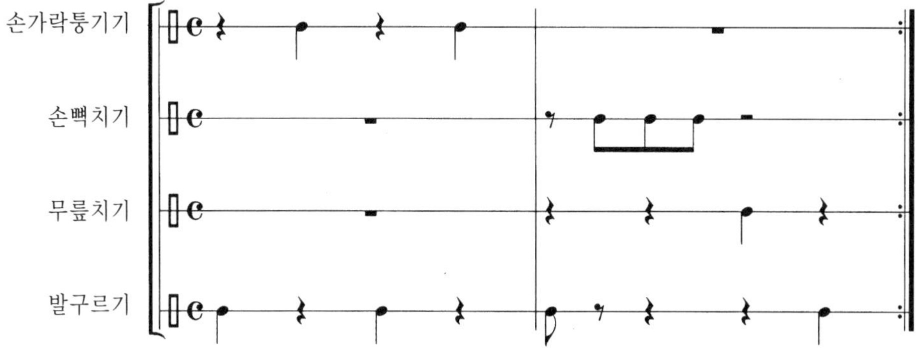

■ 신체 앙상블 예시곡 Ⅲ

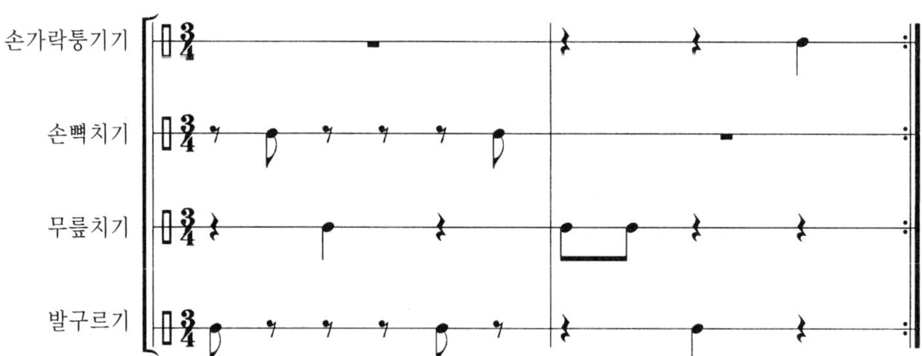
손가락퉁기기
손뼉치기
무릎치기
발구르기

■ 신체 앙상블 예시곡 Ⅳ

손가락퉁기기
손뼉치기
무릎치기
발구르기

아래 예시곡은 두 명의 연주자를 위한 신체 앙상블의 예를 보여준
다. 연주자 1은 손뼉으로 리듬앙상블을 연주하고, 연주자 2는 손뼉과
발구름으로 리듬을 연주한다. 경우에 따라서는 한 연주자 파트 당 2명
이상을 배당하여 연주하도록 할 수 있다.

Rhythm Rondo

4. 신체 리듬앙상블 악곡편성 과제

한 사람이 4가지 신체 움직임을 모두 실행할 수 있도록 다음 리듬악
보에 편성하시오.

■ 신체 앙상블 과제 I

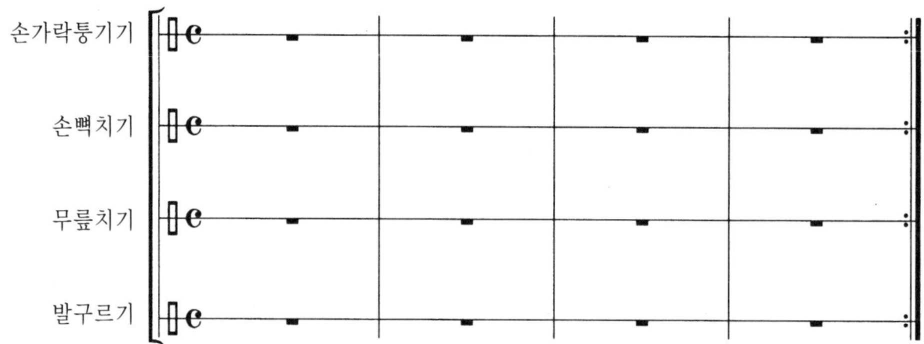

■ 신체 앙상블 과제 II

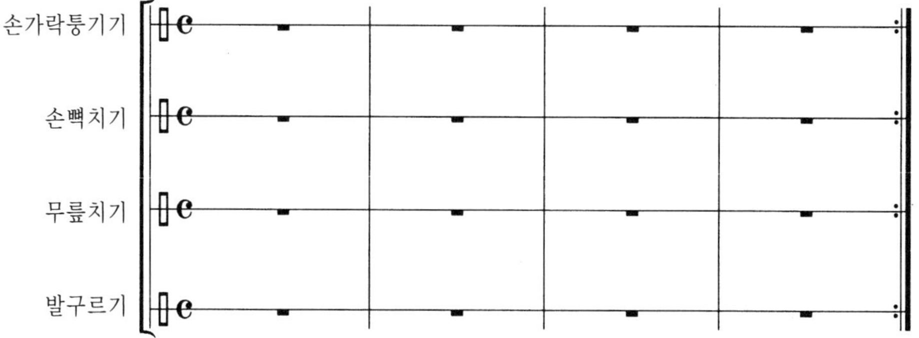

■ 신체 앙상블 과제Ⅲ

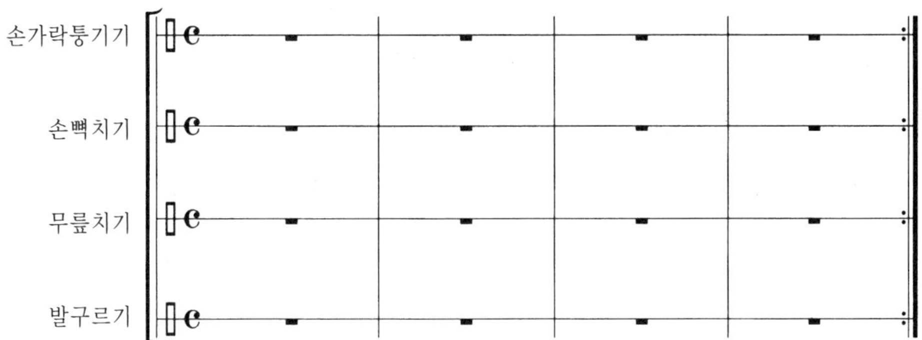

What shall we do with the drunken sailer?

Soprano
Bass Drum 1
Bass Drum 2
Soprano Recorder &
Descant 2 Recorder
Descant 1 Recorder
Soprano Glockenspiel
Alto Glockenspiel
Soprano Xylophone
Alto Xylophone
Guitar
Tambourine
hand
knee
Bass Drum 3
Way — ay and up she ri ses, way — ay and up she ri ses,

S
way— ay and up she ri ses ear ly in the morn ning
B. Dr. 1
B. Dr. 2
S. Rec.
D. Rec. 1
S.G
A.G.
S.X.
A.X.
Guitar
hand
Tamb.
knee
B. Dr. 3

음악치료에서 악기합주의 4가지 형태

악기합주(ensemble)는 음악치료 영역에서 치료사들이 가장 많이 사용하는 음악활동 가운데 하나이다. 대부분의 음악치료 대상자들이 정신, 신체, 인지적인 측면에서 어려움을 격고 있기 때문에 활동 개입에서 세심한 주의를 요하는데, 악기합주는 그들에게 더 안전하고, 효과적이면서, 강력한 영향력을 미치게 된다.

뿐만 아니라 음악치료활동에서 사용되는 대부분의 악기들이 리듬악기이기 때문에 내담자가 특정한 음악적 배경 없이도 합주에 쉽게 참여할 수 있고, 자신의 감정을 표현할 수 있는 도구가 된다. 일반적인 악기합주를 통한 음악치료의 형태에는 크게 4가지가 있다. 1)악기 즉흥연주, 2)재창조 악기합주, 3)창조를 위한 악기합주, 4)감상을 위한 악기합주이다.

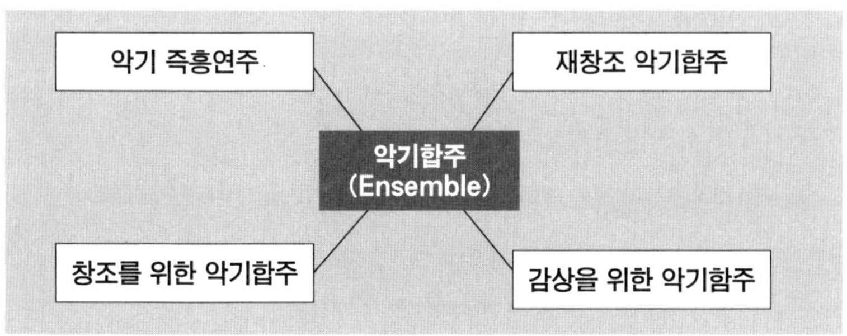

1. 악기 즉흥연주 ....

(Creative/ Aanlytical/ Experimental/ Orff Improvisation Models)

악기를 도구로 하여 치료하는 대표적인 치료기법 가운데 하나는 '악기 즉흥연주'이다. 여기서 즉흥연주(improvisation)란 말 그대로 '사전에 계획하지 않고 즉흥으로 연주'하는 것을 의미한다. 그것은 성악을 사용할 수도 있고, 기악이나 몸동작을 사용할 수도 있다. 또한 목적을 가지고 연주할 수도 있고, 그렇지 않을 수도 있다. 즉흥연주가 가지는 장점은 즉흥연주라는 특성상 '창의성' 향상을 꼽을 수 있겠다. 그러나 무엇보다 즉흥연주가 유용한 이유는 치료사와 환자 사이, 또는 환자와 환자 사이의 '관계형성'을 돕는다는 것이다. 이것은 모방(imitation)과 반영(reflection)기법을 통해서 성취된다. 환자가 만들어 내는 동작이나 소리, 악기연주 등을 치료사가 지속적으로 치료활동 가운데 악기나 소리, 동작을 통하여 거울처럼 모방하고 그림자처럼 반영해 나갈 때, 환자는 조금씩 자신을 내보이게 되는 것이다. 이와 관련된 즉흥연주의 치료목적과 적용형태는 다음과 같다.

1. 악기 즉흥연주의 치료목적

- 비언어적 • 언어적 의사소통의 통로 형성
- 자기표현의 기회 제공
- 타인과 관련된 자신의 다양한 면 탐구
- 상호작용의 친밀감을 위한 능력 발달
- 그룹 기술 발달
- 다양한 구조의 창조성, 표현의 자유, 자발성, 즐거움 발달
- 감각을 발달시키고 자극
- 지각과 인지기술 발달

2. 악기 즉흥연주의 형태

- 비관련적 기악 즉흥연주 : 특정한 주제 없이 음악 자체를 목적
  으로 악기를 연주한다.
- 관련적 기악 즉흥연주 : 느낌, 생각, 사람, 사건 등 음악 이외의
  주제를 묘사하거나 설명하기 위한 악기연주 방법이다.
- 신체 즉흥연주 : 다양한 신체부분 즉, 박수, 발 구르기, 무릎치
  기 등을 이용해서 독특한 소리를 만들어 낸다.
- 복합적 즉흥연주 : 목소리, 신체, 악기 모두를 이용하여 즉흥적
  인 연주를 한다.
- 유도된 즉흥연주 : 한 명 이상의 즉흥 연주자에 의한 직접적인
  신호에 따른 즉흥연주를 말한다.

재창조 악기합주

'재창조 악기합주'란 기존에 이미 만들어진 곡을 악기를 통해 연주하는 활동을 의미한다. 여기에는 악기를 배우고 가르치는 활동이 포함될 것이다. 또한 집단으로 악기를 연주하는 그룹악기 연주활동이나 성악활동까지도 포함된다. 이러한 악기합주가 일반적인 음악교육의 악기합주와 다른 점은 음악 및 음악활동이라는 도구를 통해 음악치료사가 목표로 하는 것이 바로 내담자의 음악 외적인 행동의 변화라는 사실이다. 즉, 내담자와 함께 악기를 연주하지만 음악치료사의 목표는 내담자의 악기연주 기술 향상이 아니라, 악기연주를 통한 그들의 집중력 향상이나 사회기술 향상 등을 그 주된 목표로 삼고 있는 것이다. 재창조 악기합주를 통한 구체적인 치료목적은 다음과 같다.

1. 재창조 악기합주의 치료목적

- 감각운동기술 발달

- 시간에 기초한 행동과 적응적 행동 발달
- 집중력, 현실감각 향상
- 기억력 발달
- 감정이입, 정체성 향상
- 자기표현 기술 향상
- 상호교류 기술 향상

2. 재창조 악기합주의 형태

- 악기연주법 가르치기
- 재창조 기악합주(악보보고 연주/외워서 연주)

창작을 위한 악기합주 ....

음악치료 영역에서 '창작'이란 주로 노래가사 고쳐부르기와 노래 만들기(songwriting)의 형태로 나타난다. 그러나 '악기합주로서의 창작'이란 노래가 아닌 악기를 통한 창작을 의미한다. 즉, 독특한 리듬 패턴을 악기로 창작한다든지, 혹은 자신의 이름을 리듬악기로 자유롭게 표현한다든지 하는 일이다. 음악치료에서 창작활동은 감정의 경험, 감정의 확인, 감정의 표현, 감정교류의 이해, 감정행동의 종합, 조절 및 변형 등을 이끌어내기 위해 구성되며, 음악치료사가 치료의 목적을 위해 활동을 적절히 구성하는 것이다. 창작을 위한 악기합주의 치료 목적에는 다음과 같은 것들이 포함된다.

1. 창작을 위한 악기합주의 치료 목적

- 계획과 조직력 발달
- 창의적 문제해결력 발달
- 책임감 증진

- 기억력 발달

- 내면 경험의 공유

- 부분을 전체로 연합시키고 통합하는 능력의 발달

2. 창작을 위한 악기합주의 형태

- 핸드드럼을 통한 자기이름 표현활동

- 악기를 통한 독특한 리듬패턴 창작활동

- 리듬패턴 주고받기활동

감상을 위한 악기합주

1. 감상을 위한 악기합주의 치료목적

- 수용력 향상

- 특정한 몸의 반응을 유발

- 개인을 활성화 또는 진정시킴

- 청각 및 운동기술 발달

- 절정의 경험

- 다른 사람의 생각, 아이디어 탐색

음악치료 적용 계획서

대　상	정신질환자
제　목	리듬카드
목　적	집중력 향상
목　표	주어진 페달드럼과 리듬카드, 치료사의 지시에, 클라이언트는 치료사가 제시하는 리듬카드에 맞추어 페달드럼을 연주하기를 3번 시도에 3번 이상 한다.
방　법	1) HELLO SONG으로 CLIENT를 반긴다. 2) 치료사는 클라이언트에게 오늘은 리듬을 따라하는 활동을 할 것이라고 설명한다. 3) 치료사는 클라이언트에게 메트로놈을 소개하고 설명한다. 4) 치료사는 클라이언트로 하여금 메트로놈 박자에 맞추어 치료사의 입으로 제시된 리듬을 입으로 따라하게 한다(다양한 리듬 패턴 제시). 5) 치료사는 클라이언트에게 페달드럼으로 리듬을 제시하면 클라이언트는 입으로 따라한다. (다양한 리듬 패턴 제시) 6) 치료사는 클라이언트에게 페달드럼을 나누어 준다. 7) 치료사는 클라이언트에게 치료사의 입으로 리듬을 제시하면 페달드럼으로 따라하게 한다. 8) 치료사는 클라이언트에게 페달드럼으로 리듬을 제시하면 클라이언트가 페달드럼으로 따라하게 한다. 9) 치료사는 4)부터 8)까지의 과정을 리듬카드를 이용하여 실행한다. 10) 치료사는 클라이언트에게서 페달드럼을 회수한다. 11) Good-bye Song을 부르고 세션을 끝맺는다.
도　구	기타, 페달드럼 15개, 메트로놈, 리듬카드
응　용	1) 클라이언트가 위와 같은 활동을 잘 수행하면 조금더 복잡한 리듬패턴을 함께 실시해 본다. 2) 클라이언트가 위의 활동을 수행하기에 기능이 부족할 때에는 간단하고 쉬운 리듬만 연습한다.
시　간	25분
음악의 치료적 역할	분명하고 반복적인 리듬은 클라이언트로 하여금 신체적 운동을 자극시키고 근육반응을 자극시키는 구실을 한다. 또한 리듬카드에 제시된 리듬패턴을 따라 소리내고 연주하는 활동은 주의집중력을 향상시키는 데에 도움을 주며, 그룹 사이에 일체감을 형성시킨다.

악기합주 관련 논문

악기합주 활동을 음악치료 임상에 적용한 결과들이 많은 음악치료
사들에 따라 지속적으로 보고 되고 있다. 최옥경(2002)은 논문을 통해
서 리듬적 음악치료활동이 파킨슨 환자의 운동성과 정서에 미치는 영
향을 알아본 결과, 리듬적 음악치료를 시행한 집단이 그렇지 않은 집
단에 견주어 의미 있는 향상을 가져왔다는 사실을 확인하였다. 또 김
종인(2001)은 세 집단, 즉 악기합주집단, 음악감상집단, 통제집단으로
나누어 활동 이전과 이후의 혈액 속 면역글로블린의 변화를 측정한
결과, 세 집단 가운데 리듬을 바탕으로 한 악기합주집단이 다른 집단
에 견주어 의미 있고 긍정적인 변화를 일으켰다고 보고하였다. 이 밖
에도 여러 가지 장애영역에서 악기합주 음악치료 활동의 영향력이 보
고 되었는데, 구체적인 몇 가지 연구결과들을 소개하면 다음과 같다.

1. 리듬적 음악활동이 자폐성 아동의 상동행동 감소에 미치는 효과(김
   이현, 2000)
2. 자폐, 정신지체, 일반아동의 즉흥연주를 통한 반응성에 관한 비교연
   구(권태인, 2000)
3. 음악활동이 뇌성마비아동의 상지 근력과 운동능력에 미치는 영향(손

훈희, 2000)

4. 음악활동이 주의력 결핍, 과잉행동 아동의 주증상 감소 및 친사회적 행동 증가에 미치는 효과(홍화진, 2000)

5. 사물놀이의 자진모리장단이 노인의 상지근력 활동 도수에 미치는 영향(문서란, 2002)

리듬적 음악활동이 자폐성 아동의 상동행동 감소에 미치는 효과
(김이현, 2000)

논문 줄거리

상동행동은 자폐성 아동을 진단하는 중요한 행동특성 가운데 하나인 문제행동으로 지적되어 왔다. 자폐성 아동만이 아니라 발달 장애를 가지는 아동들의 상동행동은 교육적인 측면에서도 감소되어야 할 중요한 의의를 가지며 많은 연구자들의 관심의 대상이다.

이에 본 연구의 목적은 자폐성 아동을 대상으로 리듬적 음악활동이 자폐성 아동들의 상동행동 감소에 미치는 효과를 검증하는 것이다. 연구의 대상은 특수학교에 재학 중인 자폐성 아동 5명으로 음악활동 중에 신체리듬 활동과, 리듬악기 활동이 구성되어 6주(총 22회)에 걸친 연구 기간 동안에 신체리듬 활동과 리듬악기 활동을 11번씩 번갈아 가며 적용하였다. 활동 30분 동안마다 각 아동들의 상동행동 빈도 수가 관찰되었다. 연구의 디자인은 리듬적 음악활동의 효과를 알아보기 위해 사전 · 사후검사(ABA)가 사용되었다.

연구결과, 자폐성 아동의 상동행동은 리듬적 음악활동을 진행하면서 활동을 하기 전과 현저한 감소를 보이는 것으로 나타났으며 (t=8.825, p< .001), 특히 리듬악기활동에서 더 효과적인 결과를 볼 수 있었다(t=8.496, p< .001).

이러한 것은 리듬적 음악활동이 자폐성 아동의 상동행동의 감소에 효과적인 기능으로 작용을 할 수 있음을 증명한 것이라 할 수 있다. 그러므로 앞으로 음악을 매개로 더 다양한 요소, 멜로디, 화성, 템포 등을 이용한 활동 프로그램이 아동의 특성에 따른 구체적이고 다양하게 구성이 된다면 자폐성 아동에게 보다 나은 행동적인 발달을 가져올 수 있을 것이다.

자폐, 정신지체, 일반아동의 즉흥연주를 통한 반응성에 관한 비교연구
(권태인, 2000)

논 문 개 요

본 연구는 자폐성 장애아동의 음악적 반응성을 알아보기 위해 이들의 즉흥연주를 일반 아동, 정신지체 아동의 것과 비교, 분석한 것이다.

연구의 대상은 8~10세 연령의 자폐성 장애아동 18명, 정신지체 아동 18명, 일반 아동 18명과 자폐성 장애아동의 발달연령과 일치하는 일반 아동 17명이었다. 이들을 자일러폰에서 즉흥연주를 하도록 하였을 때 이들이 연주한 음을 녹음하고 작곡을 전공한 평정자들이 녹음한 것을 채보하여 이를 바탕으로 음 연결을 리듬, 제한성, 복잡성, 규칙에 대한 충실성 그리고 독창성 등의 척도로 나누어 분석하였다.

연구의 결과는 자폐성 장애아동이 리듬, 복잡성, 규칙에 대한 충실성, 독창성 등의 척도에서 거의 일반 아동들의 점수에 도달하였으며 특히 가장 높은 점수를 얻은 아동은 자폐성 장애아동이었다. 이러한 결과는 자폐성 장애아동이 그들의 음악적 반응에서 일반 아동과 다르지 않음을 시사하는 것이다. 하지만 자폐성 장애아동의 연주패턴은 생활 연령 집단의 아동보다는 발달 연령 집단의 아동과 유사하였다.

그리고 정신지체 아동과의 비교에서 자폐성 장애아동은 리듬, 독창성, 총점에서 유의미하게 높은 점수를 얻었는데 이것은 자폐성 장애아동과 정신지체 아동의 음악적 반응성이 구별됨을 시사하는 것이다. 그러나 제한성의 측면에서 자폐성 장애아동은 다소 제한적인 음들을 사용하여 동기들을 구성하였는데, 이는 정신지체 아동들의 음 사용과 다소 유사하였다.

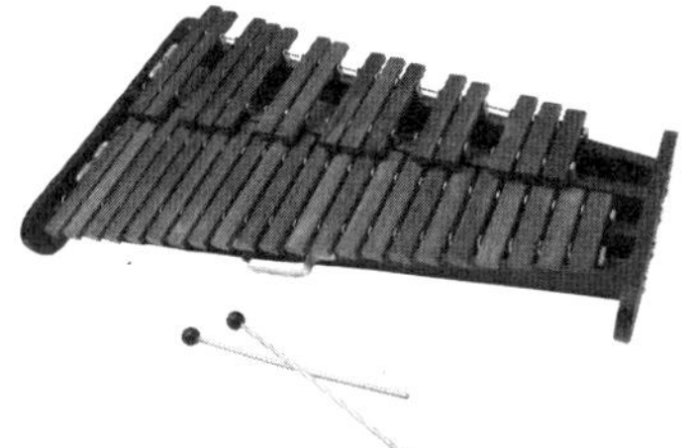

음악활동이 뇌성마비아동의 상지의 근력과 운동능력에 미치는 영향
(손훈희, 2000)

논문 줄거리

본 연구의 목적은 뇌성마비 아동들을 대상으로 음악활동이 상지의 근력과 운동능력에 미치는 영향을 알아보고자 하는 것이다.

본 연구는 2000년 3월부터 5월까지 지체부자유 특수학교에서 시행되었으며, 재학중인 유치부 아동 가운데 상지기능에 문제가 있는 아동 2명을 선발하여 8주 동안 1주일에 5번 총 회기 33회를 실시하였다. 적용한 프로그램은 교육부의 작업치료 교사용지도서(1995)에 나오는 상지동작 프로그램이며, 여기에 목적동작을 반복할 수 있는 악기활동과 손유희 등의 음악활동을 적용하였다. 훈련 전과 훈련 후, 두 아동에게 사전검사와 사후검사를 실시하였고 측정도구는 상지의 근력을 검사로 도수근력검사(Manual muscle testing)를 사용하였고, 상지의 운동능력은 파지기능, 조작기능, 도달기능, 응용기능을 측정하는 상지 운동능력검사를 사용하였다.

상지의 근력을 검사를 위한 도수근력검사(Manual muscle testing)의 결과 목, 몸통, 어깨에서는 변화가 없었고 어깨와 팔꿈치, 손목에서는 1부분씩의 변화를 보였고 손가락에서 가장 많은 변화를 보였다. 상지의 운동능력 검사의 사전ㆍ사후를 비교한 결과 파지기능과 조작기능에서 A아동의 유의미한 향상을 보였고, 도달기능에서 B아동이 유의미한 향상을 보였다(P<.05), 응용기능에서는 유의미한 향상을 보이지 못했지만 검사의 총 점수에서 사전점수에 견주어 사후점수가 향상되었다.

음악활동이 주의력 결핍, 과잉행동 아동의 주증상 감소 및 친사회적 행동 증가에 미치는
효과(홍화진, 2000)

논문 줄거리

본 연구의 목적은 음악활동이 주의력 결핍, 과잉행동의 정도가 높은 아동의 주증상인 부주의 행동, 충동성, 과잉행동을 감소시키고 친사회적 행동을 증가시키는 데 미치는 효과를 알아보기 위한 것이었다.

연구대상은 부산시내에 일반초등학교 4학년에 재학 중인 8명으로 담임교사에 따라 실시된 CTRS-R의 T점수가 65점 이상에 해당되는 아동들이었다. 대상자들의 부주의 행동과 과잉행동을 측정하기 위해 Conners(1978)의 주의력 결핍, 과잉행동 평정검사(CTRS-R)를 사용하였고, 충동성은 Kagan의 MFFT를 사용하여 측정하였다. 친사회적 행동과 악기사용 유무에 따른 주의집중행동은 음악활동 시간을 1분 간격으로 나눈 시간표집법(time sampling)으로 측정하였다.

본 연구는 이틀 동안의 사전검사기간과 23회의 음악활동 세션, 그리고 이틀 동안의 사후검사기간으로 설계되어 실시되었고, 사전검사와 사후검사는 담임교사와 함께 실시하였다.

본 연구의 결과는 다음과 같다.

첫째, 음악활동에 참여한 뒤 아동들의 주증상은 감소된 것으로 나타났다($p < .05$). 그리고 주증상의 하위영역인 부주의 행동, 충동성, 그리고 과잉행동 중에서 과잉행동이 가장 크게 감소된 것으로 나타났다($p < .005$).

둘째, 음악활동에 참여한 뒤 아동들의 친사회적 행동은 증가한 것으로 나타났다($p < .005$).

셋째, 아동들의 주의집중행동의 정도는 악기를 사용한 음악활동에서 더 높은 것으로 나타났다.

따라서 음악활동은 주의력 결핍, 과잉행동의 정도가 높은 아동들의 주증상을 감소시키고 친사회적 행동을 증가시키는 데 효과적이었음을 알 수 있었다.

논문 줄거리

본 연구는 리듬 청각자극으로서의 사물놀이의 자진모리장단이 노인의 즉각적 상지근육 활동에 미치는 영향을 알아보고자 한 것이었다. 연구의 대상은 Y시 소재의 노인시설에 거주하고 있는 60~89세의 남녀노인 10명으로 구성되었다. 연구절차는 피험자가 북을 치는 동안 1)외부적인 청각자극 제시가 없을 때 2)피험자의 내재박(Limit Cycle)과 일치하는 빠르기의 기본리듬을 청각자극으로 제공할 때 3)피험자의 내재박(Limit Cycle)과 일치하는 빠르기의 자진모리장단을 청각자극으로 제공할 때 나타난 EMG(electromyogram)의 결과를 분석하였다. 자료분석은 Spss/pc+ 8.0버전을 이용하여 각 세 조건 속에서 나타난 피험자의 즉각적 상지근육 활동의 차이를 알아보기 위해 one-way ANOVA를 시행하였다. 연구 결과, 북치기 활동 수행 때 나타난 상지근육 활동은 기본리듬을 제공했을 때보다 자진모리장단을 제공했을 때 의미 있는 향상을 나타내었고(p<.05), 세 조건 사이의 차이에서는 청각자극 없음 조건과 기본리듬 조건에서 집단 사이의 차이를 보이지 않았으나(p>.05), 자진모리장단과 청각자극 없음. 자진모리장단과 기본리듬에서 의미 있는 차이를 보였다(p<.05). 이 결과는 노인의 음악선호도와 리듬의 성격 및 리듬적용의 형태가 고려된 사물놀이의 자진모리장단이 리듬청각자극으로 제공되었을 때 노인의 즉각적 상지근육 활동이 강화되었음을 보여주었다.

음악치료의 계획과 적용

음악치료의 계획

일반 교사들이 교수학습 계획안(teaching-learning plan)을 유용한 자료로 사용하는 것처럼, 음악치료사들이 매일 기록하는 치료활동 계획서는 치료의 목표에 바탕을 둔 음악활동을 계획하는 데 도움을 준다. 이러한 치료계획서는 학교에서 사용하는 학습계획안과 비슷하게 치료기법, 활동자료, 악기, 기타 준비물, 시청각 자료 등을 단계적으로 제시해 놓고 있다. 그러나 이것들이 치료사의 자발성과 융통성을 저해하는 수준이라면 문제가 될 수도 있다.

치료과정에서 음악활동이 사전에 계획했던 치료목표와 일치하기만 한다면, 원래 치료계획과 약간의 차이를 보여도 상관은 없다. 사실, 치료사는 순간마다 내담자의 요구사항을 최대한 고려하여 치료기법들을 적용하고 수정시켜야 한다. 이와 같은 치료계획서 작성을 위한 구성요소에는 다음과 같은 사항들이 포함된다.

1. 치료목적

2. 치료목표

3. 준비물

4. 음악

5. 치료절차

6. 응용활동

7. 음악의 치료적 구실

다음은 세 명의 발달지체 장애아동들의 '과제집중력 향상'과 '단기 기억력 증진'이라는 치료목적을 달성하기 위해 계획된 치료계획서의 예시이다(Hanser, 1999).

- **치료목표 :** 치료과정에서 행해진 활동들의 순서를 각 아동이 기억하도록 함.
- **준비물 :** 트라이앵글, 북 2개, 클라베스, 탬버린, 심벌즈를 방 앞에 있는 탁자 위에 놓는다. 기타는 반주를 위해 사용된다.
- **음악 :** 〈When You're Happy and You Know It〉(단어나 음악을 사용한 시각적 보조기구는 글씨를 읽지 못하는 아동에게는 필요가 없으며, 치료사나 리듬악기에 집중하는 것을 주된 목표로 삼을 수 있다)
- **치료절차**

1. 오늘 음악활동을 소개해 주는 친숙한 〈Hello Song〉을 부른다.
2. 〈When You're Happy and You Know It〉를 노래 부른다. "노래 부른 다음 내가 하는 대로 따라 해봐"라고 지시한다. 네 가지 행동, 즉 손뼉치기, 발구르기, 머리흔들기, "야호"하고 소리치기를 가사에 넣어 부르면서 행동하도록 한다.
3. 노래 부르는 동안 각 아동에게 개별적으로 이 노래의 제목과 "좀 전에 우리가 했던 것"이 뭔지 질문한다. 아동의 반응을 기록한 다음, 필요하다면 격려하고 칭찬해 준다.
4. "자, 이제 우리 노래 부르면서 악기 연주해 볼까? 이 악기 이름이 뭔지 생각나는 사람?" 악기 6개를 차례대로 들어 보인

다. 그런 다음, 이번에는 악기의 숫자를 아동들이 정확히 이해하고 있는지 알아보기 위해 개별적으로 질문해 본다. 한 번에 악기의 숫자를 맞추면, 그 악기를 아동에게 건네주며 바닥에 놓도록 지시한다.

5. "When You're Happy and You Know It, Play the ________" 노래를 부른다. 아동으로 하여금 그들이 들고 있는 악기의 이름을 치료사가 노래로 부를 때만 연주하도록 지시한다.

6. 북을 들고 〈Looby Loo〉가락에 맞추어 노래 부른다.

> "나는 악기를 가지고 있어요.
>
> 나는 하루 종일 악기를 치지요.
>
> 당신이 ______을 가지고 있으면,
>
> 일어서서 연주해 보세요."

아동이 북을 가지고 한 마디의 리듬패턴을 따라서 쳐보도록 지시한다. 그리고 나서 두 마디, 세 마디 순으로 계속 확장해 간다. 이 세 가지 리듬 모두 숙달되면, 작게도 쳐보고 크게도 쳐보게 하며, 또 이 두 가지 요소를 혼합시켜 빠르고 정확하게 연주해 보도록 한다. 그런 다음, 각 아동별 최고의 과제성취수준을 기록한다.

7. 아동에게 ______를 찾아보도록 하고(다른 악기), 악기를 바꾼 다음, 다시 한번 노래를 부른다.

8. 그들이 방금 연주했던 두 개의 악기의 이름을 말해 보도록 지시한다.

9. 리듬노래 :

> "보고 나서 따라하세요.
>
> 보고 나서 따라하세요.
>
> 내가 뭐든지 움직이면,

당신도 나처럼 움직여 보세요.”

한 아동씩 순서대로 간단한 치료사의 동작을 흉내내 보도록 지시한다. 그런 다음, 점점 복잡한 동작을 제시한다. “여기 봐!(치료사가 동작시범을 보이며)” “자, 따라해 봐!(아동이 동작을 따라하도록 지시하며)”라는 말로 시작한다. 비교적 집단전체가 스스로 동작을 따라할 수 있고, “따라해 봐!”라는 신호를 기다릴 수 있을 때까지 여러 번 반복하면서 도움을 준다.

10. 치료사가 “보세요!”나 “하세요!”라고 지시하는 동안, 아동이 자기 순서가 되면 다른 아동들에게 시범을 보이도록 지시한다.

11. 아동들이 자기 순서에 맞게 시범을 보이는 동안, 〈When You're Happy and You Know It〉 노래를 불러준다.

12. “노래하는 동안 했던 행동 중에서 한 가지만 보여 줄래”라는 말로 동작을 회상할 수 있도록 한다. 필요하다면 시범을 보일 수도 있다. 아동이 적절한 반응을 보일 때는 격려와 칭찬을 한다.

13. 〈Looby Loo〉 가락에 맞추어 노래를 부른다.

(악기)_______을 정리해 보자!

(악기)_______을 정리해 보자!

(이름)_______가 당신에게 (악기)_______을 건네 줄 거예요.

악기를 받았으면 상자 안에 넣으세요.

아동이 악기를 찾아서 정리할 수 있도록 기회를 준다.

14. 악기 4개를 정리한 다음 아동에게 “우리가 지금 치운 악기 이름은 뭐지?”라고 질문한다. 마지막으로 악기 2개를 모두 치우고 나서 다시 질문하기를 “방금 전에 우리가 치운 악기

2개가 뭘까?"

15. 친숙한 〈Good-bye Song〉을 부르고, 각 아동에게 치료 중에
했던 활동과 노래의 제목이 뭔지 질문해 본다.

이와 같은 음악치료 활동 계획서가 어떻게 검사절차와 훈련절차, 그
리고 개인과 집단의 반응들을 통합하는지 주목할 필요가 있다. 각 활
동들은 다양한 음악과제의 난이도를 점차적으로 높여가면서 '단기 기
억력 증진'이라는 치료목적을 성취할 수 있을 것이다.

리듬앙상블 활동계획서

리듬앙상블을 위한 활동계획서를 평가하는 일은 일차적으로 음악치
료사들을 양성하는 기관이나 교육자가 해야 할 임무이자 책임이겠지
만, 임상에서 일하고 있는 음악치료사들도 자신이 환자들을 위해 리
듬앙상블을 구성했을 경우에 자신의 곡을 분석하고 평가해 보는데 기
준을 제공해 줄 수 있다.

1. 활동계획서 작성

- 사용 악기 기입
- 악기 선정 이유
- 곡의 분위기
- 악기 배합
- 곡의 구성 및 분석(Intro/Bridges/Ending)

2. 악기구성력

- 전체적인 분위기를 고려하였는가?
- 악기 사이에 조화를 이루도록 배치하였는가?

- 각 악기의 특성을 고려하였는가?

- 악기배치, 분위기 고려, 연주부분에서 창의적이었는가?

- 개인적으로 철저히 준비하였는가(순서기억)?

- 연주자들의 음악적 수준을 고려하였는가?

3. 지시능력

- 연주자들이 쉽게 이해할 수 있도록 지시하는가?

- 예비박이 분명한가?

- 전체적인 조화를 잘 드러낼 수 있도록 지시하는가?

- 지시를 위한 동작을 적절히 사용하는가?

- 연주자와의 교류가 활발한가?

- 음악의 요소, 연주자들의 능력, 돌발상황에 잘 대처하는가?

- 표현적 요소들이 잘 드러나는가?

- 표정이 다이나믹 한가?

4. 연주능력

- 악보에 맞게 연주하는가?

- 지시에 적절히 반응하는가?

- 전체적인 분위기를 파악하고 연주하는가?

- 지휘자, 동료들과 교류하며 연주하는가?

5. 기타사항

- 연주자들이 즐겁게 연주하는가?

- 자신의 편성연주를 연주자들이 이해하도록 설명하고 있는가?

- 악기 연주법에 대해 연주자들에게 이해하기 쉽게 설명하고 있는가?

- 시간을 엄수하였는가?

- 악보는 연주자에게 알아보기 쉽게 기보하였는가?

리듬앙상블 활동계획서

제출일자 : 월   일   이름 : ___________

제 목		연주 인원	명	소요 시간	분
곡의 분위기		준 비 물	악기 :		
			기타 :		
악곡편성의도					
악곡 분석	Intro				
	Bridges				
	Ending				

〈리듬앙상블 활동계획서 예시〉

음악치료의 실제 적용 ....

다음은 여러 가지 장애를 가진 내담자들에 대해 리듬앙상블을 활용한 음악치료 활동계획서를 작성해 보는 과제들이다. 물론 일관되게 악기를 통한 리듬앙상블만을 가지고 모든 내담자들을 치료할 수는 없을 것이다. 하지만 여러 연구를 통해 우리는 다른 음악적 활동보다 악기활동의 효과성이 대부분의 장애영역에 더 큰 긍정적 영향을 준다는 사실을 알고 있다. 실어증 환자들에게는 멜로디나 리듬을 통한 악기연주 활동이, 신체장애환자들에게는 악기를 통해 부족한 신체적 결함을 극복하기 위한 활동이, 주의력 결핍 환자들에게는 독보능력을 통한 리듬앙상블 활동이, 정서적으로 어려움을 겪고 있는 환자들에게는 서로의 마음을 나눌 수 있는 노래와 리듬 합주를 적용할 수 있을 것이다. 따라서 일반적인 음악치료 활동계획서 순서에 따라서 다음 과제들을 완성해 보도록 한다. 필요하다면 리듬패턴 악보, 라틴음악 기존곡 악보, 음악동화 악보 등의 리듬앙상블 악보를 첨부해도 좋다.

치료과제 1(외상후성 스트레스 장애)

Ralph라는 23세 청년은 교통사고로 말미암아 실명을 하였다. 심한 타박상 때문에 집에서 안정을 하고 있던 그는 날이 갈수록 점점 우울해지고 의기소침해져 갔다. 자기 몸을 돌보지도 않을뿐더러 사고 이전에 즐겨했던 어떤 활동도 시도해 보려고 하지 않았다. 그를 담당한 사회복지사의 추천으로 음악치료사가 그의 집을 방문하게 되었고, Ralph의 상태에 대해 다음과 같이 기술하였다.

1) 의사소통능력(communication)

Ralph는 가족 구성원들과 대화할 때 자신의 생각을 분명하게 표현한다. 그는 음악치료사에게 자신에 대한 어떤 정보를 먼저 나누려 하지 않고 마지못해 이야기했다.

2) 인지능력(cognitive)

Ralph는 고등학교 학력을 가진 매우 지적인 사람이다.

3) 신체능력(physical)

Ralph가 가진 신체적 장애는 오직 시력상실뿐이다. 그는 신체 각 부분을 조화 있게 잘 움직일 수 있다. 안내견(案內犬)이 있을 때 그의 행동은 아무런 문제가 없어 보인다. 과거 인지관련 병력은 없다.

4) 음악적 능력(musical)

음악에 대해 매우 관심이 많다. 그는 재즈 피아노를 배웠고 피아노를 한 대 갖고 있지만 몇 해 동안 치지 않았다. 사고 전에는 그가 살던 지역의 작은 커피숍에서 피아노를 연주하기도 했던 그는 피아노 레슨을 다시 본격적으로 받아보고자 하였다. 그러나 현재는 그렇게 하기에는 많은 제한이 따를 것으로 보인다.

5) 정신·사회적 능력(psycho-social)

그는 집에 찾아온 손님들을 꺼려하고 심지어 엄마에게 자기가 죽어버렸다고 친구들에게 말해달라고 조르기도 하였다. 치료사와의 관계는 마지못해 유지하는 정도이고, 질문에 답변을 한다 해도 한 마디에 그친다.

6) 정서적 능력(emotional)

극복해야 할 가장 큰 문제점은 사고 이후 찾아온 우울 성향이다. 그는 식욕도 거의 없고, 멋을 내는 데에도 관심이 없으며, 오로지 침실에만 틀어박혀 있다.

위의 상황을 읽고 악기를 활용한 치료계획서를 작성해 보시오.

(1) 치료목적 :

(2) 치료목표 :

(3) 준비물 :

(4) 음악 :

(5) 치료절차 :

(6) 응용활동 :

(7) 음악의 치료적 역할 :

Laura는 장애인 통합교실 1학년에 재학 중인 7세 여아이고, 전반적 발달장애, 즉 자폐성 장애(autism)로 진단을 받았다. 개별화 교육방안(IEP)을 위한 치료 팀은 Laura에게 음악치료 진단을 받아보도록 소개하였고, 교실에 출석하고 있지 않은 그녀가 음악치료 환경에서 어떤 것을 배울 수 있을지 궁금해 하였다. 그 아이는 무의식적인 언어와 단조로운 감정을 나타냈다. Laura의 부모는 그녀가 통합교실에 그대로 남아 있기를 바랐는데, 그 이유는 형편이 몹시 어려웠기 때문이었다. 부모들은 가능한 한 Laura가 음악치료를 받으면서 일반교실로 통합되기를 희망했다.

Laura는 한 시간 동안 다양한 음악활동을 하면서 특별한 이탈 없이 상당한 수준의 과제 집중도를 보였다. 그녀의 음악에 대한 관심은 매우 특별했다. 치료사는 여러 음악활동들을 통해 그녀의 주의를 오랜 시간 동안 끌 수 있었고 음악적 과제에 대해 집중하는 모습이었다. 짧은 진단평가 세션을 하는 동안, 그녀에게서 건반악기 학습에 대한 새로운 가능성을 발견할 수 있었고, 또 이러한 건반학습을 통해 새로운 개념과 기능을 소개하고 강화할 수 있다는 것을 알게 되었다. 물론 아직까지는 자연스럽게 언어를 사용한다는 것이 무리가 있지만 적극적인 노래 부르기를 통해 점차 언어 활용도가 향상되고 있다.

위의 상황을 읽고 악기를 활용한 치료계획서를 작성해 보시오.

(1) 치료목적 :

____

(2) 치료목표 :

____

(3) 준비물 :

____

(4) 음악 :

____

(5) 치료절차 :

____

____

____

(6) 응용활동 :

____

____

____

____

(7) 음악의 치료적 역할 :

____

____

____

____

____

____

김씨 할머니는 노한으로 말미암아 병을 앓고 있다는 것이 주된 문제점이었다. 예전에는 교사로서 혈기왕성하고 성공적인 삶을 살았으나, 현재 그녀는 가장 기본적인 일상생활 과제, 즉 화장실을 간다든지 아니면 식사하는 것마저도 다른 사람의 도움을 필요로 한다. 그녀는 자포자기상태처럼 보였다. 노인 요양시설에 있으면서, 그녀는 자신을 돌보기 위해 찾아온 간호사의 도움마저도 뿌리치곤 했으며, 깨어 있는 시간에는 침대에 누워서 천장만 멍하니 쳐다보고 있었다.

위의 상황을 읽고 악기를 활용한 치료계획서를 작성해 보시오.

(1) 치료목적 :

____

((2) 치료목표 :

____

(3) 준비물 :

____

(4) 음악 :

____

(5) 치료절차 :

____

____

____

____

____

____

(6) 응용활동 :

(7) 음악의 치료적 역할 :

말더듬과 조음장애를 극복하기 위해 언어치료를 받고 있는 Melanie의 경우, 언어치료를 위한 보조치료 수단으로서 음악치료에 맡겨왔다. 녹음된 여러 가지 동요와 단순한 멜로디 몇 개를 가르치는 과정에서, 그녀는 치료과정 내내 행복하고 자신감 넘치는 모습을 보였다. 치료사는 치료과정은 물론이고 휴식시간까지도 그녀의 미소 짓는 횟수와 긍정적인 표현 사용 횟수를 기록하기 시작했다. 그녀의 담임선생님도 치료과정에서 관찰된 Melanie의 이러한 긍정적인 변화에 대해 인정하였다.

위의 상황을 읽고 악기를 활용한 치료계획서를 작성해 보시오.

(1) 치료목적 :

____

(2) 치료목표 :

____

(3) 준비물 :

____

(4) 음악 :

____

(5) 치료절차 :

____

____

____

____

____

(6) 응용활동 :

____

____

____

____

____

(7) 음악의 치료적 역할 :

____

____

____

____

____

____

____

____

____

중복 신체 정신장애를 갖고 있는 Patricia라는 아동의 경우, 음악치료를 받으며 꾸준히 향상되고 있었다. 하지만, 어떤 현상에 대해 집중력이 매우 떨어지는 문제를 보였다. 이와 같은 Patricia의 집중력 결여에 대한 재활센터 관련인의 치료기록을 넘겨받은 음악치료사는 Patricia가 최근에 투여 받은 새로운 약물 때문에 부작용이 발생했다는 사실을 알 수 있었다.

위의 상황을 읽고 악기를 활용한 치료계획서를 작성해 보시오.

(1) 치료목적 :

____

(2) 치료목표 :

____

(3) 준비물 :

____

(4) 음악 :

____

(5) 치료절차 :

____

____

(6) 응용활동 :

____

(7) 음악의 치료적 역할 :

____

____

Joshua는 20년 동안의 인생 가운데 18년을 주립 치료기관에 입원해 왔다. 그의 병명은 "중증 정신지체"였으나, 최근 특수교육 전문용어 변경정책에 따라 "전반적 발달장애(Pervasive developmental disorder)"로 개칭되었다. 이 시설 직원들은 그가 지역사회 공동연구회에서 운영하는 직업훈련 교육프로그램(voca-tional-based workshop)을 받는 것이 좋겠다고 의견을 모았다.

위의 상황을 읽고 악기를 활용한 치료계획서를 작성해 보시오.

(1) 치료목적 :

____

(2) 치료목표 :

____

(3) 준비물 :

____

(4) 음악 :

____

(5) 치료절차 :

____

____

(6) 응용활동 :

____

(7) 음악의 치료적 역할 :

____

____

> Michael은 스스로 자신이 아무런 문제도 없다고 말하지만, 그의 3학년 담임선생님은 그 말을 부인했다. 그러나 Michael은 오히려 선생님이 더 문제라고 말했다. 그는 교실에서의 활동을 지루하게 생각했고, 장난치면서 시간을 보내거나 다른 친구들을 괴롭히는 것을 더 좋아했다. 그는 주의력결핍 과잉행동장애(attention deficit/hyperactivity disorder)로 진단을 받았다.

위의 상황을 읽고 악기를 활용한 치료계획서를 작성해 보시오.

(1) 치료목적 :

____

(2) 치료목표 :

____

(3) 준비물 :

____

(4) 음악 :

____

(5) 치료절차 :

____

____

(6) 응용활동 :

____

(7) 음악의 치료적 역할 :

____

____

실습 및 평가의 유형

1 실습 및 평가의 과정

리듬앙상블과 관련하여 다음과 같은 다양한 과제부과, 실제실습, 평가가 가능할 것이다. 만약 당신이 음악치료 관련인들을 교육하고 훈련하는 훈련가라면, 이들의 더 나은 악곡분석능력과 앙상블 창작능력 및 치료현장에서의 적용능력 향상을 위해 다음과 같은 구체적인 과제를 부과하고, 이를 실제로 실습하도록 하여 평가할 수 있을 것이다.

1) 다양한 형태의 악보제작 발표
2) 기존 곡의 악곡분석 발표
3) 라틴리듬 연주능력 평가
4) 창작리듬 연주능력 평가
5) 기악악기 편성 발표
6) 기존곡 악기 편성 발표
7) 올프 음악활동 세션 발표
8) 앙상블을 적용한 음악치료 세션 발표
9) 악기합주 응용활동(음악극, 광고음악 등) 발표

리듬앙상블 실습 할 때 유의사항 ....

리듬앙상블 수업에서 발표하는 발표자들은 다음 사항들을 유의하며
준비한다. 이 같은 사항들은 실습 슈퍼바이저들이 발표자들의 발표를
평가하고자 할 때 활용할 수 있다.

- 악기는 미리 준비한다.
- Ensemble을 위한 계획서 제출한다.
- 각 악기 사용 방법을 소개한다.
- Intros/Bridges/Endings를 모두 사용
- 악기를 4개 이상 다양하게 사용한다.
- 창의적 아이디어를 사용한다.
- 보조치료사 활용 가능하다.
- 5분 이상 10분 이하로 구성한다.
- 키보드 사용은 2대까지만 허용
- 악보를 참석자 수만큼 복사한다.

번역과제

아래의 내용은 앙상블을 인도하는 사람에게 주는 유의사항 및 요령
이다. 번역하시오.

Band Directors: How do I keep the other percussionists interested?
This is a problem for the typical small high school/college jazz ensemble
program with one band. I have three percussionists in my band and they
alternate on drum set and percussion. Instead of having the best player

only play drum set or percussion, each student gets the opportunity to play and develop. On Latin tunes, extra percussionists can be used to play timbales, congas, bongos, drum set, and small percussion. When they are not playing they can learn through observation. The rewards of watching someone else make mistakes or play a tune well must be emphasized in your teaching methods. In my world percussion ensemble (Afro-Cuban Ensemble), each percussionist gets the opportunity to develop skills on the various world percussion instruments. You can pick the most promising players from this workshop to perform in the jazz ensemble.

위의 글을 번역하시오.

리듬앙상블 활동계획서

제출일자 : 월   일   이름 : ___________

제 목		연주 인원	명	소요 시간	분
곡의 분위기		준 비 물	악기 :		
			기타 :		
악곡편성의도					
악곡 분석	Intro				
	Verse or Bridges or Chorus				
	Ending				

※ 이 계획서는 복사해서 사용하세요. 또 악보나 기타 자료는 뒤에 첨부해 주세요!

리듬앙상블 활동 평가서

제출일자 : 월   일   이름 : ____________

과제 및 실습 평가			
1. 계획서 작성(20점)	구성요소 기입	점	
	실습과의 관련성		
	악곡분석 정도		
2. 악기구성력(20점)	악기준비 정도	점	
	악곡편성 능력		
	악기음색 배합		
	악보 기보법		
3. 악기설명(20점)	악기이해 정도	점	
	악기연주 능력		
4. 지시능력(20점)	자세 및 지도력	점	
	지시의 정확성		
	연주자와의 교류		
5. 연주능력(20점)	연주능력 정도	점	
	창의성 정도		
	시간엄수		
총점(100점 만점)		점	

■ 참고문헌

- 권태인, 〈자폐, 정신지체, 일반아동의 즉흥연주를 통한 반응성에 관한 비교연구〉, 숙명여대 석사논문, 2000.

- 김을곤, 《음악의 이해와 감상을 위한 새 악기해설》, 서울 : 아름출판사, 1995.

- 김이현, 〈리듬적 음악활동이 자폐성 아동의 상동행동 감소에 미치는 효과〉, 숙명여대 석사논문, 2000.

- 김종인, 《행복을 주는 음악치료》, 서울: 지식산업사, 2003.

- 문서란, 〈사물놀이의 자진모리장단이 노인의 상지근력 활동 도수에 미치는 영향〉, 숙명여대 석사논문, 2001.

- 박봉석, 《관현악의 이론과 실제》, 서울 : 세광음악출판사, 1988.

- 박영근, 《악기론》, 서울 : 수문당, 1987.

- 박은선, 《현대음악기보법》, 서울 : 음악춘추사, 2003.

- 백영은 편저, 《작곡가를 위한 타악기 입문 타악기》, 서울 : 수문당, 1995.

- 서한범, 《국악통론》, 서울 : 태림출판사, 1999.

- 손태룡, 《한국의 전통악기》, 경산 : 영남대학교출판부, 2003.

- 손훈희, 〈음악활동이 뇌성마비아동의 상지의 근력과 운동능려에 미치는 영향〉, 숙명여대 석사논문, 2000.

- 안정모 역, 《관현악편곡법》, 서울 : 다라, 1999.

- 윤성현 역, 《관현악기법연구》, 서울 : 수문당, 1995.

- 이성천 외, 《알기쉬운 국악개론》, 서울 : 풍남, 2001.

- 장사훈, 《한국악기대관》, 서울 : 서울대학교출판부, 1986.

- 장창환 외, 《관현악기법, 서울 : 학문사, 1998.

- 조효임 외, 《초등기악교육론》, 서울 : 화인, 2004.

- 주창길, 《유아악기지도와 실제》, 서울 : 보육사, 1980.

- 최경환 외, 《타악기백과사전》, 서울 : 성연사, 2001.

- 홍화진, 〈음악활동이 주의력결핍 과잉행동 아동의 주증상 감소 및 친사회적 행동 증가에 미치는 효과〉, 숙명여대 석사논문, 2000.

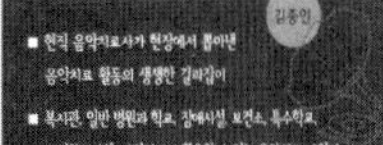

행복을 주는 음악치료

김종인 지음/4×6배 변형판/반양장 396쪽/책값 20,000원

이론과 개념들을 정리 제시하는 수준에 그친 기존의 일반적인 음악치료 책들과는 달리 좀더 실질적이고 활동지향적인 음악치료 활동 지침서, 음악치료 탄생의 배경, 과학적인 치료방법으로서의 근거는 물론, 이 책은 누구나 즐길 수 있는 간단한 게임과 노래들, 다루기 쉬운 악기와 도구를 이용한 음악치료의 구체적인 방법을 제시하고 있다.

고승하 작곡집1

아름나라 노래세상

아름나라 짓고 엮음/4*6배판/반양장 160쪽/책값 18,000원(CD 2장 포함)

우리가 알고 있는 동요의 틀을 벗어버린 '진짜' 어린이들의 노래들을 모은 노래집. 국악 장단을 기본으로 하면서 동심이 그대로 묻어난 재밌는 가사가 특징인 아름나라 노래들은 아이들이 직접 시로, 가사로 쓴 것을 동요활동가 고승하가 곡을 붙여 만든 것으로, 우리 아이들이 따뜻하고 평등한 세상을 위한 밑거름과 햇살이 되었으면 하는 바람으로 부르는 노래들이다.

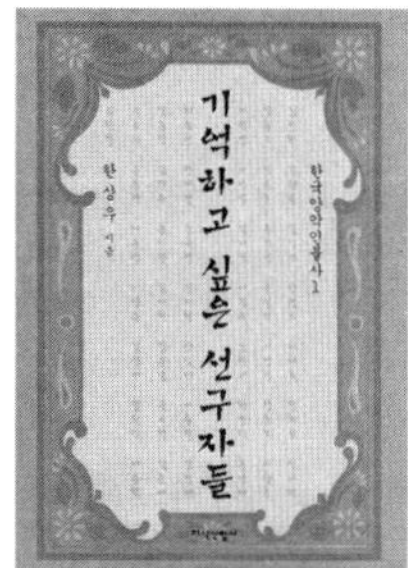

한국양악인물사 1

기억하고 싶은 선구자들

한상우 지음/신국판/양장 404쪽/책값 20,000원

음악평론가로서 우리나라 문화와 평생을 함께 걸어온 한상우 선생이 한국 양악의 뿌리를 내리는 데 기여한 초창기 선구자들을 분야별(기악/성악/작곡/지휘/음악평론)로 나누어 서술한 인물 평론서. 단순히 그들의 음악적 활동이나 업적만 서술하는 것이 아닌, 그들이 음악가의 길을 선택하게 되는 과정과 음악활동을 하면서 겪은 다양한 일화들을 소개하고 있다.

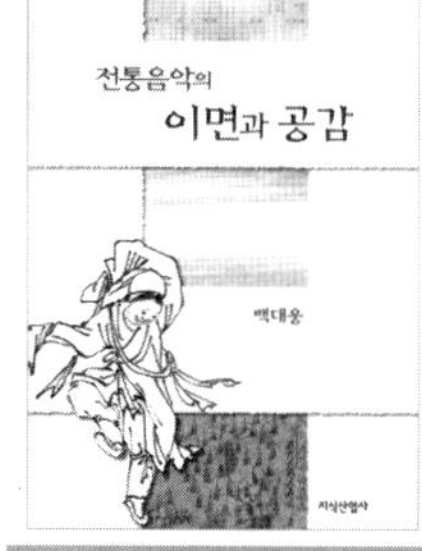

전통음악의 이면과 공감

백대웅 지음 / 신국판 / 양장 / 436쪽 / 책값 19,000원

전통음악을 바탕으로 활발한 작곡활동을 하는 저자는 교수로서도 기존의 전통음악학계에 도전적이고 논쟁적인 문제제기를 하고 있는데, 이 책에서는 20세기 판소리 명창들과 창극의 작곡가들을 살피고, 국학용어와 개념들, 그리고 자신의 작곡노트를 싣고 있다.

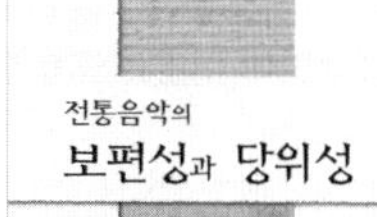

전통음악의 보편성과 당위성

백대웅 지음 / 신국판 / 양장 / 384쪽 / 책값 19,000원

이 책은 《전통음악의 이면과 공감》 이후의 연구성과를 모은 것으로, 전통음악의 수용과정에서 변해 온 '현존 음악'을 설명하는 수단으로서 누구에게나 통하는 '보편성'과 그럴 수밖에 없는 '당위성'을 설명하고 있다. 책의 각 장마다 장래의 '한국음악(민족음악)'이 어떤 모습을 갖춰야 하는지에 대한 저자의 고민이 녹아 있다.